中等强国

全球治理崛起的
新角色

MIDDLE POWERS

THE RISING NEW ROLES
IN GLOBAL GOVERNANCE

戴维来　著

社会科学文献出版社
SOCIAL SCIENCES ACADEMIC PRESS (CHINA)

序　言

《中等强国：全球治理崛起的新角色》是复旦大学优秀青年学者戴维来博士的精品力作。本书着重探讨了中等强国在全球治理中的崛起及角色定位，提出了一系列原创的思考和观点，具有相当的学术价值和政策意义，有助于我们更好地理解新兴国家崛起对"后西方时代"全球治理的深远影响。

今天，世界百年未有之大变局正在加速演进，包括新兴中等强国在内的非西方世界已经觉醒，它们具备不可小觑的实力和资源，成为塑造全球治理新格局的重要力量。本书系统地探讨了中等强国在全球治理中的地位、角色和影响，阐述了中等强国如何利用其新的角色和话语来塑造新的全球议程。

本书提出了真问题，并通过理论分析和案例研究，为这些问题提供了有说服力的回答。首先，本书系统地界定了中等强国的概念，通过多角度分析，揭示了中等强国的多样性和复杂性，强调中等强国不仅仅是经济实力的表现，还涉及政治、文化和地缘等多元因素。这一定义为深入理解中等强国及其所有相关问题奠定了理论基础。

其次，它研究了中等强国在全球治理中的角色与话语建构。通过对全球治理概念、结构和挑战的分析，以及话语权转换机制和中等强国多重角色的讨论，既揭示了中等强国在全球治理中蕴藏的新动力，同时也指出了它们所面临的新挑战。

最后，本书还详细阐述了中等强国在非传统全球问题治理、全球经济治理和地区安全治理等领域的作用及话语权，展示中等强国在这些领域的积极参与乃至引领作用。

　　总之，本书既基于理论框架，又融合大量的实证研究，从而使其整体叙事更具理论说服力和政策参考意义。

　　维来博士作为中等强国研究的代表性学者之一，以创新性和前瞻性的理论视角，为我们深入理解新兴国家的崛起及其对全球治理的影响提供了真知灼见。本书开阔的理论视野、翔实的数据资料、独到的认知见解、深入浅出的叙事方式，还有助于读者进一步加深对理论研究及其实践意义的理解。其实，理论探讨和实践创新从来都是相辅相成、相得益彰的。

　　再次祝贺佳作出版，我十分愉快地向学术界、政策界乃至所有关心全球治理的同仁们推荐这本书。

张维为

2023 年 10 月 18 日于淀山湖畔

目　录

第一章

导　论

国际关系风云变幻，世界处于百年未有之大变局。在争夺强权、竞逐利益的激烈斗争中，围绕国际体系的主导权，大国几经沉浮，中等强国已成为国际体系不可忽视的重要力量，它们传统上在国际体系中发挥着重要作用。如今，中等强国的标签具有更引人注目的政治含义，因此，对中等强国的理论研究比以往任何时候都更有意义。精准而清晰地认识中等强国在国际舞台中的角色和作用，有助于更好地理解其在国际体系中的角色，更准确地把握其在全球治理中的话语权，更针对性地推动中国与拥有较大治理话语权的中等强国的深度合作。

一　研究问题的提出

本研究基于理论建构与实证分析，探讨中等强国崛起与国际秩序变革的动向，深入阐述全球治理的话语权问题，提炼中等强国在推进全球治理特定领域发挥领导作用的经验做法。在学理上阐明中等强国对中国全球治理话语权的作用机制，评估中国全球治理话语权的进程和需求，结合"一带一路"倡议等背景，构建中等强国与中国全球治理话语权的实践应用，服务我国引领全球治理实践的大局。

（一）研究的要旨

本研究提出关键问题，即中等强国崛起对全球治理话语权可能意味着什么。这涉及三个问题：谁是中等强国，如何崛起？这对全球治理有什么影响？它们参与全球治理的实践对中国有什么影响？沿着这一问题思路，本研究着眼于中国在全球治理中的地位和话语权提升，着重围绕中等强国崛起对全球治理的参与、引领和作用，深挖有关中等强国全球治理的进路、方略，研究努力回答三个方面的问题。其一，在全球秩序转型期，新兴中等强国的崛起有何重要的意义，对中等强国如何进行恰当的界定，研究中等强国在各种历史、国际场合中的行为，判断其行为逻辑及发展趋势。其二，中等强国如何对全球治理施加更大影响，在改革全球经济、安全、气候变化、公共卫生等多边治理架构中的角色，对参与全球治理行动的作用是什么，中等强国如何在全球事务中拥有更多发言权？其三，围绕中国提升全球治理话语权，研究发掘在这一过程中，中国怎样利用中等强国的角色和作用实现自己的既定目标，参与、引领全球治理各领域，积极展现中国作为，提升影响力和美誉度，增强中国话语权。

需要考虑的具体问题包括：中等强国试图平衡大国影响力的动机，全球权力转移过程中中等强国的角色，它们的国际战略是否以地区领导地位为目标，它们对多边主义行动的偏好基于利益还是价值观念？中等强国在建立国际机制方面发挥哪些重要作用？它们对全球治理领导力有多大的意图？它们对于中美大国竞争的态度以及政策倾向如何？它们的地缘政治环境在多大程度上影响其预期行为？国内政治在多大程度上影响它们的国际战略选择？如何抓住这些中等强国积极合作增强中国话语在全球治理中的地位？每个问题都关涉当前国际秩序变动及中国的战略方位，需深入观之察之。

"中国方案"要实现对全球治理的引领，尤其离不开中等强国的协同、支持和配合。要比较分析中等强国推动全球治理的经验和做法，以巴西、印度尼西亚、印度、韩国、土耳其等一批中等强国为分析重点，总结它们推进全球治理路径的政策措施，发掘其在全球治理中扮演的各类重要角色，提炼出有借鉴作用的经验启示。分析中等强国崛起对中国外交布局发挥的作用，分析政治、经济、文化和安全等方面的影响，对完善外交布局、塑造周边地缘政治格局、稳定大国竞合态势起到的作用。因此，阐述中等强国参与全球治理、扮演的积极角色、起到的独特作用，对于中国参与并引领全球治理行动，探讨如何更好提升中国全球治理话语权问题的研究，意义重大，势在必行。

（二）研究的内容

第一，全面阐述中等强国崛起及其行为特征。一是构建衡量中等强国的五大指标体系，对适合条件、符合研究主题的中等强国予以精准界定，并从国家实力、对外行为、身份角色、地缘政治等视角深入分析中等强国群体性崛起的内涵。二是基于身份归属、治理能力、结构力量，对中等强国做传统与新兴两种区分，使研究更精准到位。三是深入阐述全球化时代中等强国的崛起，呈现全球化所带来的知识与技术扩散对中等强国工业化进程的加速作用，阐明科技创新、信息革命、公司科创、技术学习对中等强国崛起的内生动力。四是全面论述全球秩序变迁与中等强国崛起的互联关系，分析全球治理秩序发展演变的作用，论述西方新自由主义思潮及秩序的周期性演变。从古典现实主义、自由主义、建构主义三个视野出发理解中等强国对外行为的特征、特点，着力揭示中等强国的多边全球治理行动逻辑。

第二，系统剖析中等强国全球治理话语角色建构。一是阐释全球治理及其内涵认知，在国际格局加速变动与百年未有之大变局相互叠加影响下，全球治理面临经济、政治、社会、气候环境压力应作出的反应。二是分析全球治理机构的制度设计、规则制定及其实际执行状况，指出全球层面和区域层面治理的特点，描述全球治理参与主体的扩展与多元共生状况。在国际形势紧张加剧、地缘竞争激增、权力转移、人道危机凸显等方面展现全球治理面临的棘手挑战。辨析全球治理发展趋势，指出全球治理在分配声望、地位和尊重等方面变得至关重要。三是进一步阐述全球治理中的话语与话语权问题，提出话语的建构功能、动员功能、渗透功能，阐述全球治理中话语权的作用，分析在增强话语的穿透力、设定力、传播力三个层面推动全球治理话语权的转化和巩固。四是系统分析中等强国全球治理的角色，论述国际角色理论、身份和自我认同、全球治理领导力的重要意义，阐述中等强国多重国际角色，不同中等强国对不同治理角色的认知、认同，透视中等强国全球治理角色建构和作用领域，并以案例阐释这些角色作用，指出中等强国的全球治理角色的局限性及其突破方向。

第三，着重分析中等强国在全球治理领域的角色与行动。重点突出中等强国发挥作用力大、治理紧迫感强的治理领域。一是阐述不同中等强国在全球治理的跨国性问题领域的具体做法，包括在气候变化、绿色增长、公共卫生、人道主义、互联网空间等领域的角色和作用，重点发掘中等强国在这些领域形成领导力与话语权的治国方略，提炼其多边治理行动，并以金砖国家、中等强国合作体（MIKTA）、印度巴西南非三边对话论坛（IBSA）等为例，分析新型合作机制及其意义和影响。二是深入分析中等强国在全球经济治理等重要领域的动向，指出全球经济治理结构、途径和中等强国的着力点及长期愿景。以中等强国参与和引领二十国集团、全球贸易改革发展、全球经济治理主要机构改革、全球科技治理实践为案例，深入剖析中等强国在经济治理领域发挥作用的切入点，指出它们构建并提升话语权的操作路径，探索推动全球经济治理问题的解决方案。三是着重分析中等强国参与全球安全治理特别是地区安全治理的角色和作用，以相关重要区域为实例，深入阐述中等强国发挥作用、获取安全治理话语权的表现及其行动逻辑，呈现中等强国谋求地区安全治理的参与权利，塑造地区安全治理的主题，设置地区安全治理的议程，加入并推动地区安全治理的多边进程，力图发挥主导作用。同时，指出安全治理理念之争、制度与话语之争、平台作用竞争的态势。

第四，分析中等强国—中国关系模式及对中国的影响、作用。一是阐述中等强国对中国发展的认知，发掘中等强国对中国外交的影响及在中国外交中应有的定位。研判中等强国全球治理前景以及与中国加强合作的可能性。二是阐述中等强国对中国全球治理话语权的作用，在治理制度、话语效果、话语认同、话语合法性、话语软实力、道义影响力等领域发挥独特功能。三是提出为将这种作用转化为实际效果，面向中等强国开展针对性外交，从而实现合作空间有新拓展、合作平台有新发展、国际影响有新提升、战略关系有新表现。对于利益摩擦，尤其是部分中等强国采取对抗性的策略，可能影响中国全球治理的努力，强调要妥善控制矛盾风险。

通过深入研究在崛起时代中等强国所要参与的全球治理变革，挖掘这些国家的国际角色演变及其背后的深层逻辑。一是中等强国追求更加公平和包容的全球治理体系。传统的全球治理结构由大国主导，而中等强国在这些机构中缺乏代表性和话语权。因此，它们倡导改革和机制创新，以确保自身利益得到更好维护。二是中等强国在全球治理实践中承担更多的责任。它们意识到全球挑战需要共同应对，积极参与国际组织并推动解决全球性问题，如气候变化、贸易争端和恐怖主义等。此外，中等强国还通过加强与周边地区的合作和领导力展示，发挥区域性的重要作用。三是中等强国积极参与新兴合作机制。中等强国在全球治理实践中致力于推动机制创新和改革，以适应新的国际形势和挑战。它们提出改革建议，参与全球治理机构的重建和重塑，以确保这些机构更加具有代表性、民主化和有效。中等强国倡导维护多边主义原则，并积极参与多边机制和合作。它们支持多边主义的核心价值，如平等、合作、共赢和相互尊重，并与其他国家合作应对全球性挑战。例如，金砖国家通过举办峰会、建立开发银行等方式，推动南南合作和全球治理改革。四是中等强国注重提升软实力。通过加强国际文化交流、提供教育援助、推动科技创新合作等方式，它们增强了在全球治理中的吸引力和影响力。同时，中等强国在全球发展合作中起到积极的推动作用，通过援助和合作项目为发展中国家提供支持和帮助。

当然，中等强国在国际角色演变中也面临挑战和限制。大国的影响和结构性不平等仍然存在，全球治理体系改革进程相对缓慢。保护主义、单边制裁、退出条约和军事经济胁迫已成为常态而非例外。此外，中等强国之间也存在竞争和利益分歧。因此，中等强国需要与其他国家共同努力，推动全球治理的改革和发展。

（三）研究的意义

本书将研究探讨中等强国在全球治理体系中的角色和作用，阐明中等强国在全球治理制度形成和发展中发挥的作用，构建中等强国的全球治理理论和实践体系。

首先，传递有关国际体系当前状态的系统化认知。迄今为止，国际机构的研究趋势主要集中在验证现有理论的有效性，还需要更多的实证研究。本研究通过对案例的实证研究，全面分析中等强国对全球治理制度形成和运作的影响，有助于清楚了解全球治理体系改革动向、国际秩序走向，发展反映中等强国经验的全球治理理论。其次，验证现有国际关系理论能否充分解释全球治理体系及其话语权的形成和运作机理。不是根据结果选择案例，而是首先从现有的辩论和实证研究中推断假设，然后选择案例对假设进行检验。有利于克服案例选择的方法论问题，能更客观地验证现有主张和理论的合理性、周延性、说服力。再次，形成中等强国外交战略的归纳性总结。中等强国尽管不太可能在短时间内发展成为大国，但同样可以拥有国际社会的重要角色和影响力，参与联盟建设、制度创建、议程设置、规范形成、政策协调、危机控制等工作，开展全球治理领域"小众外交"，创造性地界定自己的利益，为建立有效实施全球治理的制度作出贡献。最后，本研究最终的目的是为中国引领全球治理、提升国际影响、实现国家利益服务。我们要觅得时机，利用积累起来的经济优势、政治能量、外交杠杆，全面展现中国对全球治理的引领，将中国话语权和影响力推升到新的高度。

同时，采用新理论范式，将中等强国崛起与中国提升全球治理话语权问题结合起来，富含学术和应用价值。

一是有利于提供助力全球治理变革的"他山之石"。中等强国在国家治理和全球治理领域都有长期发展实践，积累了很多有益经验。本课题从理论创新的角度，跨越政治与安全范畴，分析中等强国崛起态势、对中国全球治理话语权的作用、中国与中等强国的合作机制等议题框架，总结得出中等强国全球治理方略的"他山之石"，用以攻全球治理话语权这块"玉"。从规则要"立"、关系要"合"、变革要"破"三个维度，提出提升全球治理话语权的外交布局，使推进全球治理更具方向感，对做强全球治理的引领优势具有重要的理论意义。

二是有利于发掘引领全球治理变革的"另辟新径"。当前中国参与全球治理的举动积极，但主导全球治理的能力不够。如何实现共商共建共享的治理理念，针对治理什么、怎样治理等都需提升"中国方案"的有效性。通过挖掘中等强国在全球治理领域独有的战略意义和潜藏价值，将中等强国元素巧妙融入全球治理的统筹谋划，找出在全球经济、地区安全、环境变化等领域的合作面，发掘参与并引领全球治理变革的新路径，丰富全球治理操作路径，具有丰富的实践价值。

三是有利于推动完善全球治理外交的"思维创新"。全球治理话语权需要在外交思维和操作路径上加强突破，将在全球治理话语权、公共外交、推进"一带一路"建设等领域，从中等强国的角度产生相关理论和方法创新。其研究成果可应用于辅助中央决策部门制定加强中等强国外交的相关政策和战略，就提高我国全球治理制度性话语权提出有针对性的建议，对完善全球治理外交具有深度的政策价值。

二　国际体系中的中等强国

过去的几十年，国际关系的研究一直以分析世界秩序及其大趋势为主流，集中分析超级大国和大国在其中扮演的角色及发挥的作用。在国际关系中，人们通常认为大国应该在谈判交易和解决危机中发挥主导作用，那些影响力较小的国家即中等强国和弱小国家，往往被视为没有能力影响国际政治进程的对象，它们对于国际体系尤其是当前全球治理的作用和价值需要深入挖掘。

（一）国际格局的特点

冷战结束后的很长一段时间内，美国主导了国际秩序。美国乔治·华盛顿大学的詹姆斯·罗斯诺教授认为，冷战的结束使世界进入了一个充满动荡和变革的时代，世界政治出现了"以民族国家为中心的政府体系"与"多中心国际体系"相结合的"两枝"格局。新兴经济体的力量不断增强，推动国际力量对比继续朝着多极化的方向发展。一方面，美国依然是世界上经济、政治和军事实力最强大的国家，美国利用美元的世界储备货币地位和对国际规则制定权的掌控，试图全面主导世界事务，其影响力目前还没有国家能取而代之。另一方面，整个世界范围内的经济一体化呈现前所未有的增长周期，同时新兴经济体经济保持持续快速发展的态势，除了中国以外，印度、巴西、南非、印尼、土耳其等国正从全球化进程的"随波者"变为重要的"逐流者""引领者"。毋庸置疑，经济全球化是冷战结束以来国际政治经济演变的最基本动力，而这个动力不仅仅来源于欧美大国。各国尤其是经济上活跃繁荣的国家之间普遍形成广泛深入的相互依赖关系，中等强国在参与国际经济新规则、新机制的制定与形成过程中逐渐成为有分量、有影响力的主角之一，而不再是伊曼努尔·沃勒斯坦（Immanuel Wallerstein）眼中的那些处于"边缘"层面的配角。英国著名政治社会学家安东尼·吉登斯（Anthony Giddens）指出，西方资本和技术在世界范围内生产分布转移，很多都将生产线整体性地移至新兴市场，结果就是促成新兴工业化国家的出现。① 国家之间的跨界相互作用和相互依存得到加强，在经济动力的推动下，世界经济多极格局开始形成，其标志是包括中国、新兴中等强国在内的一批新兴经济体快速崛起。

因此，随着国际体系从绝对单极转向一个更加多极化的世界，中等强国在政策和学术辩论中越来越受到关注。尽管中等强国的概念在学术界和外交政策圈早已存在，但它们目前没有统一和明确的定义。这方面，现有的研究在定义、分类、评估方面一直存在分歧，不同的观察视角有不同的界定和认识，并不像人们对大国的界定那么统一。在描述这些权力时，不同的作者使用不同的指标。一般而言，一个国家是否属于这一类别通常取决于是否有足

---

① 〔英〕安东尼·吉登斯：《现代性的后果》，田禾译，译林出版社，2000，第66~67页。

够多的人口、自然资源、经济和军事实力、政治稳定性、重要国际地位以及该国自身在解决地区和国际问题方面的积极行动。根据现实主义的观点，国家可分为小、中、大国（以及超级大国），中等强国是经济实力和军事力量处于中等偏上位置的国家。自由主义理论的支持者从规范的视角认为，国家在国际舞台上的适当行为取决于遵循中等强国外交的原则，以及政治制度的类型，确定国家参与国际进程的程度、其国家利益以及对这些进程施加影响的能力。也就是说，从其国际行为的表现对中等强国概念加以认知和界定。从建构主义的角度来看，其他国家对中等强国地位的承认，以及中等强国的自我身份定位是很重要的。在新马克思主义理论中，根据沃勒斯坦的"中心—外围—半外围"结构主义，与"中心"国家（剥削者）和"外围"国家（被剥削者）都存在紧密关系，处于两者桥梁位置的"半外围"国家往往具有中等强国的能力。不过，这些模式都并不全是公认和客观的。在分层方式中，指标彼此不相关，这使得比较不同的状态变得困难。规范模型具有主观性，其中的指标模糊不清，难以衡量。行为主义是基于对公认的中等强国的分析，但不清楚在其外交政策行为改变时如何表征它们。这些认识视角的平衡取决于研究者的目的。

作为一个国家类别，尽管中等强国各国国情千差万别，但总的来看，有不少相似之处：①地缘区域性。它们首先是区域内的重要国家，有的还被视为区域大国。地缘优势决定它们的影响范围，使之相对于地区其他行为者处于有利地位和具备历史感，锁定不同时期的重要利益。②相对物质优势。这些国家拥有显著程度的物质能力和行动资源，在经济、军事和人力资本方面足以创造和保持相对优势，使它们能够在追求目标方面超越其近邻。③作为文明国家的地位。它们当中很多是具有悠久历史记忆的国家，通常有着独特的价值观，致力于保护其目前的文化生活形式，并渴望获得同侪的承认和尊重。历史和文化的连续性也带来了更大的团结和更高的内部稳定，以及随之而来的对其历史和文化遗产予以高度关注的外部兴趣。④目标具有限定性和非全球性。由于它们的能力相对有限，不能像大国那样追求远超出其区域的全球利益，这些国家强调文化的特殊性和重要利益的优先性，它们的目标和战略关注范围较窄。与大国相比，一部分中等强国更多的是通过它们与其他大国的关系来定义的，这种关系增强、减弱或限制了它们的物质能力。如果不考虑其所处区域，不考虑域外大国的利益，也就难以充分定义中等强国的战略轨迹。譬如，加拿大、墨西哥均被广泛视为典型的中等强国，而它们的地区影响力则被其强大的邻居美国所掩盖，这一定程度上影响其对地区经济安全事务的发言权。类似的例子不一而足。

（二）中等强国概念发展概述

考虑到现有的国家体系和许多早期的现代历史体系一样，包含大量明显既不是大国也不是小国的行为体，研究中等强国的作用似乎是对传统的关注大国的自然补充。在古代中国和古希腊，政治共同体的组织及其相对地位引起了思想家的极大兴趣，包括中国古代亚圣孟子（公元前 372~前 289）和古希腊先贤苏格拉底（公元前 469~前 399）。孟子将周王国内的各种封地分为三类：大、中、小，所谓万乘之国、千乘之国、百乘之国。古希腊的城邦制度也表现为由"巨头"（斯巴达、雅典、底比斯和波斯）、中等城邦（科林斯、阿尔戈斯、科西拉、塞萨利和锡拉丘兹）以及小而弱城邦（爱奥尼亚、西西里）组成的城邦国家体系的等级制度。虽然这些城邦国家地位在一定程度上是由军事和经济实力来衡量的，但雅典在哲学、建筑和治理等领域相对于斯巴达的文化优势得到广泛承认。与古代中国一样，古希腊的中等城邦在调停大邦国之间的冲突和帮助小城邦方面发挥着至关重要的作用。

有趣的是，一些著名的历史作家，如托马斯·阿奎（1225~1274）、巴托鲁斯·德·萨克萨法拉托（1313~1357）、乔瓦尼·博特罗（1544~1617）、加布里埃尔·邦诺·德·梅布利（1709~1785）、亚当·冯·比洛（1757~1807）、卡尔·冯·克劳塞维茨（1780~1831），他们的一些研究在某种程度上与中等强国在国际事务中的作用有关。在历史上，虽然中等强国在物质能力上比不上大国，但它们仍然被视为力量平衡的提供者。在 14 世纪的欧洲，中世纪罗马法著名的大陆法学家巴托鲁斯（Bartolus de

Saxaferrato）曾根据国家的大小将国家分为：城邦（他称为民主国家）、国家（由贵族统治）、帝国。他赞赏由贵族统治的国家，因为相信这些国家有能力在国际事务中发挥"侠义"或促进和平的作用。在 16 世纪文艺复兴时期，意大利思想家、外交家乔瓦尼·博特罗（Giovanni Botero）将中等强国定义为拥有足够的力量和权威，能够在不需要他人帮助的情况下保持自立。博特罗将国际体系分为三个等级：帝国（grandissime）、中等强国（mezano）和小国（piccioli）。他说："中等规模的国家是最持久的，因为它们既不会因其弱小而遭受暴力，也不会因其伟大而遭受嫉妒，而且财富和权力是适度的，与大国相比，激情不那么激烈，野心也不那么容易得到支持。"① 中等强国的概念即根据一个国家的地位来定义它是一种什么样的行为者。具体地说，关于一个国家在国际权力等级中的相对排名是什么。军事和经济能力可通过量化评估，作为衡量一个国家相对实力的关键指标。②

现代国际关系对于中等强国的提法先于学术研究。中等强国概念的政治开端始于第一次世界大战后的世界秩序安排。第一次世界大战结束时，国际联盟成立，作为维护全球秩序和防止另一次世界大战的一种方式。英国希望有一个简单的大国与他国的划分，比如成立一个仅由大国组成的中央理事会（central committee）。这引起了一些争议，并引发关于将一些非常任理事国席位分配给"中等"和"次要"地位国家的讨论。这反过来又引起了更多的争议，比如，巴西威胁称如果它被贴上"中等"的标签，就会退出联盟。③

中等强国并非全新的国际政治概念，首次官方正式使用"中等强国"

---

① Carsten Holbraad, *Middle Powers in International Politics*, New York: St. Martin's Press, 1984, pp. 11–12.

② T. V. Paul, Deborah Welch Larson and William C. Wohlforth, *Status in World Politics*, Cambridge: Cambridge University Press, 2014, p. 20.

③ Bernard Wood, *The Middle Powers and the General Interest*, Ottawa: The North-South Institute, 1988, p. 8; Laura Neack, "Searching for Middle Powers", *Oxford Research Encyclopedia of Politics*, July 27, 2017, https://oxfordre.com/view/10.1093/acrefore/9780190228637.001.0001/acrefore-9780190228637-e-330.

一词出现在二战。1945 年的旧金山会议上，联合国安理会的五个常任理事国被正式承认为大国，会议还就中等强国的地位和它们在国际冲突解决中的作用进行了辩论。加拿大和澳大利亚代表团的代表用中等强国一词来表明它们要求参与战后的世界重组和联合国的建立，希望在国际组织中获得特殊地位和反对大国在国际舞台上过度控制。第二次世界大战接近尾声，当即将到来的胜利者开始规划另一个旨在维护全球秩序的国际组织形态（即联合国）时，加拿大的外交官和学者主张他们对加拿大特殊地位的要求。澳大利亚和加拿大代表团成员在旧金山会议上声称参与了战后世界秩序的重组和创造。曾任澳大利亚国防部长弗兰克·福特（Frank Forde）表示："必须承认，除了大国之外，还有其他一些力量的地理位置和资源可用性将被迫仅仅用来维持和平与安全……一些未被归类为大国的国家，在整个二战过程中都得到了证明，它们不仅有能力打败侵略者，还要努力维护世界安全，有权在所有国际组织中获得特殊地位的承认。"① 麦凯（MacKay）在《加拿大的中等强国主义》一书中提出，中等强国的概念起源于政治，而非学术创见。② 1944 年春，在讨论如何构建一个世界组织以防止另一场全球性战争时，英国首相丘吉尔建议，该组织应由一个由盟国大国组成的中央理事会领导，而加拿大则参加美洲地区委员会。时任加拿大总理的麦肯齐·金（Mackenzie King）③极力反对，声称希望有自己的代表权，即使不是作为三大国或四大国之一，至少也是作为中等强国之一，以某种关系加入这一新的国际组织，让国际社会承认加拿大的国际地位。当时加拿大外长路易斯·圣洛朗（Louis St. Laurent）专门把加拿大定位为"一个中等水平的大国"。圣洛朗自 1948 年起担任加拿大总理，推动加拿大在战后世界中不断扩大国际影响，扮演社

---

① Carsten Holbraad, *Middle Powers in International Politics*, New York: St. Martin's Press, 1984, p. 215.

② R. A. MacKay, *The Canadian Doctrine of the Middle Powers*, Toronto: University of Toronto Press, 1969, p. 133.

③ 麦肯齐·金是加拿大政治家，自 1921 年起担任加拿大第十任总理，任职三个非连续任期，即 1921~1926 年、1926~1930 年和 1935~1948 年，任职 21 年零 154 天，至今仍然是加拿大历史上任期最长的总理。他确立了加拿大作为中等强国的国际声誉。

会、军事和经济领域中等强国的角色。[①] 彼时，国际权力是一个相当直接明了的概念，它主要取决于一国军队的规模和质量（军队、武器、后勤、军事开支等）、各国政府使用武力的意愿以及是否存在足够的经济实力和公共财政来支撑这些力量。因此，权力主要是关于国家通过胁迫来塑造国际政治的能力，而外交则以胁迫的威胁为后盾。

加拿大脱颖而出，成为世界上少数几个相对强大的经济体之一。相比之下，欧洲、日本特别是中国在经济上受到了战争的严重破坏。这种相对的经济实力为加拿大的军事力量打下坚实的基础。1945 年，加拿大的国防开支达到峰值，占国内生产总值的 35% 以上（而今天仅占 1% 以上），占联邦政府总开支的 80%。[②] 这些统计数字反映了加拿大参与战争的全部努力。然而，尽管加拿大和澳大利亚积极参与联合国的成立过程，但未能谋得在联合国系统中等强国的特殊地位。加拿大学者卡斯滕·霍尔布拉德（Carsten Holbraad）道出其中的原因，有关大国之间缺乏共同点和未制定的议程等因素阻碍了谈判进程。此外，没有一个共同的定义或属于中等强国类别的国家名单，各国几乎不可能对程序进行修订；大国在为其利益重组世界秩序问题上的稳固，也没有为加强中等强国的地位创造外部政治环境。[③] 然而，从这一时期开始，这个词就进入政治学的词典。此后，有关中等强国的研究多集中于加拿大、澳大利亚等国的政策讨论。

冷战期间，由于美国和苏联两个超级大国主导着两极格局，中等强国在政治、安全等领域中的作用空间受到较大的限制。但是，随着冷战的进展和超级大国核军备竞赛，制止战争变得更加迫切。这一时期，自认为中等强国的国家主张它们是唯一能够并愿意集体负责维护国际秩序的国家，特别是在

---

① Patrice Dutil, *The Unexpected Louis St-Laurent Politics and Policies for a Modern Canada*, University of British Columbia Press, 2021.

② Eugene Lang, "Searching for a Middle-Power Role in a New World Order", Canadian Global Affairs Institute, June 2019, https://www.cgai.ca/searching_ for_ a_ middle_ power_ role_ in_ a_ new_ world_ order.

③ Carsten Holbraad, *Middle Powers in International Politics*, New York: St. Martin's Press, 1984, p. 61.

小国不能、大国不愿的情况下。① 不过，因为两极体系的影响，那一时期被认为是中等强国的国家加入各类合作联盟但不太活跃。从 20 世纪 60 年代开始，中等强国的概念开始流行。特别是美国总统尼克松在关岛提出美国、苏联、西欧、日本、中国是主要国际角色后，中国、日本以及欧洲在国际体系中的地位得到承认，有关中等强国的研究开始增多、范围扩大。②

冷战时期，中等强国对美苏两极结构的体系作用影响不大，在涉及全球政治经济走势方面着力空间不多。于是，加拿大、澳大利亚、瑞典、挪威等自视为中等强国的西方国家开始从防核不扩散、维和行动、禁止地雷等大国不甚关心的问题入手，乐此不疲地发挥自身作用，寻找自身的价值和影响力。当然，这一时期印度作为不结盟运动的核心国家之一，带动第三世界不发达国家走中间路线取得不错的成效。综上所述，可以得出以下结论，中等强国所处的环境和历史条件，使它们开始突破有限的国际空间寻求更多的外交作为，让国际关系体系的等级制开始变得扁平化。

冷战结束后，关于中等强国外交政策行为的理解要比两极时期复杂得多。由于苏联解体、两极体系的崩溃，原有的国际政治经济格局面临重组，新的历史现实和国际政治进程逐渐加速。一批学者跃跃欲试地定义新的全球秩序。最为知名的是，弗朗西斯·福山（Francis Fukuyama）颇为自得地预言"历史的终结"，即资本主义对所有敌对社会制度的最终胜利。不久之

---

① John Holmes, "Most Safely in the Middle", *International Journal*, Vol. 39, No. 2, 1984, pp. 366-388.

② Edgar McInnis, "A Middle Power in the Cold War", in Hugh L. Keenleyside, et al., *The Growth of Canadian Policies in External Affairs*, Durham: Duke University Press, 1960, pp. 142-163; F. H. Soward, "On becoming and being a Middle Power: The Canadian Experience", *Pacific Historical Review*, Vol. 32, No. 2, 1963, pp. 111-136; J. L. Vellut, "Congolese Foreign Policy and African 'Middle Powers', 1960-64", *Australian Outlook*, Vol. 19, No. 3, 1965, pp. 287-305; John W. Holmes, "Most Safely in the Middle", *International Journal*, Vol. 39, No. 2, 1984, pp. 366-388; Anthony Peter Spanakos and Joseph Marques, "Brazil's Rise as a Middle Power: The Chinese Contribution", in *Middle Powers and the Rise of China*, ed. by Bruce Gilley, Andrew. O'Neil, Washington, DC: Georgetown University Press, 2014, pp. 259-281; Joon-Woo Park, Don Keyser and Gi-Wook Shin, *Asia's Middle Powers? The Identity and Regional Policy of South Korea and Vietnam*, Stanford: Shorenstein Asia-Pacific Research Center, 2013.

后，哈佛大学教授塞缪尔·亨廷顿（Samuel Huntington），预测一场全球性的"文明冲突"。然而，历史并未终结，文明的冲突也未真正出现。

全球化、经济一体化加快推进，经济相互依存度空前提升，区域性发展趋势增强，多极化重新成为令各国向往的新趋势。因此，全球化使得富国弱化、穷国强国的趋势不可避免。这就是历史的逻辑。在此背景下，中等强国的范围迅速扩大，对新兴中等强国崛起现象的研究兴趣日益增加。[①] 得益于国内改革和经济政治全球化的有利国际环境，一批新兴中等强国开始发展崛起，不再像过去冷战时期那样在超级大国之间寻求"生存"，而是积极参与重建国际秩序，争取更有利于自身的国际地位。世界正在目睹全球权力重新分配的场景，一系列新兴的国际行为体如新兴中等强国，甚至是强大的非国家行为体正在成为全球治理网络中更重要的部分。中等强国在权力政治和大国竞争中的战略功能比以往任何时候都更加凸显。一方面，加拿大、澳大利亚等传统中等强国继续扩大在全球舞台上的影响，比如澳大利亚牵头发起的亚太经合组织不断发展壮大，成为亚太地区经济合作发展最重要的磋商平台；另一方面，巴西、阿根廷、韩国、墨西哥、土耳其、南非、马来西亚等一批新兴中等强国成为全球治理的新角色，在地区和全球层面发挥"后起之秀"的生力军作用。这些国家奉行中等强国的外交政策，在适当环境下，强化具体的外交主张并付诸行动，积极参与国际组织，参与冲突调解、人道

---

① A. Ehteshami, "Middle East Middle Powers: Regional Role, International Impact", *Uluslararasi Iliskiler*, Vol. 11, No. 42, 2014, pp. 29‑49; K. R. Nossal, R. Stubbs, "Mahathir's Malaysia: An Emerging Middle Power", in *Niche Diplomacy*, *Middle Powers after the Cold War*, ed. by Andrew F. Cooper, London: Macmillan Press, 1997, pp. 147‑163; A. Freedman, "Malaysia, Thailand, and the ASEAN Middle Power Way", in *Middle Powers and the Rise of China*, ed. by Bruce Gilley, Andrew O'Neil, Washington, DC: Georgetown University Press, 2014, pp. 104‑125; J. V. D. Westhuizen, "South Africa's Emergence as a Middle Power", *Third World Quarterly*, Vol. 19, No. 3, 1998, pp. 435‑456; Giampiero Giacomello and Bertjan Verbeek, *Middle Powers in Asia and Europe in the 21st Century*, Lanham: Lexington Books, 2020; Joshua B. Spero, *Middle Powers and Regional Influence: Critical Foreign Policy Junctures for Poland, South Korea, and Bolivia*, Lanham: Rowman & Littlefield Publishers, 2018; Edward Jordaan, "The Concept of a Middle Power in International Relations: Distinguishing between Emerging and Traditional Middle Powers", *Politikon*, Vol. 30, No. 2, 2003, pp. 165‑181.

主义援助和促进人权等领域，以发挥它们在国际体系中的影响力。主要表现为：一是有其他国家欣赏的软实力；二是有机会参与全球事务的管理；三是有能力在全球和区域治理中开辟自身可以出类拔萃的"小众领域"（niche fields）；四是倡导变革的参与者。这些国家经济发展水平不一，政治制度与外交政策差异很大，但地缘政治潜力各有所长。通过这些努力，一些兼具较强实力和较大影响力的中等强国开始形成一定的领导者地位。

（三）中等强国的认知分析

为了理解中等强国这个概念，常见的是采用一系列新方法加以分析，不仅要考虑物质指标，还包括对外交政策行为和国际环境的分析。为了更好地理解这一概念的现状，主要有三种理论方法用来界定中等强国的概念，分别是分层定量（等级制）、行为主义和建构主义。

第一种是分层定量方法。这是一种基于量化的方法，通过这种方法可以衡量一个国家的国内生产总值（GDP）、人口规模、领土面积和军事力量。这种方法在20世纪六七十年代特别盛行，由霍尔布拉德进一步发展，他同时强调这种方法的一些缺点，并指出在不同的指标下，各国的排名可能不同。例如，一个国内生产总值数据很高的国家，其人口数据可能很低，或者武装力量的数量不多。此外，从长期来看，人口和领土面积等指标比GDP指标更加稳定和可靠。在短期内，衡量以下几个指标更有意义：武装力量数量、军事支出和特定类型武器的数量。数据可证明这些国家的军事实力。从区域和次区域层面中等国家和小国之间的区分开始，对每个地理区域的结果进行比较。在此基础上，他尝试在指标上实现某种统一。通过将国家分为六个地理区域（非洲、亚洲、欧洲、北美洲和中美洲、南非、大洋洲和印度），霍尔布拉德确定日本、加拿大、巴西、伊朗、墨西哥、南非和印度尼西亚等国家为中等强国。[①] 这种方法使我们有可能快速清晰地将中等强国与

---

① Carsten Holbraad, *Middle Powers in International Politics*, New York: St. Martin's Press, 1984, pp. 88-89.

其他类型的国家区分开来，因为国内生产总值、人口和其他量化方法等指标便于清晰分类。

第二种是行为主义方法。行为主义方法所依据的理念是应根据中等强国在国际舞台上的外交政策行为对其进行分析。[①] 这一观点的支持者认为，中等强国的特点是希望以多边方式解决国际问题，并倾向于采取中立态度，在外交中有以"不干涉"概念为指导的倾向，担当"国际社会好公民"。[②] 不过，就有关来自中等强国的学者自我美化为"国际社会好公民"的观点，欧洲学院欧洲邻里政策主席研究员安德烈·图什卡博士在编辑的《反思亚洲世纪的中等强国》一书中，关于"作为外交政策行为模式的中等强国自信"的章节挑战了西方主流对中等强国是"好的国际公民"的看法，他指出，丰富的现实证据表明中等强国也充当了"坏的国际公民"。[③]

中等强国一词意味着分析的出发点不仅是国家的力量比较，而且是其影响国际进程的能力。美国政治学家罗伯特·基欧汉（Robert Keohane）认为，中等强国的领导人确信，他们无法单独在国际舞台上有效地采取行动。因此，加强其影响力的主要工具是各种国际机构。[④] 换句话说，国际组织是中等强国发挥作用的舞台，从而塑造一种有利于其利益的国际政治文化。加拿大学者罗伯特·考克斯（Robert Cox）也指出，为了维持一个稳定的世界秩序，中等强国积极参与国际组织的活动。[⑤] 综上所述，中等强国外交政策行为的主要目标是调解、解决冲突、构建多领域外交政策、建立联盟和实行妥协，它们的主要方向是建立和维护国际体系中所有行为体都遵守的共同规则

[①] Andrew Carr, "Is Australia a Middle Power? A Systemic Impact Approach", *Australian Journal of International Affairs*, Vol. 68, No. 1, 2014, p. 78.

[②] Andrew Cooper, R. Higgott and K. R. Nossal, *Relocating Middle Powers: Australia and Canada in a Changing World Order*, Vancouver: UBC Press, 2004, p. 96.

[③] Tanguy Struye de Swielande, Dorothée Vandamme and David Walton, Thomas Wilkins, *Rethinking Middle Powers in the Asian Century: New Theories, New Cases*, London: Routledge, 2018.

[④] Robert Keohane, "Lilliputians' Dilemmas: Small States in International Politics", *International Organization*, Vol. 23, No. 2, 1969, p. 296.

[⑤] Robert Cox, "Middlepowermanship, Japan and Future World Order", *International Journal*, Vol. 44, No. 4, 1989, p. 827.

和原则。因此，中等强国的外交政策行为是为了在国际舞台上促进全球治理的议程。然而，这种方法也有一些局限性。按照它的逻辑，人们可以得出，任何国家都可以采取特定外交行为表现得像一个中等强国，无论其实力如何。也就是说，无论其领土面积、人口规模或 GDP 如何，只要它遵循这种类型的外交政策行为，就可以被列为中等强国（哪怕像新加坡这样的国家）。此外，一些学者质疑行为主义方法的支持者创造了某种理想的韦伯模式，并称每个国家都应该遵循。① 这种争论使该方法出现了一种新的趋势，表现为将中等强国分为传统和新兴的想法，这些国家通过其外部行为区别彼此。罗伯特·考克斯指出，中等强国的角色不是固定和普遍性的，而是必须在国际体系不断变化的状态下重新思考的东西。② 为缓解冷战结束造成的一些概念模糊，"新兴中等强国"的概念开始引领讨论热潮。S. 尼尔·麦克法兰（S. Neil MacFarlane）再次强调了这个词中已经包含的活力元素："新兴国家之所以与众不同，是因为它们的身份是动态的；它们的地位随着它们的权力增长而变化，它们塑造结果的能力也随之发生变化。"③ 传统中等强国一直以拥护现行的国际体系而闻名，反过来，新兴中等强国则在寻求改变或调整现状，在国际和地区层面推行积极的外交政策，参与全球治理并获得发言权与影响力。④

第三种是建构主义方法。一些研究者认为，中等强国只是政治家们创造的建构物。政治领导人宣布他们所领导的国家是中等强国，并声称要在国际体系中发挥特殊作用。这实际上就从话语上建构了中等强国的身份。这很大程度上与澳大利亚将自己定位为一个中等强国有关。澳大利亚的多任外交部

---

① Andrew Carr, "Is Australia a Middle Power? A Systemic Impact Approach", *Australian Journal of International Affairs*, Vol. 68, No. 1, 2014, p. 75.

② Robert Cox, "Middlepowermanship, Japan, and Future World Order", *International Journal*, Vol. 44, No. 4, 1989, p. 824.

③ S. Neil MacFarlane, "The 'R' in BRICs: Is Russia an Emerging Power", *International Affairs*, Vol. 82, No. 1, 2006, p. 41.

④ Edward Jordaan, "The Concept of a Middle Power in International Relations: Distinguishing between Emerging and Traditional Middle Powers", *Politikon*, Vol. 30, No. 2, 2003, p. 169.

长包括加雷斯·埃文斯（Gareth Evans，1988~1996 年任职）、亚历山大·唐纳（Alexander Downer，1996~2007 年任职）和斯蒂芬·史密斯（Stephen Smith，2007~2010 年任职）在描述澳大利亚外交政策时都提到了中等强国的概念。同样地，中等强国一词也可以在加拿大外交界人士的政策宣张中找到。① 这些外交政策宣张主动告知外界加拿大的中等强国身份，它是一种主动建构的表现。

在此基础上，一些研究者认为，对中等强国的自我认知和外交政策行为的共同理解正是通过其内部的政治家和学者之间互动形成的，中等强国是一种社会构建的身份。然而，与行为主义方法不同，建构主义方法并没有规定国家必须严格遵守共同的道德规范、要为和平与繁荣而奋斗。相反，这种方法的支持者强调国家利益对中等强国的首要地位（见表1-1）。

表 1-1　对中等强国概念进行分类的方法

分层定量方法	行为主义方法	建构主义方法
标准		
量化指标 —国内生产总值 —人口规模 —国土面积 —军事力量 —国防预算	外交政策行为 —调解 —解决冲突 —多领域外交政策 —"小众外交" —"国际社会好公民"	国际舞台上的国家定位 —国家作为中等强国的自我认知 —通过政治家的宣张塑造一个中等强国的角色 —中等强国的形象建构

资料来源：根据前文所述内容整理而成。

总而言之，对中等强国的全面认识，有助于强化对当前国际体系中国际政治进程的理解，也有助于理解当前全球治理相关领域的进展和动向。虽然针对这个问题有大量的研究，但由于缺乏有效的方法论和共识性的概念，导致在实践和理论层面难以形成全面认知。应该指出的是，仅根据大国在全球

---

① John Ravenhill, "Cycles of Middle Power Activism: Constraint and Choice in Australian and Canadian Foreign Policies", *Australian Journal of International Affairs*, Vol. 52, No. 3, 1998, pp. 309-327.

国际体系中发挥主导作用并将其视为世界政治唯一主导者的观点，作为分析世界秩序的传统方法并不正确。面临今天全球治理的新形势，中等强国大有可为、大有作为，其在一定程度上改变和影响国际政治进程与全球治理体系。因此，研究中等强国在国际体系中的地位、角色和作用，分析它们与国际社会的关系是一项重要的任务，具有高度价值，值得特别关注。我们可以得出这样的结论：中等强国的概念尽管有缺点和不完善之处，但它可作为一个重要且富含价值的研究支点，随着时间推移，将不断得到丰富和完善，持续引起研究者的兴趣。

三　全球治理体系中的中等强国作为

当今国际问题学者研究的几乎所有问题和趋势都可以归结于全球治理问题，从经济到安全，从气候变化到公共卫生，从人道安全到恐怖主义，无一不关联全球治理。西方对于全球治理的研究主要经历了三个时期。第一时期的研究由 20 世纪 70 年代的自由多元主义、政权理论和制度理论促成，学者关注跨国主义和国际组织研究，重点是国际制度的原则、规范、规则和决策程序。自由多元主义者对国家作为国际关系行为体的唯一性提出质疑，认为国际关系中的非正式协调机制相当重要。在自由多元主义理论框架内，全球治理出现一种"新的治理模式"。它并不否认国家角色的关键性，但强调国家不再是指挥和控制的唯一来源，而是转变为协调者，为非国家行为体有效活动创造条件，并借助"软法律""政府性"等机制协调其作用。

第二时期的研究从冷战结束前后至新千年，其重点在于全球现象的规范和伦理问题。冷战后各国对全球治理重要性的认识空前提升。这一时期研究的发起者是罗西瑙，在其编著的《没有政府的治理》一书中，提出与政府统治相比，治理是内涵更为丰富的现象。它既包括政府机制，又包含非正式、非政府的公共机制。随着治理范围的扩大，世界各民族、各类组织得以借助这些机制满足各自的治理需求。杰西卡·格林等人聚焦全球治理领域的国际非政府组织、市民社会组织、跨国企业甚至个体精英等行为体，指出它们在全球治理中崭新而重要的角色。星野昭吉认为，全球治理既不是全球政府或世界政府，也不是民族国家行为体的简单组合，而是一种国家与非国家行为体之间的合作以及从地区到全球层次解决共同问题的新方式。

第三时期的研究从 21 世纪头十年至今，重点是对全球性和价值性的讨论。全球治理既面临贫困、跨境犯罪、恐怖主义、气候变暖、能源短缺等危机，又有地缘政治对立、战争冲突、核扩散等威胁。破除治理协调乏力难题，建立有效的全球监管机制十分重要。研究者加强对全球治理机制复杂性的研究，提议建立更多与全球进程相对应的国际机构。一些研究者倡导改革现有的国际机构，赋予它们更广泛的权力；一些研究者则提出加强对全球治理进程非制度化的政治管理。在全球治理赤字扩大、"逆全球化"加剧及西方民粹主义抬头的背景下，全球治理的权威与有效性等议题得到更多关注，治理权威、合法性和话语权竞争成为研究热点。

伴随政治经济秩序的变化，全球治理的力量主体不断发生变化，中等强国从"小荷才露尖尖角"逐渐变得"映日荷花别样红"。

（一）单极秩序独力难支

冷战后，全球治理秩序一度以美国这一霸权国家为中心，呈现高光的"单极时刻"。然而，世界政治经济发展的趋势表明，世界正处于权力从西方向东方历史性转移的风口浪尖。国际体系的内涵正在发生转变，新的地缘政治秩序尚未明确形成，其轮廓还没有明确界定，全球治理日益受其深刻影响。布热津斯基认为，世界已进入"后霸权时代"，与冷战时期的经验相反，没有一个国家有能力以实质性或永久方式将其意志强加于其他国家。[①]大国在塑造和维持现代世界秩序方面继续发挥着核心作用，而伴随着向新兴世界秩序的过渡，大多数国际政治行为体的行动自由度不断提高。"单极时刻"难以持久这一事实令人信服地证明，一个权力中心主导地位的增强不

[①] Zbigniew Brzezinski, "The Role of the Westin the Complex Post-Hegemonic World", *Lecture during the Evening Opening Gala of the European Forum for New Ideas*, September 26, 2012, Warsaw: EFNI Press Release.

会也不必然导致全球治理可控性的增强，依靠霸权及其盟友的政治意愿和资源从长远来看是行不通的。同时，国家对国际关系复杂社会体系条件的适应性，表现为国际行为主体的战略行为，其依据是政策可用的偏好与手段可用之间的匹配度。这些新趋势的结果是为许多中小国家提供有利的环境，使它们能够在国际关系中成为"自我"行动者。到 2008 年国际金融危机时，有关以西方霸权建立新世界秩序的想法与实际进程出现明显的冲突。在不到20 年的时间里（从 1991 年开始），在欧洲、日本经济持续停滞的背景下，亚洲（主要是中国和印度）的经济巨头已经壮大起来，从墨西哥到印度尼西亚的广泛区域出现一批快速发展的新兴中等强国，它们继续发展崛起（尽管并非没有困难），或将在不远的将来引领全球治理风向。

全球治理意味着在没有世界政府的情况下，各国之间系统地合作解决全球性问题。全球安全、生态环境、国际金融、人道安全等问题，无论采取何种治理方式，没有任何一个国家完全有能力应对世界面临的日益严重的社会、经济和环境风险。一方面，全球性问题增加了各国对全球公共产品的需求；另一方面，经典的"搭便车"问题出现了让"谁来付费"问题更加凸显，引起这些产品的"生产"资金不足的讨论，继而难以组织此类生产。对于国家来说，参与全球治理尽管不是生死攸关的问题，但不参与全球公共产品生产供给的国家可能会成为全球问题的受害者，其程度与将资源用于解决这些问题的国家相当，因为后者的资源可能已经足够了。全球公共产品的"选择单元"（国家）实际上是世界政治中的所有参与者。在这种情况下，需要一定的制度来确保全球公共产品源源不断地供给，也就是确保采取集体行动解决特定全球问题的机制。然而，主要大国在保护全球公域方面的合作正在减弱，大国地缘政治竞争、公共卫生危机正在成为加剧全球治理碎片化的催化剂。正如美国俄亥俄州立大学政治科学教授兰德尔·L. 施韦勒（Randall L. Schweller）认为的，全球治理的混乱、随机性、碎片化、模糊性增加了国际政治难以理解的复杂性。① 在此背景下，全球治理体系开始出现

---

① Randall L. Schweller, "Ennui becomes Us", *The National Interest*, No. 105, 2010, pp. 27-38.

新的变化。

一是领导者出现差异化。主导国际经济秩序的西方经济强国在金融危机的冲击下相对衰落，而一些发展中国家正在崛起为新兴市场经济体，这是现有国际经济体制发生重大变化的迹象，两者之间不断博弈与合作。在全球治理中，大国的目标如果不能与其他国家的需求相结合，不与国际公域（public commons）相契合，那么其领导力想要发挥作用可能就会独臂难支。在全球化时代，世界议程变得更加复杂，成功解决跨国挑战不得不需要各国通力合作。现有以大国为中心的全球治理已达极限，不稳定和不确定因素越来越多。

二是全球治理话语权越来越表现出意识形态价值观的争夺。2008年全球金融危机以来，以新兴经济体为代表的多元化发展模式备受关注，尤其是以中国为代表的新兴发展中国家的成功治理经验和发展模式对于后发国家适用性强，对西方模式形成第三条道路的替代选择。这将引起制度道路模式的意识形态竞争。源于地缘政治的冲突加剧了彼此的不信任和对立情绪，比如美国竭力排除俄罗斯参加2022年的G20领导人峰会。同时，在相互依存的全球经济中，一个国家内部政策的溢出效应和回响效应突出。比如，美国由于执政力量轮替，民主、共和两党有不同政策倾向和理念差异，而这些政策对其影响全球治理的效率产生了直接的作用。

三是治理机制呈现碎片化。全球治理机制存在分歧，现行治理体系的代表性不足和有效性普遍遭到质疑，地缘政治博弈和大国竞争等因素干扰全球治理的共识难以达成。在充满挑战的时代，政府的能力受到考验。如果以2020年新冠疫情暴发为衡量标准，那么全球治理体系内部的裂缝是显而易见的。特别是乌克兰冲突将地缘政治对抗推向最前沿，围绕经济、安全乃至气候变化等领域的全球治理共识更是难以达成。疫情证实，尽管过去70多年来主导国际事务和经济秩序的全球组织和规范仍然存在，但它们的实际作用和约束力正在减弱。不过，也不太可能出现新的组织和规范来填补这一空白，美国也没有表现出负责任的全球领导力迹象。事实上，美国非但没有与中国合作抗击疫情，反而加剧互不信任和对抗情绪。

（二）新兴力量崭露头角

亨廷顿曾预言全球政治在真正进入多极化的 21 世纪之前将经历一到两个单极化的十年。① 但随着全球金融危机等一系列新事件的发生，人们可能会问，前面提到的关于权力转移和全球秩序重组的趋势是否会得到加强。这场危机似乎对新兴国家有利，因为多边和区域间论坛增多，比如东盟"10+5"、二十国集团、金砖国家、印度—巴西—南非三边对话论坛（IBSA）、中等强国合作体（MIKTA）等，使它们对于全球治理结构拥有更多的发言机会。此外，新的全球治理结构既要反映这些新兴大国的相对政治经济权重，也需展现它们在这些国际机构中或多或少代表不同世界区域的事实。

回顾 2000 多年前，古希腊历史学家修昔底德在其鸿篇巨制《伯罗奔尼撒战争史》中感叹道："强者尽其所能，弱者受其必须"（the strong do what they can and the weak suffer what they must）。② 但这种对世界的二元描述既简单化又有误导性，大国主导一切的现实主义宿命论一度大行其道，而今天却越来越难以符合现实。相互依存度的提高、国际关系中经济层面的扩大以及国际体系的动荡大大增强中等强国的角色和作用，为它们提供建立政治影响力的新机遇。菲律宾学者理查德·J. 海达里安（Richard J. Heydarian）认为，中等强国可以在遏制大国扩张行为方面发挥关键作用，有时甚至可以制止针对小国的暴行。因为它们塑造各自地区的地缘政治能力越来越强，而且在解决冲突、发展文化和促进科技进步方面为全球倡议作出了贡献。③ 中小国家偏爱外交和经济手段的对外政策，参与国际组织治理，主张国际合作，尽量避免冲突，并寻求安全、资源和伙伴关系。卡内基国际和平基金会地缘政治学者莫伊塞斯·纳伊姆（Moisés Naím）指出，今天所处的这个世界，

① Samuel Huntington, "The Lonely Superpower", *Foreign Affairs*, Vol. 78, No. 2, 1999, pp. 35-49.

② 〔古希腊〕修昔底德：《伯罗奔尼撒战争史》，谢德风译，商务印书馆，1985，第 414 页。

③ Richard Javad Heydarian, "Who will Lead the New World Order? Not the US or China", *the National*, May 6, 2021, https://www.thenationalnews.com/opinion/comment/who-will-lead-the-new-world-order-not-the-us-or-china-1.1215770.

有（太多）参与者拥有足够的权力来阻挠其他所有人的倡议，但没有人有权力强行实施其偏好的行动方针。① 对中等强国而言，它们虽然并不主导国际关系，但对世界发展有重要影响，尤其是它们通常渴望在全球治理中扮演特殊角色，甚至是发挥领导作用。中等强国拥有的真正机会将之聚焦于特定领域、区域层面，对周边国际环境展示强大影响力，即尽可能具备自卫和投射能力、重视联盟建设、在外交和软实力方面积极创造机会。中等强国在经济领域"第二议程"和全球治理领域"第三议程"发挥更大作用，包括居中调停、开展"小众外交"、触动多边主义等。

在新出现的国际体系中，中等强国构成"战略等式"的重要组成部分，在重新调整区域权力动态中发挥有效作用。传统上，大国被视为权力平衡的保障者，有能力调整和影响中小国家的外交政策行为。因此，中等强国被认为是没有能力直接影响国际政治进程的国际行为体。然而，随着全球化、区域一体化进程的发展，这些国家获得更多的行动自由。同样重要的是，它们有权选择自己的发展道路。中等强国的外交政策行为体现出两种策略：平衡政策和调整政策。在许多方面，中等强国成为全球力量平衡的中心，起到杠杆作用。中等强国平衡政策一个明显表现是参与并推动区域一体化。它们一方面是一体化的支持者，另一方面又有意抑制一体化，以避免单方面的依赖。经济边界的缺失增加它们对更强伙伴的依赖，而超国家机构的建立让这种经济依赖变成政治依赖，因为超国家机构往往关注最大和最有经济影响力国家的利益。

对于中等强国在国际舞台上的外交行动，曾任澳大利亚政治研究协会主席、外交学者理查德·希戈特（Richard Higgott）将这一角色描述为"以结果为导向"的外交，因为中等强国关心多边互动的结果，实行"以任务为

---

① Moisés Naím, *The End of Power: From Boardrooms to Battlefields and Churches to States, Why Being in Charge isn't What It Used to Be*, New York: Basic Books, 2014.

导向"的外交政策。① 美国塔夫茨大学弗莱彻学院外交研究的创始主任艾伦·K. 亨里克森（Alan K. Henrikson）将中等强国参与的全球治理行动定义为调解，包括和解、相互联系和整合，使用沟通、制定协议和操纵的手段。对于中等强国来说，影响力不是给定的，而是需要通过交流、经济和政治互动来创造的。"关系网络权力"（network power）成为中等强国的一个重要来源，它是通过在经济、环境和多样化的非传统安全领域进行多国合作获得的，在其中发挥沟通协调的桥梁作用。② 中等强国的模式不能简单地从政府间的角度来解释。21世纪中等强国对外行为模式的一个显著特点是它拥抱多层次的国际关系网络。加州大学圣地亚哥分校国际关系教授迈尔斯·卡勒（Miles Kahler）认为，拥有更多国际交往合作网络、在网络结构中占据中心位置的国家可以享受到讨价还价的权力、社会权力和通过吸引来影响他人的权力。在形成和维持网络的过程中，一个中等强国影响他人的物质资源和吸引或说服他人的"软实力"是有用的。③ 考克斯指出，中等强国的角色不是一个固定的普遍现象，而是在一系列国际实践中体现出来的，在寻求不同形式的行动中不断发展。④ 美国对外战略的理论家、普林斯顿大学教授约翰·伊肯伯里（John Ikenberry）认为，与其说中等强国治理模式是一种全球政治连续性的概念化模式，不如说它提供了一个可获得的变化窗口。⑤ 如同以前的转型时刻，在1945年后（联合国/IMF/世界银行）、1975年后（G5/G7）和1989年后（G8/WTO）时代，中等强国向世界展示它们的制度愿望和发展模式。

---

① Richard Higgott, "Issues, Institutions and Middle-Power Diplomacy: Action and Agendas in the Post-Cold War Era", in *Niche Diplomacy: Middle Powers after the Cold War*, edited by Andrew F. Cooper, London: Macmillan, 1997, pp. 43, 55–56.

② Alan K. Henrikson, "Middle Powers as Managers: International Mediation within, across, and outside Institutions", in *Niche Diplomacy: Middle Powers after the Cold War*, edited by Andrew F. Cooper, London: Macmillan, 1997, pp. 43, 55–56.

③ Miles Kahler, *Networked Politics: Agency, Power, and Governance*, Ithaca: Cornell University Press, 2009, pp. 12–14.

④ Robert Cox, "Middlepowermanship: Japan and the Future of the World Order", in *Approaches to World Order*, ed. by Robert Cox and T. Sinclair, Cambridge: Cambridge University Press, 1996, pp. 241–275.

⑤ John Ikenberry, *Liberal Order and Imperial Ambition*, Cambridge: Polity Press, 2006.

（三）牵头引领作用凸显

一批综合实力较强、国际影响较大、对地区事务能起关键作用的中等强国，依托新兴国家群体性崛起的国际大势，联合自强意识增强，集体发声量增大，日益成为多支影响全球治理体系的中坚力量，在不少全球事务领域体现出一定的领导作用。中国外交部前副部长何亚非就此指出，历史上可与之类比的是，60 年前万隆会议前后亚非国家纷纷摆脱殖民统治而获得民族独立。① 美国国家情报委员会（National Intelligence Council）在《2030 年全球趋势》报告中预测，中等强国的地位将继续提高，在未来几年对世界政治产生更大影响。② 虽然中等强国的实力不及全球大国，但其影响力仍然远超大多数其他国家。它们在地区安全、核扩散以及人权和气候变化等全球治理问题上正在重塑国际关系。中等强国的崛起，表明这些国家具有影响全球议程的强大能力和意愿。一些中等强国怀着获得国际社会认可与国际威望的动机，自视为"道德行为者"，既想赢得国际社会的信赖，又希望从大国那里获得足够的行动空间。

中等强国在制定全球政策方面变得更加积极和直言不讳，正在超越作为大国"配角"的角色，对世界政治舞台上的一系列重要安全问题产生重要影响。中等强国的标签逐步摆脱其西方的话语渊源，越来越多地适用于韩国、印度尼西亚、土耳其、墨西哥和南非等新兴国家。例如，韩国作为中等强国的地位始于对自身、雄心和需求的信心，试图成为人类安全合作领域的世界领导者。作为一个从经济相互依存中受益的国家，韩国寻求避免军事对抗和贸易战，将此作为解决利益冲突的一种方式。它利用中等强国的标签和语言来包装自己，活跃于环境和绿色发展的全球治理行动中。随着中等强国学术理论的复兴和 MIKTA、IBSA、金砖国家等的出现，中等强国之间的外交活动十分活跃。例如，由墨西哥、印度尼西亚、韩国、土耳其、澳大利亚

---

① 何亚非：《全球治理与中国的历史选择》，中华书局，2015，第 318~319 页。

② "Global Trends 2030: Alternative Worlds", National Intelligence Council, https://www.dni.gov/files/documents/GlobalTrends_ 2030. pdf.

五个国家组成的中等强国合作体（MIKTA，名称取自这五国国名的首字母）。2013 年，MIKTA 作为 G20 的一个分支成立，共同关注加强多边主义，促进针对区域和全球挑战的务实和创新的解决方案。MIKTA 就阿富汗局势、朝鲜局势、气候变化、全球公共卫生危机、移民管理、粮食安全和其他全球问题发表多项联合声明，组织多场面向学生、学者和记者的研讨会（见表1-2）。此外，还创建一个由五个国家学术机构、智库参与的学术网络。① 该组织建立定期会议和轮值主席制度，印度尼西亚在 2023 年成为 MIKTA 的轮值主席国，进一步展现了国际作为。

表1-2　在联合国大会演讲中 MIKTA 成员"小众外交"偏好

国家	澳大利亚	墨西哥	土耳其	印度尼西亚	韩国
领域	人权 环境治理 防扩散 发展	调解 联合国维和 发展 合作	调解 人道主义援助 发展 合作 维和行动	可持续发展 裁军 气候变化 联合国维和 减贫 欠发达发展	人道主义 金融治理 绿色发展 发展 合作 联合国维和

资料来源：2000～2017 年部分中等强国代表在联合国大会上的各类声明整理。Gök Gonca Oğuz and Radiye Funda Karadeniz, "Analysing 'T' in MIKTA: Turkey's Changing Middle Power Role in the United Nations", in *Middle Powers in Global Governance*, edited by Emel Parlar Dal, New York: Palgrave, 2018, pp. 133-161.

伴随大国竞争，中等强国将变得更加重要，也许也更难以预测。假定大国影响力更分散，如果中等强国加强有效联合，它们的地位就足以"匹敌"大国。英国《金融时报》知名专栏记者吉迪恩·拉赫曼（Gideon Rachman）呼吁，现在是建立一个由中等规模国家组成的非正式联盟的时候了，这些国家有兴趣支持一个"基于规则"的全球秩序……总的来说，它们有机会共

---

① Jorge A. Schiavon and Diego Domínguez, "Mexico, Indonesia, South Korea, Turkey, and Australia: Middle, Regional, and Constructive Powers Providing Global Governance", *Asia and the Pacific Policy Studies*, Vol. 3, No. 3, 2016, p. 500.

同努力，维护一个以规则和权利为基础的世界，而不是权力和武力。^① 芝加哥全球事务委员会主席伊沃·达尔德（Ivo Daalder）呼吁由德国、意大利、澳大利亚、韩国、日本、加拿大等组成中等强国联盟，为了自己的利益采取更大胆的外交行动。^② 中等强国通常相互借力，组成功能性合作联盟来扩大自己的声音。诚然，一个由中等强国组成的合作联盟可能无法以足够的影响力挑战大国政治态势。但是，如果它们能够弥补多边治理的不足，充当连接全球经济、安全利益的桥梁，那么其对全球治理体系的稳定性有所助益。例如，作为二十国集团 2022 年峰会的东道国，印尼总统佐科积极进行活跃穿梭外交，访问冲突国家俄罗斯和乌克兰，展开"敲门"外交活动;^③ 接连到访中国、日本、韩国，商讨东亚经贸投资合作，在 2022 年 G20 峰会上发挥的领导作用，获得 MIKTA 成员的一致认可。^④

中等强国被视为管理全球危机的重要角色。知名中等强国研究学者、美国波特兰州立大学政治学教授布鲁斯·吉利（Bruce Gilley）认为，亚太地区国家的唯二选择是与华盛顿或北京结盟，但印度尼西亚成为南海问题的关键参与者表明，中等强国可以发挥巨大作用。它们通过积极主动的中等强国外交，或许能够以美国无法做到的方式影响中国的崛起。^⑤ 十年前的这一预测在某种程度上是准确的。在全球权力转移的背景下，中等强国能够加强其在全球治理中的作用。为实现这一目标，中等强国必须共同努力实现多极

---

① Gideon Rachman, "Mid-sized Powers must Unite to Preserve the World Order", *Financial Times*, May 28, 2018, https://www.ft.com/content/546ca388-625d-11e8-90c2-9563a0613e56.

② Steven Erlanger, "Is the World becoming a Jungle Again? Should Americans Care", *The New York Times*, September 23, 2018, https://www.nytimes.com/2018/09/22/world/europe/trump-american-foreign-policy-europe.html.

③ "The Gelora Party Praises Jokowi through Ukraine-Russia 'Knock' Diplomacy: This is An Early Success Indicator", *Voice of Indonesia*, July 22, 2022, https://voi.id/en/news/193508/pujian-partai-gelora-buat-jokowi-lewat-diplomasi-ketuk-pintu-ukraina-rusia-ini-indikator-keberhasilan-awal.

④ "21st MIKTA Foreign Ministers' Meeting on the Sidelines of FMM G20 Bali", *Ministry of Foreign Affairs of Indonesia*, July 14, 2022, https://kemlu.go.id/portal/en/read/3813/berita/21st-mikta-foreign-ministers-meeting-on-the-sidelines-of-fmm-g20-bali.

⑤ Bruce Gilley, "The Rise of the Middle Powers", *The New York Times*, September 10, 2012, https://www.nytimes.com/2012/09/11/opinion/the-rise-of-the-middle-powers.html.

化、改革全球化，还需与小国接触合作，关注它们的关切并将其纳入其议程，成为可靠的合作伙伴。因为小国也不希望纯粹做个规则接受者，也想要声音被听到、诉求被顾及，成为规则的共同塑造者。

中等强国的崛起是国际政治、经济实践复杂化的结果，它们表现出对强国地位的渴望和对领导力的追求，因为这个身份标签蕴含国际社会和地缘政治声誉。汉堡大学政治学教授德莱夫·诺尔特（Detlef Nolte）认为，传统的中等强国首先是由它们在国际政治中的角色来定义的，而新兴中等强国首先是作为区域领导力量体现出来的。[①] 崛起的中等强国怀着特定的规范性领导政治雄心，力图在国际体系中获得更大的话语权。这些新兴行为体设想能被赋予类似大国的合法性和权威，在国际论坛上获得相近的影响力，增强讨价还价的能力。一些中等强国在不同的议题领域日益显示出卓越的领导力，渐次成为全球治理中不可或缺的一支力量。

中等强国在全球治理体系中的崛起反映了国际体系的结构性变化，加强对这一类国家的关注和研究有助于理解全球治理结构的扁平化发展趋势。然而，不同的问题领域可能会导致行为主体及其可能的联盟的重大差异。一些问题可能因为强大的既得利益集团或问题本身的复杂性而难以解决。改革全球金融体系和实施有意义的气候变化政策就是这种发人深省的例子。中等强国可能没有能力单独解决世界上一些最紧迫的问题，但在决定如何管理这些问题方面可以发挥重要作用，特别是那些拥有全球影响的中等强国渴望在国际政治中扮演领导者角色。新冠疫情发生后，布鲁金斯学会高级研究员布鲁斯·琼斯（Bruce Jones）曾在《外交事务》杂志上提出，如果中等强国能将最初的外交努力转化为对大流行下一阶段的持续反应，那么它们就可能成功地带领世界走出危机。[②]

---

① Detlef Nolte, "How to Compare Regional Powers: Analytical Concepts and Research Topics", *Review of International Studies*, Vol. 36, No. 4, 2010, pp. 881-901.

② Bruce Jones, "Can Middle Powers Lead the World out of the Pandemic", *Foreign Affairs*, June 18, 2020, https://www.foreignaffairs.com/articles/france/2020 - 06 - 18/can-middle-powers-lead-world-out-pandemic.

解决当今全球治理面临的复杂挑战当然需要中等强国发挥更大、更积极的作用。中等强国的治理政策大多可以理解为，既为了满足各自的利益，也着眼于全球问题的解决思路，提供某种有益的方案。中等强国外交必须从言辞转变为行动，除了普通的外交声明外，展示多边合作的最佳方式是产生切实的成果，而不仅仅是抽象的价值观，比如加拿大、澳大利亚等中等强国强调的"志同道合"民主价值观。在寻求与其他潜在全球伙伴合作时，中等强国必须准备好以更多的国际行为和具有比较优势的方式行事，以免在激烈竞逐中减弱影响力。大体上，中等强国外交作为可以归类为三种模式。第一种是在霸权国家的同意下积极追求外交政策，明显的例子就是加拿大与澳大利亚，在美国的支持下，它们在世界贸易组织与 APEC 中扮演重要的角色。第二种则是在疏远霸权的情形下，追求国家认同的自主性和外交上的独立性，代表性的例子是土耳其、埃及、沙特阿拉伯等国。当然，在安全问题上，这些国家还是坚持与美国的盟友关系。第三种则是追求地区领导地位的中等强国，典型的例子是巴西、印度、南非等，这些中等强国追求地区领导权，强调区域整合以弱化霸权国对区域议题的控制，在系列问题上并非完全听从美国的要求。

由此观察，中等强国外交大致体现出三个特点：一是坚持多边主义（multilateral diplomacy），中等强国的领导地位通常是通过多边主义来实现的，它们表现出对多边主义的持久偏好并认为这是其发挥作用的有效途径，因为这些机制有可能制约最强大的国家。[①] 中等强国利用多边平台在大国和非大国之间建立竞争、合作的平台，它们通过加入"志趣相同"的国家联盟以获得影响力，如关贸总协定乌拉圭回合中的凯恩斯集团。二是开展"小众外交"（niche diplomacy）。由于实力有限、利益集中，它们的外交努力多集中在全球治理的特定问题领域，而不是试图覆盖整个范围。加拿大过去在禁止杀伤人员地雷的《渥太华条约》、建立国际刑事法院的《罗马规

---

① Katie Verlin Laatikainen, "Pushing Soft Power: Middle Power Diplomacy at the UN", in *The European Union at the United Nations*, ed. by Katie Verlin Laatikainen and Karen E. Smith, London: Palgrave Macmillan, 2006, p. 70.

约》和无限期延长《核不扩散条约》上的积极作用就是这种"小众外交"的例子。三是奉行平衡外交（soft balance diplomacy）。面对激烈的大国地缘政治竞争，中等强国受到大国追捧拉拢，让它们有更大的议价资本和周旋余地，成为权力平衡的关键组成部分。因此，它们在大国之间游走、平衡有助于其获取有利的地位，从而从大国那里获得更多利益交换和好处。例如，土耳其在俄罗斯与西方之间走平衡的钢丝，印尼在中美之间采取平衡路线，尽可能地获取更大的谈判与合作空间。

如上所论，中等强国可以通过战略主动性和制度化合作来发挥作用，破解棘手领域的挑战。第一个是美国针对中俄正在酝酿的所谓"新冷战"。鉴于中等强国与对立各方相对牢固的关系以及它们对国际法和全球化的承诺，中等强国能够而且应该在防止爆发全面冲突、推动大国走向对话和接触方面发挥关键作用。第二个是技术对抗，尤其是随着第四次工业革命的到来，机器学习和人工智能甚至威胁到翻译、会计、律师和新闻等白领工作。新技术往往能创造新的就业岗位，但发展中国家和受教育程度较低的人口尤其容易受到不利影响。中等强国可以为创建替代性的数字经济平台和全球规则作出贡献，从而缓解劳动力市场的大规模混乱，保护个人隐私，防止大型科技公司出现完全垄断的做法。第三个是为有效实施全球治理机制作出贡献，包括《巴黎气候协定》，展现在全球贸易、全球卫生架构、金融包容性、经济体系改革、地区安全等关键问题上影响全球议程的能力，为扩大和平外交、国际秩序再平衡、贸易多元化、形成稳定的全球价值链（GVC）等各国的活动空间，中等强国之间的合作需求日益增加。第四个是解决国际制度的韧性不足问题。对于亟须改革和重新定位而陷入困境的国际机构而言，中等强国是一个重要的"穿梭者"，其"走红"表明国际动态的走向不仅由主要大国决定，还包括有影响力的中小国家，后者对加强国际制度韧性至关重要。受乌克兰冲突影响，西方国家极力孤立俄罗斯，如呼吁禁止俄罗斯参加2022年11月在巴厘岛举行的G20峰会，并邀请非成员的乌克兰与会。作为新兴中等强国，东道主印度尼西亚依然对G20机制韧性保持信心，坚称计划邀请所有20个成员的领导人出席峰会。不结盟运动的精神继续影响着印度尼西亚的外交政策，它在国际事务中保持着"bebas-aktif"（free and active）外交原则：在全球治理中采取"独立"的立场和扮演"积极"的外交角色。① 中等强国在全球治理中大致表现为以下几种角色。

——"催化剂"：协调全球治理行动。中等强国试图在多极化和错位的国际体系中扮演领导者的角色，组建有能力的中等强国联盟领导全球问题处理。新冠疫情是一场全球性危机，应对危机需要全球领导和国际合作，加强全球卫生治理则要求创造性外交，中等强国所扮演的角色及其威望前所未有。疫情暴发后，一批中等强国积极参与"新冠肺炎疫苗实施计划"（COVAX），主要目标是向世界各国提供安全有效的疫苗，公平分配给参与国。德国、日本等国医药研发能力和制药水平世界领先，这将使它们有能力研发疫苗和治疗药品。印度尼西亚疫苗生产能力是东南亚最强的，中国支持雅加达为成为东南亚疫苗生产中心所做的努力。②

新冠疫情期间，在一个更加横向的世界中，存在创造性外交的问题。变革将不仅来自单一的动力源，还来自具有胜任力的中等强国合作网络。③ 日本东京都立大学学者诧摩佳代（Takuma Kayo）颇具自豪感地称，在全球卫生治理的背景下，国际社会对日本全球领导地位的期望从未如此高。④ 庆应义塾大学东亚研究所所长添谷芳秀（Yoshihide Soey）倡导日本在与澳大利亚、印度和韩国的中等强国外交中发挥领导作用，形成"中等强国四核"（Middle Power Quad）并与东盟合作维护和创造战略空间，避免被太平洋两

---

① "Indonesia's Foreign Policy：Principles of Foreign Policy", https：//www. embassyofindonesia. org/foreign-policy/.

② "China Backs Indonesia to become Vaccine Hub of SE Asia", *Bangkok Post*, October 11, 2020, https：//www. bangkokpost. com/world/2000355/china-backs-indonesia-to-become-vaccine-hub-of-se-asia.

③ "Forming a Coalition of Competent Middle Powers to Lead on Global Health Problems", https：//interactives. lowyinstitute. org/features/covid-recovery/issues/power/.

④ Takuma Kayo, "Japan can Take a Lead in better Global Health", *East Asia Forum Quarterly*, Vol. 12, No. 3, 2020, pp. 33–34.

岸的中美两个大国挤压。① 美国彼得森国际经济研究所所长亚当·波森
（Adam Posen）更是宣称，在大国领导力缺席的情况下，日本更有能力领导
开展自下而上的努力，重建开放的全球经济体系。② 中等强国的领导力将像
日本这样的国家在美国和中国之间扮演微妙的平衡角色。然而，不可否认的
是，由中等强国领导的未来还远未定局。如果没有美国和中国坐在谈判桌
上，中等强国抵御疫情引发的任何全球萧条的能力都将是有限的。因此，正
如土耳其安提里姆大学教授塔里克·奥古鲁（Tarik Oğuzlu）所称，现在是
日本、德国、韩国、土耳其、澳大利亚、加拿大、东盟成员国、欧盟和其他
潜在的中等强国联合起来，扼杀美国发动形成的新冷战的时候了。③

——"搭桥者"：促进全球多边合作。与大国的权力差距表明，最成功
的中等强国通常是通过多边机构开展工作并与其他国家结成联盟以应对国际
挑战的国家。它们往往把自己描绘为多边主义与合作的促进者，希望在各大
国之间架起一座桥梁，通过多边机构采取集体行动解决共同的问题。中等强
国外交的构想在很大程度上是基于不断变化的国际环境，这种环境有力地塑
造这类国家的外交政策方向和取向，创造一个流动的国际空间，在这个空间
里，多个有抱负的国家正在试图成为占主导地位的全球参与者。在这样的背
景下，中等强国可能会找到发挥作用的空间，以帮助传统大国、新兴大国和
新兴非国家行为体之间的协调。通过多边主义、国际组织、国际法、外交等
全球治理机制实现国际政治的本土化，是中等强国的共同利益所在。

中等强国通过积极参与或创造多边外交活动，打造中等强国扩大外
交视野的有用平台。与其他中等强国的结合可能有助于最大限度地发挥
其作为世界各国有价值的合作伙伴的潜力，从而进一步提高其国际形象

---

① Yoshihide Soey, "Middle Powers can Shape a New Security Framework", *East Asia Forum Quarterly*, Vol. 12 No. 3, 2020, pp. 11–12.

② Adam Posen, "Japan can do much to Rebuild the Global Economic System", *East Asia Forum Quarterly*, Vol. 12 No. 3, 2020, pp. 8–9.

③ Tarik Oğuzlu, "The Challenge Facing Middle Powers in the New Cold War", May 28, 2020, https://www.dailysabah.com/opinion/op-ed/the-challenge-facing-middle-powers-in-the-new-cold-war.

和外交影响力。如印度、日本、澳大利亚、法国、德国和韩国，它们不仅要确保在特定领域继续取得进展如应对气候变化和维持开放贸易，而且要维护多边主义的更广泛承诺。布鲁斯·琼斯观察到，中等强国在世界舞台上的影响力在大流行期间显著增强，这恰恰需要这些强国长期以来倡导的那种多边协调。由"志同道合"的国家组成的非正式团体在许多政策领域，包括国际移民、全球卫生、互联网治理和军备控制等领域，提出解决全球问题的办法。韩国前总统文在寅称，"作为跨区域创新伙伴关系，我们同意在发达国家与发展中国家之间以及各区域之间发挥桥梁作用，并促进多边合作"。[①] 危急时刻还可能推动新的国际参与形式产生。在多边主义及其机构受挫的情况下，中等强国加强双边、小多边和地区联系，以通过其他形式在健康、气候、贸易、法规、金融、外交、治理和国际发展等各个领域继续推动全球治理。

——"追随者"：服从美国战略利益。毋庸置疑，并非所有中等强国都能够"我命在己"，它们中有的与大国战略紧紧绑在一起，难有太多回旋余地。无论其国内的政治价值观、经济制度和社会文化特征如何，美国都认为自己在其他国家中是与众不同的，希望中小国家在国际政治中遵从其路线，较难容忍中等强国采取中立的外交政策立场，更不用说倾向于对手。也就是说，美国会千方百计地向中等强国施压，让它们选择一边，间接增加它们加入对方的成本。美国不遗余力地增加其追随者数量，这对其在这场新兴的地缘政治竞争中取得成功至关重要。一部分中等强国，其外交政策和战略利益与西方大国密切相关。澳大利亚是典型例子，没有哪个国家像澳大利亚那样忠于美国。作为一个中等强国，同时也是美国的最亲密盟友，澳大利亚感受到来自美国的压力，简单地听命于美国。澳大利亚要求对新冠病毒的起源进

---

① "Address by President Moon Jae-in at High-Level Meeting to Commemorate the 75th Anniversary of the United Nations", September 21, 2020, https：//english1. president. go. kr/BriefingSpeeches/ Speeches/879.

行独立调查，① 禁止华为参与澳大利亚的 5G 网络建设，参与美英澳三边安全伙伴关系（AUKUS），密切美、日、印、澳四方安全合作，加入美国对中国的遏制行动中，支持以美国为首的全球秩序。同样的，日本甘当美国治下秩序的拥趸，成为构筑东亚乃至印度—太平洋战略平衡的重要变量。印度、日本和澳大利亚开始讨论启动"三方供应链弹性倡议"（SCRI），它可能使印度成为全球特别是亚太地区的替代供应来源。②

　　中等强国参与全球治理并扮演领导者角色，需要充分认识新兴大国的谈判表现，审视它们在世界决策领域的高调以及对全球治理结构产生的影响。世界不能再根据以霸权国为中心的"轮辐"模型来理解，因为新的力量配置越来越接近"地铁地图"的形象，有无数相互连接的线路和多个车站，其中有的是"超级换乘车站"。多边舞台已成为新兴中等强国参与并引领全球治理的重要机会。巴西、印度、韩国、南非等中等强国几乎参与全球所有相关国际谈判，可以根据自己的利益指导新兴规范，拒绝那些可能影响它们的规则或程序，促进那些有利于它们的规则或程序。通过在世界经济的不同机构（区域开发银行和区域融资安排）之间建立额外的沟通渠道，在区域性经济治理架构的基础上，将现有资源聚集在一起，充当全球机构层与区域和国家治理层之间的支撑结构，更大限度地促进各种区域安排之间横向协调，同时改善区域和全球多边机构之间的合作联系。

　　在这个不确定性加大、国际机能失调和机构失灵的时代，国际社会比以往任何时候都更需要寻求一个更好的、更可持续的解决方案与前进道路，恢复对国际合作、全球治理的信心。在普遍存在的全球治理危机中，多边主义不仅是限制这一国际环境危险的关键，而且是建立一个更友好国际环境的关键。从上至下、从西向东的自由秩序向公平的全球治理体系进行系统性转变成为趋势，大国、中等强国、小国与精英参与者彼此交互以

---

① Daniel Hurst, "Australia Hails Global Support for Independent Coronavirus Investigation", *The Guardian*, May18, 2020.

② Patrick Triglavcanin, "US-China Rivalry and Middle Powers in the Indo-Pacific", *Future Directions*, September 2, 2020.

实现增量安全的方式来协调全球治理任务。大国竞争迭起，让中等强国更加意识到发挥全球治理作用、扩大自身影响力的机会。考虑到一种倾向于实践的"小众外交"趋势，中等强国的激进主义可能会因问题领域差异而有所不同，全球治理将是中等强国寻求领导地位的新议题。从国际上看，更大的不确定性为中等强国的国际行动选择提供更大空间。与大国有能力推动并塑造国际局势不同，中等强国并不奢求国际霸权，其外交政策方针的中心在于确保外部变化不会危及其领土完整、社会凝聚力和经济发展。在新的全球治理体系中，中等强国将占得一席之地，越来越被超级大国所重视。

四 中等强国对大国竞争的意义

当前，全球治理已成为全球政治议程中最有活力和挑战性的课题。中等强国不再"围观"，正从边缘走向核心，站上全球治理的前沿高地，晋级为全球治理改革的主要推动者，给全球治理理念带来新意涵，注入新动能，在全球治理体系改革和发展方面显示其实力。2008 年国际金融危机后，中国学术界更加关注中等强国的讨论。[①] 中国对中等强国崛起的态度源于自身崛起的背景。中方期待中等强国的崛起有助于推动国际格局多极化，这是冷战结束以来中国外交的一贯目标。当然，中国对中等强国仍有双重认知。一方面，新兴中等强国可以成为中国推动改革现有全球治理秩序的合作伙伴；另一方面，某些中等强国可能会卷入大国竞争，与中国存在潜在的矛盾和摩擦。简而言之，加强对中等强国的认知与关注，是中国对全球治理倾注更多心力、提升话语权的追求使然，是中国应对大国竞争、赢得优势的形势使然，是完善全球治理体系的任务使然。

作为世界上经济和贸易分量最重的两个国家之一，中国是现行国际体系的关键参与者、建设者和贡献者。同样，作为世界上最大的发展中国家，中

---

① 金灿荣：《中国外交须给予中等强国恰当定位》，《国际展望》2010 年第 5 期。

国希望世界新兴市场和发展中国家的声音能被广泛听到，正当合理的利益关切能被维护，全球治理的代表性能被关注，这是责任，也是力量。中国参与全球治理的目的是要解决管理成果失效、管理方法无效、管理过程不公正等问题，不寻求在现有全球治理体系之外创建对抗性或替代性治理机制，而是尊重现有全球规则，按照"共商、共建、共享"理念，投身于全球治理体系改革，获得更大的影响力、更多的话语权。

（一）大国竞争态势

世界没有走出困境，陷入冷战和热战的可能性仍然存在。中国提高国际地位、扩大影响力，实际上就是要与美国竞争全球治理的话语权。对美国而言，它已将中国看作主要的竞争对手，并在军事、经济、科技、政治及信息技术五大关键领域，与中国开展竞逐，抬升双方对抗的态势。哈佛大学肯尼迪政府学院创始院长格雷厄姆·艾利森（Graham Allison）认为，有关全球秩序的决定性问题是中美是否能躲避修昔底德陷阱，多数类似的冲突结果都很糟糕。美国希望通过采取公开施压的方式遏制中国的发展，在经济、政治、军事、科技、意识形态等诸多领域对中国施加巨大压力。然而，美国将其资源转化为具有广泛影响力的能力和效率下降，无法阻止中国发展的势头，中美之间实力差距的不断缩小是一种客观趋势。美国幸运地在地理上远离长期以来困扰欧洲和亚洲国家的地缘政治斗争和地缘断层线。但是，20世纪为美国提供的距离优势在21世纪可能被证明是某种劣势。中国通过共建"一带一路"将自己融入欧亚大陆及其他地区的关键地理区域，而美国地理上相距甚远。许多中等强国对中国的全球基础设施和建设项目抱有浓厚兴趣，印尼、伊朗、土耳其以及拉美、非洲具有强大影响力的中等强国愿意与中国开展"一带一路"合作。

美国不得不面对一个问题：在美国的全球主导地位正在下降之际，该如何保持这样的地位。当然，中国不会简单地从美国手中夺走"单极权杖"，事实上也不存在"单极权杖"。越来越有可能的是，中美都无法在全球占据无可争议的首要地位，需要争取作为"中间力量"的中等强国支持。在中美双边博弈背景下，美国势必向那些有重要影响的中等强国施压，争取它们的支持，尤其是挑起像印度、澳大利亚、日本等国对中国的疑虑。比如，美国与印度、澳大利亚、日本组成"四边安全对话"（QUAD），并升级为最高领导人峰会，矛头直指中国。虽然美国倡导多边主义，但在中美战略竞争中，它将多边主义作为排斥中国的工具。美国总统拜登批评特朗普的"美国优先"政策，并宣布联盟和多边合作是其外交政策的首要任务。但拜登多边主义的核心，与特朗普目的一致，在于孤立和遏制中国，以多边为名行遏制中国的"单边"之实。2021 年 6 月，七国集团领导人会议时隔一年举行，美国邀请澳大利亚、韩国、印度和南非领导人与会，这充分显示美国对中等强国的重视和拉拢，但也反映出美国无法独自应对中国的崛起。作为七国集团对抗中国"一带一路"倡议的"旗舰项目"，拜登政府上台后提出"重建更好世界"（Build Back Better）计划，要在全球基础设施建设领域发出与中国竞争的明确信号，试图重建国际规则。美国准备在 2035 年前为发展中国家提供 40 万亿美元的基础建设投资，美国也将向发展中国家提供"全方位"的美国金融工具，包括股权、贷款担保、政治保险、赠款和技术专长，关注气候、卫生、性别平等和数字技术等议题。① 但这一美国版的"一带一路"被视为西方试图与想象中的敌人竞争的另一个空洞口号，因为它更多的是拜登的政治宣张，正如特朗普"让美国再伟大"一样。② 美国在亚太地区推出"印太经济框架"（the Indo-Pacific Economic Framework），③试图重新打造排除中国的产业链、供应链和价值链，将亚太地区主要的中等强国尽数囊括其中，这清楚表明美国对中等强国特殊地缘经济和地缘政治的重视与行动（见表 1-3）。

① Steve Holland and Guy Faulconbridge, "G7 Rivals China with Grand Infrastructure Plan", *Reuters*, June 12, 2021.

② Andreea Brinza, "Biden's 'Build Back better World' is an Empty Competitor to China", *Foreign Policy*, June 29, 2021.

③ "U. S. Indo-Pacific Strategy", The White House, February, 2022, https：//www.whitehouse.gov/wp-content/uploads/2022/02/U. S. -Indo-Pacific-Strategy. pdf.

表 1-3　亚太地区重要中等强国的战略选择

标准	澳大利亚	韩国	印度尼西亚
中等强国特点	传统，将安全和贸易关系置于全球主义和多边主义之上	经济驱动，寻求在两个大国之间架起桥梁（或对冲）	新兴崛起，区域主义驱动；其他新兴中等强国的非正式领导者
与中美互联互通	美国的正式盟友；中国是主要贸易伙伴	美国的正式盟友；中国是主要贸易伙伴	通过东盟与美国的非军事合作；中国是主要贸易伙伴
亚太愿景	安全导向，以规范和多边元素为框架	经济导向，开放、非对抗	规范导向，多边、独立
战略姿态	与美国的战略结盟巩固	战略模糊，最近对美国合作让步；2017 年以来名义上承诺更多	自身和东盟的战略自主权；2019 年以来通过东盟承诺
实施能力	"QUAD""AUKUS"	美韩同盟	全力支持东盟

资料来源：作者自制。

（二）中等强国善贾而沽

中等强国往往成为大国争夺的对象，这是古典地缘政治最根本的驱动力。一个国家不一定要先成为具有全球利益和影响力的大国，才能成为国际关系中具有影响力的角色。中等强国领导人有时能够在大国之间游走，受到各方的青睐，他们与大国的互动模式包括不结盟、中立、平衡、对冲或追随。中美竞争加剧使得中等强国成为大国竞争的"风暴眼"。大国政治后果有很多，其中大部分影响本地区的中小强国。能否拉拢地区中等强国，成为在大国全方位竞争中占据优势的关键因素，既影响中美竞争关系的发展，也影响国际局势的总体走势。中等强国因其总体实力、政策主张、国际影响以及行为趋向很可能成为影响中国营造国际环境的重要考量。在这种情况下，加速崛起的新兴中等强国或可成为缓冲中美竞争的"居间者"、中国撬动对美国外交的"平衡器"、推动全球化与多极化趋势的"促进派"。与中等强国建立良好的关系，确保稳定外部环境，防止潜在的针对中国的联盟，这也是中国对外战略的目标。

同时，由于大国竞争，中等强国在外交、安全、经济等方面面临选择困境，因为它们与大国中的任何一个或两个都有很深的经济或者安全联系。它们在考虑各自的国家利益和对外优先事项时，可能是"志同道合"者（like-minded），但不一定是"情投意合"者（like-situated）。① 中国与包括美国长期盟友在内的中等强国建立紧密的经济联系。韩国、澳大利亚等中等强国经济上离不开中国市场。亚洲、非洲和拉丁美洲的新兴中等强国更与中国保持友好关系，体现为经济相互依存。然而，在现实中，我们经常发现中等强国在安全上依赖美国，也离不开美国。以颇具典型的中等强国为例，澳大利亚已经转向与美国的"战略联盟"，通过"四方安全对话""美英澳三边安全伙伴关系"制衡中国，在战略上倒向美国一边。而韩国打算在中美之间保持某种微妙平衡。2022 年 5 月，保守派尹锡悦政府上台后，对美国的压力做出让步，尽管其尽可能延长其"战略模糊性"，但战略倾向开始偏向美国。为避免两难境地，更多中等强国试图游离于两个大国之外，在外交和经济政策上表现出更大的自主性。这是因为它们不让任何一个大国来决定它们的外交政策重点和选择。印度尼西亚奉行高度务实的中等强国外交，其目标是为自己和东盟维护"战略自主"，同时依托东盟在亚太地区建立"第三极"。在一些基本的界限和准则内，中等强国既是个别大国的忠诚支持者，又是特定问题的反对者，扮演着关键角色，其发展道路似乎包含二元甚至是矛盾的成分。部分中等强国在核心安全领域（第一次海湾战争）、经济领域（从关贸总协定到世贸组织）和社会问题（人权、民主化）中扮演超级大国追随者的角色，但在一些特定的领域，中等强国又有相当大的灵活度组成联盟，在地雷、国际刑事法院和儿童兵等问题上并不与美国同步调。

诚然，中等强国容易受到国际体系震荡的影响，但同样有理由说，与小国相比，中等强国在地区秩序以及全球秩序中的利害关系更大，它们试图从

---

① Shin-wha Lee, "Middle Power Conundrum amid US-China Rivalry", *East Asia Forum*, January 1, 2022, https：//www.eastasiaforum.org/2022/01/01/middle-power-conundrum-amid-us-china-rivalry/.

维持现状中获益，也从权力转移、秩序变迁中得到好处。对冲策略一直是其善于操作的方式。在形势多变的国际环境中，只要中等强国能够"出好牌"，它们就能为自己的地位"造势"。中等强国作为地缘政治博弈的焦点，一举一动都可能牵动着大国的神经，无论偏向哪一方都具有指向性的意义。借助经济杠杆和利益的全球分布，中等强国能利用大国对其拉拢示好的心理，待价而沽，发挥自身的"议价"能力，试图平衡主要角色之间的关系，争得更多好处，同时增加自身的分量，准备成为中美各自的首选合作伙伴。布鲁斯·琼斯观察到，中等强国在世界舞台上的影响力在新冠疫情大流行期间显著增强，这恰恰需要这些强国长期以来所倡导的那种多边协调。① 澳大利亚国立大学国际关系学者亨特·马斯顿（Hunter Marston）等人在《外交政策》杂志刊文呼吁，后疫情时代的美国外交需要与中等强国的联盟，加强与中等强国接触，只关注中国会适得其反。② 拜登就任总统以后，美国致力于团结盟友以合力对抗中国，尤其是寻求中等强国的支持，作为其与中国进行大国竞争的离岸平衡战略。然而，中等强国未必都以完全相同的立场看待中国，夹在两大国对峙间，它们基于价值与利益的衡量，"选边站"的问题对它们来说并不是一件容易的事。亚太地区是中美竞逐的主战场，为了培养新的盟友和制衡中国，拜登正在力推的"印太经济框架"明确排除中国，将印度、澳大利亚、日本和韩国等中等强国作为框架协议的关键。日本与澳大利亚已明确地释出"联美抗中"的态势，像印度这样的潜在伙伴也保持着持续的实力。琼斯认为，调动这种力量来面对大国竞争的新现实，是美国未来一段时间内应对挑战的治国之道，更好地平衡风险、塑造国际事务。③

---

① Bruce Jones, "Can Middle Powers Lead the World out of the Pandemic", *Foreign Affairs*, June 18, 2020, https://www.foreignaffairs.com/articles/france/2020-06-18/can-middle-powers-lead-world-out-pandemic.

② Hunter Marston and Ali Wyne, "America's Post-Coronavirus Diplomacy Needs Middle-Powers Alliances", *Foreign Policy*, July 17, 2020, https://foreignpolicy.com/2020/07/17/coronavirus-pandemic-middle-powers-alliances-china/.

③ Bruce Jones, "China and the Return of Great Power Strategic Competition", *Brookings Institute*, February, 2020, https://www.brookings.edu/research/china-and-the-return-of-great-power-strategic-competition/.

（三）重视中等强国作用

推动全球治理机制变革是中国外交确立的一项既定方针，也是中国扩大国际影响、彰显大国责任的一个战略主题。中国不能当旁观者、跟随者，而是要做参与者、引领者，高度重视在全球治理体系中的话语权问题，着力提高在全球治理中的制度性话语权。特别是中国"一带一路"倡议收获广泛响应，G20 杭州峰会取得重大成功，亚投行、金砖国家银行等一批新平台新机制成效显著，这些都为中国提升全球治理话语权提供有力的支撑。况且中国完善治理结构，比西方主导的机构更加合理。不同于国际货币基金组织（IMF）和世界银行，亚投行批准重大政策决策时只要求得到多数支持，中国拥有 28% 的表决权份额，没有否决权。这种结构胜过占主导地位的国家拥有不受约束的否决权结构，产生吸引力。

中国推动全球治理变革，要在协商共治中引领，在理念创新中引领，在技术优势中引领。全球治理话语权是中国提升国际地位的代表性步骤，也是捍卫切身利益的必由之路。中国不谋求美国那样的全球领导地位，无意去取代谁，但对于全球治理领域的话语权应有大追求。共同商量和制定国际规则，维持和扩大开放的经济制度，抵制保护主义，改善国际环境。弘扬共商共建共享的全球治理理念，以新的理念引领新的实践。中国崛起的关键推动力是在全球市场的经济竞争力，要着力培育优势技术领域，以技术领先引领治理领先。提高中国话语、中国声音在全球治理场合的显示度、美誉度，反抗西方"话语霸权"对中国的打压。提升全球治理话语权，应主动出击而不要被动反应。主动设置全球治理议题，以经济治理为重点，逐步扩大到安全治理、气候治理、全球商业等更广泛的领域，深入研究目前世界遇到的难题并提出具有中国智慧、公道可行的解决方案，致力于解决全球化进程中的不平衡问题，更多维护发展中国家和新兴国家的利益，体现包容性、平等性、和平性。

中国要实现外交突破，推动全球治理合作，需要格外重视中等强国的作用。因应中等强国在全球治理中的多重角色，中国在改革现有全球治理体系时，应给予中等强国恰当的战略定位，加强与重要区域、关键地缘政治节点中等强国的外交联系，培育利益汇合点，放大合作效应，综合运用经济杠杆，搭建面向重要中等强国的合作平台，积极打造利益共同体、行动共同体、命运共同体。国际金融危机后，新兴经济体正在从现有体制的外围或半外围的追赶国地位迅速进入中心。加强与这些新兴中等强国的合作至关重要，将有助于推动对现有国际体制的变革。要善于利用中等强国的战略资源，构建"中国+中等强国+X"模式的全球治理机制，实现合理运筹、高效调配中国参与全球治理资源分布的目标。以"一带一路"为纽带，不断扩大与沿线中等强国合作，突出打造战略支点国家。对于印度尼西亚、伊朗、土耳其等沿线中等强国，这些国家既可为"利益汇合"的战术合作方，又是"战略支点"的外交着力点，可以"一带一路"为重要载体，搭建形式多样的合作机制平台，吸引中等强国一道，拓展共同推动的力量，构建全球治理的伙伴关系网络，以合作实现治理引导。

中国应致力于提升全球影响力，将发展积蓄的"内功"，通过积极作为的"动能"，转变为以获取国际话语权和引领力为核心目标的"势能"。将中国话语打造为国际话语，提升全球治理的话语权，要做到不孤立片面，应超越个别领域，突出综合发展这个最大优势，将其作为开启和引领世界经济稳健持续增长的钥匙；不声势张扬，应在做实事中点滴积累，注重循序渐进、潜移默化；不单打独斗，应广结伙伴，特别是把新兴中等强国作为重要支点力量，不断扩大朋友圈，共同唱好协奏曲；不自立门户，要避免以另起炉灶的方式，降低体系震荡的可能性，为中国发展营造和维护稳定的国际环境。当然，话语权的提升并非一蹴而就，而是顺应时势、久久为功、实力加谋略的结果。

第二章

中等强国的界定和崛起的时代条件

　　世界正处于一个历史性拐点。自由主义世界秩序（西方认为它帮助实现了 70 年的和平、繁荣和稳定）能否经受住它今天所面临的一连串挑战，长期以来促进国际合作的机构和规范如何在一个大国竞争的时代发挥作用？这些问题都需要从中等强国的崛起及其作用中寻找答案。首先要弄清楚中等强国这一概念内涵及其身份特征。在此基础上，深入透视中等强国崛起的背景、条件以及对全球秩序变迁所产生的影响，通过相关国际关系理论分析中等强国的对外行为。

一　中等强国概念与身份确定

　　中等强国概念是理解国家外交政策行为的主要工具，它凸显了国家在全球舞台上的独特权力、制度和认同特征。然而，关于中等强国的定义、分类和评价，目前的文献中存在不同看法，在描述这些国家时，不同的学者使用不同的指标。第一种传统的定义"中等强国"的方法是基于一个国家的军事能力、经济实力和地缘战略地位，注重国家在这些方面的相对表现。第二种是更具批判性的方法，旨在评估一个国家的领导能力及其在国际舞台上的影响力和合法性。冷战时期，中等强国的概念被用来考察那些缺乏超级大国能力但在全球政治中享有相当影响力的国家（如澳大利亚、加拿大和瑞典等国），这些国家在国际事务中扮演着重要的角色。在自由主义视角下，中等强国传统上倾向于多边主义，依靠"小众外交"来实现其权力可能不及的外交政策目标。特别是后冷战时代，体系层面和全球经济动态的变化为金砖国家等新兴国家的崛起提供机会。这些事态的发展使得中等强国再度引起政策界和学术界的广泛关注和高度重视。

（一）认识中等强国的多重视角

在国际关系理论领域，学术界对什么构成中等强国的内涵特征尚未达成一致意见，主要有四种视角分析中等强国及其概念内涵。

第一种是权力视角。这种观点认为中等强国在国际权力结构中居于中间位置，是实力虽不及大国却发挥着仅次于大国影响力的关键性国家。为了界定中等强国在国际关系中的角色，一些研究者主张通过采用与其实力有关的标准对国家进行排名和分类，具有中等能力的国家被归为中等强国。冷战期间，现实主义的权力观塑造了中等强国的概念，将其置于国际体系的等级结构中。这被称为等级制或"位置"方法，强调一个国家在国际体系中所处的位置和政治地位。具体来说，可以通过定量评估国家的国内生产总值、人口、面积、军事力量、贸易等来确定其是否为中等强国。

从实力的角度对中等强国的评估往往基于可量化的属性，如面积、人口、经济实力、军事能力和其他可比因素。这种模式将国家分为三类：小国、中等强国和大国。从物质力量的角度来分析中等强国有其优点，因为其所依据的指标多为定量的客观数据，主观判断色彩较少，方法和身份的确定性较强，具有特定属性的状态。[①] 肯尼斯·沃尔兹指出，在无政府秩序下，单元主要由实现功能的能力大小来加以区分，以权力结构的系统分布为视角其认为中等强国处于国际结构的次等位置。马丁·怀特（Martin Wight）认为，中等强国是指"具有这样的军事实力、资源和战略地位的大国，在和平时期，大国都向它寻求支持，而在战时，虽然它没有希望赢得与大国的战

---

① Adam Chapnick, "The Middle Power", *Canadian Foreign Policy*, Vol. 7, No. 2, 1999, p. 79.

争，但它让一个大国付出的代价与该大国通过攻击它所希望获得的成本不成比例"。① 加拿大学者亚当·卡布尼克（Adam Chapnick）提出层次性、功能性和行为性的分析视角，他建议依据在国际体系如联合国中所处的地位来判定中等强国，指出它们在规模、物质资源、影响力等方面都接近成为大国。② 美国波特兰大学政治学教授布鲁斯·吉利和安德鲁·奥尼尔（Andrew O'Neil）采用两种方法来识别中等强国：定位（它们拥有的权力）和行为（它们奉行的政策）。权力维度是指相对于大国、小国和弱国而言，中等强国拥有的物质力量。吉利等人认为，相对地位和获得权力的能力是中等强国作出可信且可行倡议的"必要"条件。但是，他们强调拥有中等实力的能力并不能决定国家将做什么，而是决定它们"原则上可以做什么"。③ 马修·D. 斯蒂芬（Matthew D. Stephen）认为，能力不一定只是物质要素，国家结构、内部凝聚力、外交技巧和领导力等不太明显的要素也很重要。④ 美国学者大卫·马里斯（David Mares）指出，在一个以资源分配高度不平衡为特征的国际体系内，中等强国不再是简单的"价格接受者"（price takers），而有足够的经济和政治资源来影响国际体系。⑤ 墨西哥学者冈萨雷斯从国际角色、国际地位与地区领导力出发，认为中等强国的经济、军事和政治实力在世界上处于中间地位，在国际冲突中处于"中立"或缓冲的地位，在地区中扮演重要角色。⑥ 韩国学者金志旭（Chi-wook Kim）提出等级制观点，倾向于使用统计指数对国家进行分类，如经济总量、领土面积、贸

---

① Martin Wight, *Power Politics*, London：A&C Black，2002，p. 65.

② Adam Chapnick, "The Middle Power", *Canadian Foreign Policy*，Vol. 7，No. 2，1999，pp. 73-82.

③ Bruce Gilley, Andrew O'Neil, *Middle Powers and the Rise of China*, Washington, D. C.：Georgetown University Press，2014，pp. 4-5.

④ Matthew D. Stephen, "The Concept and Role of Middle Powers during Global Rebalancing", *Seton Hall Journal of Diplomacy and International Relations*，Vol. 14，No. 2，2013，p. 38.

⑤ David Mares, "Middle Powers under Regional Hegemony：To Challenge or Acquiesce in Hegemonic Enforcement", *International Studies Quarterly*，Vol. 32，No. 4，1988，pp. 456-457.

⑥ 〔墨西哥〕G. 冈萨雷斯：《何谓"中等强国"？》，汤小棣译，《国外社会科学》1986 年第 6 期，第 43~44 页。

易额和外汇储备、资源、人口和军事力量等指标数据。① 为了进一步论证中等强国，澳大利亚学者乔纳森·H.平（Jonathan H. Ping）使用以下几个标准界定中等强国，即人口规模、国土面积、军事力量、GDP、经济实际增长、出口额、人均国民总收入、贸易占国内生产总值的比重。②

值得注意的是，对于中等强国的层次分析，不仅仅依赖于单一维度的实力大小评估，还应采用一个多层次系统来考察区域权力，该系统既包括区域一级即区域权力与区域内其他国家的关系，也包括区域间一级即区域权力之间（与区域外国家的关系）的关系以及全球层面的影响。美国宾夕法尼亚州立大学教授道格拉斯·莱蒙克（Douglas Lemke）提出多层次模型分析范式，他认为国际权力等级不是单个的全球权力等级秩序，而是由一系列平行和重叠的权力等级组成的，应预设一个平行和重叠的全球、区域以及在某些情况下次区域权力等级体系，这些体系处于持续的互动过程中。③ 中等强国根据自身实力状况将其权力投射到不同的区域和全球范围。

第二种是对外行为视角。对外行为视角实际上是考察国家的对外行为模式，它将这些国家的地位与国际事务中的各种具体行为联系起来。这一观点认为，中等强国都表现出追求稳定全球秩序的外交政策行为，通常是通过多边和合作倡议。中等强国的行为特点包括成为"良好国际公民"（good international citizen）、支持多边主义、支持国际秩序或在争端中充当中间人。"良好国际公民"的标签可视为一个总称，它涵盖了中等强国的以下相关行为，包括对人权、多边主义、国际法等规则和价值观的承诺，在国际社会中维护良好的道义形象，以及在具体议题上扮演关键角色。然而，一些学者对这个问题提出了一个更微妙的观点，即中等强国的外交政策不是纯粹由利他主义驱动的，相反，这些国家也在采取以利益为导向的工具性行动。简而言

① Chi-wook Kim, "Middle Power as a Unit of Analysis of International Relations: Its Conceptualization and Implications", *Korean Journal of International Studies*, Vol. 49, No. 1, 2009, p. 19.

② Jonathan H. Ping, *Middle Power Statecraft: Indonesia, Malaysia, and the Asia Pacific*, Farnham: Ashgate Publishing, 2005.

③ Douglas Lemke, *Regions of War and Peace*, Cambridge/New York: Cambridge University Press, 2002, pp. 54-55.

之，良好国际公民的外交政策融合了价值观和利益，代表了现实主义和理想主义这两个极端之间的中间地带。[1] 加拿大知名学者安德鲁·F. 库珀（Andrew F. Cooper）认为，中等强国与大国、小国的区别不是基于结构能力，而是基于具体和灵活的行为形式，侧重于加强国际体系有关的外交努力。[2] 著名葛兰西学派学者罗伯特·考克斯观察到，中等强国致力于推动国家间关系的有序和安全，也致力于促进世界体系的有序变革。[3] 沃勒斯坦在对"半外围国家"的描述中，概括了一些被认为属于中等强国的重要元素。这些具备中等实力的国家快速施展能量，至少是为了保持它们的中间位置，但同时希望提升其国际地位。它们有意识地在国际舞台上使用国家权力，以提高其作为生产者、资本积累者和军事强国的地位。[4]

对中等强国的行为理解还需与功能性解释相结合。由于中等强国拥有参与国际舞台的物质能力和政治意愿，它们就像大国一样在国际关系中发挥特殊作用。一个中等强国或许不能单独有效地行动，但能够通过参与一个小集团或国际机构产生系统性影响。加拿大外交家休谟·容益（Hume Wrong）提出基于三个"功能性标准"来理解中等强国：一个国家参与国际问题的

[1] Robert Cox, "Middlepowermanship, Japan, and Future World Order", *International Journal*, Vol. 44, No. 4, 1989, pp. 823-862; Robert W. Murray, "Middlepowermanship and Canadian Grand Strategy in the 21st Century", *Seton Hall Journal of Diplomacy and International Relations*, Vol. 36, No. 52, 2013, pp. 92 - 93; Efstathopoulos, "Middle Powers and the Behavioural Model", *Global Society*, Vol. 32, No. 1, 2018, pp. 54 - 55, 56 - 57; Youde and Slagter, "Creating Good International Citizens: Middle Powers and Domestic Political Institutions", *Seton Hall Journal of Diplomacy and International Relations*, Vol. 14, No. 2, 2013, pp. 123 - 133; Ronald Behringer, "The Dynamics of Middlepowermanship", *Seton Hall Journal of Diplomacy and International Relations*, Vol. 36, No. 52, 2013, p. 13; Andrew Linklater, "What is a Good International Citizen?", in *Ethics and Foreign Policy*, edited by Paul Keal, Canberra: Australian National University, 1992, pp. 21-39.

[2] Andrew F. Cooper, "G20 Middle Powers and Initiatives on Development", in *MIKTA, Middle Powers, and New Dynamics of Global Governance: The G20's Evolving Agenda*, Jongryn Mo eds., London: Palgrave Macmillan, 2015, p. 35.

[3] Robert Cox, "Middlepowermanship, Japan, and the Future World Order", *International Journal*, Vol. 44, No. 4, 1989, p. 826.

[4] Immanuel Wallerstein, *World Systems Analysis. An Introduction*, Durham: Duke University Press, 2004, pp. 59-60.

程度、其利益以及对问题的贡献能力。在非正式的情况下，中等强国往往会承担这些责任，并在其最感兴趣的领域发挥特殊的影响力。[1] 这一界定强调了不仅大国具有重要性，其他国家也有能力在一些问题领域和特定情况下影响国际关系。中等强国与小国一样容易受到国际压力的影响，但又与大国一样有能力影响它们所处的地区治理体系，这种结合产生了可能的共同行为模式：不同程度的压力威胁着它们的利益，为此努力确保这些利益。换句话说，中等强国的行为特征与能力密不可分，在具有特定任务能力的领域发挥影响力，通常通过充当"催化剂、促进者或管理者"推进积极主动的外交，倾向于在特定领域推行外交政策，这些领域为其投入提供最佳回报，通常被称为"小众外交"（niche diplomacy，又称为"利基外交"）。[2]

然而，中等强国面临的现实是，它们的国际议程容易受到大国战略的影响，中等强国的作用受到大国政治愿景、战略的制约，这些大国为中等强国能做或不能做的事情设定了界限。澳大利亚国立大学战略与国防研究中心安德鲁·卡尔（Andrew Carr）指出，尽管澳大利亚在促进核不扩散、消除化学武器和贸易自由化方面发挥了领导作用，但它的任何外交活动都没有挑战美国在亚太地区的首要地位，甚至是服从于美国的战略利益。[3] 不过，如果中等强国能够将其国家优势如多样性、创新、开放和联通性，运用于具体全球问题的解决，那么国际体系的转型进程将为它们的外交政策提供重要的机遇。正如前文所述，库珀等人提出，中等强国寻求国际问题的多边解决方案，在国际争端中愿意采取妥协立场，维护良好的国际公民形象。中等强国

---

[1] Adam Chapnick, "The Middle Power", *Canadian Foreign Policy*, Vol. 7, No. 2, 1999, p. 74.

[2] 有关对小众外交的研究，参见 Andrew F. Cooper, Richard A. Higgott and Kim Richard Nossal, *Relocating Middle Powers, Australia and Canada in a Changing World Order*, Vancouver: University of British Columbia, 1993; Andrew Cooper, *Niche Diplomacy: Middle Powers after the Cold War*, New York: St. Martin's Press, 1997; John Ravenhill, "Cycles of Middle Power Activism: Constraint and Choice in Australian and Canadian Foreign Policies", *Australian Journal of International Affairs*, Vol. 52, No. 3, 1998, pp. 309-328; Dilek Barlas, "Turkish Diplomacy in the Balkans and the Mediterranean: Opportunities and Limits for Middle-Power Activism in the1930s", *Journal of Contemporary History*, Vol. 40, No. 3, 2005, pp. 441-464.

[3] Andrew Carr, "Is Australia a Middle Power? A Systemic Impact Approach", *Australian Journal of International Affairs*, Vol. 68. No. 1, 2014, pp. 80-81.

怀着获得国际社会认可与国际威望的动机，视自己为"道德行为者"，通过外交手段将自己置于道德高地而带来好名声，既为自己赢得国际社会信赖，又从大国那里获得行动空间。[①]

中等强国个体行为能力虽然有限，但在国际组织机构中能发挥重大作用，它们成为跨国制度建设过程中的推动力。[②] 中等强国的作用主要是由一国在特定的议题领域所投入的资源和知识所决定的。这些特定领域包括经济、人权、环境、军控、维和、人道主义救援等，中等强国在这些"第二议程"和"第三议程"中积极寻求自身影响力的发挥空间，在一些国际危机和冲突的解决中扮演居中调停的角色，从而增强自身国际影响力，谋求国际地位的提升。尽管拥有权力资源，但中等强国并不期望在国际体系中表现一致，因为地区环境、国家特征和历史经验等因素都可能导致它们在全球治理中采取不同的行动方式。

第三种是角色身份视角。这一观点把中等强国当作一种被认可的身份，强调中等强国作为催化剂、维和者、调停者和沟通者的作用，有能力管理冲突，塑造道义形象，追求国际地位。加拿大学者约翰·拉文希尔（John Ravenhill）提出中等强国符合"五个C"的标准：能力（capacity）、专注力（concentration）、创造力（creativity）、联盟建设（coalitionbuilding）和信誉（credibility）。这意味着中等强国拥有的物质实力一般，但更广泛的外交能力能够使它们充分参与国际舞台。它们还针对国际问题提出创新的解决方案，表现出强烈的国际主义意识。作为联盟建设者，它们积极参与多边机构

---

① Andrew F. Cooper, Richard A. Higgott and Kim Richard Nossal, *Relocating Middle Powers*, *Australia and Canada in a Changing World Order*, Vancouver: University of British Columbia, 1993, pp. 19-20.

② Stephen Nagy, "Pivoting towards Neo-Middle-Power Diplomacy: Securing Agency in an Era of Great Power Rivalry", The Canadian Global Affairs Institute, November 2020, https://www.cgai.ca/pivoting_ towards_ neo_ middle_ power_ diplomacy_ securing_ agency_ in_ an_ era_ of_ great_ power_ rivalry.

并促进与志同道合的国家的关系。[①] 德国学者马修·斯蒂芬认为，中等强国的特点就是充当调解人、联盟建设者，对多边主义的有效性充满信心，并充当妥协"中间人"。[②]

角色理论在国际关系研究中并不是一个新理论，它已在外交政策分析中得到广泛使用。20世纪70年代，加拿大不列颠哥伦比亚大学教授卡列维·J. 霍尔斯蒂（Kalevi J. Holsti）将角色理论引入国际关系界，用于分析各国在国际体系中的外交政策行为。他认为，角色观念是一套推动外交政策的规范，其中包括政府的态度、决定、反应和职能以及作出的承诺。[③] 这一视角体现外交政策制定者对其国家在国际体系中地位的认知。国家角色可通过国家与国际体系之间的动态互动以及国家内部政治格局的变化而形成。因此，一个国家在国际体系中赋予自己何种角色，是确定国家利益以及如何利用其现有的物质力量为自己谋求利益的一个重要变量。安德鲁·赫雷尔（Andrew Hurrell）建议，应遵循以身份或意识形态为重点的建构主义路线，将中等强国界定为一种自我创造的身份认同或一种用于指导外交政策的意识形态。[④] 这种角色身份认同的方法考虑到政治领导人对中等强国地位的主张和公众舆论。如果一个国家扮演着被视为中等强国的某些角色，或者如果它自视为中等强国，那么它在政策讨论中可作为中等强国来分析。加拿大、澳大利亚是自视为中等强国的典型例子。捷克学者尼古拉·海尼克（Nikola Hynek）声称，以新现实主义和功利自由主义外交为特征的理性主义逻辑，

---

① John Ravenhill J.，"Cycles of Middle Power Activism: Constraint and Choice in Australian and Canadian Foreign Policies"，*Australian Journal of International Affairs*，Vol. 52，No. 3，1998，pp. 309-327.

② Matthew D. Stephen，"The Concept and Role of Middle Powers during Global Rebalancing"，*Seton Hall Journal of Diplomacy and International Relations*，Vol. 14，No. 2，2013，p. 39.

③ Kalevi J. Holsti，"National Role Conceptions in the Study of Foreign Policy"，*International Studies Quarterly*，Vol. 14，No. 3，1970，pp. 233-309.

④ Andrew Hurrell，"Some Reflections of the Role of Intermediate Powers in International Institutions"，in *Paths to Power: Foreign Policy Strategies of Intermediate States*，edited by Andrew Hurrell，Andrew Cooper，Guadalupe González González，Ricardo Ubiraci Sennes and Srini Sitaraman，Washington，D. C.：Woodrow Wilson International Centre，2000.

尚不足以支撑对国家身份界定的分析，还需要关注建立在适当性逻辑基础上的建构主义外交政策理论。^① 这种以建构主义为基础的方法尝试了解国家如何看待其身份，有助于了解特定国家将如何行事。然而，这种方法的批评者指出，虽然基于身份的方法在确定国家如何行动方面很重要，但中等强国的稳定定义需要更坚实的基础，而不仅仅依赖政治领导人的自我认同。^② 至少，在分析某一特定国家是否适用于中等强国类别时，必须考虑到大多数政治精英和大多数民众是否长期认同这一概念，或者这纯粹是该国政治领导人个人为自身政治利益需要而抛出的。再者，一个以中等强国自居的国家，如果实力相当于小国，那么它既不能实现其目标，其行为也不符合中等强国的定义。

罗伯特·考克斯在《中等强国、日本和未来的世界秩序》一文中指出，从政治历史的角度出发，中等强国这一类别在人类历史上的任何时间点都是存在的。根据考克斯的说法，基于以往世界秩序的一些历史实例，他假设中等强国已经并将继续再现，它们不断寻找适合自己的角色。^③ 因此，在国际体系中中等强国类别的存在是持续的，但其中具体包括哪些国家却是不断变化的。考克斯强调，国际体系组成行为体的结构和角色在现代世界和历史上都是一个持续发展和演变的过程，而不是绝对的和静态的。因此，针对中等强国的地位和作用需要不断重新思考和重新配置。他将中等强国的主要特征总结为：能够在重大冲突中保持一定的距离，在与大国的关系上有一定的自主性，追求国际关系的有序性和安全性，以及促进世界体系的有序变化。^④ 根据考克斯观点，全球化时代中等强国对外政策的偏好有其内部根源，也有

---

① Nikola Hynek, "Canada as a Middle Power: Conceptual Limits and Promises", *The Central European Journal of Canadian Studies*, Vol. 4, No. 1, 2004, p. 40.

② Andrew Carr, "Is Australia a Middle Power? A Systemic Impact Approach", *Australian Journal of International Affairs*, Vol. 68, No. 1, 2014, p. 79.

③ Robert Cox, "Middlepowermanship, Japan, and Future World Order", *International Journal*, Vol. 44, No. 4, 1989, pp. 823-862

④ Robert Cox, "Middlepowermanship, Japan, and Future World Order", *International Journal*, Vol. 44, No. 4, 1989, p. 827.

基于国际系统的外部影响。

第四种是地缘政治视角。这种观点认为中等强国是地缘政治上的要角，能够对所在地区发挥支轴作用，并且将地缘政治优势转化为影响力，谋求超越自身实力的国际地位。这种观点将中等强国与所在地区的地位联系在一起，对周边的区域地缘政治有较强影响力。从地缘政治的角度看，一些处于关键地理位置的国家可被视为支点中等强国，它们占据着所在地区的"中心地带"，能够将区域问题与国际问题联系起来。[1] 布热津斯基在《大棋局》一书中提出，地缘政治支点是指其重要性不是来自其权力和动机，而是来自其敏感的位置，以及其对地缘战略行为者潜在脆弱条件所能产生的后果。地缘政治枢纽往往是由其地理位置决定的，在某些情况下，地理位置使其在确定进入重要地区的途径或拒绝向某个重要角色提供资源方面发挥特殊作用。[2] 例如，在欧亚大陆的新政治版图上，至少可以确定五个关键的地缘战略参与者和五个地缘政治支点，前者包括法国、德国、俄罗斯、中国和印度，后者有乌克兰、阿塞拜疆、韩国、土耳其和伊朗，它们扮演重要的地缘政治支点角色。土耳其被认为是一个重要的地缘政治支点，稳定黑海地区，控制从黑海到地中海的通道，在高加索地区平衡俄罗斯，充当了北约的南部锚。一个不稳定的土耳其可能会在巴尔干半岛南部引发更多暴力事件，同时有利于俄罗斯重新控制新独立的高加索国家。[3] 土耳其位于三大洲之间这一特殊的地理位置，这一位置为土耳其提供在世界政治中扮演"核心国"的机会，也有助于塑造土耳其政治领袖的地缘政治愿景。这一地缘政治视角强化了地理位置和地缘政治经济的关键作用。

麦金德曾经说过，欧亚大陆是世界之岛，谁统治了世界之岛，谁就统治了世界。二十国集团中大多数国家要么生活在"世界之岛"上，要么生活

[1] Mehmet Ozkan, "Regional Security and Global World Order: The Case of South Africa in Africa", *Research Journal of International Studies*, Issue 5, 2006, pp. 79-100.

[2] Zbigniew Brzezinski, *The Grand Chessboard: American Primacy and Its Geostrategic Imperatives*, New York: Basic Books, 1997, p. 40.

[3] Zbigniew Brzezinski, *The Grand Chessboard: American Primacy and Its Geostrategic Imperatives*, New York: Basic Books, 1997, p. 47.

在"世界之岛"周围的边缘地带，因此，对这些国家而言，地缘政治问题通常是战略重点。英国亨利·杰克逊学会通过研究 33 个指标和 1240 条数据，评估 G20 成员的地缘政治能力，结果表明美国位居榜首，英国排在中国、法国和德国之前，日本排在第六位，加拿大和澳大利亚紧随其后。[①] 其中，澳大利亚作为一个关键国家，凭借其战略位置、人口规模、经济潜力、政策偏好和政治权重，影响亚太地区地缘政治轮廓，其相信自身是一个"半球大国"，有能力在南半球凸显战略能力。

综合来看，中等强国是集经济实力、规模体量、国际影响力、地缘战略地位等于一体的综合性概念，它们处于国际体系中仅次于大国的地位，被公认为有权力参与处理国际体系尤其是区域内重大国际问题的不容忽视的国家，它们对地区乃至国际社会拥有相当程度的影响力。也就是说，中等强国没有达到大国的综合实力和影响力，但在区域内甚至在特定专题领域仍然具有较强的影响。随着它们的经济和政治影响力日益增强，其需要在国际机构中获得更大的发言权。它们拥有以下三个属性：中等水平的权势和能力；多边主义和软实力是实现其外交政策利益的最佳方式；自我认同为中等强国，并得到国际社会的认可。多极世界体系的出现为中等强国单独或集体地平衡大国之间的竞争、尝试塑造全球规范和标准的演变提供新的机会，分析中等强国发展、崛起的时代条件和所处的国际体系方位十分必要。

（二）界定中等强国的不同路径

一般来看，界定中等强国的传统方法主要有两种。一种基于国家的军事能力、经济实力和地缘战略；另一种评估一个国家的领导能力及其在国际舞台上的影响力和合法性。考虑到不同界定方法，一组关键词可以用来区分中等强国的核心特征。①权力：一个国家应该有足够的能力来获得权威，在谈判桌上施加分量，并提出解决方案。②影响力：一个国家应该牢固地融入国

---

① James Rogers，"Audit of Geopolitical Capability：An Assessment of Twenty Major Powers"，*The Henry Jackson Society*，January 2019，https：//henryjacksonsociety. org/shop-hjs/audit-of-geopolitical-capability-2019/.

际社会，谋求对自身利益最大化的权力，扩展国际影响。③身份：一个国家应该塑造一种身份，表明有能力和意愿采取外交解决方案，致力于促进良好的国际公民形象，并在国内维护公民权利和政治权利的声誉，让国际社会其他成员承认其有某种地位和话语权。

国家权力是一个不易把握的复杂现象，需要综合评估。对国家的实力状态、相对层次进行优先排序是辨别一国在国际体系中地位与影响力的最重要考察依据之一。相应地，诸如经济规模、军事规模和开支、政治地位等可量化的因素都有助于确定一个国家的"排名"及其中等强国地位。任何一个想要成为大国的国家都必须在经济、军事力量、人口规模等指标中占据领先地位。

对于中等强国的界定，常见的是采用定量方法，它主要是将各种以量化形式呈现的指标（见表2-1）作为判断依据，对国家所处的实力地位进行排名，从而定义一国是否处于中等强国的归属及层次状态。国家行为体拥有国际体系的"中间位置"特质，包括在全球等级结构中的中等政治力量定位、经济标准和外交能力，能展示等级秩序中拥有的动态力量。

表 2-1　硬实力评估有关参考指标

标准	指标	资源
经济实力	国内生产总值（GDP）（2020 年数据）	世界银行
人的力量	人口规模（2020 年）	世界银行
军事力量	绝对军费开支 军力指数	斯德哥尔摩国际和平研究所 全球活力网（GFI）

资料来源：作者自制。

1. 全球权力指数

我们可以换一个思路看，一个国家要被纳入中等强国的范畴，可采取不符合超级大国或大国资格的"消极标准"，也就是排除大国身份。对大国的界定标准基于三个不同维度的综合能力：一是政治能力，如联合国安全理事会常任理事国表示的政治承认；二是经济能力，如以国内生产总值和人均国内生产总值表示的经济能力；三是军事能力，如军事开支和核武器能力。中国、法国、俄罗斯、英国和美国因其经济、军事或战略重要性、公认的核大国地位以及联合国安理会常任理事国而被普遍认为是大国。根据丹佛大学帕迪国际未来中心发布的全球权力指数（Global Power Index，该指数使用跨越双边影响的经济、政治和安全维度的数据进行操作），美国、中国、俄罗斯、日本和德国这五个国家单独拥有至少5%的世界权力，总权力占比达到世界的54.2%。美国、中国和日本在 GDP、军队和人口规模方面都居于前列，印度因其人口总量而跻身重要国家之列。① 全球权力指数中除大国以外，其余位居前列的国家均可视为中等强国（见表2-2）。

表 2-2　2016 年 FBIC 指数、GPI、GDP 三大影响力指标排名前十的国家

单位：%

排名	对外双边影响力指数		全球权力指数		国内生产总值	
	国家	全球份额	国家	全球份额	国家	全球份额
1	美国	11.2	美国	23.6	美国	20.9
2	德国	8.6	中国	13.4	中国	13.4
3	法国	6.9	俄罗斯	6.4	日本	7.3
4	中国	6.0	日本	5.8	德国	4.8
5	意大利	4.9	德国	5.0	法国	3.6
6	英国	4.5	法国	4.6	英国	3.4
7	荷兰	4.2	英国	3.9	印度	3.3
8	俄罗斯	4.0	印度	2.8	巴西	3.0
9	西班牙	3.4	意大利	2.2	意大利	2.6
10	比利时	2.4	巴西	2.2	加拿大	2.4

资料来源："Global Trends 2030: Alternative Worlds", The National Intelligence Council, December 2012。

---

① Jonathan D. Moyer, Collin J. Meisel, Austin S. Matthews, David K. Bohl, and Mathew J. Burrows, "China-US Competition: Measuring Global Influence", The Atlantic Council and Frederick S. Pardee Center for International Futures at the University of Denver's Josef Korbel School of International Studies, May 2021, https://www.atlanticcouncil.org/wp-content/uploads/2021/06/China-US-Competition-Report-2021.pdf.

2. 世界权力指数（WPI）[①]

该指数由墨西哥学者丹尼尔·莫拉莱斯（Daniel Morales）等人创建。世界权力指数是计算一国在国际体系中行使权力时所拥有国家能力的数字表达式，该指数有18个组成部分，分为3个子指数（物质力量指数、半物质能力指数、非物质能力指数），考察了170多个国家的数据，不仅分析以国家物质能力为基础的硬实力，还考察国家财富、制度质量以及国家的软实力。作为一个分析工具，世界权力指数确定世界大国，界定中等强国，了解区域强国的潜力和观察次区域强国。物质力量指数（Material Capacity Index）通过考察6个基本变量，反映各国的经济军事实力，包括国民总收入、国土面积、国防军费开支（占GDP的比重）、国际贸易（占GDP的比重）、财政储备（包括黄金、当前美元）、研发支出。半物质能力指数（Semi-Material Capacity Index）反映生产力和收入、能源供应、教育卫生系统的质量和覆盖范围，衡量一个国家的社会制度力量，包括人均国民总收入、总人口、家庭人均最终消费支出、用电量、教育支出总额（占GDP的比重）和卫生支出总额（占GDP的比重）。非物质能力指数（Immaterial Capacity Index）主要考察与价值观和文化吸引力相关的非物质层面，表现一国政府的公共资源（公共开支）、向其他国家提供官方援助、旅游吸引力、世界主义、媒体渗透、大学和智库学术成果等。

从表2-3可以看出，除了公认大国俄罗斯排名第11位以外，其余大国均居世界前10位，扣除美国、中国以及英国、法国等传统世界大国，日本、德国、意大利、澳大利亚、韩国、西班牙均可视为有世界影响力的中等强国。当然，这一权力指数的指标排名除了考察总体经济实力外，还考虑到医疗、教育质量以及人均收入等软实力因素，对于一些新兴国家而言存在一定的限制，像新加坡、以色列这样经济发达、社会发展程度高的国家，在软实力以及部分硬实力上的分值很高，如新加坡的人均国内生产总值已跻身世界之首，但国家之间的竞争较量是综合性的，其人口规模、国土面积小一定程

---

① https://www.worldpowerindex.com/about-world-power-index/.

度上制约其影响力的发挥，其必须依靠大国才能发挥独特的地缘政治作用。对于印度的衡量评估，也受到教育、医疗、人均收入等软实力因素的影响，不能与其经济实力所处的世界位置相匹配。因此，世界权力指数并不能完全体现真实的国家总体实力，实际上，这是一种考察发展水平的指数。

表 2-3　主要国家世界权力指数（2016～2017 年）

排名	国家	世界权力指数	排名	国家	世界权力指数
1	美国	0.954	21	墨西哥	0.695
2	中国	0.861	22	以色列	0.692
3	日本	0.851	23	土耳其	0.691
4	德国	0.841	24	新加坡	0.686
5	法国	0.821	25	波兰	0.684
6	英国	0.817	26	阿根廷	0.684
7	意大利	0.788	27	爱尔兰	0.667
8	澳大利亚	0.788	28	泰国	0.665
9	韩国	0.775	29	阿联酋	0.655
10	西班牙	0.764	30	新西兰	0.652
11	俄罗斯	0.758	31	印尼	0.645
12	荷兰	0.745	32	葡萄牙	0.644
13	巴西	0.743	33	伊朗	0.642
14	瑞典	0.735	34	捷克	0.642
15	沙特阿拉伯	0.733	35	马来西亚	0.639
16	挪威	0.721	36	希腊	0.637
17	比利时	0.711	37	南非	0.623
18	印度	0.707	38	智利	0.619
19	奥地利	0.702	39	卡塔尔	0.619
20	丹麦	0.696	40	科威特	0.611

注：权力指数值相同的，以经济总量多者为先。
资料来源：世界权力指数网。

3. 全球火力指数

军事力量对界定中等强国实力有直接作用。国际知名军事评估机构全球火力网（Global Firepower）的全球火力指数，对各国和地区的军事力量进行评级。它依靠 50 个指标来确定得分情况，从武器数量、武器多样性到自然资源禀赋状况（劳动力、财政稳定性、后勤能力和地理）。2022 年版《全球火力指数》将美国置于首位，俄罗斯、中国、印度、日本分别居于第 2~5位。除了联合国五大常任理事国，其余排在前 30 位的国家大多具有中等强国的实力和影响力，包括澳大利亚、巴西、加拿大、德国、印度、意大利、日本、韩国、沙特阿拉伯、土耳其、伊朗、西班牙、印度尼西亚、埃及、南非、意大利等国家（见表 2-4）。瑞典国防大学学者哈坎·埃德斯特伦（Håkan Edström）、雅各布·韦斯特伯格（Jacob Westberg）在《中等强国的军事战略：争夺 21 世纪的安全、影响和地位》一书中，对中等强国的军事战略进行分析，探讨了 21 世纪中等强国在何种程度上因美国实力衰落等国际秩序变化而调整军事战略，其认为加拿大、德国、意大利、西班牙、澳大利亚、巴西、印度尼西亚、南非、印度、日本和韩国等具备中等强国的军事实力。[①]

表 2-4　全球火力指数排行前 30 强（2022 年）

排名	1	2	3	4	5	6	7	8
国家/地区	美国	俄罗斯	中国	印度	日本	韩国	法国	英国
火力指数	0.0453	0.0501	0.0511	0.0979	0.1195	0.1261	0.1283	0.1382
排名	9	10	11	12	13	14	15	16
国家/地区	巴基斯坦	巴西	意大利	埃及	土耳其	伊朗	印度尼西亚	德国
火力指数	0.1572	0.1695	0.1801	0.1869	0.1961	0.2104	0.2251	0.2322
排名	17	18	19	20	21	22	23	24
国家/地区	澳大利亚	以色列	西班牙	沙特阿拉伯	乌克兰	加拿大	波兰	瑞典
火力指数	0.2377	0.2621	0.2901	0.2966	0.3266	0.3601	0.4179	0.4231
排名	25	26	27	28	29	30		
国家/地区	南非	希腊	越南	泰国	朝鲜	阿尔及利亚		
火力指数	0.4276	0.4506	0.4521	0.4581	0.4621	0.4724		

注：火力指数越小，一个国家理论上作战能力越强（常规军力，不考虑核武器能力）。

资料来源：全球火力网（Global Firepower）。

[①] Håkan Edström, Jacob Westberg, *Military Strategy of Middle Powers Competing for Security, Influence, and Status in the 21st Century*, London：Routledge, 2020.

4. 经济实力指数

经济实力是综合实力的基本前提和最重要的构成要素。考克斯曾言，拥有中等水平的能力是发挥中等强国作用的必要条件，尽管它并不能充分预测中等强国是否有意愿发挥作用。[①] 要精准确定中等强国，国内生产总值标准具有客观性的优势。为充分衡量各国经济状况，可结合联合国、国际货币基金组织、世界银行等权威数据来源，综合评估 2020 年、2021 年全球排名前 35 位的经济体（见表 2-5），这一评估可用于确定中等强国研究对象的候选国。伯纳德·伍德（Bernard Wood）等学者曾将中等强国界定为 GDP 和军事支出都处于中等水平的国家，其在全球所有国家中排名在第 6 位到第 36 位之间。[②] 在经济力量支撑下，国家才有投射硬实力以及发挥政治、经济和外交影响力的可能。综合权威数据来看，处于第一梯队、经济方面遥遥领先的当属美国和中国。2021 年 GDP 在万亿美元以上的还有日本、德国、英国、印度、法国、意大利、加拿大、韩国、俄罗斯、巴西、澳大利亚、西班牙、墨西哥、印度尼西亚、荷兰。其余国家如沙特阿拉伯、土耳其、阿根廷、南非等经济总量虽然不如前者庞大，但排名位居前列，也普遍被视为中等强国。

表 2-5 全球主要国家国内生产总值（2020 年和 2021 年）

单位：百万美元

排名	国家	地区	国际货币基金组织	联合国	世界银行
			2021 年 GDP	2020 年 GDP	2020 年 GDP
1	美国	美洲	22939580	20893746	20936600
2	中国	亚洲	16862979	14722801	14722731
3	日本	亚洲	5103110	5057759	4975415
4	德国	欧洲	4230172	3846414	3806060
5	英国	欧洲	3108416	2764198	2707744

---

① Robert Cox，"Middlepowermanship, Japan and the Future World Order"，*International Journal*，Vol. 44，No. 4，1989，p. 827.

② Bernard Wood，"Middle Powers in the International System：A Preliminary Assessment of Potential"，*Wider Working Papers*，The North-South Institute，Ottawa，1987，pp. 5-7.

排名	国家	地区	国际货币基金组织	联合国	世界银行
			2021 年 GDP	2020 年 GDP	2020 年 GDP
6	印度	亚洲	2946061	2664749	2622984
7	法国	欧洲	2940428	2630318	2603004
8	意大利	欧洲	2120232	1888709	1886445
9	加拿大	美洲	2015983	1644037	1643408
10	韩国	亚洲	1823852	1637896	1630525
11	俄罗斯	欧洲	1647568	1483498	1483498
12	巴西	南美洲	1645837	1444733	1444733
13	澳大利亚	大洋洲	1610556	1423473	1330901
14	西班牙	欧洲	1439958	1281485	1281199
15	墨西哥	北美洲	1285518	1073439	1076163
16	印度尼西亚	亚洲	1150245	1058424	1058424
17	荷兰	欧洲	1007562	913865	912242
18	沙特阿拉伯	亚洲	842588	700118	700118
19	瑞士	欧洲	810830	752248	747969
20	土耳其	亚洲	795952	720098	720101
21	波兰	欧洲	655332	596618	594165
22	瑞典	欧洲	622365	541064	537610
23	比利时	欧洲	581848	521861	515333
24	泰国	亚洲	546223	501795	501795
25	爱尔兰	欧洲	516253	425889	418622
26	奥地利	欧洲	481209	433258	428965
27	尼日利亚	非洲	480482	429899	432294
28	以色列	亚洲	467532	407101	401954
29	阿根廷	南美洲	455172	383067	383067
30	挪威	欧洲	445507	362522	362009
31	南非	非洲	415315	302141	301924

排名	国家	地区	国际货币基金组织	联合国	世界银行
			2021 年 GDP	2020 年 GDP	2020 年 GDP
32	阿联酋	亚洲	410158	358869	421142
33	丹麦	欧洲	396666	356085	355184
34	埃及	非洲	396328	369309	363069
35	菲律宾	亚洲	393737	361489	361489

注：国际货币基金组织的计算表明，根据"官方"低美元汇率，伊朗的名义 GDP 到 2020 年为 8350 亿美元、2021 年达到 1.081 万亿美元，但世界银行基于伊朗开放货币市场的美元汇率，认为其 2020 年 GDP 为 2030 亿美元。伊朗政府计划取消国际货币基金组织使用的"官方"低美元汇率（仅适用于受管制的必需品进口，不反映全部），世界银行估计的数字更接近真实水平。因此，这里采用世界银行的数据为准。

资料来源：国际货币基金组织"世界经济展望数据库"，2021 年 10 月；联合国统计司－国民账户；世界银行数据库。

全球经济治理参与程度同样是考察经济实力的重要指标。这些国家是全球主要经济机制成员并发挥重要作用。拥有经济实力是一回事，把这种经济实力转化为国家能力则是另一回事。为准确辨识中等强国的实力，研究者经常引用二十国集团作为界定和考察中等强国的重要参考指标。[①] 二十国集团（G20）是由世界上最大的 20 个经济体（欧盟被视为经济体）组成，将最重要的发达经济体和发展中经济体聚集在一起，讨论国际经济和金融稳定问题，被视为讨论全球经济问题的首要全球论坛，巩固了其作为全球经济治理力量中心的地位。G20 由 19 个国家和欧盟组成，其中包括世界上最大的经济体。这些国家是中国、阿根廷、澳大利亚、巴西、加拿大、法国、德国、印度、印度尼西亚、意大利、日本、墨西哥、俄罗斯、沙特阿拉伯、南非、韩国、土耳其、英国和美国。成员合计占全球经济产

[①] 关于这方面的内容，详细参见 Mo Jongryn ed., *Middle Powers and G20 Governance*, New York: Palgrave Macmillan, 2013; Andrew F. Cooper, "G20 Middle Powers and Initiatives on Development", in *MIKTA, Middle Powers, and New Dynamics of Global Governance*, New York: Palgrave Macmillan, 2015; Christian Downie, "One in 20: the G20, Middle Powers and Global Governance Reform", *Third World Quarterly*, Vol. 38, No. 7, 2017, pp. 1493–1510。

出的80%左右，占全球贸易总量的近75%，约占世界人口的2/3，且新兴经济体所占比重显著增加。美国对外关系委员会研究员斯图尔特·帕特里克（Stewart Patrick）认为二十国集团的崛起是全球治理的分水岭时刻。最重要的老牌国家和新兴国家作为至少表面上平等的合作伙伴在多边峰会第一次顶峰相遇。^①库珀等人在《中等强国领导力与G20演进》《中等强国与G20全球治理》等多篇著述中详细阐述中等强国对全球经济治理发挥十分关键的作用。库珀提出"中间七国"（the Middle 7）的概念，认为G20内部还有一个潜在的组成部分，即"中间七国"（加拿大、澳大利亚、墨西哥、印度尼西亚、韩国、土耳其和阿根廷），这些国家表现出"中等强国"的普遍特征。^②"中间七国"经济总量已占到全球210多个国家和地区的近1/10，其实力和影响力不可小觑（见表2-6）。实际上，具有中等强国实力和地位的不止这七国，同样具有重要影响的还有印度、巴西、南非、沙特阿拉伯。这些国家可就全球经济治理若干重要问题"登堂入室"，共同参与事关全球的金融经济等事务决策，跻身于全球经济治理的最高决策层，获得参与全球经济规则制定的关键席位。

表2-6　主要集团经济、人口对比（2020年）

分类	GDP（亿美元）	GDP占世界份额（%）	人口（万人）	人口占世界份额（%）
G7	385586.76	45.52	77094.7	9.94
金砖国家	206258.70	24.35	319808.8	41.25
"中间七国"	78425.89	9.26	64760.6	8.35
世界总值	846987.59*	100	775284.1	100

注：＊该数据不含朝鲜。

资料来源：根据世界银行人口数据库、国别经济数据库整理得出。

---

① James McBride and Andrew Chatzky, "The Group of Twenty", Council on Foreign Relations, June 10, 2019, https://www.cfr.org/backgrounder/group-twenty.

② Andrew Cooper and Mo Jongryn, "The Middle 7 Initiative", in Mo Jongryn (eds.), *Middle Powers and G20 Governance*, New York: Palgrave Macmillan, 2012, p.110.

5.世界影响力指数

确定中等强国，国家的国际存在和声誉的影响力同样是关键。国家所拥有的外交网络、在关键国际机构的成员资格及发挥的作用有助于考察一个国家是否为中等强国。主要有两个影响力指标（见表 2-7）：外交网络规模，通过评估一国的驻外使领馆、代表处的数量，以反映其外交活跃程度；在关键国际组织（如联合国安理会、人权理事会）、区域国际组织的成员资格，以及在这些机构中的参与程度，体现其国际影响。

表 2-7　世界影响力衡量指标

标准	指标	资源
外交网络规模	全球大使馆和常驻代表团的数量	基于各国使馆页面的计数
主要国际机构成员	联合国安理会成员、区域重要国际组织、国际重大赛事	基于联合国安理会成员数

资料来源：作者绘制。

除了外交网络规模，综合评估一国参与的多边机构和论坛、安理会成员资格等数据，可以为深入洞察国家整体外交战略提供依据。事实上，在外交领域投入的资源可成为反映国家雄心和优先事项的晴雨表。根据全球外交网络数据（见表 2-8），土耳其、日本、德国、巴西、西班牙、意大利、印度、韩国、阿根廷、墨西哥、加拿大、澳大利亚、印度尼西亚、南非、沙特阿拉伯、马来西亚等国家驻外外交机构均超过 100 处，表明它们与世界交往联系的范围十分广泛。多边权力体现为一个国家在多边论坛和组织中的影响力，包括特定峰会与外交俱乐部和区域政府间组织的成员资格、国际机构投票份额、对联合国净资金贡献、在联合国大会中作为投票合作伙伴的地位等。以亚太地区为例，澳大利亚洛伊研究所对亚太地区主要国家的多边机构影响力进行打分排名（见表 2-9），提供了更详尽的多边权力评估数据。

表 2-8　各国驻外外交机构情况

单位：处

排名	国家	驻外外交机构总数	大使馆	总领事馆/领事馆	常驻代表处	其他驻外机构
1	中国	280	173	91	10	6
2	美国	273	168	88	9	8
3	法国	267	161	89	15	2
4	土耳其	253	144	94	13	2
5	日本	247	151	65	10	21
6	俄罗斯	242	144	85	11	2
7	德国	227	153	61	12	1
8	巴西	222	138	70	12	2
9	西班牙	215	115	89	10	1
10	意大利	205	122	75	5	3
11	英国	205	149	44	9	3
12	印度	198	123	54	5	4
13	韩国	183	114	51	5	13
14	阿根廷	157	86	62	7	2
15	墨西哥	157	80	67	7	3
16	荷兰	153	94	49	8	2
17	瑞典	152	107	29	12	4
18	瑞士	146	103	30	10	3
19	加拿大	144	96	36	10	2
20	澳大利亚	136	88	36	9	3
21	希腊	135	82	43	9	1
22	印度尼西亚	132	94	34	3	1
23	匈牙利	131	86	35	7	3
24	葡萄牙	128	71	48	8	1
25	智利	128	70	51	6	1
26	南非	124	106	14	2	2
27	罗马尼亚	118	82	22	9	5
28	波兰	118	81	31	4	2
29	巴基斯坦	117	85	30	2	0
30	捷克	116	90	19	5	2
31	沙特阿拉伯	114	96	15	2	1

续表

排名	国家	驻外外交机构总数	大使馆	总领事馆/领事馆	常驻代表处	其他驻外机构
32	马来西亚	107	80	23	3	1
33	比利时	104	88	8	7	1
34	以色列	104	77	20	6	1
35	保加利亚	101	77	17	6	1
36	挪威	99	79	9	10	1
37	奥地利	98	80	9	7	2
38	泰国	98	65	29	3	1
39	越南	96	69	22	4	1
40	新西兰	92	56	30	6	0

资料来源：根据中国外交部、洛伊研究所 2019 年全球外交指数以及相关国家大使馆网站数据整理（2023 年）。

表 2-9　亚太国家多边机构影响力排名

单位：分，个

排名	国家	得分	作为区域主要国际机构成员数量
1	中国	100.0	17
2	印度	92.9	16
	印度尼西亚	92.9	16
	俄罗斯	92.9	16
5	新加坡	78.6	14
	泰国	78.6	14
7	澳大利亚	71.4	13
	马来西亚	71.4	13
	菲律宾	71.4	13
	韩国	71.4	13
	美国	71.4	13
	越南	71.4	13
13	日本	64.3	12

续表

排名	国家	得分	作为区域主要国际机构成员数量
14	文莱	57.1	11
15	柬埔寨	50.0	10
	老挝	50.0	10
	缅甸	50.0	10
	新西兰	50.0	10
19	孟加拉国	42.9	9
20	巴基斯坦	35.7	8

资料来源：洛伊研究所（Lowy Institute）。

从图 2-1 呈现的外交影响力，我们可以看出在亚太区域除了中美俄三个大国外，其余大多数国家具备中等强国的实力或影响力。当然，新加坡因规模太小且其自视为小国，不包括在中等强国的研究范畴之内，可以排除在中等强国的研究视野外。尽管如此，新加坡所表现出来的外交行动、多边主义倾向、大国间平衡等一系列特征仍然为中等强国分析提供了有益的参考和借鉴。

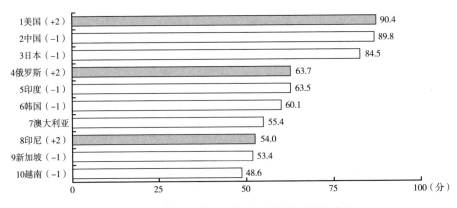

图 2-1 亚太外交影响力前 10 位国家（2021 年）

资料来源：洛伊研究所（Lowy Institute）。

联合国安理会非常任理事国是考察一个国家国际影响的重要指标，也是分析一个国家是否具备中等强国身份和国际地位的"观测仪"。《联合国宪章》规定设立六个联合国主要机关，其中安全理事会是最重要的一个机构。宪章将维护国际和平与安全的首要责任赋予安全理事会，安理会可在和平受到威胁时随时举行会议。联合国所有成员都同意接受和执行安全理事会的决定。相比之下，联合国其他机构只能向成员提出建议，唯有安全理事会有权作出成员根据宪章必须执行的决定。也就是说，联合国安理会的权威性表现为安理会决议的强制性。安全理事会由 10 个当选成员和 5 个常任理事国（中国、美国、法国、英国和俄罗斯）组成。非常任理事国由大会选举产生，任期两年，不得连任，每年改选 5 个。宪章规定，选举时首先宜充分斟酌联合国各成员在维持国际和平与安全及本组织其余各宗旨方面的贡献，并充分斟酌地域上的公匀分配。[1] 根据 1963 年联合国大会决议，安理会席位分配情况：亚洲和非洲国家 5 席、东欧国家 1 席、拉丁美洲国家 2 席、西欧及其他国家 2 席。[2]

基于地域分配的原则，联合国安理会非常任理事国的国家首先根据所在区域选出，对地区与国际安全具有较强的影响，其当选次数较大程度上体现了地区影响。当然，不同区域情况可能会有所不同。比如来自拉美地区的非常任理事国其当选次数多于亚洲、欧洲国家，未必表示其就比后者影响力大，只是由地域分配原则所致。根据统计，日本、巴西、印度、意大利、巴基斯坦、阿根廷、德国、加拿大、澳大利亚、西班牙、尼日利亚、埃及、土耳其、印度尼西亚、马来西亚、墨西哥、南非等国家当选非常任理事国的次数均在 3 次及以上，一些国家如韩国、伊朗、哈萨克斯坦等尽管当选次数较少，但由于其较大的经济、军事实力以及综合外交影响，仍然具备中等强国的国际影响力特别是政治影响力（见表 2-10）。

---

① 联合国官网，https：//un. org/zh/about-us/un-charter/full-text。
② 《联合国档案》，https：//documents-dds-ny. un. org/doc/RESOLUTION/GEN/NR0/185/53/ PDF/NR018553. pdf? OpenElement。

表 2-10　至少当选过一次安全理事会非常任理事国的国家

单位：次

当选非常任理事国次数	亚洲太平洋	欧洲	非洲	拉美	北美
11	日本				
10				巴西	
9				阿根廷	
7	印度、巴基斯坦	意大利		哥伦比亚	
6		比利时、波兰、德国、荷兰			加拿大
5	澳大利亚	西班牙	埃及、尼日利亚	秘鲁、委内瑞拉、智利、巴拿马	
4	菲律宾、土耳其、印度尼西亚、马来西亚	丹麦、罗马尼亚、南斯拉夫、挪威、瑞典、乌克兰	突尼斯	墨西哥	
3	约旦、叙利亚	爱尔兰、奥地利、保加利亚、葡萄牙	埃塞俄比亚、阿尔及利亚、加纳、加蓬、科特迪瓦、摩洛哥、南非、塞内加尔、乌干达、赞比亚	哥斯达黎加、古巴、玻利维亚、厄瓜多尔	
2	韩国、阿联酋、科威特、黎巴嫩、孟加拉国、尼泊尔、伊拉克、越南	捷克斯洛伐克、芬兰、希腊、匈牙利	利比亚、安哥拉、贝宁、布基纳法索、多哥、几内亚、津巴布韦、喀麦隆、肯尼亚、卢旺达、马里、毛里求斯、尼日尔、坦桑尼亚	乌拉圭、圭亚那、牙买加、尼加拉瓜	
1	哈萨克斯坦、伊朗、阿曼、阿塞拜疆、巴林、卡塔尔、斯里兰卡、泰国、新加坡、也门	爱沙尼亚、白俄罗斯、波黑、捷克、克罗地亚、立陶宛、卢森堡、马耳他、斯洛伐克、斯洛文尼亚	博茨瓦纳、布隆迪、赤道几内亚、佛得角、冈比亚、刚果、刚果民主共和国、吉布提、几内亚比绍、马达加斯加、毛里塔尼亚、纳米比亚、塞拉利昂、利比里亚、苏丹、索马里、乍得	巴拉圭、多米尼加、洪都拉斯、圣文森特和格林纳丁斯、特立尼达和多巴哥、危地马拉	

注：南斯拉夫于 1992 年解体、捷克斯洛伐克于 1993 年解体。

资料来源：联合国安理会官网。

（三）传统和新兴中等强国特征区分

鉴于非西方大国在国际秩序中的崛起，中等强国的概念被广泛用来解释这些国家的行为。然而，这一概念在解释新兴中等强国的外交政策方面碰到难题。许多在物质上可被定义为中等强国并自我认同为中等强国的国家，并没有表现出主流中等强国研究所理论化的外交政策行为。这主要是因为中等强国历史脉络、发展道路、类别属性和国情差异非常之大，以一两种分析工具和视角看待它们，采用"一刀切"方式得出的结论可能并不准确。同时，中等强国的身份和内涵一直处于变化之中。用罗伯特·考克斯的话来形容这种变化，即中等强国的角色并不是固定的，而是必须在国际体系持续变化的状态下不断重新思考的。[①] 冷战结束后，对中等强国外交政策行为的理解比两极时期复杂得多。结果，2000 年初出现新的中等强国分化：传统的和新兴的。新兴中等强国脱颖而出，包括蓬勃发展的东盟国家（如越南、印度尼西亚、马来西亚）、韩国、土耳其、巴西、印度等。牛津大学尼尔·麦克法兰再次强调"新兴"这个词中已经包含的活力元素：新兴国家之所以与众不同，是因为身份是动态的；它们的地位随着它们的实力增长而变化，对国际体系的塑造能力也随之改变。[②] 新加坡学者爱德华·乔丹（Eduard Jordaan）通过新兴和传统两个维度的相互影响和行为差异来区分中等强国。他把新兴中等强国描述为寻求国际体系改革的国家，而不是根本上或激进地要推翻现有国际秩序。[③] 也就是说，这种变化仍然符合并最终支持当前的国际秩序。传统中等强国，如澳大利亚、加拿大、意大利、西班牙、德国、日本、瑞典等西方发达国家作为中等强国并未有异议。阿根廷、巴西、南非、

---

① Robert Cox, "Middlepowermanship, Japan, and Future World Order", *International Journal*, Vol. 44, No. 4, 1989, p. 824.

② S. Neil MacFarlane, "The 'R' in BRICs: Is Russia an Emerging Power", *International Affairs*, Vol. 82, No. 1, 2006, p. 41.

③ Eduard Jordaan, "The Concept of a Middle Power in International Relations: Distinguishing between Emerging and Traditional Middle Powers", *Politikon: South African Journal of Political Studies*, Vol. 30, No. 2, 2003, pp. 165-181.

土耳其等新兴国家被纳入中等强国的研究范畴，引起对中等强国新的研究兴趣。

一是身份归属。传统中等强国属于西方体系，这些国家通常被描述为"全球权力平衡的守护者"，维护自由主义国际秩序的既得利益。这些国家又被认为是"桥梁建设者"，将围绕某些利益和想法的"志趣相投者"（like-minded）联系起来。它们还被认为是"寻求共识的对话者"，追求国际问题的多边解决方案，扮演"良好国际公民"的角色来引领其外交。[①] 而新兴的中等强国基本上是非西方国家，政治身份通常定义为发展中国家，正向世界经济中心地带移动。新兴中等强国采取积极对外战略，参与全球治理，追求更彻底的全球经济规则和结构改革，谋求更多的全球治理利益和发言权。由于国际体系正在经历转型，权力平衡有向非西方转移的大趋势，新兴中等强国挑战还是维护现有自由主义秩序备受关注。一方面，它们的崛起有助于对自由国际秩序的变革提出要求；另一方面，新兴中等强国与传统中等强国有不一样的诉求，寻求体系改革，独立性、平衡角色更为突出。对待自由主义国际秩序的态度或为新兴中等强国与传统中等强国的显著差异。传统中等强国往往是美国的忠实追随者，从根本上不会质疑美国的国际领导地位。然而，新兴中等强国经常与美国意见相悖或者并不盲从美国的意志，其渴望进行更激烈的国际变革，这种变革有时偏离了西方主导的自由主义价值观，不赞成美国的主导地位。布莱克和霍恩斯比指出，南非这个新兴中等强国的外交政策越来越呈现"第三世界主义""团结主义""修正主义"的特征。[②]

二是治理能力。新兴中等强国一词意味着承认一个国家的能力相对于过去而言是新崛起的，它们对全球治理产生建设性影响的潜力取决于其国家治

---

① Andrew F. Cooper, Richard A. Higgott and Kim R. Nossal, *Relocating Middle Powers：Australia and Canada in a Changing World Order*, British Columbia：UCB Press, 1993, pp. 19-20.

② David R. Black and David J. Hornsby, "South Africa's Bilateral Relationships in the Evolving Foreign Policy of an Emerging Middle Power", *Commonwealth & Comparative Politics*, Vol. 54, No. 2, 2016, p. 154.

理能力，需要避免"期望和能力不匹配"的情况。[①] 新兴中等强国快速发展的经济体量，证明其国家治理特别是经济治理能力较强。这种高增长带动活跃的经贸联系，对其邻国和更广泛地区产生了重要影响。然而，新兴中等强国也面临全球治理的挑战，与普遍富裕的传统中等强国相比，新兴中等强国对全球治理的代表性不足、权力分配的不平衡和发展不均衡等问题依旧存在。物质上的不平等往往与社会分裂问题相互叠加，如巴西、尼日利亚、马来西亚、南非等国。相对于核毁灭的威胁来说，与全球贫困有关的问题越来越重要，新兴中等强国更加关注全球贫困治理和绿色发展问题，在全球反贫困倡议中发挥着至关重要的作用。这些国家加强联合，发出共同声音，影响全球治理政策制定。

三是结构力量。就新兴中等强国而言，经济持续增长等有利的国内条件可以让它们在外交政策上投入更多资源和精力，并在国际舞台上更加自信地采取行动。快速增长的物质能力也可能激励新兴中等强国通过扮演更积极的角色，追求更高的国际地位，有朝一日与全球强国平起平坐。[②] 新兴中等强国领导人在提升其国家的国际形象方面扮演了关键角色，通过积极外交政策举措，争取国际认可来获得国际地位。例如，土耳其的埃尔多安、阿根廷的卡洛斯·梅内姆、巴西的卢拉、马来西亚的马哈蒂尔、南非的曼德拉等领导人对提升各自国家的国际地位和影响力起到有目共睹的作用。再以土耳其为例，埃尔多安"四面出击""长袖善舞"，不仅频繁接触或者施压邻国，还积极参与包括叙利亚、伊拉克、南高加索、利比亚和东地中海在内的多个地区的战事，目的要么是引导争端的结果有利于自己，要么是改变现有地区秩序，扮演伊斯兰世界领导者角色。他敢于挑战法国和美国等西方盟国，使各方都高度重视土耳其。

近十几年来，中等强国之间的竞争同样变得愈加激烈。库珀认为，与早

[①] Ziya Öniş and Mustafa Kutlay, "The Dynamics of Emerging Middle Power Influence in Regional and Global Governance: the Paradoxical Case of Turkey", *Australian Journal of International Affairs*, Vol. 71, No. 2, 2017, pp. 16-17.

[②] Denis Stairs, "Of Medium Powers and Middling Roles", in Ken Booth, ed., *Statecraft and Security: The Cold War and Beyond*, New York: Cambridge University Press, 1998, pp. 270-286.

期的中等强国活动不同，当前中等强国"基于共同态度的强烈志同道合感"表现得不再那么明显。① 许多中等强国已不再是简单的"追随者"。丹尼尔·弗莱姆斯（Daniel Flemes）借用罗伯特·A. 帕普（Robert A. Pape）提出的"软平衡"（soft balance）概念，证明新兴中等强国试图挫败、拖延和破坏美国的单边主义。② "软平衡"旨在制止或制衡霸权国的单边行动，但并不意味着对霸主的直接挑战。"软平衡"包括加强南方国家之间的联系，将经济力量的平衡从美国转移向其他地方。马修·斯蒂芬指出，土耳其的外交政策已经脱离以往与西方的紧密联系，而更多地将自己视为一个独立的国际行为体。印度尼西亚与传统中等强国澳大利亚相比，一直保持着相当不同的优先事项和外交政策目标。③

二　全球化时代背景下的中等强国

20 世纪西方著名的经济史学家卡尔·波兰尼（Karl Polanyi）在其经典著作《大转型：我们时代的政治与经济起源》一书中，深入分析了 19 世纪初到二战间世界政治经济秩序的发展演变，提出以制度及机制为核心勾勒西方体系的独特轮廓，指出西欧的社会和技术剧变，结束了一个时代而又开启了新的文明时代。④ 在西方告别金本位制的国际经济体系后，全球化现象波澜壮阔地在世界范围内扩散，带来了经济面貌和权力结构的巨变。这也为包括中等强国在内的一批新兴国家加速崛起提供了时代条件和现实基础。

① Andrew Cooper, "Squeezed or Revitalised? Middle Powers, the G20 and the Evolution of Global Governance", *Third World Quarterly*, Vol. 34, No. 6, 2013, p. 971.

② Daniel Flemes, "Emerging Middle Powers' Soft Balancing Strategy: Perspectives on the IBSA Dialogue Forum", *GIGA Working Paper*, No. 57, 2007, p. 14, http://www.giga-hamburg.de/en/system/files/publications/wp57_ flemes. pdf; Robert A. Pape, "Soft Balancing against the United States", *International Security*, Vol. 30, No. 1, 2005, pp. 7-45.

③ Matthew D. Stephen, "The Concept and Role of Middle Powers during Global Rebalancing", *Journal of Diplomacy and International Relations*, Vol. 14, No. 2, 2013, p. 48.

④ 〔英〕卡尔·波兰尼：《大转型：我们时代的政治与经济起源》，冯钢、刘阳译，浙江人民出版社，2007，第 4~6 页。

（一）全球化的本质

"全球化"一词是现代政治学和经济学词典中使用频率最高的词之一。全球化包罗万象，指的是实际上影响整个世界及其大多数人口的一系列相互关联的经济和社会变化。从结构上讲，它表明国家和地区之间的流动和相互依赖性增加。这些流动包括人员、贸易、资本、信息、通信、规则和监管等。这意味着，随着各国以多种方式相互联系，连接各国的网络变得更加密集、强大和多样化。作为全球化进程的一部分，各国融入全球体系，相互依存。英国著名社会学家吉登斯在《现代性的后果》一书中对全球化进行了深入探讨。他指出，全球化可以被定义为世界范围内的社会关系的强化，这种关系以这样一种方式将彼此相距遥远的地域连接起来，即此地所发生的事件可能是由许多英里以外的异地事件引起的，反之亦然。① 吉登斯在这里强调了全球化引起世界各地相互联系的时间、空间联系的空前强化。将全球化引入公众讨论最为著名的学者，莫过于《纽约时报》专栏作家托马斯·L. 弗里德曼（Thomas L. Friedman）。他将全球化定义为市场、民族国家和技术前所未有的牢固融合，以一种使个人、公司和民族国家能够比以往任何时候都更远、更快、更深入地到达世界各地的方式。弗里德曼1999年出版的畅销书《雷克萨斯与橄榄树：了解全球化》探讨了全球化与文化、地理、传统、社区之间的紧张关系。在2005年首次出版的《世界是平的》一书中创造了当今最广泛使用的全球化隐喻"世界是平的"。弗里德曼提出全球化的三个版本及其内在驱动力，即全球化1.0的动力是国家的全球化，全球化2.0的动力是公司的全球化，而全球化3.0的动力（赋予其独有的特征）是个人和小集团/组织机构的全球化。② 弗里德曼"扁平世界论"的基础是，存在一个超越距离、地点和地理范围的全球信息通信平台，可以将任何地方

---

① 〔英〕安东尼·吉登斯：《现代性的后果》，田禾译，译林出版社，2000，第56~57页。

② Thomas L. Friedman, "It's a Flat World, After All", *The New York Times*, April 3, 2005.

的用户连接起来，无论他们身处何方。然而，即使世界在这个意义上变得更"扁平"，也不意味着全球经济变得更加平等。弗里德曼近乎承认，不是每个人都能进入这个新的平台、新的竞争环境。他说："当我说世界正在被扁平化，我并不是说我们都变得平等了。我的意思是，更多地方的更多人现在有能力进入这个扁平化的世界平台——连接、竞争、合作。"①

全球化是人类历史上不可避免的现象，其核心在于世界因商品和产品、信息、知识和文化价值的交换而变得相互关联。在过去的几十年里，由于技术、通信、科学、运输和工业等领域的空前进步，这种全球一体化的步伐变得更快、更令人印象深刻。在这个过程中，各国在经济以及政治、社会和文化子系统中变得更加一体化和相互依存。从结构上讲，各国和地区之间的流动和相互依赖性增加。这些流动包括人员、贸易、资本、信息、通信、规则和监管等。美国国际经济关系研究员杰弗里·加勒特（Geoffrey Garrett）提出了世界经济全球化的三个主要机制，分别是：①世界贸易中的竞争日益加剧；②生产者为增加利润而将生产设施转移到劳动力等成本更低的其他国家，由此出现了跨国生产转移的现象；③金融市场的国际一体化，国家间经济的相互依存度急剧提升。② 贸易、资金、货物、人员自由流通和流动的世界市场逐渐形成。没有任何一个国家可以远离世界经济，只有融入世界经济体系，才能推动本国经济融合发展。

全球化是一个多维现象。它并不是简单的经济领域，沃勒斯坦的世界体系理论很好地解释了国际分工、世界经济与权力配置的联系。然而，尽管商业和管理、经济学等领域的研究人员通常从经济角度将全球化予以具象化，但学术界已经达成了相当广泛的共识，全球化是多维现象，不仅涉及经济方面，而且涉及文化、政治、意识形态和其他领域。吉登斯概述了全球化的四

---

① Thomas L. Friedman, *The World is Flat*, London: Penguin Books, 2006, pp. 205-206.

② Geoffrey Garrett, "Global Markets and National Politics: Collision Course or Virtuous Circle", *International Organization*, Vol. 52, No. 4, 1998, pp. 790-793.

个维度，包括世界资本主义经济、工业的发展、民族国家体系、世界军事秩序。[①] 吉登斯认为，在民族国家体系维度，一部分从过去的殖民地独立出来的民族国家即新兴国家是全球化的净赢家。[②] 乔治·莫德尔斯基（George Modelski）则认为，全球化包括四个维度，分别是经济全球化、世界舆论形成、民主化和政治全球化。[③]

全球化是一系列历史性、变革性、多层面的过程。这体现为四个方面的进程，分别是全球经济的演变、全球政治的演变、全球社会的崛起、全球化作为一个整体的进程。全球经济通过商业和工业秩序的连续阶段，朝着加强专业化和分工的方向重新塑造，目前正处于信息时代。世界强国的兴衰（推动全球政治演变的漫长周期）与经济全球化的驱动力、主要工业部门的兴衰同步。[④]

全球化是一个变革的过程，在这个过程中，各国在经济以及政治、社会和文化子系统中变得更加一体化和相互依存。学术界和大众舆论认为，在全球化进程和随后一些非传统大国崛起的影响下，全球权力关系已经发生了不可逆转的变化。[⑤] 经济全球化也并不总是严格地局限于纯粹的经济领域，因为经济全球化的动态往往远远超出单纯的经济活动范畴。今天的全球化已不再局限于经济层面，而是日益广泛地渗透到人类社会政治和文化层面。[⑥] 罗伯特·基欧汉（Robert Keohane）和约瑟夫·S. 奈（Joseph S. Nye）认为，

---

① 〔英〕安东尼·吉登斯：《现代性的后果》，田禾译，译林出版社，2000，第61~68页。

② 〔英〕安东尼·吉登斯：《现代性的后果》，田禾译，译林出版社，2000，第64~65页。

③ George Modelski, *Globalization as Evolutionary Process. In Globalization as Evolutionary Process*, Abingdon：Routledge，2007，pp. 31-49.

④ George Modelski, *Globalization as Evolutionary Process. In Globalization as Evolutionary Process*, Abingdon：Routledge，2007，p. 25.

⑤ Andrew F. Cooper and Daniel Flemes, "Foreign Policy Strategies of Emerging Powers in a Multipolar World：An Introductory Review", *Third World Quarterly*, Vol. 34, No. 6, 2013, pp. 943-962;〔美〕托马斯·弗里德曼：《世界是平的：21世纪简史》，何帆等译，湖南科学技术出版社，2015;〔美〕法里德·扎卡里亚：《后美国世界：大国崛起的经济新秩序时代》，赵广成、林民旺译，中信出版社，2009。

⑥ 房乐宪：《全球化的多维政治内涵及思考》，《世界经济与政治论坛》2010年第2期，第67~68页。

社会和文化全球化涉及思想、信息、图像和人员的流动，这一现象在宗教、科技等领域得到体现。①

当然，全球化对世界各国及其人民都产生积极和消极的影响。它利用国际分工、产业合作、技术转移、管理和组织经验等优势，更有效地调动包括人力资源在内的资源，开辟了新的发展机遇。但全球化也带来了一些负面效应，意味着非法移民、有组织犯罪、国际恐怖主义、贩毒、传染性疾病和信息侵略的边界渗透性增强。同时，全球化也带来了发展不平衡的问题。世界体系理论认为，资本主义世界系统的内在逻辑再现了全球等级制度。沃勒斯坦将世界经济体划分为中心国家与边缘地区。根据一系列衡量标准，如各种经济活动的复杂性、国家机器的实力以及文化的完整性等，在中心和边缘之间还存在半边缘地区。② 核心地区的企业能够不断创新生产过程，创造更多的剩余价值，这就保证了核心国家的主导地位。随着类似核心工艺的利润率下降，这些工艺被转移到半边缘地区。虽然这种转移可能促使某些国家特别是半边缘国家有所发展，但世界体系中的所有国家并没有平等地获益。这一过程也并没有削弱等级制度，而是维持了旧的结构性不平等形式。看似突如其来的全球化引起的变化，实际上反映了作为世界体系运作基础的系统机制所固有的长期周期性节奏和发展趋势的结合。对此，沃勒斯坦强调，在现代世界体系的整个历史中，虽然中心国家的各种优势一直在扩大，但特定国家试图留在中心部分内的能力仍然会受到挑战。在一定时期内某个占统治地位的国家迟早要被其他国家取代。③

---

① Robert Keohane and Joseph S. Nye, "Globalization: What's New? What's Not?", *Foreign Policy*, No. 118, 2000, p. 107.
② 〔美〕伊曼纽尔·沃勒斯坦：《现代世界体系第一卷》，罗荣渠等译，高等教育出版社，1998，第 463 页。
③ 〔美〕伊曼纽尔·沃勒斯坦：《现代世界体系第一卷》，罗荣渠等译，高等教育出版社，1998，第 464 页。

（二）全球化的类型和发展阶段

全球化有许多方面，包括经济、政治、文化等。这里讨论的重点是全球化的经济方面。经济全球化是全球经济日益一体化的结果，特别体现为贸易和金融流动以及人员和知识的跨国界流动。瑞士苏黎世大学学者阿克塞尔·德雷尔（Axel Dreher）提出 KOF 全球化指数，它由三个分指数构成：经济全球化、社会全球化与政治全球化（见图 2-2）。德雷尔认为，经济全球化指的是建立一个单一、统一的世界市场，所有国家的经济都紧密结合在一起，以国际贸易和投资的实际流量减去关税和资本管制等限制来衡量。社会全球化是指人员、信息和文化的跨国界流动和交流。政治全球化指的是一个国家的使馆数量以及对国际条约和组织的参与程度。[①]

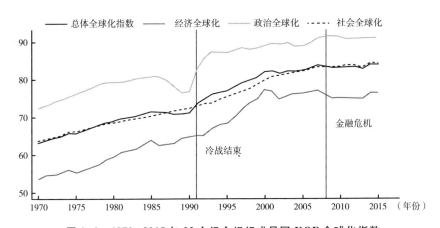

图 2-2　1970~2015 年 23 个经合组织成员国 KOF 全球化指数

资料来源：Helen Milner，"Globalization and its Political Consequences"。

1. 经济全球化

经济全球化是各国经济趋同的过程，由于商品和服务的跨境贸易规模日

---

① Axel Dreher，"Does Globalization Affect Growth？Evidence from a New Index of Globalization"，*Applied Economics*，Vol. 38，No. 10，2006，pp. 1091-1110.

益扩大、国际资本流动和技术的广泛迅速传播，世界经济相互依存关系日益增强，推动整个世界经济形成商品、服务、资本、劳动力和知识的一体化市场。由于跨国公司的积极活动，经济全球化导致国民经济越来越脱离国家控制的范围，加上信息技术的快速发展，跨国公司经济实力增强以及大量国际组织涌现，这些因素对国家内部结构产生非常强大的影响。经济全球化的一个结果是逐渐建立统一的规范和规则来管理经济主体的经济活动，改变公共行政的职能。

自古以来，由于技术和交通的改进，人类一直在寻找遥远的地方定居、生产和交换商品，但直到19世纪，全球一体化才开始起飞。经济全球化经历了五个发展阶段。现代世界经济形成的第一阶段：16世纪末至19世纪末。这个时期伴随西方殖民帝国向世界拓展市场的历史进程，与世界商品市场和世界贸易的兴起联系起来，成为世界经济全球化进程的开端。世界经济发展的第二阶段：19世纪末至20世纪初。这是初始资本主义过渡到垄断生产的阶段。主导力量之间的经济影响力区域发生变化，跨境资本流动大幅增加。除了商品交换之外，国家之间生产要素的迁移也开始出现。为未来的国际分工打下基础，为世界贸易的全球化准备了条件。通往世界全球化之路的第三阶段：两次世界大战之间。这一阶段破坏了过去建立的世界经济联系。尽管在此期间经济发展显著加快，但跨国公司的金融体系极度不稳定，导致资本主义世界经济危机。从1917年俄国革命开始，世界经济形势出现了资本主义和社会主义对立的特征。

第四阶段跨越了第二次世界大战到20世纪90年代初这一时期，标志着全球经济关系的重组，具有重要的历史意义。在新的霸权国美国的领导下，在第三次工业革命的推动下，以汽车和飞机为典型，全球贸易再次飞快增长，各国试图建立世界经济新秩序。对外贸易政策自由化、劳动生产率提升、科学技术进步加速以及由此带来的经济空前增长，对国际经济产生了鲜明影响。这一阶段的世界经济重点分为"北方"工业化国家和"南方"发展中国家，除日本以外的工业化国家占世界制造业产值的90%、占世界制成品出口的90%。①生产基本上仍然封闭在国家边界内，贸易模式反映了各个国家的专业化分工。大多数产品的投入都来自国内。除了生产结构和出口结构的严重失衡外，生活水平和政治权力也出现失衡。同时，经济发展模式发生在两个不同的轨道上，冷战"铁幕"将世界划分为两大势力范围。但是从1989年铁幕倒下开始，全球化就变成了真正的全球现象。这一阶段奠定金融全球化的基础，联合国货币基金组织、世界银行、世贸组织等国际多边机构形成一个规范国际金融和经济发展的宏观体系。这一时期是全球化加速并成为现实的时代。

第五阶段：从20世纪90年代初开始至今。这是冷战后世界经济的发展时期。经济格局的失衡开始逐渐扭转。例如，到1995年，发达国家在制造业产出中所占份额已经下降到80%。但是，随着传统的生产、贸易和金融模式被新的更加平衡的结构所取代，发达国家和发展中国家之间的巨大鸿沟在过去30年里迅速缩小。全球相互联系的规模和范围从经济到文化的各个领域都变得越来越明显。随着全球商业、金融和生产的扩张，全球经济一体化得到加强。一个地区的危机，无论是1997年亚洲金融危机还是2002年阿根廷债务危机，都会对远在万里之外的其他地区就业、生产、储蓄和投资造成重大影响。

在全球化的背景下，当前世界经济的发展水平呈现许多特点：资本和生产的跨国化、对外贸易关系自由化、区域经济一体化、经济生活的国际化、统一的经济生活规则。经济全球化可以分为三组相互关联的主要进程，分别涵盖了商品和服务的生产、国际金融、国际贸易。简而言之，生产全球化伴随着广泛的国际网络和供应链的扩展，外国直接投资总量大幅增加，跨国公司在世界经济中的作用和重要性大大增强。根据联合国贸发会议《世界投资报告》，1970年，全世界只有7.3万家跨国公司，而其外国分支机构2.73万家。到2008年，跨国公司总数已经达

---

① Ronald Findlay and Kevin O'Rourke, *Power and Plenty: Trade, War, and the World Economy in the Second Millennium*, Princeton University Press, 2007, p. 512.

到 8.2 万家，其中有 81 万家海外子公司，营业额超过 30 万亿美元。[①] 整个 20 世纪，在全球化达到现今的高峰之前，美国公司主导了全球大部分市场价值。2021 年，世界前 100 家公司的市值高达 31.7 万亿美元、占世界 GDP 的 37.42%。其中，美国公司占到总市值的 65%，相当于 20.55 万亿美元。[②] 跨国公司富可敌国，对世界经济的影响能力远非一般国家可比。

贸易是各国经济融入全球经济体系的最直接方式之一。21 世纪初，各国出口达到了具有历史意义的占 GDP 的 25%，这根本性地改变了全球经济面貌。以世界出口占世界 GDP 比例衡量的全球贸易是经济一体化的代表。图 2-3 显示了经济全球化的五个时期，贸易占世界经济产出的整体比例 100 多年来总体处于上升态势，直观表明各国经济逐步融入全球经济的速度，尤其是二战结束到 2008 年全球金融危机的 60 多年里，这一比例从 10.1% 前所未有地提升至 61.1%。

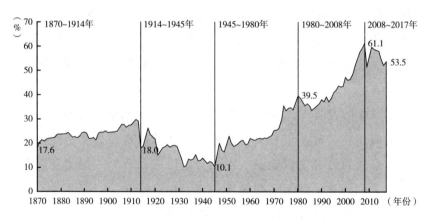

图 2-3 1870~2017 年世界出口占世界 GDP 的比例

资料来源：《我们的世界数据》（Our World in Data）。

---

① http://www.unctad.org.

② "The Top 100 Companies of the World: the US vs Everyone Else", *World Economy Forum*, July 27, 2021, https://www.weforum.org/agenda/2021/07/top-100-companies-usa-china-money-capital-market/.

　　一些新兴国家以贸易的方式融入全球经济的速度和程度前所未有。贸易形式包括货物贸易（实际装运的有形产品）和服务贸易（无形商品，例如旅游业、咨询和金融服务），这些商品和服务的生产链变得越来越复杂和全球化，可以带来收益，也具有重要的分配效应。在某些国家，例如比利时和新加坡，贸易占 GDP 的比重远超过 100%，新加坡进出口贸易在 2019 年占其 GDP 的 319.1%。[①] 从出口商品价值占国内生产总值的比重看，从 1970 年开始主要的新兴中等强国对全球经济的融入程度稳步上升。作为新兴中等强国，韩国、马来西亚等国货物和服务出口额占 GDP 的比重都超过 35%（见图 2-4、图 2-5）。[②] 新兴经济体在世界贸易和经济中变得日益重要，全球贸易政策和谈判的政治格局发生巨大转变，发达国家制定国际贸易议程和规则的能力下降，同时新兴中等强国的国际经济和政治影响力增强，成长为世界经济充满活力的一极。

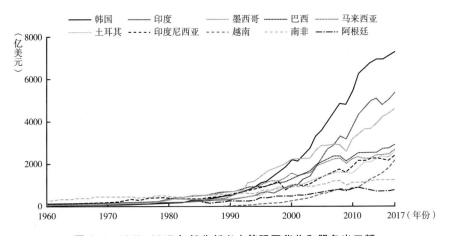

图 2-4　1960~2017 年部分新兴中等强国货物和服务出口额

资料来源：世界银行数据库。

①　"Trade（% of GDP）- Singapore"，World Bank，https：//data.worldbank.org/indicator/NE.TRD.GNFS.ZS？locations=SG.

②　"Exports of Goods and Services（% of GDP）"，World Bank，https：//data.worldbank.org/indicator/NE.EXP.GNFS.ZS？locations=KR.

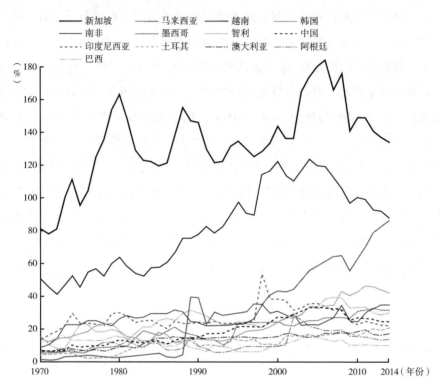

图 2-5　1970～2014 年部分国家贸易出口占 GDP 比重的趋势

资料来源：世界银行数据库。

全球经济力量的平衡正从美国和欧洲转移到一些快速增长的新兴经济体。这些经济体在全球国内生产总值、制造业和贸易中所占份额不断上升，其中包括发展中国家间的贸易显著扩大（如南南贸易）。这些转变由经济一体化和各经济体之间的相互依存关系强化推动，特别是通过吸引新的全球产业链和供应链壮大本国产业规模和生产能力。不断崛起的新兴经济强国成为国际金融治理的重要角色。它们不断增加外汇储备，扩大主权财富基金，从国际资本市场吸收资金，吸引大量外国投资，跨国公司开始走向全球投资。新兴国家在全球贸易、金融政策以及支撑全球经济的多边机构中发挥出更大的影响力，与西方谈判的议价能力显著增强。权力的分散可能会带来更加多元的全球化进程。彼得·马伯（Peter Marber）认为，新兴的全球体系代表着一个"量子世界"。在这个

"量子世界"中，尚未形成连贯而稳定的领导层。他创造"新兴七国"（emerging seven）一词来描述一组政治和经济影响力不断增强的国家，即中国、俄罗斯、印度、印度尼西亚、墨西哥、巴西和韩国。[①]

2. 社会全球化

社会全球化的发展源于技术革命和经济全球化，它们共同创造了文化产品的传播洪流。这里的关键是如何在统一、标准化和追求多样性之间作出选择。各国之间交往交流的人际关系网络实际上也反映了各种文化现象，其中包括科学知识的普及化、高等教育的国际化、西方大众文化的全球传播、跨国旅游和体育形式的广泛开展、国际节日、国际社会运动、科学家的联系及来自不同国家的文化和艺术工作者之间的合作。全球化的后果之一是文化传播，即自发地、不受控制地传播和接受某种文化价值。它既有积极的一面，也有消极的一面。一方面，文化传播使人们能够更多地相互交流、相互了解，这有助于人们和睦相处。在国际社会中，信息流即时分布，社会创新也是如此。一些国家从其他国家借鉴社会保障计划、教育体系结构等先进经验。另一方面，过度积极的交流和借用有可能导致文化认同的丧失，带来"文化霸权"对弱势文化声音的"渗透"。

3. 政治全球化

在政治领域，我们可以追溯稳定的国际关系和其他国际制度联系。跨境社会纽带和关系正以多种多样的方式传播。全球化的世界出现了新的政治组织形式、国际法律框架以及经济和政治权力中心。与民族国家一样，有时甚至更有影响力的参与者已成为国际关系的主要参与者，如国际政府间组织（IGO）和国际非政府组织（INGO）、跨国公司（TNC）、其他组织和运动。它们与国家行为体共同构成了一个多分层多中心的全球治理体系。随着各个公共领域国际互动的发展，新兴的跨国关系越来越多地以各种类型国际组织形式制度化，以确保更具可持续性。世界体系全球化过程具有明显的跨界互动多样性。

[①]　Peter Marber, *Seeing the Elephant: Understanding Globalization from Trunk to Tail*, Hoboken: John Wiley & Sons, Inc., 2009, p. 9.

在全球化的影响下，国家结构以及传统的社会制度经历巨大变革。新的参与者扰乱了国家主权的传统优先事项，国家正面临着"自下而上""自上而下""由外而内"的压力。"自下而上"是指既定的民族国家体系正被国内结构和新兴的公民社会所"侵蚀"。全球化伴随着相反方向的进程，如"分化""区域化""碎片化""本土化"。"自上而下"是指国家主权被超国家的组织和机构干预甚至侵蚀，这些组织和机构更多地干涉国家主权。比如，国际货币基金组织通过其活动影响各国金融政策的制定；在世贸组织框架内，各国不仅要彼此谈判，还要与国家压力集团等其他机构谈判；联合国国际审判法院（海牙国际法庭）也能对主权国家作出判决。此外，也有国家自愿限制主权的情况，这就是所谓的主权让渡，即把部分主权交给一体化的超国家机构支配，例如欧盟。"由外而内"指的是国际非政府组织和协会的活动侵犯了国家主权，例如国际特赦组织、人权观察以及人权和环境运动。

全球化的政治后果让人们认识到，发展道路并非具有唯一性，选择适合本国国情的发展道路成为新兴中等强国崛起的基本前提。一度主导全球化进程的新自由主义模式为经济资源"初步"积累和集中在少数人手中创造了有利条件，导致社会分层严重，强化了"相对剥夺感"，加深了对贫困问题的认识。这带来了严重的政治后果：民众可能对政府、民主越来越不信任，出现了政治冷漠和极端主义趋势，鼓励被边缘化人群采取非法行为，包括暴力抗议、削弱和破坏社会的内部凝聚力，如拉美地区的社会动荡、"阿拉伯之春"引发的政治与社会危机。

全球化是一个客观过程，但这一事实并不意味着强制使用统一的自由化标准。每个国家都有各自参与全球化进程的机会和方式。全球化的新自由主义模式首先符合跨国公司和西方世界主要大国的利益，然而对于世界上许多国家来说，它可能带来破坏性的影响。因此，各国要找到适合本国具体国情的发展道路，确立自身目标，实施自己的全球化政策，有计划地应对新出现的问题和挑战。

（三）知识与技术扩散加速中等强国工业化

人类社会拥有强大的学习能力，而知识和技术作为人类智力成果的表现形式有着向外扩散的特性。知识扩散是指知识通过一定的渠道从发源地向外传播和转移的过程。在知识势能的作用下，知识流就像液体一样源源不断地从高知识势能的主体流向低知识势能的主体，从而导致知识的传播和转移。① 从历史的角度看，知识的学习过程是缓慢而漫长的，需要数百年甚至上千年的时间。例如，纸的发明从中国传到欧洲用了 1000 多年的时间；雕版印刷术由东方传到西方花了 700 多年，而活字印刷术的传播从毕昇到德国的古腾堡则用了 400 年。尽管那个时候还远谈不上全球化，但印刷技术的传播和演变的案例中就是将丝绸之路作为技术交流和思想转移的途径。② 这显示了知识的传播需要时间。而在世界更加一体化的今天，知识的传播速度更快、渠道更多，全球化的进程就是一个知识创造、知识转移、知识学习与知识再造不断加速的过程。在全球化时代，知识扩散的内在逻辑鼓励先进的经济技术方式、社会政治方式和思想方式更广泛传播，而不为某一国家或地区所长期垄断。这为非西方世界的崛起提供了外在的客观条件。伴随知识全球化而来的是沟通成本的降低和社会更紧密融合带来思想的自由流动。知识的全球化不仅包括技术知识，还包括改变社会的思想如市场竞争原则等，这些知识不仅构成了制定促进经济增长政策的基础，还构成了制度的基础。

全球化一直是世界各地实现经济增长和富裕的关键驱动力。它使工业化国家能够依靠出口来提高其增长潜力，还帮助发展中国家实现经济多元化和消除贫困。其基本逻辑是，全球化刺激了知识和技术的传播，帮助各国之间传播增长潜力，尤其是有助于向新兴中等强国传播知识和技术，为它们的经济增长提供了巨大支持。国际货币基金组织发布的《世界经济展望》进一步研究了技术在国家之间的传播方式，发现由于全球化，知识和技术的跨国传播加快了。在新兴市场中，即使在全球生产力增长乏力的时期，技术传递

---

① 刘世强：《知识扩散、国家学习与国际权势的根本性变迁》，《外交评论》2011 年第 5 期，第 106 页。

② "The Invention and Transfusion of Printing Technology in East Asia and its Implications for Knowledge Transfer", UNESCO, https：//en. unesco. org/silkroad/content/did-you-know-invention-and-transfusion-printing-technology-east-asia-and-its-implications.

也有助于这些国家和地区促进创新，提高生产力。① 技术进步是提高收入和生活水平的关键驱动力。但是，新知识和新技术并不一定同时和同步发展。因此，技术在各国之间的传播方式对于全球经济增长至关重要。事实上，1995～2014 年的 20 年间，美国、日本、德国、法国和英国（G5）占有全球专利创新的 3/4。然而，近年来，知识和技术从 G5 技术领导者向新兴市场经济体（如中国、韩国）扩散的份额显著增加。相比之下，自 2008 年全球金融危机以来，从 G5 传播到其他发达经济体的知识份额大体持平，甚至有所下降。韩国等国越来越多地利用其专利引文来衡量全球知识存量创造和技术发展、增加财富，创造价值。②

制造业的全球重组被认为是最新一波全球化的决定性特征。这个过程使企业能够利用世界各地的低劳动力成本、比较宽松的税收和环境法规。这反过来又促进了发展中国家的工业化和较富裕国家的非工业化。在贸易和金融一体化的同时，国际生产变得碎片化、产品内部分工更为专业化，将生产过程分成跨越国家和国界的独立部分。这导致中间产品的生产过程越来越多地在被认为最有利可图的新兴市场建立起来，形成了产业链的前置。在其他情况下，市场的开放促使企业之间的联合行为，形成诸如合资企业和产品共享计划等跨国战略联盟。③ 现代制造业就是通过这样复杂的企业网络组织起来的，这些网络有时被称为全球商品链或全球价值链。在这些网络中，发达经济体的企业通过投资或分包的方式将其制造活动转移到发展中国家，同时它们专注于更高价值的活动，如投入技术研发和高端服务业。因此，这就转化为增加制造业出口和扩大外国直接投资，增加发展中国家制造业领域的就业岗位。20 世纪下半叶，工业化模式发生了许多变化。虽然西方资本主义国家在 1945 年后享受了 20 多年的繁荣，但全球经济问题导致制造业在 20 世

① Johannes Eugster, Giang Ho, Florence Jaumotte, and Roberto Piazza, "How Knowledge Spreads", *Finance & Development*, Vol. 55, No. 3, 2018, pp. 52-55.

② Johannes Eugster, Giang Ho, Florence Jaumotte, and Roberto Piazza, "How Knowledge Spreads", *Finance & Development*, Vol. 55, No. 3, 2018, pp. 52-53.

③ "Emerging Markets-Emerging Powers: Changing Parameters for Global Economic Governance", *Internationale Politik und Gesellschaft*, No. 2, 2005, pp. 36-51.

纪六七十年代出现停滞和衰退。由于西方国家劳动力成本上升，轻工业和重工业转移到了亚洲的生产基地。制造业的力量从西方转移到东方，日本、韩国、新加坡等国家开启了非西方国家大规模工业化的进程。韩国在20世纪七八十年代大规模发展钢铁、汽车和造船业，进入21世纪，韩国又专注于高科技和服务业（见表2-11）。这些变化使韩国成为世界上经济发达的国家之一。到20世纪90年代，自由贸易成为工业化世界的主流经济理念，为工业化国家创造了新的机会，也为全球经济增长提供了新的动力。

表2-11　1960~2008年部分国家占全球国内生产总值的份额

单位：%

国家	1960年	1970年	1980年	1990年	2000年	2008年
中国	5.24	4.63	5.20	7.83	11.77	17.48
印度	3.88	3.41	3.18	4.05	5.18	6.70
俄罗斯	—	—	—	4.24	2.11	2.51
巴西	1.99	2.13	3.19	2.74	2.66	2.48
印度尼西亚	1.15	1.01	1.38	1.66	1.83	1.98
韩国	0.36	0.51	0.78	1.38	1.84	1.86
墨西哥	1.44	1.66	2.16	1.90	1.98	1.72
土耳其	0.75	0.80	0.90	1.13	1.18	1.20
泰国	0.35	0.46	0.60	0.94	1.08	1.12
伊朗	0.55	0.88	0.78	0.74	0.83	0.90
阿根廷	1.36	1.27	1.16	0.78	0.87	0.87
巴基斯坦	0.39	0.45	0.49	0.67	0.72	0.76
埃及	0.32	0.31	0.44	0.53	0.56	0.60
哥伦比亚	0.47	0.48	0.57	0.59	0.55	0.56
菲律宾	0.50	0.49	0.60	0.59	0.53	0.55
委内瑞拉	0.86	0.83	0.75	0.59	0.54	0.55
马来西亚	0.15	0.16	0.25	0.33	0.49	0.51
越南	0.30	0.23	0.20	0.25	0.39	0.50
沙特阿拉伯	0.21	0.34	0.66	0.53	0.48	0.47
南非	0.63	0.67	0.64	0.54	0.48	0.46
尼日利亚	0.40	0.44	0.49	0.40	0.39	0.44
智利	0.38	0.36	0.31	0.31	0.43	0.43
孟加拉国	0.35	0.31	0.24	0.26	0.31	0.35

续表

国家	1960 年	1970 年	1980 年	1990 年	2000 年	2008 年
叙利亚	0.16	0.16	0.29	0.26	0.33	0.32
秘鲁	0.35	0.37	0.37	0.24	0.27	0.31
缅甸	0.15	0.13	0.14	0.11	0.17	0.29
新加坡	0.05	0.07	0.11	0.16	0.25	0.25
以色列	0.12	0.17	0.20	0.22	0.27	0.25

资料来源：James Scott，Matthias vom Hau and David Hulme，"Beyond the BICs：Identifying the Emerging Middle Powers and Understanding Their Role in Global Poverty Reduction"，*Brooks World Poverty Institute Working Paper* 137，December，2010，p. 11。

全球化所带来的知识与技术扩散加速，对新兴中等强国工业化进程提速产生了三个方面的影响。

第一，全球化使各国特别是那些教育水平较高、经济发展潜力更强的中等强国更容易接触并获得外国知识，将其应用到技术发展中，形成知识经济的模式。知识经济是资本、技术、技术相关能力和科学在生产活动中的积累，强调在生产程序和方法、产品和技术上不断创新。[1] 诺贝尔经济学奖获得者约瑟夫·斯蒂格利茨（Joseph Stiglitz）指出，一些国家如韩国，不仅拥抱新经济，在某些情况下它们实际上引领新经济，一些新技术比西方国家更深入地渗透到经济和社会中。[2] 这些快速工业化国家的企业逐步成为国际生产网络和供应链的关键部分，创造了更多机会进入全球市场。这一事实背后的关键是教育的普及与质量提高，因为教育的回报是改善个人劳动力市场，有利于创造具有高附加值的经济产出（见表 2-12）。因此，新兴中等强国实现知识经济和工业化的目标有赖于教育水平的提高（见图 2-6）。

---

[1] Roberto Mangabeira Unger，*The Knowledge Economy*，London：Verso Books，2019.

[2] Joseph Stiglitz，"Globalization and Growth in Emerging Markets and the New Economy"，*Journal of Policy Modeling*，Vol. 25，No. 5，2003，p. 507.

表 2-12 部分国家受教育率

单位：%，人

国家	高等教育率	高中教育率	高中以下教育率	人口（2022 年）
加拿大	60.00	32.50	7.60	38388419
俄罗斯	56.70	38.50	4.80	145805947
日本	52.70	—	—	125584838
韩国	50.70	38.60	10.60	51329899
以色列	50.10	37.90	12.00	8922892
美国	50.10	41.70	8.30	334805269
英国	49.40	32.30	18.30	68497907
澳大利亚	49.30	34.40	16.20	26068792
挪威	45.30	37.20	17.50	5511370
瑞士	45.30	44.00	10.70	8773637
瑞典	44.60	39.30	16.10	10218971
荷兰	42.60	38.40	19.00	17211447
比利时	42.40	37.30	20.20	11668278
新西兰	40.10	40.80	19.10	4898203
西班牙	39.70	23.20	37.10	46719142
法国	39.70	41.80	18.50	65584518
丹麦	39.30	42.00	18.60	5834950
阿根廷	35.70	28.00	36.40	46010234
奥地利	34.20	51.50	14.30	9066710
波兰	32.40	60.40	6.80	37739785
德国	31.30	54.90	13.90	83883596
葡萄牙	28.20	27.20	44.60	10140570
匈牙利	27.20	58.40	14.40	9606259
智利	25.20	42.30	32.60	19250195
沙特阿拉伯	23.60	32.90	43.50	35844909
土耳其	22.00	19.70	58.30	85561976
意大利	20.10	42.70	37.10	60262770
巴西	20.10	36.90	43.00	215353593
墨西哥	19.40	22.20	58.40	131562772
南非	15.80	31.80	52.30	60756135
印度尼西亚	11.90	26.00	62.10	279134505

资料来源：根据经合组织《世界人口评论》等数据整理。"Most Educated Countries 2022"，*World Population Review*，https：//worldpopulationreview.com/country-rankings/most-educated-countries.

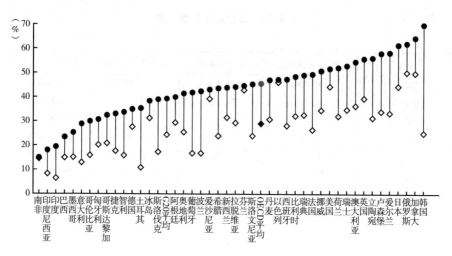

图 2-6　主要经济体高等教育率

资料来源："Population with Tertiary Education", OECD, https：//data.oecd.org/eduatt/population-with-tertiary-education.htm#indicator-chart。

第二，科技创新、信息革命大大降低了知识传播的成本。在信息化时代，知识的传播人人可及、瞬间可就，足不出户即可通过全球网络和庞大的知识信息数据库，了解到最新的前沿动态，学习掌握新的技能。当然，专利的转移以及少数对核心技术的垄断尽管可能会一时影响先进技术的传播，但它不能从根本上阻断技术传播效应的进程。由于持续不断的经济发展以及对技术的文化偏向，印度、印度尼西亚、巴西、墨西哥、土耳其、伊朗等新兴中等强国网络加快普及速度。国际知名数据公司尼尔森发布的 Bharat 2.0 互联网研究报告显示，印度的互联网用户在五年间翻了一倍多，达到 7.65 亿，其中 4G 数据流量增长了 6.5 倍。[①] 以印度尼西亚和越南为首，2022 年东南亚地区智能手机用户数量达到 3.263 亿，占互联网用户的 88.0%。智能手机正在推动该地区的互联网接入，推动按需经济兴起，为服务提供商、零售商

[①] "Nielsen's Bharat 2.0 Study Reveals a 45% Growth in Active Internet Users in Rural India since 2019", *Nielsen*, May 5, 2022, https：//www.nielsen.com/in/en/press-releases/2022/nielsens-bharat-2-0-study-reveals-a-45-growth-in-active-internet-users-in-rural-india-since-2019/.

和数字平台带来大量机会。① 可见，技术进步将扩大世界级经济体的范围。全球化对知识扩散的加速作用对新兴市场经济体的积极影响尤其大，这些国家越来越多地利用现有的外国知识和技术来提高其创新能力和劳动生产率。例如，2004～2014 年，创新知识流平均每年为每个国家/地区部门带来约 0.7 个百分点的劳动生产率增长，这约占 2004～2014 年平均生产率增长的 40%。② 全球化和技术紧密地交织在一起，通过新的运输和通信形式，促进人员、货物和思想的加速流动和扩展。反过来，思想的多样性和全球影响力扩大也有利于促进技术向前发展。技术进步的"时空压缩效应"大大降低国际贸易和投资的成本，从而使组织协调全球生产成为可能。经济全球化的过程，也是全球产业结构调整的过程，各国对本国的产业结构调整和升级都相当重视。

第三，全球化增强了公司创新和采用国外技术的动力，同时推动新兴国家跨国公司的崛起。随着贸易和外国投资的开放，对新兴市场的外国直接投资不仅带来资本，而且提供进入外国市场、利用其技术和人力资本的机会。这些国家的企业面临创新和提高竞争地位的机遇，它们抓住新的增长机会，成为全球创新的新策源地。竞争加剧和外国直接投资鼓励国内企业通过技术升级、产品或服务质量提高等方式进行创新。世界银行曾对新兴市场经济体的企业进行调查研究，发现跨国公司倒逼国内企业进行创新，尤其是具有市场力量的企业加大研发投入，促进更大程度的创新，来自国外竞争的更大压力也会刺激创新。③ 新兴市场经济体创新能力增强的重要因素是它们越来越多地参与全球供应链、价值链。2019 年，麦肯锡全球研究所对 71 个新兴经济体进行调查，确定了印度尼西亚、马来西亚、新加坡、韩国、泰国、印

① Man-Chung Cheung, "Southeast Asia Digital Users Forecast 2022", *eMarketer*, May 9, 2022, https：//www.emarketer.com/content/southeast-asia-digital-users-forecast-2022.

② "This is the Major Impact Globalization has had on Productivity", *World Economic Forum*, April 11, 2018, https：//www.weforum.org/agenda/2018/04/globalization-helps-spread-knowledge-and-technology-across-borders/? utm_ source=feedburner&utm_ medium=feed&utm_ campaign=Feed%3A+inside-the-world-economic-forum+%28Inside+The+World+Economic+Forum%29.

③ Yuriy Gorodnichenko, Jan Svejnar Katherine Terrell, "Globalization and Innovation in Emerging Markets", *World Bank Policy Research Working Paper*, No. 4808, 2009, pp. 7-8.

度、越南、埃塞俄比亚、哈萨克斯坦等 18 个经济体表现出色，价值创造排名前 10% 的大型公司获得其余公司产生净经济利润的 454%，是高收入国家比例的四倍多。在高收入国家中，前 10% 的国家获得全部净经济利润的 106%。这些新兴经济体中，有 11 个国家在 20 年内实现年均 5% 的经济增长率。[①]

1995 年，7 个主要新兴经济体（中国、俄罗斯、印度、巴西、印度尼西亚、土耳其和墨西哥）按购买力平价计算的 GDP 总量约占西方七国集团 GDP 总量的一半，而 2015 年，两个 "七" 的经济潜力之比已趋于平衡（按购买力平价计算）。尽管目前总体上西方在全球化进程中仍具有优势，但谁将成为未来这个进程的主要推动者值得观察。美国国家情报委员会与欧盟安全研究所通过衡量各国 GDP、国防开支、人口和技术，确立一个未来国际模型（international futures model），预测到 2025 年，部分主要国家的相对政治和经济影响力将发生变化（见图 2-7）。[②]

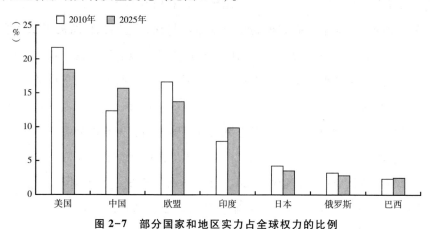

图 2-7 部分国家和地区实力占全球权力的比例

资料来源：美国国家情报委员会、欧盟安全研究所。

① Anu Madgavkar, "The Tougher Competitors in Emerging Markets", *McKinsey Quarterly*, March 20, 2019, https://www.mckinsey.com/business-functions/strategy-and-corporate-finance/our-insights/the-tougher-competitors-in-emerging-markets.

② "Global Governance 2025: at a Critical Juncture", National Intelligence Council, and Institute for Security Studies, December, 2010, pp. 11 - 12, https://permanent.fdlp.gov/gpo12194/2025_Global_Governance.pdf.

三　全球秩序变迁与中等强国崛起

在更具历史眼光的国际关系评估中，国家的兴衰对国际秩序的变迁始终发挥着推手作用。当一个大国或世界强国的霸权衰落时，往往也是秩序调整乃至混乱时刻，这一历史现象可以在罗马帝国、西班牙帝国、奥斯曼帝国和大英帝国等案例中找到。[①] 尽管军事和政治环境通常起着决定性作用，但政治体系、经济关系凝聚力减弱，也是不可低估的因素。在全球化加速发展的时代，拥有政治经济实力、公共产品供给能力的中等强国不断走强，成为这种秩序变迁中的关键参与者。

（一）单极世界的高光时刻

在单极国际体系中，一个国家的权力不受其他国家的平衡和控制，这种不平等使得国际体系的霸权国能够影响和塑造世界其他地区。苏联解体之后，美国作为所谓"孤独"的超级大国，能够将其意志强加给其他国家，成为"单极"国家，使国际体系从美苏双极性转变为美国单极性。西方认为，单极化的长期存在会带来诸多好处，美国可以避免新的大国出现时不可预测的地缘政治后果，单极化将把战略不确定性和不稳定性的风险降到最低。福山以其"历史终结论"自信地预言，民主和资本主义将代表未来，西方模式将征服世界。耶鲁大学政治学终身教授努诺·P. 蒙泰罗（Nuno P. Monteiro）认为单极性世界是只有一个强大力量的系统，能够在全球至少一个地区参与持续的政治军事行动。[②] 约翰·米尔斯海默也认可霸权国家的作用，他强调所有国家，不管是大国还是次级大国（中等强国），其命运都

[①] 〔美〕保罗·肯尼迪：《大国的兴衰：1500-2000 年的经济变迁与军事冲突》，陈景彪等译，国际文化出版公司，2006。

[②] Nuno P. Monteiro, *Theory of Unipolar Politics*, Cambridge：Cambridge University Press，2014，p. 48.

从根本上取决于那些最具实力国家的决策和行为。[①] 至于哪些是最具实力的国家，美国新保守主义学者查尔斯·克劳塞默（Charles Krauthammer）曾强调，美国必须同化冷战后的环境，并承担全世界公认的领导者角色。美国是不受挑战的超级大国，成为世界强国的中心。他也承认"次等大国"（中等强国）的存在，如德国、英国、法国和日本，它们最终可能导致多极化，但冷战后的环境是一个单极的国际体系，将持续数十年。[②] 彼时，以美国为首的国际秩序有三大支柱：一是美国拥有无与伦比的经济、军事、政治、文化实力；二是美国主导的多边组织和机构，如联合国、世界贸易组织、世界银行和国际货币基金组织等；三是美国领导下的联盟体系不断巩固和加强，如北约和跨太平洋联盟体系。

如何认识美国的这种单极力量？一些学者鼓吹单极世界论。美国达特茅斯学院政府系教授威廉·沃尔福斯（William Wohlforth）和斯蒂芬·布鲁克斯（Stephen Brooks）提出单极稳定性理论，主张维持美国的全球主导地位。1999 年，沃尔福斯在重量级国际战略刊物《国际安全》上撰文提出三个命题：其一，当下国际体系是单极的。美国比过去两个世纪任何一个主要大国都享有更大的优势。其二，当前的单极性容易带来和平。没有任何其他大国能够在战争或长期竞争中战胜美国，任何国家都不可能采取任何可能招致美国重点敌视的步骤，单极化将其他大国之间的安全竞争降至最低。其三，单极化不仅是和平的，而且是持久的。如果美国打好牌，单极化可能会像两极化一样持久。与霸主结盟而不是与之对抗往往是最安全的。[③] 沃尔福斯在他这篇文章发表十年后，依然坚信国际秩序没有出现多极化。2009 年，沃尔福斯与约翰·伊肯伯里（John Ikenberry）等人在《世界政治》刊文称，冷战的结束并没有使世界回到多极化。相反，美国已经在物质上占据优势，现

---

① 〔美〕约翰·米尔斯海默：《大国政治的悲剧》，王义桅、唐小松译，上海人民出版社，2003，第 5 页。

② Charles Krauthammer, "The Unipolar Moment", *Foreign Affairs*, Vol. 70, No. 1, 1990/91, pp. 23–24.

③ William C. Wohlforth, "The Stability of a Unipolar World", *International Security*, Vol. 24, No. 1, 1999, pp. 7–8.

在变得更加卓越。其他国家也许能在某个领域与美国抗衡，但没有任何一国在军事、经济、技术和地理等物质能力方面享有如此优势。美国力量的多面性使其自成一体，成为"单极"状态。①

在二战后的 70 多年里，没有哪个国家试图袭击美国本土，美国超强的军事实力强化了其地理安全，使其能够向全球投射力量。根据斯德哥尔摩国际和平研究所（SIPRI）的数据，美国的军费支出常年约占世界总支出的 40%。其中，2021 年全球军费总额达到 21130 亿美元，美国军费开支为 8010 亿美元。② 霸权的概念不仅意味着地理安全和军事优势，而且还意味着影响力和文化霸权。根据葛兰西的霸权概念，资本主义社会的霸权统治阶级具有影响和说服下层社会阶级接受其价值观的权力。③ 美国主导着众多国际机构，控制国际金融机构。在过去几十年里，美国的权力只受到零星的挑战，而且只是像"9·11 事件"这种不对称的袭击手段。耶鲁大学学者蒙泰罗写道："单极可以最大限度地减少对大战略的结构性限制，单极很可能让进攻性主导力量看到一个从其优势中获取最大利益的机会。"④

然而，美国单极霸权从 21 世纪头十年起面临越来越多的挑战。譬如，小布什政府将国际规则工具化、单边主义、先发制人、滥用武力的冲动，损害美国作为一个超级大国的形象。特朗普政府对国际制度的藐视，奉行"美国第一"的美国利益至上主义，加上霸权的缓慢衰落和新兴大国的崛起，表明美国的单极地位不可能永远持续下去。美利坚大学教授阿米塔·阿查亚（Amitav Acharya）在《美国世界秩序的终结》一书中驳斥了与单极美

---

① John Ikenberry, Michael Mastanduno and William C. Wohlforth, "Unipolarity, State Behavior, and Systemic Consequences", *World Politics*, Vol. 61, No. 1, 2009, pp. 1-2.

② "World Military Expenditure Passes $ 2 Trillion for First Time", Stockholm International Peace Research Institute, April 25, 2022, https://www.sipri.org/media/press-release/2022/world-military-expenditure-passes-2-trillion-first-time x.

③ Antonio Gramsci, *Selections from the Prison Notebooks of Antonio Gramsci*, New York: International Publishers, 1971.

④ Nuno P. Monteiro, "Unrest Assured: Why Unipolarity is not Peaceful", *International Security*, Vol. 36, No. 3, 2011/12, pp. 21-22.

国霸权终结相关的恐惧。① 美国外交政策研究学者克里斯托弗·雷恩（Christopher Layne）认为，美国单极时刻的结束将引起国际政治的重大变化。在"美国治下"（Pax Americana），世界享受了一个漫长的大国和平与国际繁荣的时代。然而，这一时期即将结束，国际政治将重新走向未来。②

（二）多极世界初露端倪

美国国家情报委员会在 2012 年承认了"单极时刻"已经结束。③ 多个国家和领袖纷纷表达了对多极化国际秩序的看法。2014 年 5 月，针对西方就克里米亚问题对俄罗斯的制裁，普京坚称，单极世界的模式已经失败……世界是多极化的。④ 中国同样多次声称世界多极化趋势越来越明显。2014 年 11 月，习近平总书记在中央外事工作会议上指出，要充分估计国际格局发展演变的复杂性，更要看到世界多极化向前推进的态势不会改变。⑤ 作为世界大国，中俄两国最高领导人对多极化的共同判断，明确表明单极体系的国际格局已难以为继，多极化的趋势正加速到来。

世界正处于不平衡的多层多极性状态。在经历单极时刻之后，全球政治和经济秩序已经出现裂变，需要从区域或次区域层面来理解不断演变的复杂性。随着主要经济大国的迅速崛起，尤其是在亚洲，经济秩序变得越来越多极化。尽管国家权力面临包括国际恐怖组织在内的非国家行为者的破坏性挑战，但政治秩序仍然涉及越来越多的国家争夺影响力，尤其是在地区层面。

---

① 〔加拿大〕阿米塔·阿查亚：《美国世界秩序的终结》，袁正清、肖莹莹译，上海人民出版社，2017。

② Christopher Layne, "The Unipolar Exit: Beyond the Pax Americana", *Cambridge Review of International Affairs*, Vol. 24, No. 2, 2011, p. 160.

③ "Global Trends 2030: Alternate Worlds", National Intelligence Council, Washington, D. C.: Office ofthe Director of National Intelligence, 2012, p. x, http://globaltrends2030. ales. wordpress. com/2012/11/global-trends-2030-november2012. pdf.

④ "Vladimir Putin Warns Sanctions on Russia Will Backfire on West", *Telegraph*, May 23, 2014, http://www. telegraph. co. uk/news/worldnews/europe/russia/10851908/Vladimir-Putin-warnssanctions-on-Russia-will-back are-on-West. html.

⑤ 《习近平出席中央外事工作会议并发表重要讲话》，新华网，2014 年 11 月 29 日，http://www. xinhuanet. com/politics/2014-11/29/c_ 1113457723. htm。

特别是一些区域重要中等强国如伊朗、土耳其，它们要求周边国家尊重其权力，它们否定了美国在冷战后"单极时刻"主张的近乎普遍的势力范围。这些国家正在积极建立自己的军事防御区域，以管理和减少来自其他大国的外部威胁。

大国竞争比冷战以来的任何时候都更加明显。2022年2月，俄乌冲突的爆发将世界推回大国激烈对抗的状态。以美国为首的西方盟国联合起来对抗俄罗斯，目的是孤立和削弱俄罗斯，集团政治再次成为国际政治的焦点。随着时间的推移，美国总统拜登与俄罗斯总统普京的口水战逐渐升级，拜登称普京为"凶残的独裁者"。俄乌冲突不仅反映两国之间长期存在的矛盾，也预示着俄罗斯对西方主导秩序积累不满情绪的集中释放，可以视为对美西方主导秩序的一次强烈反击，是对西方长期积累的不满情绪一次集中发泄，可能成为改变现有不合理国际秩序的一个开端，有助于重塑世界秩序。而从西方的应对来看，其仅限于经济手段而尚不敢军事硬碰硬，西方过去随意动武并肢解南联盟那样的做法受到坚决阻止，西方横行霸道遭遇挫折。俄反击西方的举动表明，已有国家真正思考并着手改革西方主导的不公正不合理的国际秩序，推动更加独立自主、更少支配主导、更为公正合理的"后西方"国际秩序更早到来。

美国影响力的衰退迫使那些以前依赖美国保护的国家面临诸多选择：要么让国际关系多样化，要么让外交政策与美国脱钩，要么形成自己的联盟以加强威慑，要么与更强大的邻国和睦相处。同样的是，贸易和投资的全球治理继续向地区层面转移，根据供应链进行配置。例如《区域全面经济伙伴关系协定》（RCEP）、太平洋联盟（Pacific Alliance）①、欧亚经济联盟等贸易协定；既有的合作集团如海合会、南方共同市场和上海合作组织；还有成熟的联盟如后英国时代的欧盟、东盟。这些区域组织中的每一个集团都有一两个重量级成员作为核心，构成了天然的领导力。但凡实施这种区域安排的地方，规则的制定和执

---

① 太平洋联盟（Pacific Alliance）是由智利、哥伦比亚、墨西哥和秘鲁组成的拉丁美洲贸易集团，它们都毗邻太平洋。这些国家汇聚在一起形成一个一体化领域，其目的是确保货物、服务、资本和人员流动的完全自由。

行都不需借助外部力量，中等强国成为区域行动的主要推动者。

全球结构的分化导致权力重组，美国正失去在国际政治中的绝对主导地位。尽管美国有实力击败任何可以想象的挑战者，但它似乎不再是无懈可击的。美国在阿富汗和伊拉克进行了约 20 年战争之后，显示出战略疲态的迹象。根据美国布朗大学数据，"9·11 事件"以来的 20 年间，美国政府在阿富汗和伊拉克战争上已花费 2.2 万亿美元。美国的军费开支几乎完全通过债务融资。预计到 2050 年仅利息将超过 6.5 万亿美元。[1] 战争在很大程度上是美国 21 世纪陷入债务深渊的重要原因。美国向外国债权人（尤其是中国）支付的资金超过从海外投资中获得的资金。或许更重要的是，这让美国看起来显得虚弱。美国在阿富汗和伊拉克的困境侧面证实保罗·肯尼迪关于帝国过度扩张不可避免的论点。罗伯特·卡根（Robert Kagan）在《历史的回归》一书中提出，美国维持国际秩序的能力正在下降。他指出，冷战后，美国奉行扩张甚至是侵略性的全球政策，试图按照自身的价值观塑造世界，迫使其他国家屈从于自己的意愿，这种做法必然会引起反弹。[2] 挪威外交政策学者阿斯勒·托耶（Asle Toje）认为，2010 年标志着一个新的多极化轮廓，金融危机加快这种转变的步伐，2008 年国际金融危机暴露美国霸权的经济裂痕。[3] 事实上，美国从来没有完全控制过国际体系，甚至二战结束时也没有如此，尽管当时美国的 GDP 占到世界经济的近一半，古巴导弹危机前夕的 1960 年这一比例也高达 40%。[4] 美国无力阻止苏联入侵匈牙利、法国在越南的失利、伊朗伊斯兰革命、印巴获得核武器以及英法侵占苏伊士运

---

[1] Heidi Peltier, "The Cost of Debt-financed War: Public Debt and Rising Interest for Post-9/11 War Spending", Watson Institute of Brown University, January 2020, https://watson.brown.edu/costsofwar/files/cow/imce/papers/2020/Peltier%202020%20-%20The%20Cost%20of%20Debt-financed%20War.pdf.

[2] Robert Kagan, *The Return of History and the End of Dreams*, Knopf Doubleday Publishing Group, 2008, p.50.

[3] Asle Toje, *The European Union as a Small Power after the Post-Cold War*, London: Palgrave Macmillan, 2010, p.156.

[4] Govind Bhutada, "The U.S. Share of the Global Economy over Time", *Visual Capitalist*, January 14, 2021, https://www.visualcapitalist.com/u-s-share-of-global-economy-over-time/.

河。这些都表明美国并不总是能如愿。尽管 20 世纪下半叶，没有一个国家像美国那样集中大量的军事和经济力量，但在苏联时代、中国与俄罗斯再度复兴时刻，中等强国实力与影响力越来越大之际，美国不再"独霸于天下"。

西方主导的多边体系危机只能随着美国失控的新冠疫情大流行、政治机构的侵蚀而加深。美国原本支撑着这个体系，但其国际声誉却处于几十年来的最低点。大量美国人把解决国内问题放在首位，助长新的孤立主义情绪。特朗普现象的崛起体现了这种情绪，而继任者拜登发现很难扭转这种情绪。当前全球秩序的危机不仅仅源于特朗普主义的后遗症和反多边主义本能。这些问题还有着更深刻的根源，并且已酝酿了 10 多年。2001 年，美国试图打一场全球恐怖主义战争，使用军事力量来支配弱小国家，结果以美军仓皇撤离阿富汗、塔利班重新掌权告终，暴露了军事力量在实现政治目标方面的局限性。美国一方面四处推销其人权和民主，另一方面却系统性地侵犯人权（如关塔那摩、阿布格莱布监狱虐囚事件、轰炸伤害平民事件），两者的矛盾削弱其道德优越性的主张和美国领导的国际认可度。金融危机也对美国整体实力造成了破坏，一度让美国经济占世界比重持续下滑至历史最低点。从经济增长率看，美国在经历 2008 年、2009 年两年负增长后，2010 年开始复苏，经济增速明显低于前 20 年，基本维持在 2%左右的较低水平（见图 2-8）。

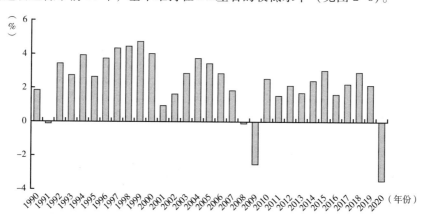

图 2-8　1990~2020 年美国实际国内生产总值（GDP）的年增长率

资料来源：世界银行数据库。

从历史长周期看，美国的全球经济地位经历了不同阶段。1960 年美国
GDP 为 5430 亿美元，占全球经济总量的 39%（1.37 万亿美元）（见表 2-
13）。1969 年，美国的经济总量仍占世界的 38%，但变革之风已经开始吹
起。1968~1980 年，这期间包括平权运动、通货膨胀、石油危机、经济危机
以及一系列社会和经济挑战，让美国经济的全球影响明显下降。1965~1980
年，美国 GDP 所占份额下降 13 个百分点，到 1980 年，美国对全球经济的
贡献已降至 25%。里根经济学一段强劲的复苏期让美国在全球经济中的份
额短暂恢复到 34%。但 1985~1995 年，美国 GDP 所占份额又下降 9 个百分
点。21 世纪初以来，许多发展中经济体持续快速发展，美国在全球经济中
的份额也因此相对下降。直到 2005 年，美国 GDP 仍占全球的 27%，国际金
融危机后则相对稳定地保持在 24%。同一时期中国在全球经济中的份额从
1960 年的 4% 增长到 2019 年的 16.3%。韩国、巴西、墨西哥、印度尼西亚
和印度等新兴中等强国也在世界经济舞台上崭露头角。

表 2-13　1960~2019 年美国经济总量占世界比重

单位：兆美元，%

年份	美国经济总量	全球经济总量	美国占全球经济份额
1960	0.54	1.37	39
1965	0.74	1.97	38
1970	1.07	2.96	36
1975	1.69	5.92	29
1980	2.86	11.23	25
1985	4.34	12.79	34
1990	5.96	22.63	26
1995	7.64	30.89	25
2000	10.25	33.62	30
2005	13.04	47.53	27
2010	14.99	66.13	23
2015	18.23	75.20	24
2019	21.43	87.80	24

资料来源：世界银行。

人们的注意力很快集中到以前被称为第三世界或全球南方的快速发展的国家身上。近代以来，有非西方国家（包括新兴中等强国在内）首次成为世界强国，在全球经济中扮演越来越重要的角色。虽然人们普遍认为中国和印度、巴西以及其他新兴经济体在较小程度上改变了国际权力的分配，但针对这种转变对全球政治和经济秩序的影响仍然存在不同看法。有人认为，西方体系正在消解，将被一种新的全球治理形式所取代。然而，目前尚不清楚可能会出现什么样的全球治理新体系。马凯硕（Kishore Mahbubani）在《西方的衰落》一文中，构建了一个"西方与亚洲"并立的世界格局，认为西方正在衰落，而亚洲正在崛起。他指出，西方不愿放弃对全球关键机构和进程的控制，但这一时代的结束似乎是不可避免的，亚洲正在崛起。① 库珀提到，中等强国的作用是动态的，它们必须不断进行调整，以适应国际体系的演变。② 一些仅次于大国的中等强国具有的全球影响力变得更大，正在不断巩固地区领导地位，如巴西在南美、印度在南亚、尼日利亚与南非在非洲。维护世界秩序有赖于地区秩序。正如亨利·基辛格所说，"当代对世界秩序的追求将需要一个连贯的战略，以便在不同地区内建立秩序概念，并将这些地区秩序相互联系起来"。③

然而，发展这种包容的、开放的地区秩序面临严峻的挑战。需要创建新的区域机制，并支持那些已经存在但因缺乏资源而受到限制的机制。虽然一些自由派思想家认为地区主义（不包括欧盟）对世界秩序构成威胁，但有许多地区倡议，如果得到承认和强化，实际上可以支持世界秩序。例如，东盟"10+3"关于金融的清迈倡议多边化协议，使这些国家能够更好地应对

---

① Kishore Mahbubani, "The Case against the West: America and Europe in the Asian Century", *Foreign Affairs*, Vol. 87, No. 3, 2008, pp. 111–124.

② Andrew Cooper, *Niche Diplomacy: Middle Powers after the Cold War*, London: Palgrave, Macmillan, 1997, p. 8.

③ Henry Kissinger, "Henry Kissinger on the Assembly of a New World Order", *The Wall Street Journal*, August 29, 2014, www.wsj.com/articles/henry-kissinger-on-the-assembly-of-a-new-world-order-1409328075.

短期流动性问题，弥补国际货币基金组织现有能力的不足。①

　　新兴国家崛起所带来的多极化前景让西方中心主义者感到不安。西方国家普遍担心，多极化将不可避免地导致不稳定。正如《经济学人》以一种看似忧心忡忡的语气预测的那样，"不幸的是，美国治下的和平正让位于一种充满竞争和不安全感的权力平衡"。② 这种观点一定程度上反映了西方社会试图从西方中心的角度来想象一个"后西方世界"，它包含西方普遍主义和东方特殊主义、西方现代性和东方传统之间的规范分歧。西方的主流叙事仍然传递一种理想化的信息，即西方现代性将主宰世界。西方统治精英试图创造一种将事实与虚构相结合的叙事方式，以符合他们的观点和目标。通常，这些叙事将人们分为好人"我们"和坏人"他们"，从而制造让大多数人很容易掉入的话语陷阱。

　　非西方国家通常被认为是国际社会相对被动的规则接受者，但很少被视为具有建设性的规则制定者。美国资深外交官、韦恩州立大学政治学系教授丹尼尔·盖勒（Daniel Geller）直言不讳地指出，制度的规则体现最强大力量的利益。③ 而美国主导国际规则制定能力的走弱表明国际社会的全球性变得更强，各国都有权利表达自己的价值观和利益。美国单方面通过军事力量重新确立其霸权、实现其目标的能力受到了限制。国际社会从根本上说是一个混合多元化的社会，因为从制度或规范的角度来看，它都不是由西方大国

---

① 清迈倡议多边化协议的前身是 2000 年在泰国清迈举行的东盟"10+3"财长会议上签署的清迈倡议（Chiang Mai Initiative，CMI），成员包括东盟 10 国全部成员，以及中国、日本、韩国和中国香港特区。该倡议推动检测资本流动、监测区域经济、建立双边货币互换网络和人员培训等四个方面的合作。其中以双边货币互换网络的构成为最重要部分。2010 年 3 月，东盟"10+3"财长会议上，为加强东亚地区对抗金融危机的能力，各方决定将清迈倡议进一步升级为清迈倡议多边化协议，建立一个资源巨大、集多边与统一管理于一体的区域性外汇储备库，通过多边互换协议的统一决策机制，解决区域内国际收支不平衡和短期流动性短缺等问题。相关更多信息参见《清迈倡议多边化协议（CMIM）简介》，中华人民共和国商务部网站，http：//th. mofcom. gov. cn/article/jmxw/201504/20150400958904. shtml。

② "The APEC Summit and the Pacific Rim-Bridge over Troubled"，*The Economist*，November 15，2014，https：//www. economist. com/leaders/2014/11/13/bridge-over-troubled-water.

③ Daniel Geller，"Differentials and War in Rival Dyads"，*International Studies Quarterly*，Vol. 37，No. 2，1993，p. 175.

单独塑造的，非西方国家也难以取代西方的地位。各国在国际规则制定方面不断探索有效策略，以规范最强大国家的行为，同时提高自身在国际体系中的地位，从而更积极地参与国际规则制定。

单极性是不稳定和潜在危险的根源，这最终导致其他行为体尝试用它们的努力来抵消霸权的力量。尽管单极世界秩序的状态在冷战结束后无人质疑，但潜在的多极力量加速发展正在改变这一现状。欧盟、日本、中国、印度、东盟、俄罗斯等全球力量中心日益增长的影响力正在改变国际关系中的权力动态：军事力量不再是唯一的焦点，而经济、科学、技术、信息和文化力量在国家实力中更加凸显。"单极时刻"终归是一个地缘政治的插曲，后续势必演变为多极化，这是难以避免的趋势。

（三）中等强国崭露头角

21世纪初期，全球再平衡的进程已经开始，标志着经济重心从大西洋地区向亚洲转移，导致国际等级制度发生变化，使新兴大国成为主要受益者。"新兴国家"和"崛起大国"的术语叙述为国际关系和全球政治的变化提供清晰而有力的画面。全球再平衡的进程正在重构中等强国范畴并改变其地位。包括新兴中等强国在内的新兴国家外交积极性显著提高，它们与世界其他地区的关系引起了极大关注。南方世界希望在不卷入所谓"系统性冲突"的情况下，自主地建立自己的治理体系、地区秩序和全球立场，而不必被迫参与不符合自身利益的活动或安排，也不愿被西方国家指责。新兴国家呼吁在现有机构中拥有更大的话语权，同时以合作安全、非传统安全和开放市场的理念为前提，设计或者参与创建新的全球和地区机制，如新开发银行和应急储备安排、亚洲基础设施投资银行、"一带一路"倡议、亚信峰会机制、南亚基础设施发展计划等，扩大国际合作联盟。

与20世纪70年代的第三世界运动相比，今天新兴中等强国在全球经济和国际体系中的地位更加突出，它们不仅仅凭借其经济资源脱颖而出，还在全球治理的代表性机构中发挥必要的作用。一方面，随着美欧影响力的相对下降，中等强国在国际规则制定中的作用不断扩大；另一方面，它们也要承受来自周边大国的压力，而这种压力不受全球规则的调控。以墨西哥为例，它拥有 1.3 亿人口，是世界上面积第 13 大国家、人口第 11 大国家、第 15 大经济体（2022 年），是一个典型的中等强国，在二十国集团、世贸组织、联合国、拉丁美洲、加勒比地区和亚太地区拥有重要的话语权。但是，墨西哥必须在世界大国之间谨慎周旋。墨西哥对美国霸道行为有着深刻的历史记忆。1846~1848 年，美国入侵墨西哥，吞并其 55% 的领土。墨西哥时常面对来自美国的关于贸易、移民等的各类要求。墨西哥必须尽可能地靠自己讨价还价，通过与其他经济体合作对冲美国的政治和经济压力。墨西哥远不是唯一在世界大国之间周旋的中等强国。土耳其已经与欧盟和美国保持距离，并与俄罗斯建立有限目标的伙伴关系。伊朗为了抗衡美国，向中国、俄罗斯等伸出橄榄枝。曾经高度依赖美国的沙特正积极与中国、印度、印尼、俄罗斯发展友好合作关系。为了减少对美国和海合会的依赖，埃及正在寻求与伊朗、俄罗斯和土耳其的合作。旧有的全球结盟让位于更复杂的格局。其中，中等强国具有代表性的行动有如下几种。

第一个例子是印度巴西南非三边对话论坛（IBSA）的成立。这是印度、巴西和南非三个新兴中等强国之间的合作联盟，旨在从全球权力转移中获得更多影响和利益。进入 21 世纪以来，这三个全球新兴中等强国在国际事务中逐渐崭露头角。印度、巴西和南非积极参与各种多边外交活动，在国际政治舞台上展开"软实力"外交。2003 年 6 月，在巴西首都举行的一次会议上，印度、巴西和南非外长发表了《巴西利亚声明》，正式提出一项新的外交倡议，共同确定通过合作实现收益，推动广泛领域的合作，为这三个国家加强农业、贸易、文化和国防等领域合作提供有力平台。IBSA 旨在通过举行政治磋商、交换信息、协调外交立场、举行首脑会议和通过三方联合委员会发展对话来推动其发展议程。[1] 比如，2020 年 9 月，正值联合国成立 75 周年纪念之际，IBSA 对话机制发表联合国安理会改革联合部长声明，承诺支持增强新兴国家和发展中国家在多边机构决策机构中的发言权和代表性，

---

① "IBSA Trilateral"，http：//www.ibsa-trilateral.org/.

以更好地反映当今国际政治现实。[①] 印度、巴西和南非共同游说联合国进行改革，在国际舞台上相互支持，巴西和南非支持印度成功当选联合国安全理事会 2021~2022 年非常任理事国，印度、南非也支持巴西竞选联合国安理会 2022~2023 年非常任理事国席位。IBSA 国家的贸易指标也反映出日益紧密的经济合作前景。IBSA 内部贸易额已从 2003 年的 39 亿美元增长到 2008 年的略高于 100 亿美元。2015 年，这一贸易量显著增长到 250 亿美元。[②] 像 IBSA 这样的联盟将这三个突出的新兴中等强国连接起来，为它们提供一个分享经济技能和共同制定政治议程的平台，通过"软平衡"战略发展强大的谈判力量，对参与国以及世界其他地区都具有重要影响，有可能会对未来的全球治理产生系统性影响。此外，除了形成地缘政治联盟外，IBSA 国家还在生物技术、替代能源、外层空间、航空、信息技术和农业领域，开展贸易、投资、旅行和旅游合作。

第二个例子是气候谈判的"基础四国"（巴西、南非、印度和中国）。中等强国寻求并希望获得贸易、金融以及减贫等领域全球规则制定的影响力，"基础四国"是中等强国同大国联合起来共同发声的典型案例。2009 年 12 月，在哥本哈根气候谈判中，"基础四国"开始协调立场，使得发达国家面临一个非比寻常的谈判背景，并首次承诺降低温室气体排放上升的速度。由中国发起和领导的这个新兴的气候政治联盟与美国促成《哥本哈根协议》的最终达成，并试图说服其他国家签署《哥本哈根协议》。尽管哥本哈根会议的进程存在质疑，但"基础四国"仍继续在气候变化谈判中发挥关键作用。这种作用将涉及参加在《联合国气候变化框架公约》（UNFCCC）下的正式进程，以及

---

① "IBSA Joint Ministerial Statement on Reform of the UN Security Council", September 16, 2020, https：//www. mea. gov. in/bilateraldocuments. htm? dtl/32989/IBSA + Joint + Ministerial + Statement+on+Reform+of+the+UN+Security+Council#：~：text＝IBSA%20Joint%20Ministerial% 20Statement% 20on% 20Reform% 20of% 20the% 20UN% 20Security% 20Council，September% 2016%2C%202020&text＝As%20the%20United%20Nations%20commemorates，reform%20of% 20the%20Security%20Council.

② Alexandra A. Arkhangelskaya, "India, Brazil and South Africa Dialogue Forum：A Bridge between Three Continents", The Nordic Africa Institute, August, 2018, https：//www.files. ethz. ch/ isn/124580/2010_ 8. pdf.

与美国等其他发达国家的非正式谈判。"基础四国"定期举行部长级会议加强共同立场，截至 2023 年已召开 32 次"基础四国"气候变化部长级会议，展开密集协调，在气候谈判中积极为发展中国家发声，为推进多边谈判进程发挥重要建设性作用（见表 2-14）。① 总体上，气候谈判"基础四国"机制的形成遵循全球经济治理中的模式，即新兴经济体在传统的多边论坛、二十国集团和金砖国家等新兴集团中都扮演了更为积极自信的角色。"基础四国"都是重要新兴国家代表，其中巴西、印度、南非相互之间业已建立 IBSA、金砖国家等机制，在国际舞台上表现空前活跃。对于这些中等强国来说，国际机构代表了建立政治空间的机会，在该空间中可以根据自己的利益制定规则。

表 2-14　"基础四国"向《气候公约》和《京都议定书》会议提交的个别和协调文件

单位：份

基础四国	提交文件	2009 年	2010 年	2011 年	2012 年	2013 年	总计
巴西	独自提交	6	7	5	7	4	29
	所有基础四国成员	1		1	1		3
	与部分成员			1			1
	与其他国家				3		3
中国	独自提交	8	2	12	10	4	36
	所有基础四国成员	1		1	1		3
	与部分成员			1			1
	与其他国家			5	6		11
印度	独自提交	5	2	11	8	1	27
	所有基础四国成员	1		1	1		3
	与部分成员			1			1
	与其他国家			6	6		12
南非	单独（与非盟）	4	4	1(10)	2(10)	6	17(20)
	所有基础四国成员	1		1	1		3
	与部分成员				1		1

注：《气候公约》即《联合国气候变化框架公约》。

资料来源：根据《联合国气候变化框架公约》文件整理而成。联合国气候变化框架公约网站，unfccc.int/documentation/documents/items/3595.php。

---

① 《2021 年 4 月 9 日外交部发言人赵立坚主持例行记者会》，中华人民共和国外交部，https://www.fmprc.gov.cn/web/wjdt_674879/fyrbt_674889/t1867867.shtml；《基础四国气候变化部长级会议联合声明》，中华人民共和国生态环境部，http://www.mee.gov.cn/ywdt/hjywnews/2023/0/t20231018_1043472.s。

第三个例子是金砖国家合作机制。这一以中等强国为重要成员的新型国际合作机制正对全球秩序产生重大影响，因为它们不断扩大的影响力可能重塑国际体系中的权力结构，使其成为全球治理舞台上的主要参与者。金砖国家（巴西、俄罗斯、印度、中国、南非）由经合组织以外的五大经济体组成。2006 年，金砖国家外长举行首次会晤，开启金砖国家合作序幕。2009 年 6 月，金砖国家领导人在俄罗斯叶卡捷琳堡举行首次会晤。2011 年 11 月，金砖国家领导人在法国戛纳 G20 峰会前夕举行首次非正式会晤。[①] 根据加拿大多伦多大学金砖研究集团（BRICS Research Group）提供的数据，金砖国家峰会所作承诺的实现率之高令人惊讶，2009 年以来，承诺平均实现率几乎都达到 70% 以上，最高接近90%。[②] 2023 年 8 月，金砖国家南非峰会再一次迎来扩容，阿根廷、埃及、埃塞俄比亚、伊朗、沙特阿拉伯、阿联酋获邀加入金砖国家合作机制，影响进一步扩大。

高盛前首席经济学家吉姆·奥尼尔曾强调具有代表性的全球治理的必要性。金砖国家有实力影响全球经济。与许多其他发展中国家不同，它们人口众多，幅员辽阔，经济多样化，国内市场庞大，也是各自地区的政治和经济中心，都强烈渴望发挥全球作用。按照名义 GDP 计算，今天的金砖国家总值约为 25 万亿美元，高于美国经济的规模。而按照 PPP 计算，已超西方七国集团总和。到 21 世纪初，它们拥有全球外汇储备总额的 50% 左右。中国、印度和巴西成为主要的国际援助国。2009 年，这些新的捐助国提供了约 110亿美元的外援。中国超越美国成为巴西的主要贸易伙伴，中巴贸易额每年超过 1100 亿美元。[③] 新兴国家正在成为全球经济的驱动力。世界贸易的复苏在很大程度上归功于发展中国家对进口的强劲需求。尽管这些国家的进口约

---

① 《金砖国家》，中华人民共和国外交部，https：//www.fmprc.gov.cn/web/wjb_ 673085/zzjg_ 673183/gjjjs_ 674249/gjzzyhygk_ 674253/zzgj_ 674283/gk_ 674285/。

② "BRICS Compliance Assessments"，BRICS Research Group，University of Toronto，http：//www.brics.utoronto.ca/compliance/index.html.

③ 《中国和巴西双边关系》，中华人民共和国外交部，2020 年 9 月，https：//www.fmprc.gov.cn/web/gjhdq_ 676201/gj_ 676203/nmz_ 680924/1206_ 680974/sbgx_ 680978/。

占高收入国家进口的一半，但它们的增长速度要快得多。因此，它们贡献了2000 年以来世界进口需求增长的一半以上（见表 2-15）。①

表 2-15　1990~2017 年部分国家占世界市场规模的份额

单位：%

国家	占世界 GDP 的比重			占世界进口的比重		
	1990~1999 年	2000~2009 年	2010~2017 年	1990~1999 年	2000~2009 年	2010~2017 年
巴西	2.3	2.1	3.0	1.0	1.0	1.4
中国	2.4	5.6	12.8	1.8	5.1	9.0
印度	1.2	1.8	2.7	0.7	1.5	2.4
俄罗斯	1.4	1.7	2.4	1.7	1.4	1.8
南非	0.5	0.5	0.5	0.5	0.5	0.5
加拿大	2.2	2.4	2.3	3.4	3.0	2.6
德国	7.7	6.0	4.8	8.7	7.4	6.6
法国	5.1	4.5	3.5	5.4	4.6	3.8
英国	4.7	5.0	3.6	5.6	5.2	3.9
意大利	4.3	3.8	2.7	4.1	3.6	2.6
日本	15.3	10.0	7.0	6.2	4.6	4.1
美国	26.8	27.2	22.7	15.2	15.3	12.7
金砖国家	7.8	11.6	21.3	5.8	9.5	15.0
七国集团	66.0	58.8	46.7	48.7	43.6	36.3

资料来源：世界银行统计数据。

推动金砖国家合作的不仅是经济因素，还在于现有全球经济治理框架未能满足它们的需求。金砖国家建立新的合作机制，推动联合国和国际金融、货币和贸易体系的政治和安全治理结构改革，包括呼吁国际货币基金组织特别提款权份额朝向有利于新兴经济体的改革。金砖国家参加 G20 峰会期间的定期领导人非正式会议，不仅有助于提高金砖国家的影响力，也为它们就全球性问题表达立场提供平台。与其他更传统的多边经济组织类似，金砖国

---

① Robert B. Zoellick, "The End of the Third World: Modernizing Multilateralism for a Multipolar World", *International Economy*, 2010, pp. 41-42, http://www.internationaleconomy.com/TIE _ Sp10_ Zoellick. pdf.

家一直参与国际经济事务并发挥作用。例如，金砖国家通过亚太经合组织和经合组织论坛，针对共同关心的全球和地区问题展开了多种形式的国际协调活动。金砖国家金融经济合作为进一步深化南南合作提供创新模式。这体现为金砖国家执行联合国千年发展目标行动计划，提供流动性担保、减债、市场准入和技术转让以支持贫困国家。此外，金砖国家与其他国际协商平台和安排相比，在接触世界其他地区方面具有明显优势，因为其成员覆盖世界主要地区。金砖国家成员区域一体化集团的整合可能成为"金砖国家+"的基础，通过开放和包容的方式，更有能力解决全球治理中的不平衡问题，从而在塑造新的全球治理形态中发挥重要作用。① 在政治领域，金砖国家的独立性空前凸显。在俄罗斯对乌克兰采取军事行动后，美西方旋即对俄罗斯采取了前所未有的制裁行动和国际孤立。而同为金砖国家成员的巴西、印度、中国和南非都拒绝跟随美欧对俄施加制裁。这表明金砖国家成员拥有自己独立的利益判断和外交政策选择。

第四个例子是发展中国家联盟 G-20。发展中国家为了成功消除少数富裕国家提供大量补贴和保护的做法，就必须以集体力量推动改革。因为过度的市场份额，损害发展中国家数十亿农民的粮食安全和生计。② 2003 年 9 月，在坎昆举行的世贸组织第五次部长级会议上，发展中世界的新兴大国巴西、印度和南非带头，推动发展中国家组成相互支持的议程联盟，决定阻止多哈发展议程的谈判，直到它们的要求得到满足。在贸易误判中，这个集团敦促富有国家终止对农场主的补贴，并且反对对它们所属农业项目进行自由化。巴西、印度和南非的外交部长于 2003 年 6 月签署了《巴西利亚声明》。他们在其中指出，主要贸易伙伴仍然受到保护主义的影响。随后于 8 月，20

---

① Yaroslav Lissovolik, "BRICS: The Stepping Stones towards New Global Governance", *Valdai Club*, February 28, 2020, https://valdaiclub.com/a/highlights/brics-the-stepping-stones-towards-new-global/.

② "G-20 Ministerial Meetings", March 19, 2005, https://web.archive.org/web/20051201100335/http://commerce.nic.in/wto_ sub/g20/pressrel.htm; "G-20, the Developing Country Coalition", https://web.archive.org/web/20051104020104/http://www.rehred-haiti.net/membres/papda/DOSIFIFRAbfocus.htm.

个发展中国家签署有关农产品的文件，此后成为 9 月 4 日的昆坎部长级文件的基础，此份文件针对之前欧盟与美国的农产品方案提出另一个可行的替换框架。目前，该组织的成员包括阿根廷、巴西、智利、中国、印度、印度尼西亚、埃及、墨西哥、南非、菲律宾等国。① 坎昆会议代表了发展中世界更愿意为捍卫其集体利益而采取行动，反对发达国家主导全球经济体系。在很大程度上，发展中国家能够在坎昆团结起来、发出自己的声音是有效联盟形成的结果。尽管该贸易谈判进程最终无法达成一致甚至无法满足某些要求，但这一贸易谈判进程依然标志着发展中国家在国际舞台上发挥更大作用的意愿。②

（四）全球治理秩序未来

历史上，新秩序的建立往往是大国之间战争的结果。目前，中美之间不断变化的力量平衡以及俄罗斯采取的地缘政治反抗战略，都表明当前世界秩序正在发生变化。随着竞争不断扩大，国际体系的稳定性在危机环境中受到威胁。当前国际关系体系已进入转型期：权力平衡正在发生变化，世界秩序的基础也在改变。无论是大国，还是中等强国，都在制定不同的战略愿景。换句话说，国家在国际舞台上的地位取决于其强权实力，这将影响它们的行为。美国担心秩序更迭，中国认为机会正在到来，俄罗斯对目前状况不满，欧盟继续与美国利益捆绑在一起。这些国家对技术发展、社会变革、军事和经济发展趋势的互动，产生基于比较优势的战略、竞争、外交以及新的联合。世界秩序的性质在可预见的将来不可避免地发生变化，这是由于新的权力平衡的集体结果。

全球化将成为推动形成新的世界秩序的经济基础。但为了更稳定的秩序，某种共识的达成和对妥协原则的依赖是必要的，比如"同舟共济""对

---

① "Groups in the WTO", https：//www.wto.org/english/tratop_ e/dda_ e/negotiating_ groups_ e.pdf.

② Amrita Narlikar, Diana Tussie, "The G20 at the Cancun Ministerial：Developing Countries and Their Evolving Coalitions in the WTO", *The World Economy*, Vol.27, No.7, 2004, p.947.

手是朋友""不使用不可接受的手段"等。中等强国对霸权国美国的广泛反应，主要体现出几种不同的态度。

第一，中等强国是支持世界秩序的重要力量，也是全球治理秩序新的规划者。2013 年 5 月，罗伯托·阿泽维多当选为世贸组织新一任总干事，成为有史以来第一个领导战后布雷顿森林体系关键机构之一的巴西人。他获得金砖国家以及许多拉丁美洲、亚洲和非洲国家的支持，赢得了 159 个 WTO 成员中的大多数赞成票。乐观主义者可能会指出，如果巴西以此为契机，进一步强化其作为全球南方和全球北方之间的桥梁，那么全球秩序的转型中将有新兴中等强国的领导力。库珀等人认为，中等强国对多边主义的倾向和对国际组织的热衷是为了寻求更多的朋友，与其说是反对霸权国的掠夺，不如说是反对它的傲慢和支配。① 埃文斯指出，在国际事务中，如果中等强国想要充当可信的调解人和诚实的中间协调人，独立于大国是必要的。吉利和奥尼尔指出，新兴中等强国的反霸权本能表现为对西方价值观的抵制。② 当中等强国发现自己与大国意见相左时，它们的任务是确认大国遵守所有国家都要遵守可接受的规则和行为原则。例如，根据美国政府发布的 2012～2015 年各国对美国认为重要的选票投赞成票或反对票的报告，澳大利亚和加拿大平均赞成率在 90% 以上，而巴西和土耳其分别为 47% 和 46%，南非为 30%，印度尼西亚为 28%，印度为 24%。③ 联合国大会的投票记录是这种不同立场与分歧的一个缩影。

第二，与国际体系主要大国保持平衡关系将是新兴中等强国自主外交的体现。新兴中等强国对霸权国的态度，可以从其对主要国际机构进行改革的主张中看出端倪。中等强国必须决定是继续通过现有的国际机构参与全球治理，还是转向另立平行的国际协调机制，新兴中等强国对此的态度是持续参

---

① Andrew F. Cooper, Richard A. Higgott, Kim R. Nossal, *Relocating Middle Powers: Australia and Canada in a Changing World Order*, Vancouver: UBC Press, 1993, p. 116.

② Bruce Gilley and Andrew O'Neil (eds.), *Middle Powers and the Rise of China*, Washington, DC: Georgetown University Press, 2014, p. 14.

③ 这些比例是通过计算 2012～2015 年重要投票的年度投票赞成率得出的，如美国国务院报告所述，https://2009-2017.state.gov/p/io/rls/rpt/index.htm。

与、呼吁改革和创建平行机构。由于对国际货币基金组织中的代表性不足感到不满，巴西、俄罗斯、印度、中国和南非在 2014 年成立新开发银行。巴西圣保罗大学教授奥利弗·斯图恩克尔（Oliver Stuenkel）指出，新开发银行的政策条件、监管和前景与布雷顿森林体系的政策条件、监管和前景有多大的不同，可以拭目以待，但金砖国家银行的目标是作为现有美国主导的世界银行和国际货币基金组织的替代方案。[①] 不过，大多中等强国希望避免在中美之间玩"零和"游戏。对一些中等强国而言，这种关系将受到"钱包相连"意识的制约。如果与最重要的经济伙伴和最重要的安全伙伴之间的关系不稳定，它们将遭受重大损失。因此，它们倾向于追求和平与合作，而不是采取对抗的立场。

第三，基于外交传统和安全利益，部分中等强国选择成为霸权的支持者。这些中等强国对稳定和维持现状的渴望，通常表现为支持美国自由主义霸权秩序。它们通过支持国际体系规则、价值观使国际秩序合法化。捷克学者劳拉·尼克（Laura Neack）认为，中等强国努力让自己对体系大国有价值。[②] 罗伯特·考克斯认为，支持主流国际秩序并使之合法化是中等强国的任务。[③] 这些观点认为霸权不仅仅是指物质上的优势，还包括对特定世界秩序原则和意识形态的塑造与传播。

中等强国对霸权秩序的态度冲突有不同的根源。南非斯泰伦博斯大学政治学教授贾尼斯·范·德·韦斯图伊森（Janis van der Westhuizen）认为新兴中等强国面临着在经济自由化和再分配之间的选择冲突。[④] 新兴中等强国

① Oliver Stuenkel, *Post-Western World: How Emerging Powers are Remaking Global Order*, Cambridge: Polity, 2016, p. 130.

② Laura Neack, "Pathways to Power: A Comparative Study of the Foreign Policy Ambitions of Turkey, Brazil, Canada and Australia", *Journal of Diplomacy and International Relations*, Vol. 14, No. 2, 2013, p. 53.

③ Robert Cox, "Middlepowermanship, Japan, and Future World Order", *International Journal*, Vol. 44, No. 4, 1989, p. 826.

④ Janis van der Westhuizen, "Class Compromise as Middle Power Activism: Comparing Brazil and South Africa", *Government and Opposition*, Vol. 48, No. 1, 2013, pp. 80–100; Van der Westhuizen J., "Brazil and South Africa: The 'Odd Couple' of the South Atlantic", *Commonwealth & Comparative Politics*, Vol. 54, No. 2, 2016, pp. 232–51.

经常代表发展中国家说话。例如，印尼自视为一座"桥梁"，扮演着调解和联系世界大国的角色。墨西哥在"海利根达姆进程"中发挥积极的桥梁作用。扮演桥梁角色将新兴中等强国置于大国竞争的需求之间，但有时它们会受到相互矛盾的需求的影响。澳大利亚国立大学拉美中心研究员肖恩·伯格斯（Sean Burges）描述巴西如何在世界贸易组织建立南方联盟，帮助其与欧盟、印度和美国进入谈判桌，但一旦进入联盟，巴西就开始"偏离联盟脚本"，向联盟伙伴建议应该作出更多让步，比如在非农业市场准入方面。[①]独立性强的中等强国更倾向支持多中心结构而不是单极霸权，希望重新设计更有利于自身利益的全球治理机制。

四　中等强国对外行为的理论视野

"中等强国"一词定义了一个国家作为国际关系参与者的地位，同时也隐含了其对外行为的特征和限度。哈佛大学教授、进攻现实主义代表学者米尔斯海默的老师理查德·N. 罗森肯斯（Richard N. Rosecrance）曾经指出，历史是检验我们概括国际政治形势的实验室。[②]以古典现实主义、新自由主义、建构主义主流研究方法为视角，观察中等强国对外行为，有助于更好地理解中等强国如何争取和引领全球治理话语权。

（一）古典现实主义视野下中等强国对外行为

古典现实主义的理论观点很好地契合了中等强国概念所预设的假设：①在分析层面行为主体有更大的发挥空间；②与新现实主义所假定的国家整体性质相反，每个国家行为主体的性质和表现都是独特的。根据霍布森的观点，

---

① Sean Burges，"Brazil as a Bridge between Old and New Powers?"，*International Affairs*，Vol. 89，No. 3，2013，pp. 585−586.

② Richard N. Rosecrance and John M. Owen IV，*International Politics：How History Modifies Theory*，Oxford University Press，2018.

古典现实主义认为大国都有足够的国际权力来塑造国际体系。① 为了防止哲学上的混乱，现实主义认为，国际权力具有深度和水平两个向度，两者均指向国际能力，这种能力包括制定政策、捍卫国家利益、寻求机会，以及使用威慑和胁迫等手段。摩根索侧重于国家的"智慧"（intelligence），即一个国家有识别对手国家的外交政策为"帝国""维持现状""威望"驱动的能力，并以"遏制"或"绥靖"等适当方式对抗这些不同类型的外交政策。中等强国的概念表明其明确接受国际关系的等级性质。经典现实主义假设每个国家和国际关系状态的能力和表现是可以区分的。② 这进一步凸显了中等强国需要具备在不同情境下灵活运用外交政策的能力。

古典现实主义将安全事务纳入对中等强国行为特点的考察，分析那些采取以安全事务为中心外交政策的国家。古典现实主义在权力平衡中预见到中等强国的行为倾向。这是因为政治家的思维和行为往往都是以利益界定权力，国家是权力最大化者，所以国家会结成联盟来平衡各自的利益，保护自己的权益，而联盟的形成和稳定需要中等强国发挥作用。摩根索等古典现实主义者认为，国家行为受权力扩张欲望的支配，权力的平衡是不可避免的，但又是不稳定的。在这种情况下，中等强国的利益对大国产生有力制约。大国积极追求盟友，鼓励结成联盟，以保护和扩大自己的权力。大国的零和权力竞争博弈为中等强国的外交行为提供机会：如果两个大国都激烈地争夺相对收益，它们应该高度重视自己的联盟，害怕盟友"叛离"，并担心"多米诺骨牌"效应，这会让它们的主导作用大打折扣。因此，中等强国可以巧妙地利用超级大国的顾虑采取平衡外交策略。冷战时期，美苏对抗导致它们各自都推行扩大利益和影响领域的政策，或至少阻止另一个超级大国影响的扩张。这种遏制政策引发朝鲜战争、越南战争以及持续的核军备竞赛。在这些结构中，中等强国充当调解人，努力缓和大国竞争的紧张局势。中等强国

---

① John Hobson, *The State and International Relations*, Cambridge: Cambridge University Press, 2000, p. 17.

② 〔美〕汉斯·摩根索：《国家间政治：权力斗争与和平》，徐昕等译，北京大学出版社，2006，第62~63页。

权力平衡的程度取决于超级大国的紧张程度。在高度紧张时期，中等强国的影响力较小，受制于超级大国盟友。例如，苏联在导弹危机期间忽视它的盟友古巴，美国在柏林封锁期间几乎没有征求过西德的意见。但在缓和时期及超级大国"有节制"的竞争时期，中等强国可发挥建设性的作用。

霸权稳定理论被斯特凡诺·古齐尼（Stefano Guzzini）描述为对现实主义的修正，因为它仍以国家为中心，承认中等强国在国际关系中的重要影响。[①] 罗伯特·吉尔平（Robert Gilpin）等人预计，在霸权主导的体系中，中等强国会产生一定的影响。[②] 霸权结构有一个主要特征：权力分配极其不平等，占主导地位的国家（霸权国）经济和军事能力具有绝对优势。霸主利用其压倒性的力量创建和维护自由经济秩序（假设霸主致力于自由主义）。国际自由贸易体系和与霸主货币价值挂钩的固定汇率有助于其他国家提高经济实力。与此同时，霸主承担着维护自由经济秩序的主要成本。随着霸主相对于其他强国的衰落，这一经济秩序会导致国际权力的重新分配。最终，崛起国可能会挑战霸主地位，若挑战成功则迫使体系发生重大变革乃至重构国际秩序。这一过程当中，中等强国可起到极为关键的平衡作用。

经济因素是中等强国对外行为极其关键的动机。在霸权体系中，中等强国受益于公共产品的提供，但也有搭便车的动机，有与霸权国合作的兴趣，增强它们的国家实力。加利福尼亚大学政治学者大卫·莱克（David Lake）提出，国家通过追求自己的经济利益最大化，遵循以下（降序）优先序：贸易的相对收益、经济安全和贸易的绝对收益。莱克根据中等强国不同的生产力水平，将其划分为"支持者"和"破坏者"。生产力水平低的中等强国因倾向于奉行保护主义，而"破坏"自由贸易结构。生产力水平高的中等强国因奉行自由贸易政策，而支持自由贸易结构。假设"支持者"比"破坏者"更有影响力，而且在霸权衰落时期，"支持者"的影响力会进一步增

---

① Stefano Guzzini, *Realism in International Relations and International Political Economy*, London：Routledge, 1998, p. 156.

② Robert Gilpin, *The Political Economy of International Relations*, Princeton, NJ：Princeton University Press, 1987, pp. 80-92.

加。如果它们支持霸主，这个体系将保持自由；如果它们改变支持，体系可能会变得混乱。① 在这种现实主义关照下，中等强国对外行为备受霸权国家的重视，对国际秩序未来走向产生重大影响。

（二）自由制度主义视野下中等强国对外行为

自由制度主义者认为，在一个复杂的相互依存时代，一个国家的自身利益为国家间合作提供了激励和条件。② 在自由制度主义模式中，国家寻求通过合作最大化绝对收益，相比现实主义，新自由主义者更加关注一个国家如何整体受益，而不是与其他国家相比如何相对受益，较少在意其他国家在合作安排中所取得的相对优势。它强调通过多边主义合作的方式谋取国家利益，主张以联合国等国际组织为重点，借助国际法的形式和程序、外交机制以及国际组织平台来推动和加强国际合作。这有助于管理全球治理问题中国家和非国家行为者的互动。国家需要建立更广泛的区域和国际合作架构，强调利用多边主义和合作作为各国获取利益的手段。当国家集团加深经济合作时，它们不仅将促进共同繁荣，而且还可能促进集体安全。权力均势可通过不断提高相互依存水平来维持，任何偏离国际体系的行为都会承受足够的成本以防止可能的分裂。国际关系的横向性质为多边外交提供机会，使权力变成经济事实、说服和外交行动。③

多边主义是在普遍行为原则基础上协调国家间关系的一种体制形式，它建立在主权平等、互惠互利的公认原则基础上。自由制度主义回应了一些"谜题"，比如自由制度主义假设国际机构在促进国家间合作与和平方面发挥核心作用，解释国家如何以及为什么有兴趣建立可以"稳定地相互期望

① David Lake, "Beneath the Commerce of Nations: A Theory of International Economic Structures", *International Studies Quarterly*, Vol. 28, No. 2, 1984, pp. 149−153.

② Robert O. Keohane, "The Demand for International Regimes", *International Organization*, Vol. 36, No. 2, 1982, pp. 325−355.

③ Vesna Danilovic and Joe Clare, "The Kantian Liberal Peace", *American Journal of Political Science*, Vol. 51, No. 2, 2007, pp. 397−414.

他者的行为模式"的制度。① 大国会权衡建立或加入制度的机会成本，而中小国家可能会看到拥有谈判席位以及在制度上制约大国的好处。这方面，中等强国可能会专注于更低风险的全球治理领域，适应新的权力分散形式，并利用这些领域对大国产生更多的影响乃至施加压力。

国际多边机构提供一种协调机制，可以帮助各国从合作中获取潜在收益。基欧汉指出，这种"有组织的联络"增加了合作的机会。② 制度主义者更加重视多边主义对全球治理的影响。格雷厄姆·艾利森（Graham Allison）认为，全球化的兴起以及对恐怖主义、贩毒、流行病的担忧表明，国家不再能够单独应对这些威胁，只有通过区域和全球制度才能协调政策，以应对新的安全威胁。③ 国际组织在国际关系中所起的作用越来越重要，当代全球性国际制度体系是历史上最为制度化的。④ 各国试图通过国际多边合作来扩大其在国际体系中的利益和影响力，这方面中等强国的意愿更为强烈，因为相对于众多小国，它有更强的独立性可以表达自我声音，也有更多的利益需要去争取和维护。

因而，国际机构的建立、维护和存续有赖于各个国际要角之间的利益互动，这是中等强国作用得到加强的重要原因。库珀认为，使用灵活的行为形式和通过外交手段加强国际体系是中等强国对外行为的显著特征。⑤ 中等强国通常是在贸易、外交、安全以及全球卫生领域进行多边合作的倡导者，有潜力推动建立稳定、可持续和合作的力量平衡，有时甚至能够超越大国的影

---

① Robert O. Keohane, "The Demand for International Regimes", *International Organization*, Vol. 36, No. 2, 1982, p. 3315.

② Robert O. Keohane and Lisa L. Martin, "The Promise of Institutionalist Theory", *International Security*, Vol. 20, No. 1, 1995, p. 45.

③ Graham Allison, "The Impact of Globalization on National and International Security", in Donahue, J. and Nye, J., ed., *Governance in a Globalizing World*, Brookings Institution Press, Washington D. C., 2000, p. 84.

④ James Crawford & Donald B. Rothwell (eds.), *The Law of the Sea in the Asian Pacific Region: Developments and Prospects*, Dordrecht, Martinus Nijhoff Publishers, 1995.

⑤ Andrew Cooper, "G20 Middle Powers and Initiatives on Development", in J. Mo (ed.), *MIKTA, Middle Powers, and New Dynamics of Global Governance*, New York: Palgrave Macmillan, 2015, p. 35.

响力。中等强国实施外交行动，推动建立国际合作制度，代表区域利益进行多边合作，采取解决区域争端的制度措施，它们通常关注核不扩散、国际经济秩序、减免债务、禁止地雷等问题，这些问题并不直接涉及大国的核心利益。在这些问题上，中等强国能够制定和影响国际议程，建立成功的联盟并在促进合作与和平方面发挥积极作用。它们通过采取国际调解、维持和平、在国际组织内建立共识的国际行为，扮演国际"有益的调停者"（helpful fixers）角色。①

（三）建构主义视野下中等强国对外行为

随着建构主义和后结构主义的传播，身份认同逐步成为中等强国研究的热点。建构主义学派对国家身份、角色和认同进行全景式研究，认为国家行为体身份形成于国家互动之中，也就是内生于国际体系之中、由国家共有观念建构而成的社会身份，一个国家可以具有多种社会身份。② 建构主义代表人物温特提出，两种身份对国际事务特别重要：类型身份和角色身份。类型认同是国家的社会类别，它们具有一些共同的特征，如政权类型或国家组织形式。国家可能有多种类型认同，比如社会主义国家、资本主义国家、伊斯兰国家、欧洲国家等。国际社会结构在这里很重要，因为在不同时候，某些类型身份具有不同程度的合法性。身份是国家间相互关系的产物，国家之间可能是朋友、对手或敌人。国家身份从根本上塑造国家的偏好和行为的观念，这在很大程度上决定了它在国际政治中的地位。③

角色认同具有独特的社会性，它们只存在于与他人的关系中。了解一个国家对其身份的认知（包括类型和角色）有助于我们理解国家的行动方式。规范建构主义者认为，身份认同主要是国家利益的决定因素，国家利

---

① Laura Neack, *The New Foreign Policy*: *U. S. and Comparative Foreign Policy in the* 21*st Century*, Rowman & Littlefield, 2003, pp. 163-164.

② 〔美〕亚历山大·温特：《国际政治的社会理论》，秦亚青译，上海人民出版社，2008，第282~287页。

③ Alexander Wendt, "Collective Identity Formation and the International State", *American Political Science Review*, Vol. 88, No. 2, 1994, pp. 384-396.

益是外交和安全政策制定的主要动机。秦亚青认为，在国家与国际社会认同中，国家为了自己的利益与国际社会认同，产生加入国际社会的动机并希望维护国际社会的基本秩序安排。这个过程中，国家可产生正向认同，对主导国际社会持认可态度，以国际社会成员的身份参与国际社会中的活动和事务。[①]

　　建构主义认为中等强国身份是被刻意建构起来的，以此证明其对外行动和谋求利益的合理性。中等强国作为一种被构建的身份，目的是对国际社会的性质产生塑造影响，表明中等强国更多的是政策制定者追求的一个建构理念，是其外交官用来提高其国家地位的一种手段。它试图制造一种僵化的概念工具来预测中等强国的行为，但将其定义为一个以"一刀切"行为方式为特征的范畴是不切实际的，而且可能无法提供对新兴中等强国外交政策的深入理解。关于中等强国的讨论应该更加关注新兴中等强国的政策制定者如何表达他们对中等强国地位的渴望。在某种程度上，纳入建构主义范式提供的身份认同方法，有助于增强对中等强国这一追求的理解。例如，劳拉·尼克看到将中等强国视为"构建的身份"的可能性。她展示建构主义如何通过调查分析决策者对中等强国地位的内化程度来解释中等强国的对外行为。[②] 有学者关注国家认同轨迹演变来解释中等强国外交政策的差异。[③] 还有学者在自我概念化、自我认同和主体间性的框架下，通过关注施事层面的分析，进一步概念化中等强国认同的建构。[④] 新加坡南洋理工大学学者莎拉·张通过构成性规范、社会目的、关系比较和认知模型等分析框架，着重

---

① 秦亚青：《国家身份、战略文化和安全利益——关于中国与国际社会关系的三个假设》，《世界经济与政治》2003 年第 1 期，第 10～11 页。

② Laura Neack, *The New Foreign Policy*: *U. S. and Comparative Foreign Policy in the 21st Century*, Rowman & Littlefield, 2003, pp. 169-170.

③ Leif-Eric Easley, "Middle Power National Identity? South Korea and Vietnam in US-China Geopolitics", *Pacific Focus*, Vol. 27, No. 3, 2012, pp. 421-442.

④ Soon-ok Shin, "South Korea's Elusive Middlepowermanship: Regional or Global Player", *Pacific Review*, Vol. 29, No. 2, 2016, pp. 187-209.

强调中等强国的国际社会行为规范。① 角色将身份与行动联系起来是一种自我创造的身份考察，意味着对中等强国国际行为有颇多期望。

一国的领导层对特定身份的规范性自我分配决策，是中等强国思维和行为实践的主要内容。正如建构主义者所强调的，不能简单地从任何特定国家在国际体系中的地位来解读它的身份或可能的政策。在一个意识形态不那么僵化的时代，国家间暴力相对减少，国家道德目标更多地受到社会建构和互动模式的影响，即社会互动模式"低"道德（low morality）的认可约束和人道主义的"高"道德（high morality）的激励，而不是简单地由国际政治的结构性特质所决定的。② 对于中等强国身份和角色的自我建构，有关学术研究起到了较大的作用，一些中等强国外交官和国家政治人物（如澳大利亚前外长加雷斯·埃文斯）在全国性政策讨论中扮演显著角色，抑或代表公众对其国家在世界事务中的适当角色发表看法，推动中等强国身份内化，进而外化于国际行为。尽管政治精英试图将自己的国家与中等强国联系在一起，但这并不意味着中等强国可以被视为一种国家认同，因为政治精英的主张本质上是政治驱动的。如果新政府停止使用这一特定标签，某个特定的中等强国是否会立即失去这一地位？假设这种强权的主要决定因素是国家层面的拟人化因素：一个国家在某些功能领域的表现，其行为和能力是可以定量方式计算的。换言之，既定的"中等强国观"假设中，一个国家的个人层面特征是否符合中等强国标准的第一判断，还有赖于对外交实践的持久观察。

总体上看，以上三种国际关系理论对中等强国对外行为的分析和前景的多角度阐释，有利于构建中等强国的理论框架，强调通过次要角色而不是主要角色的视角来审视国际政治，呈现一种崭新的国际政治思维方式。与那些

---

① Sarah Teo, "Middle Power Identities of Australia and South Korea: Comparing the Kevin Rudd/Julia Gillard and Lee Myung-Bak Administrations", *Pacific Review*, Vol. 31, No. 2, 2018, pp. 221-239.

② Christian Reus-Smit, *The Moral Purpose of the State*, Princeton: Princeton University Press, 1999.

主流的结构现实主义理论范式不同，中等强国理论认为国际政策制定过程是一场潜在的"博弈游戏"，而不仅仅是受规模、力量和地理位置决定的权力博弈。① 正如摩根索强调的，权力最重要的物质方面是军事力量，但更重要的是一个国家的性格、士气和治理质量等非物质因素。这样一来，可以说古典现实主义并不排斥自由主义理论中的中等强国的作用，因为它考虑到了广义上的权力来源。② 基于这样一种认识，虽然广义上仍是"国家主义"的世界观，但中等强国理论意味着国家行为体有意愿超越现实主义权力政治的主导因素，展现更多的动态性。它认识到，领导者与追随者之间的关系是一个双向互动的过程，而不是简单的单向规则制定者和规则接受者关系。英国思想家大卫·哈维在《新帝国主义》一书中指出，二战后的许多国际关系理论，在霸权主义假设的支撑下，假定追随者拥有有限的自主权，缺乏对领导者与追随者动态互动的理解。③ 相比之下，库珀等人通过对 20 世纪末澳大利亚和加拿大的比较研究，论证中等强国的领导能力，例如，凯恩斯集团和亚太经济合作组织的建立。库珀的研究也证明它们愿意追随大国的潜在重要性，例如在第一次海湾战争联盟中，澳、加两个美国的亲密盟友紧紧追随美国，参与对伊拉克的战事。④

中等强国通过采用所谓"良好国际行为"的准则和标准来维护其国家利益。它们的目标是通过多边主义在国际事务中建立稳定秩序和实现善治。中等强国的对外行为经验及其对规范性安全战略的依赖，体现于它们积极参与联合国和其他全球机构的工作中。它们利用多边平台，希望在大国和非大国之间塑造有利的竞争环境。亚太地区中等强国也采取了类似的规范性战

① Mark Beeson and Richard Higgott, "The Changing Architecture of Politics in the Asia-Pacific: Australia's Middle Power Moment", *International Relations of the Asia-Pacific*, Vol. 14, No. 2, pp. 220-221.

② Hans Morgenthau, *Politics Among Nations: The Struggle for Power and Peace*, New York: Alfred A. Knopf, 1965, p. 186.

③ David Harvey, *The New Imperialism*, Oxford: Oxford University Press, 2003, pp. 106-107.

④ Andrew F. Cooper, Richard A. Higgott and Kim Richard Nossal, *Relocating Middle-Powers: Australia, Canada and the Changing World Order*, Vancouver: University of British Columbia Press, 1993, pp. 122-123.

略，以应对地区大国竞争的负面影响。中等强国通过类似东盟主导的论坛寻求将大国关系制度化（如中美都承认东盟在地区安全和经济治理中的核心地位），这一外交进程的重点是努力说服和建立信任措施，而不限制国家主权或依赖任何形式的制裁。多数中等强国奉行的准则包括不使用武力、不干涉别国内政、采用"安静外交"（quiet diplomacy，即不相互指责）和相互尊重。简言之，规范性外交行为战略的目的是通过建立相互信任的行为模式，发展合作的"小众"领域，确保维护地区发展和稳定。中等强国通过多边机构采取行动使它们有更多的机会找到"志同道合"的国家并与之联合，以最大限度地发挥它们的影响力。

多边主义实际上增加了中等强国的国际权重，因为在许多国际事务中，大国必须遵循多数规则和规范。当代中等强国多边主义行为可以根据四个基本特征来评估：①参与全球治理的强烈愿望；②积极改革全球治理体系以提升国际地位；③承诺解决全球问题的规范；④作为南方国家与北方国家联系对话的桥梁。这些特征有助于理解为何中等强国在缺少霸权国主导的情况下能够建立议题联盟，促进合作，实现共同利益。具体而言，随着美国全球影响力的减弱，中等强国对全球治理的"讨价还价"能力和个体贡献都在增加。不过，国际多边机构影响力削弱会增加中等强国国际行动的困难，尤其是俄罗斯与乌克兰冲突引起大国地缘政治的紧张局势，国际行动出现更多的不确定性。这会迟滞应对气候变化、公共卫生、减贫和技术治理等全球挑战的努力。此外，北极、太空正成为新的竞争领域，大国和中等强国都在争夺资源并确保战略优势。

小　结

在全球化时代，中等强国尤其是新兴中等强国借助有利的国际条件，优化国内治理，加速工业化进程，正在崛起为全球治理的新兴参与者、规则制定者，扮演着桥梁纽带的角色。尽管对于什么是中等强国这一命题，学术界还没有统一的认识和界定，不同的研究者使用不同的指标来界定和表征这些国家，但是研究者对中等强国的深入探讨打开了全球治理舞台的新空间、激荡理念的新场域。

然而，国际政治见证不同的现实：一些国家有能力改变大国的行为，但另一些国家甚至无法捍卫自己的立场。因此，国际关系简单的二分法，即具有结构性影响力的国家与不具有结构性影响力的国家，可能导致对国际政治的解释过于简单化。在这方面，中等强国的概念作为一个区别于大国和小国的范畴，有望提供一种超越二分法限制的新视角来审视国际关系，包括从现实主义、对外行为、规范主义、地缘政治等角度，为国际关系理论和实践提供了一种具有重要创新且巨大价值的重大命题，可以加速提升全球治理的参与度、想象力、话语权。在此基础上，我们深入讨论了"中等强国"的概念及其界定的五种路径，并对主要的分析方法（指数）进行比较分析；采用现实主义、自由主义和建构主义等范式，深入研究中等强国对外行为的深层动机和行为逻辑。采用单一的视角难以周全，因而只有综合应用上述方法，才能形成对"中等强国"这一概念的全面理解和整体把握。本章还讨论了这一概念发展的不同认识视角，并对中等强国进行新的区分，对传统和新兴的中等强国加以细分和比较。

中等强国影响力不断扩大的事实表明，国际关系的发展趋势不仅仅由领先的大国决定，也受到具有重要影响力的中等强国的影响。在全球化的推动下，世界秩序不断调整和演变，新的国际秩序正在形成，其轮廓尚未清晰。尽管大国塑造和维持现代世界秩序继续发挥核心作用，但国家对外行为的自主度得到提高。这些新趋势为许多中小国家提供了有利的环境，使它们能够在全球治理体系中成就自己。

第三章

中等强国全球治理话语权与角色建构

中等强国对全球治理的外交参与乃至引领是当前国际秩序中的一个突出特征。任何国家哪怕是最强大的国家，也无法独自应对它们面临的许多问题，更何况是超越国界而世界共同面临的跨国性挑战。这就需要集体努力，而外交是这一进程的关键因素。中等强国对在全球治理中发挥积极作用的信心越来越大，通过参与 G20 等全球治理平台，中等强国开始以系统和积极的方式参与全球治理，急切希望在全球进程中占据"中坚"的地位，确保其利益被更好地纳入有关全球问题的决策过程中。这一进程中，中等强国建构何种角色、发挥怎样的作用值得深挖。

一 全球治理概念及其架构

当今时代是一个充满期待和希望的时代，同时也是一个充满矛盾、不确定性和风险不断加大的时期。面对一系列复杂的全球威胁，我们如何找到前进的道路？现实情况是，现有机构无法应对不断变化的世界性挑战，因为它们是为另一个时代设计的。正如 2008 年全球金融危机所充分反映的，经济金融体系现在不再局限于一个国家，而是跨越国界。全球经济需要治理，环境和其他一系列问题也是如此。

（一）全球治理概念的认知

从词源上看，"governance"（治理）源于希腊语中的"kybenan"和"kybernetes"，意思是"掌舵"或者"舵手"。[①] 它的首次使用出现在柏拉图的《共和国》中，其目的是将理想的治理形式与低劣的治理形式进行对比。罗西瑙在他关于全球治理的开创性著作《没有政府的治理》一书中指出，治理并不是政府的同义词。两者都是指有目的的行为——以目标为导向的活动、统治体系；但政府是指正式权力支持的活动，由警察权力来确保政策的实施，而治理是指由共同目标支持的活动，这些目标可能来自法律和正式规定的责任，不一定依靠专政机关权力来克服违抗、实现遵守。换句话说，治理是一个比政府更广泛的现象。它包括政府机构，但也包括非正式的、非政府的机制。治理是一套规则体系，它既依赖于主体间的意义，也依赖于正式认可的规章制度。应强调的是，治理只有被大多数人（或至少被它所影响的最有权势的人）所接受时才能发挥作用，而政府即使在面临对其政策的广泛反对时也能发挥作用。[②] 一个能够控制民族国家的世界政府从未出现过。尽管如此，治理是当前国际秩序相当大的基础，为制止国家间冲突、处理环境污染、应对金融危机和许多其他问题所带来的挑战指明方向。

全球治理的概念与冷战后时期全球治理委员会的成立（1995 年）以及勃兰特（德国社会党国际前主席、国际发展委员会主席）等人的提出有关，鼓励建立多边监管体系和管理方法，注重发展全球相互依存关系和实现可持续发展的目标。[③] 关于这一方面，20 世纪 90 年代发表的两份报告，即《关于全球安全与治理的斯德哥尔摩倡议》（1991 年）和《天涯若比邻：全球

① James N. Rosenau, "Governance in the Twenty-first Century", *Global Governance*, Vol. 1, No. 1, 1995, p. 14.

② James N. Rosenau, Ernst-Otto Czempiel and Steve Smith, *Governance without Government: Order and Change in World Politics*, Cambridge: Cambridge University Press, 1992, p. 4.

③ Mădălina Virginia Antonescu, "Global Diplomacy, in the Context of Global Governance", *Logos Universality Mentality Education Novelty*, Section: Law, Vol. 5, No. 1, 2017, p. 29.

治理委员会报告》（1995 年），提出了各国相互依存的观点，并呼吁加强联合国的作用。在《天涯若比邻：全球治理委员会报告》中，全球治理被界定为个人和机构、公共和私人管理其共同事务的许多方式的总和。它是一个持续的过程，通过这个过程可以容纳冲突或不同的利益，并采取合作性的行动。它包括有权强制遵守的正式机构和制度，以及人们和机构同意的或认为符合其利益的非正式安排。① 全球治理有别于世界治理，因为后者指的是在世界层面独一无二的超国家权威；此外，它与国际关系不同，因为更倾向于非国家行为体（跨国非政府组织、跨国公司、移民、大众媒体和全球资本市场）的流动与互动。

目前看来，全球治理的重点是一系列支柱：人类的共同遗产、人类的共同财产、人类的共同家园和对人类命运共同体的信念。2003 年，斯蒂格利茨指出，我们生活在一个现代全球化的时代，其特点是没有世界政府的治理体系，在这个体系中，只有少数全球性机构，如世界银行、国际货币基金组织和少数国家与非国家行为者主宰着国际舞台。② 马修·霍夫曼（Mathew Hoffmann）等认为全球治理有三个向度：①作为一种现象的全球治理——管理全球问题；②全球治理作为一个项目——世界秩序的变化；③作为世界观的全球治理——一种新的分析方法。③ 全球治理代表着国家、民间社会和国际机构为遵守国际条例，为全球问题找到最佳解决办法而发挥作用的方式。全球治理意味着"多层次的权力集合"，如次国家治理、超国家治理（多边机构和跨国机构以及民间社会），通过加强国家和非国家行为体之间的合作，实现全球治理议程上的一系列共同目标。日本独协大学国际关系学者星野昭吉认为，全球治理既不是全球政府或世界政府，也不是民族国家行为体的简单组合，而是一种国家与非国家行为体之间的合作以及从地区到全球层

---

① The Commission on Global Governance, *Our Global Neighborhood*, Oxford: Oxford University Press, 1995, p.70.

② Mădălina Virginia Antonescu, "Global Diplomacy, in the Context of Global Governance", *Logos Universality Mentality Education Novelty*, Section: Law, Vol.5, No.1, 2017, p.30.

③ Alice D. Ba and Mathew Hoffmann (eds.), *Contending Perspectives on Global Governance: Coherence, Contestation and World Order*, London: Routledge, 2005.

次解决共同问题的新方式。①

国内有学者将全球治理界定为在没有建立世界政府的前提下，为解决全球性问题形成的一个由共同的价值观和共同的事业驱动的规范系统，通过鼓励众多行为体的持续互动来达成集体行动的过程，是一种通过共识建立权威以实现目标的"没有政府的治理"。② 全球治理理论是一种新的国际关系理论和分析框架，蕴含于其中的全球合作模式深刻地反映了全球化进程中所出现的国际合作的新特征和新问题。治理合作提倡一种包括非政府组织、全球性国际组织和各国政府等多种国际关系行为体在内的全球合作模式。全球治理的主要特点之一就是行为体的多元性与广泛性，具体而言，就是来自政府、社会、市场三大领域的诸多行为体的积极参与、携手共治。③ 20 世纪90 年代以来不断拓展与深化的经济全球化导致的最为显著的结果，就是国际体系中权力的流散和权力结构的变革。国际体系中权力的流散，不仅表现在参与治理的行为体的多样化上，也表现在治理制度的层级分化上，还表现于治理结构的变革中。经济全球化带来非国家行为体不断增加。④ 国家行为体依然是全球治理的重要主体，但国际组织、非政府组织、非营利组织、跨国和全球公司、私人行为体（如比尔·盖茨基金会），已经成为全球治理中不逊于国家行为体影响力的新治理主体。⑤

在国际格局加速变动与百年未有之大变局的叠加影响下，世界可能出现重大的政治、经济、社会和环境调整。尽管世界各区域之间存在差异，但所有区域都将经历城市化、迁徙以及与环境、生态、技术和气候变化有关的压力，既有贫困、跨境犯罪、恐怖主义、全球变暖、能源短缺，又有地缘政治对立、战争冲突、核扩散等威胁。这些威胁随着全球化的扩大而放大。有效

---

① 〔日〕星野昭吉：《全球政治学——全球化进程中的变动、冲突、治理与和平》，刘小林、张胜军译，新华出版社，2000，第 277~278 页。

② 赵可金：《全球治理的中西智慧比较》，《探索与争鸣》2020 年第 3 期，第 18 页。

③ 蔡拓、王南林：《全球治理：适应全球化的新的合作模式》，《南开学报》（哲学社会科学版）2004 年第 2 期，第 64 页。

④ 蔡拓：《全球治理的反思与展望》，《天津社会科学》2015 年第 1 期，第 110 页。

⑤ 蔡拓、杨雪冬、吴志成主编《全球治理概论》，北京大学出版社，2016，第 94~96 页。

地处理这些问题，就必须摒弃任何意识形态成见，在多个治理层面务实地采取治理行动。这是因为，当前作为国际秩序决定性特征的国家体系不太可能仅仅是一个短暂的现象，而且它不太可能很快消失。许多国家不会完全成功地锁定在过去二三十年的发展成就中，像中国、韩国等国家经济治理都表现得出色，而巴西、墨西哥等一些中等强国近年来经济与治理都出现不少问题，这凸显即使是非西方国家在治理方面也存在巨大的差异，凸显部分国家治理能力与手段的不足。先进的信息技术将扩大对不平等、全球化、政治和腐败的分歧，刺激抗议和暴力动员。世界经济的结构性转变，从创造财富而不创造就业的技术、金融行业到日益增长的债务，都将推动全球积极应对这些变化。同时，西方社会中不满情绪将促使其转向民粹主义、本土主义或民族主义，公民之间的责任需要重新评估。多个地缘政治权力中心的竞争，让国际共识分裂成为可能。

一是经济压力。全球经济最突出的不确定性是能否成功应对新冠疫情带来的挑战和俄乌冲突对世界经济产生的重大冲击。全球经济尚未从大流行中完全恢复，这场危机仍在继续。由于俄乌冲突在短期内扰乱了经济活动、投资和贸易，推动能源和食品价格高涨，部分地区产生了粮食危机。不断上涨的物价给家庭预算带来压力，并压低许多国家的消费者信心。据世界银行数据，全球经济增速从 2021 年的 5.7% 下滑至 2022 年的 2.9%。① 包括中国在内的新兴经济体需要保持经济增长和吸引外国投资，推动从出口和投资驱动的经济增长向以消费为主导的经济增长转变。在全球经济复苏疲弱的情况下，许多国家政府面临越来越大的公众压力，要求进行促进就业和包容性增长的改革。同时，全球经济治理宏观协调机制亟待发挥应有作用，使得各国有组织地应对经济困难。

二是政治压力。许多国家没有能力应对所面临的挑战。在中东和北非，这些缺陷将与社会矛盾和地缘政治力量相结合，产生以及延长动荡和暴力局

---

① "Stagflation Risk Rises Amid Sharp Slowdown in Growth", World Bank, June 7, 2022, https://www.worldbank.org/en/news/press-release/2022/06/07/stagflation-risk-rises-amid-sharp-slowdown-in-growth-energy-markets.

面。在西方发达国家，公众的失望情绪将表现为民粹主义和改革主义的声音，试图解决财富和权力的不平衡问题。在东亚、南亚和拉丁美洲，对腐败、犯罪、环境、健康和城市压力的不满将继续激发行动主义和对政府改革的要求。

三是社会压力。这就突出表现为社会对抗和两极分化，通常植根于宗教、传统文化或对同质化全球化的反对。新技术还可能继续助长政治两极化，并通过扩大极端或边缘团体的存在和影响范围来增强其影响力。好战的极端主义和恐怖团体将继续保持跨国存在，它们仍然是零散的，但在非洲、阿拉伯世界、南亚等地仍有活跃的土壤。在达尔富尔、阿富汗、利比亚、叙利亚、也门等地区还面临冲突的危险，人道主义危机状况加剧。传染病蔓延仍将是所有国家和地区面临的风险，尤其是新冠大流行对世界造成持久的影响，对整个国际社会都产生重大的压力。

四是地缘政治压力。大国竞争和冲突风险将在未来五年内加剧，这反映了当前国际体系的对抗性以及美国对中俄等国的遏制性行动。北约不断扩大其成员及军事势力范围，挤压俄罗斯的战略安全空间，乌克兰成为俄罗斯与西方地缘政治冲突的引爆点，俄乌冲突的爆发直接导致欧洲安全架构出现重大危机。美国对中国的战略竞争正在推动全球分裂，将加剧全球治理碎片化。伊朗核谈判破裂，紧张局势升级，中东地区冲突风险增加，特别是巴以冲突直接冲击地区安全局势。美国在亚太特别是中国周边地区的军事活动节奏加快，可能会带来意外军事冲突的风险。此外，一些国家和非国家行为体都将利用非传统形式的力量如网络能力和社交网络，来塑造结果和制造混乱。

五是环境压力。近年极端气候变化增多，欧洲、美国、亚洲等地区极端高温天气频频出现，野火频繁发生。预测短间隔期内的温度变化趋势很难扭转，但未来5~10年全球基准温度可能会更高。这种变化对风暴和降雨、冰雪融化、海平面上升以及人们生活的一般条件都有影响，相关国家更多受到与气候变化相关事件的袭击，如山火、热浪、飓风和洪水。对于气候脆弱地区，如沿海城市和水资源紧张的城市来说，这种变化的影响将特别严重。极端气候增多对于生态和环境的负面影响随之上升，进而对国家生态环境产生不利影响，生态系统承受巨大压力，对全球气候治理提出紧迫挑战。

（二）全球治理的架构

全球治理不是一个单一的体系，但许多不同的全球治理机制确实具有共性。这就是全球性问题需要全球性的解决方案，各国须确定各个层面的合作和与具体行为体的合作需求，以及关于全球治理机构的设计（成员、范围、授权、决策规则等）及其执行状况。若对全球治理的需求是出于加强权力、追求影响力的目的，那么由此产生的机制和方法将倾向于霸权主义、等级制度或大国协调。一般的国际行为体、社会团体可能会被排除在外。这些机构可能为了假定的效率而牺牲了广泛的代表性。一方面，如果对全球治理的需求是由功能原因或棘手问题的性质所推动，那么它们将倾向于由技术专家解决这类问题。这类机构很可能由特定问题领域中最相关的国家或非国家行为体主导，且容易受到绿色和平组织这种群体的影响。在这些机构中，领导力更可能是专业技能、开创探索精神，而不是物质权力；关键的议程制定者可能不是大国，而是中等强国。另一方面，如果对全球治理的需求主要由规范性原因驱动，那么它们将倾向于更具包容性，对效率的关注少，而对广泛性、代表性的关注多，并给中小国家、跨国社会运动以及区域和地方机构更多的空间。[1]

国际机构是全球治理的主要多边场所。全球治理主要通过制定规则、标准和指导方针或通过有针对性的支持，引导行为体的行为，以实现一个共同或共享的目标。[2] 这些规则和实践体系，确定了机构参与者的行为角色，塑造行为体的预期。这里涉及的国际治理机构通常有两个主要组成部分：一个是实质性规则和规范部分，它们可以规定、禁止、允许或指导国家和其他行

---

[1] Amitav Acharya, *Why Govern: Rethinking Demand and Progress in Global Governance*, Cambridge: Cambridge University Press, 2016, pp. 4-5.

[2] Charles Rogerr, Thomas Hale and Liliana Andonova, "The Comparative Politics of Transnational Climate Governance", *International Interactions*, Vol. 43, No. 1, 2017, pp. 5-6.

为体在相关问题上的相关行为（如气候变化、世界贸易等）；另一个是作出和执行决定（包括实质性规则）的程序性规则，从而为磋商国际会议、问题审议和决策提供场所。

全球治理既包含全球层次的治理，也包含区域层次的治理，区域治理是全球治理的重要组成部分。[①] 其一，以联合国系统为多边机制内核的国际组织。它们由两类政府间治理安排组成。一类是正式的国际组织，如世界贸易组织、粮食及农业组织、国际货币基金组织，通常产生于建立联合国组织章程的政府间协议，拥有国际行为体的特质，包括有实际的办公地点、秘书处和国际法人资格等。另一类国际组织是在政府间条约的基础上管理特定的问题领域，并通过缔约方的后续决策进一步发展。比如，气候变化机制以《联合国气候变化框架公约》《京都议定书》《巴黎协定》为基础，它们已由缔约方大会的决定加以充实，虽然缺乏国际组织的一些正式性质（席位、章程、法人资格），但它们经常由秘书处提供服务。[②] 其二，正式的区域和次区域组织，如欧洲联盟、非洲联盟、美洲国家组织、东南亚国家联盟、上海合作组织，它们负责协调其成员在某个地理区域内的政策。其三，非正式但功能具体且以单一问题为导向的机构，还包括由一个国家领导的战略或经济倡议，例如中国"一带一路"倡议。此外，在全球治理架构中，与授权的区域和全球政府间组织不同，无数非政府组织作用突出，尽管可能缺乏为组织本身或外部作出具有约束力的决定的能力，但它们可以帮助形成共识并引导成员朝着共同的方向前进，更普遍地协调经济一体化，例如 APEC、G20、BRICS、世界经济论坛，这些论坛不负责制定条约，而是为汇集和讨论想法、调整政策和制定规范提供平台空间。

同时，全球治理的众多参与者也影响当前的全球治理结构，包括国家、国际组织、非政府组织、跨国公司、科学家、民间社会团体、地方政府、网络、伙伴关系、私营军事和安保公司、跨国犯罪和贩毒网络、恐怖组织等。

① 蔡拓、杨雪冬、吴志成主编《全球治理概论》，北京大学出版社，2016，第 385 页。

② Sebastian Oberthür, Lukas Hermwille and Tim Rayner, "A Sectoral Perspective on Global Climate Governance: Analytical Foundation", *Earth System Governance*, Vol. 8, 2021, pp. 2-3.

全球治理行为体拓宽它们参与的活动范围，也改变在全球层面解决当前问题的互动与合作模式。当前的全球治理安排偏向于灵活性而不是僵化，倾向于自愿而不是受规则约束，选择伙伴关系而不是单独行动，催生新的倡议和想法。其中，非国家行为体如非政府组织、跨国公司、民间社会团体和地方政府（城市、省州）在全球治理中的作用得到加强，从而产生涉及这些行为体的跨国机构。随着国际合作倡议和各种跨国网络的增加，跨国机构在全球气候治理中已处于特别突出的地位。① 在多中心（气候）治理过程中，这种非正式的安排构成全球治理的重要载体。然而，这种相对非正式的安排需要满足某些最低要求，才有资格成为国际治理机构。根据上述对治理机构的理解，它们需要拥有相应的规范核心，即通过共同制定和践行规则、标准和准则或提供有针对性的支持，具有持久性而非随意性并具有联合决策的一整套程序。这样的理解有助于避免将国际治理机构与各种国际联盟和游说团体以及特设论坛、平台、项目、方案和网络混淆。例如，作为游说团体的国际商会（International Chamber of Commerce）和促成《巴黎协定》的"雄心勃勃的联盟"（High-ambition Coalition）都不算是正式的全球治理机构，当然它们可以被视为全球治理机构的利益攸关方。

（三）全球治理的挑战

全球治理正在遭遇越来越多的挑战。国际社会正处在如此多的历史转折点上：一是欧洲和西方文化对全球长达 500 年的统治业已结束，美国成为昔日自我的阴影。以前被征服的文明正在复兴，并在各自的区域和全球范围内占据显著地位。二是需要全球应对的全球问题正在明显增加（如流行疾病、气候变化、难民危机、经济衰退），但民族主义和全球治理机构的弱化正在削弱人类解决这些问题的能力。三是美国破坏其曾经支持的世界秩序，加大对中国、俄罗斯等国的对抗，向中俄施加压力，与中俄以不同的方式相互攻防。

---

① Sebastian Oberthür, Lukas Hermwille and Tim Rayner, "A Sectoral Perspective on Global Climate Governance: Analytical Foundation", *Earth System Governance*, Vol. 8, 2021, p. 4.

新冠疫情危机导致中美之间的关系进一步恶化。四是拥有强大、有效的社会经济、人力资源和基础设施、军事能力、外交惯例和风格的中等强国正在获得声望和吸引力。五是强制性对抗影响资本市场、贸易、投资、科技交流，演变成军事冲突的危险越来越大，全球经济正进入深度和持续时间未知的疲弱期。这些新特征新表现综合起来，体现为如下几个方面的挑战（见表3-1）。

表 3-1　全球治理应对不断变化的全球挑战

领域	过去 30 年的变化	多边应对尝试	替代反应
投资	技术的流动性，全球价值链的兴起	多哈回合尝试失败	双边/区域条约俱乐部安排
金融	全球金融危机周期的出现	扩大基金组织授权的尝试失败 监测金融稳定性，协调监管举措	金融保护主义、自我保险、区域主义
竞争	专注于全球范围	鲜有正向回应	国家竞争主管机构的域外影响力
气候变化	成为全球关注的主要问题	《京都议定书》 哥本哈根会议	自愿捐款协定 《巴黎协定》
数据	流量呈指数增长，全球平台出现	单纯的咨询	行业标准的流行 国家法规的出现 增加碎片化的风险

资料来源：Jean Pisani-Ferry, "Should We Give up on Global Governance?", Bruegel, Issue 17, October 2018, p. 9。

一是社会紧张加剧。新冠疫情迅速蔓延成全球性的流行病，揭示并加剧社会各个角落长期存在的不平等现象、低收入与高收入国家在获取资源方面的差距、不同种族之间的收入差距等。譬如，美国是世界上最富有的国家之一，但从统计数据来看，这个国家是受该病毒影响最严重的国家，死亡人数在 2020 年 4 月迅速超过任何其他国家，政治、社会和经济两极分化更加凸显，不平等特别是种族歧视的不平等矛盾加剧。美国政策研究所（Institute for Policy Studies）公布的报告显示，新冠疫情大流行期间有超过 5000 万美国人失去工作，疫情不到一年就有多达 1800 万人失业。但相比之下，2020

年 3 月中旬至 2021 年 10 月，美国 745 位亿万富翁的总财富为 5 万亿美元，比最底层的一半人口（1.65 亿美国人）所拥有的 3 万亿美元总财富高出2/3以上。美国亿万富翁的总财富增加了 1.3 万亿美元，增长了 44%。排名前五的亿万富翁的财富增长速度甚至超过大多数美国亿万富翁阶层。其中，仅亚马逊创始人杰夫·贝索斯（Jeff Bezos）和特斯拉 CEO 埃隆·马斯克（Elon Musk）两人财富总值短短一年多时间就增加 2600 多亿美元。[①] 全球化作为一个促进联系和流动的过程，不可避免出现不平等和例外。民族主义和仇外情绪在大流行期间抬头，势必进一步破坏弱势群体的安全。此外，仇外心理、贸易流动中断以及全球南北半球债务国和债权国之间的金融能力不平等，将是任何全球挑战应对与当前这一流行病相关的多重危机取得成功的重大障碍。[②] 危机最直接的后果之一则是公共债务水平的突然上升，这是由于各国正争先恐后地推出规模数十亿甚至数万亿美元或欧元的经济救援和刺激计划。接下来的几年里，各国政府将不得不偿还巨大的债务负担。一旦这个迫在眉睫的危机结束，许多政府几乎没有金融回旋余地，它们的注意力可能会停留在内部，而不是向外。已经受到资金不足影响的国际组织将捉襟见肘，不得不凑合着使用更有限的手段，而此时将有更多的国家，特别是广大发展中国家需要外部帮助。大流行期间粮食不安全加剧。世界银行报告指出，国内粮食供应链的中断、影响粮食生产的其他冲击以及收入和外汇储备的损失，在许多国家如海地、阿富汗等国造成了严重的粮食安全风险。[③]

二是地缘竞争激增。气候变化、新冠疫情大流行等能够产生改变地缘政治的影响。当今世界在政治、经济和技术上都更加复杂，这导致了竞争和变化。而全球权力分配的变化导致矛盾性因素激化，多边机构陷入僵

---

① "Billionaire Wealth, U. S. Job Losses and Pandemic Profiteers", https://inequality. org/great-divide/updates-billionaire-pandemic/.

② Masaya Llavaneras Blanco and Antulio, "Global Governance and COVID – 19", May 6, 2020, https://www.e-ir.info/2020/05/06/global-governance-and-covid-19-the-implications-of-fragmentation-and-inequality/.

③ "Food Security and COVID–19", World Bank, September 14, 2020, https://www.worldbank. org/en/topic/agriculture/brief/food-security-and-covid–19.

局。在过去的 10 多年里，经济低迷带来的挫败感表现为民粹主义政治的兴起，带有强烈的反国际主义和仇外心理。如果各国政府转而采取保护主义手段来加强经济治理，可能带来全球贸易的螺旋式下降。世界卫生组织已经受到攻击，国际机构也很容易成为国内（如美国）麻烦的替罪羊。资金的减少和民族主义的反弹将限制现有机构的能力，它们可能会破坏加强国际合作的努力。大国竞争也可能导致僵局，特别是中美关系陷入空前紧张，对抗强度持续增加，涉及全球治理的共识从目前来看很难达成。在具体问题上开展合作的新倡议如果取得成功，可能会通过较小的国家集团，通过非正式机制而不是正式组织或条约开展工作，这将在一段时间内加强一种明显的趋势。在全球范围内，各国竞相开发疫苗，这可能会成为一个潜在的合作领域，包括中国和美国之间的合作，但这更可能是一方或另一方展示其影响力的一种手段。

三是守成大国对崛起国的敌视。当前全球力量的格局不仅表现为地缘政治问题，而且还影响地缘经济。大流行对欧美发达经济体的负面影响可能是长期的。这些国家为支持企业和家庭而采取的非常财政和货币措施将很难逆转，可能使轻松赚钱和高度依赖债务的时代永久化，从而导致经济增长长期放缓，增加发生债务危机的可能性。新冠疫情全球大流行后，美国领导力曾被寄予厚望，但美国却是在传播而不是遏制疫情方面发挥了领导作用，这表明其社会经济体系、人力和物质基础设施、政治体制的能力存在巨大缺陷。中国从危机中脱颖而出，通过分享医疗专业知识、派遣援助和填补世界各地的一些医疗供应短缺，成为一个更大的全球参与者。尽管中国经济全球化程度如此之高，仍遭受疫情冲击，但可能比其他主要经济体受到的打击更为有限，比欧洲和美国更快地从疫情危机中复苏，率先摆脱危机。同时，中国在世界政治和国际机构中的地位不断提高，通过国际金融机构和发展组织，全球应对危机的努力将比过去更多地取决于中国的参与，要给予中国更大的发言权。尽管力量平衡发生转移是一种客观趋势，然而其过程中必然伴随秩序变动与守成大国的反制，经济集团分化和对抗可能更加凸显。

四是人道主义危机凸显。无论是处于战争中还是遭受其后遗症影响的国家，都特别容易受到疫情大流行的影响。各国边界的封锁使成千上万的人处于法律和社会困境中，暴露了现有难民制度的脆弱性。由于国际援助中断和疫情引发食品价格上涨等，加上自来水的匮乏、防护用品和生活基础设施的缺乏，数百万难民面临粮食危机和严峻的卫生安全挑战，这使本来就长期处于危险之中的人们陷入进一步的脆弱之中。联合国难民署指出，风险最大的人包括近 2600 万难民，其中 3/4 以上生活在发展中国家。由于卫生系统薄弱，其中一些国家已经面临人道主义危机。据联合国 2020 年 6 月估计，在最近的经济下滑之前，超过 80% 的叙利亚人生活在贫困线以下。在这场危机里，有 1100 万人需要人道主义援助。在过去几个月中，由于经济急剧恶化，局势变得更加严峻。① 伊拉克、叙利亚、黎巴嫩、约旦和巴勒斯坦领土的难民和国内流离失所的人超过东道国应对能力。② 人道主义危机极易引发难民危机，加大全球治理的难度。2022 年，受俄乌冲突的影响，乌克兰尤其是东部顿巴斯地区流离失所的人口规模和速度是巨大的。联合国人道主义事务协调厅（UNOCHA）估计，数以百万计的人处于急需救援状态，联合国和人道主义合作伙伴已为乌克兰各地超过 880 万人提供了援助。③ 联合国难民署已宣布乌克兰为三级紧急状态，乌克兰境内流离失所者超过 710 万人，随着战事进展，这一数字还将扩大。④

（四）全球治理发展趋势

全球治理国际机构的建立，意味着中等强国正在一个并非由它们创造但

---

① "Syrian Refugees Profoundly Hit by COVID-19 Economic Downturn", The UN Refugee Agency, 16 June 2020, https：//www.unhcr.org/news/briefing/2020/6/5ee884fb4/syrian-refugees-profoundly-hit-covid-19-economic-downturn.html.

② Kristy Siegfried, "The Refugee Brief", September 25, 2020, https：//www.unhcr.org/refugeebrief/latest-issues/.

③ "Ukraine：Situation Report", United Nations Office for the Coordination of Humanitarian Affairs, June 15, 2022, https：//www.unocha.org/ukraine.

④ "Ukraine emergency", The UN Refugee Agency, https：//www.unhcr.org/ukraine-emergency.html.

其作用却不能忽视的体系中追求它们的利益。新的全球治理既是国际体系异质性增加的产物，也是现实路径依赖的轨迹，并有可能在不久的将来继续出现变化。

第一，全球治理将继续存在但达成共识越来越难。尽管近年来全球治理出现动荡，但有充分的理由相信，对现有机构构成的挑战是在一定范围内发生的，反对是有选择的，而不是全面的反对；折冲是现有秩序内部的，而不是事关存亡的折冲。与自由派乐观主义者形成对比的是，新兴大国（中等强国）不太可能简单地接受现有规则。① 但与专注于大国冲突的现实主义者相反，它们也有强烈的动机利用而不是反对全球治理来实现其目标。面对全球治理的部分失灵，中等强国特别是新兴中等强国试图去修正它，但并不是推翻它，推动在现有秩序的基础上发展新的全球治理秩序。

世界各国在全球治理体系中的极端不平等地位严重限制了全球治理目标的实现。富国和穷国、发达国家和发展中国家之间存在巨大的差异，它们不仅在经济发展程度和国家权力上大相径庭，在国际政治舞台上的作用也有很大差异，因此在全球治理的价值观和目标方面分歧较大。新冠疫情应是美国和中国开展合作对抗病毒的好机会，包括加强疫苗和抗病毒药物的研发。不幸的是，美国似乎决心一意孤行地将中国拉入无人能赢的破坏性地缘政治竞争，美国大选年又加重其国内政治和外交政策的对抗性，美国将疫情不力的责任转嫁给中国，并对中国进行污名化，加大对中国意识形态的攻击。今天的主要挑战是难以实现有效的全球合作，结构变化（权力的战略转变）和现有改革的缓慢步伐需要采取集体行动来制定"包容性政策"的机构。然而，由于未能就政策和改革在联合国达成共识，越来越多的国家在联合国系统之外采取集体行动，这些行动有时与联合国合作，更多的时候组成特设联盟、地区组织、次区域组织、公—私伙伴关系和非正式行为准则。其他例子如卫生部门，抗击艾滋病、结核病和疟疾全球基

---

① John Ikenberry, "The Future of the Liberal World Order", *Foreign Affairs*, Vol. 90, No. 3, 2011, pp. 56-62.

金，全球疫苗免疫联盟，国际药品采购机制和比尔·盖茨基金会，这些都与世卫组织分开运作，起到较为有效的作用。在这种量身定制的分散全球治理机制中，国家同时参与多个治理框架，并参与不同的网络和伙伴关系。这些伙伴网络的组成因兴趣、价值和能力的不同而不同。随着参与全球治理行为体的多样化以及权力转移导致的权力流散，全球治理的议题出现了多样化和层级化的趋势，表现为不同的行为体对议题优先性的考量不同。① 巴黎政治学院政治学教授纪尧姆·戴文（Guillaume Devin）指出，这种情况的风险是碎片化、标准弱化、合法性不足。②

第二，争夺全球治理领导权的竞争日益激烈。正因为所有大国都需要利用国际机构来实现自己的目标，中等强国崛起后更是积极参与全球治理中领导权的争夺。对于正在崛起的中等强国来说，提高对全球治理的发言权是至关重要的，因为对这些国家来说，传统"李斯特式"民族国家主导的工业化和贸易保护主义自主权已经变得不可行了。③ 全球治理机构监管范围和执行能力的扩大，增加对主权国家自主决策的限制，不同社会之间的价值冲突更加突出。国际机构、国际非政府组织和其他全球治理参与者的职权范围，已经超出标准制定或对外经济政策协调的职能合作，出现人权、国内政治和经济秩序以及人道主义等伦理价值问题。这些原则、规范和规则随后成为判断谁值得称赞或指责，谁应该被点名和羞辱，谁应该被认为道德上优劣的共同标准。因此，全球治理在分配声望、地位和尊重等基本社会承认方面变得（改革）不可或缺。④ 国际货币基金组织和世界银行作为全

---

① 王正毅：《全球治理的政治逻辑及其挑战》，《探索与争鸣》2020 年第 3 期，第 8 页。

② Mette Eilstrup-Sangiovanni and Stephanie C. Hofmann, "Of the Contemporary Global Order, Crisis, and Change", *Journal of European Public Policy*, Vol. 27, No. 7, 2020, p. 1082.

③ Gerard Strange, "China's Post-Listian Rise: Beyond Radical Globalisation Theory and the Political Economy of Neoliberal Hegemony", *New Political Economy*, Vol. 16, No. 5, 2011, pp. 539 - 559.

④ Philip Nel, "Redistribution and Recognition: What Emerging Regional Powers Want", *Review of International Studies*, Vol. 36, No. 4, 2010, pp. 951 - 974; Reinhard Wolf, "Respect and Disrespect in International Politics: The Significance of Status Recognition", *International Theory*, Vol. 3, No. 1, 2011, pp. 105-142.

球货币和金融治理的关键机构，它们的投票规则仍旧是发达国家的特权，甚至给予美国事实上否决权的特权。这些机构的管理职位也被美国和欧洲双重垄断。全球治理的另一个关键特权是美国事实上铸造世界主要国际货币。国际交易中的非美元化和人民币的国际化是新兴大国试图动摇美国特权的一个途径。在所有这些领域中，新兴中等强国要求重新分配领导地位和席位优势，结束西方的统治。

第三，走向显性化区域主义。全球多边治理机构未能在全球层面协调应对大流行，加剧民族主义和民粹主义情绪的上升，尤其是对生物安全的关注将推动区域主义转向，表现为区域主义的复兴。区域化是在大流行发生之前就已出现和发展的一个客观趋势，它被视为一种与传统意义上的全球化竞争的趋势。新冠疫情给这一进程带来许多新的因素，疫情暴发的差序性使全球公共卫生危机治理呈现区域性特征。① 其中，首要的不是经济区域化而是政治区域化，经济区域化仍然可以根据经济演变情景发展，而政治环境塑造经济体系。全球化世界正分裂成许多全球性经济、金融、科学、技术和政治势力版图。目前，欧洲、南美、非洲和东亚都在积极促进区域政治合作。区域体系能否成为全球治理的基石或障碍尚待观察。但如果每个地区都强调自己的特殊性，无视全球公认的多边主义准则，对其他地区持排斥态度，则两者之间可能会发生冲突。区域主义的最大优势在于实用性增强，这是因为每一个治理结构都需要治理中心。

迄今为止，全球治理体系更多地侧重于强调多边主义的必要性，对寻求现实解决方案并非立竿见影。类似于环境、人权和安全等问题，就效率而

---

① 张云：《新冠疫情下全球治理的区域转向与中国的战略选项》，《当代亚太》2020 年第 3 期，第 149 页。其他有关区域转向的讨论还有 Thomas Meyer, José Luís de Sales Marques, Mario Telò, *Regionalism and Multilateralism：Politics，Economics，Culture*, London and New York：Routledge, 2020；Joseph E. Stiglitz, "We Need a Balance between Globalization and Self-Reliance", *Foreign Policy*, April 15, 2020, https：//foreignpolicy.com/2020/04/15/；Frederick Kliem, "Regionalism and Covid-19：How EU-ASEAN Inter-regionalism can Strengthen Pandemic Management", Asian Development Bank Institute, August 20, 2020；Vinitha Revi, "Regionalization：A Better Strategy in a Post-Pandemic World？", *Observer Research Foundation Issue Brief*, No. 397, August 2020。

言，最可取的是在全球范围内寻找答案，但要在国际政治现实中确保其有效性是困难的，这主要因为对于跨国性问题各国有着各自的利益考量。在国家单独行动难以解决问题的情况下，由于区域系统的参与者数量有限，多边合作可能相对容易，区域主义成为一种更现实的行动选择，因为它可以在区域层面识别问题并找到解决方案。譬如，在亚太地区，东盟国家已经行动起来，采取了一系列外交举措，以打造更协调的区域应对措施。2020 年 2 月初，从东盟成员国高级卫生官员会议开始，东盟国家元首、外交部长、国防部长、财政部长、农林部长和劳动部长举行多次会议，对管理卫生危机提供协调措施和支持。① 特别是 2020 年 11 月《区域全面经济伙伴关系协定》（RCEP）成功签署，2022 年 1 月 1 日协议正式生效。这标志着全球最大的区域自由贸易区建成，也折射出区域主义以更有效的方式增添全球经济治理的内涵。

第四，多边治理机构陷入僵局。尽管多边机构比美国的霸权更持久，但霸权稳定理论强调在没有一个强大到足以使其他国家服从的主导国家的情况下，集体行动具有难度。由于权力的国际扩散、主要国际参与者数量增加，体现体系重要性的国家集团的利益变得更加多样化。这就缩小重叠利益共识的赢面。大国战略竞争和技术竞争加剧，影响到二十国集团协调经济复苏和全球公共卫生行动，暴露了多边体系可能发生的失效情况。在外交方面，全球问题削弱了多边主义作为全球治理原则的地位，影响全球的生活方式和生产方式。全球治理体系尤其是全球公共卫生体系及其危机管理，由于陷入了美国单边主义的沼泽而遭受进一步的冲击。尽管美国总统拜登宣称"美国回来了"，要重新领导世界，② 但是特朗普时期对多边主义的伤害久未平复，以孤立主义、保守主义、民族主义、民粹主义为内涵的特朗普主义并未消

---

① 有关东盟应对新冠疫情系列会议的情况，参见 https：//asean. org/declaration-special-asean-summit-coronavirus-disease-2019-covid-19/。

② Joe Biden，"Remarks on America's Place in the World"，The White House Briefing Room，February 4，2021，https：//www. whitehouse. gov/briefing-room/speeches-remarks/2021/02/04/remarks-by-president-biden-on-americas-place-in-the-world/.

退，反而裹挟史无前例的民意继续损害多边行动。即使拜登政府主张按照多边主义行事，更多的时候也表现为联合盟友对付第三方的"伪多边主义"。拜登上台后发起一系列多边峰会、重新重视既往的多边平台，但主要目的不是听取更多国家的意见，而是以中国为目标的地缘政治行动。在全球范围内多边行动的逐渐瓦解以及全球治理的日益分散和无政府状态，预示着一个更加无政府状态的世界，大国关系中的"不稳定时期"与当前全球治理的"重建时期"相结合，增加了以联合、合作和多元化为特征的全球治理的复杂性。疫情可能会进一步使得保护主义内卷化和增加对国际主义的不信任，凸显出有必要让负责任的国际行为体通过集体行动来对抗全球危害。各国领导人主要专注于重大的国内问题，可能没有太多时间专门用于解决冲突或推进和平进程。

全球治理僵局往往会导致制度主义者所说的制度漂移：如果一个机构不能随着环境的变化而变化，其真正的作用就会改变，其效力也可能被削弱。[①]当大环境发生变化时，制度的僵化就会成为制度变化的一种形式。未能全面调整国际货币基金组织的权力架构，正在削弱其国际金融体系的核心地位。从长远来看，僵局增加通过其他途径实现国际政策目标的动力，如非正式的外部选择和其他制度安排。随着具有约束力的协议越来越难达成，即使在特定领域可能有反作用的趋势，非正式化也可能增加。中等强国巩固其国际影响力并在全球治理中寻求发挥更大的作用，使非正式化的趋势更为明显。这也可能促使新的非正式机构和俱乐部的建立。例如，中等强国参与诸多国际多边安排，如金砖国家合作机制、亚洲基础设施银行、MIKTA、IBSA 等新兴多边机构。

二　全球治理中的话语权转化

全球治理架构必然涉及话语权问题，而全球治理的话语权从话语转化而

---

① Wolfgang Streeck and Kathleen Thelen, *Beyond Continuity：Institutional Change in Advanced Political Economies*, Oxford：Oxford University Press, 2005, pp. 3-39.

来，要理解全球治理的话语与话语权及其转化的逻辑，需要从表达、内容、制度等多方面实现这一进程，应在话语主体和话语的吸引力、设定力、穿透力上下功夫。

（一）话语与话语权的功能作用

话语政治是近年来国际关系学者研究的焦点之一，越来越多的学者开始从话语的角度研究国际关系。"话语"源于拉丁语"discursus"，而"discursus"又来自动词形式"discurrere"，"dis-"意为"away"（离开），而"currere"意为"to run"（跑），因此"话语"最初具有"到处跑动"的意思。① 尽管"话语"渗透进福柯的全部理论及思想之中，但也难以对其进行绝对完美的定义。正如福柯自己所言："不要问我是谁，也不应要求我一成不变。"② 在福柯思想的不同阶段或者同一阶段的不同方面，他会根据需要对话语的概念进行不同程度的调整和操作，但这也不意味着我们无法从中寻求一些共性。事实上，20世纪80年代以来，话语研究一直是国际关系学界的一个重要组成部分，前起于后殖民主义，后起于后现代主义，它们都强调话语元素，如文化、意识形态和其他规范，作为一种特殊的社会权力资源。这些视角对权力持有不同于既有主流理论的观点。福柯认为话语即权力，更多从知识的角度去认识和看待话语权。福柯所定义的话语是指：知识的构成方式、社会实践、主体的形式、知识中的权力关系以及它们之间的关系。话语不仅仅是思考和产生意义的方式。它们构成了身体的"本性"，无意识和有意识的头脑以及它们寻求统治的主体的情感生活。作为在社会领域中流通的一种权力形式，它既可以依附于统治战略，也可以依附于抵抗战略。

福柯的作品充满了对历史的关注，不是传统意义上的历史，而是他所说

---

① 石义彬、王勇：《福柯话语理论评析》，载《新闻与传播评论（2009年卷）》，武汉出版社，2010，第27页。

② Michel Foucault, *The Archaeology of Knowledge and the Discourse on Language*, translated by A. M. Sheridan Smith, New York: Pantheon Books, 1972, p.17.

的知识生产的"考古学"或"谱系学"。也就是说，他考察了"认识"① 与
社会背景之间的连续性和非连续性，在这种社会背景下，某些知识和实践被
认为是可允许的、可取的或者可改变的。在他看来，知识与权力有着千丝万
缕的联系，以至于它们常常被写成权力（知识）。福柯在《纪律与惩罚：监
狱的诞生》一书中对（西方）文化实践从"主权权力"到"惩戒权力"的
重大转变进行了概念性分析，这是系谱学方法一个很好的例子。他描绘了从
一种自上而下的社会控制形式，即君主施加的肉体强制，到一种更为分散和
阴险的社会监督形式和"正常化"过程的转变。维登在对福柯理论的解释
中称，话语与主体之间存在动态控制和缺乏控制的关系，由话语构成的主体
是话语的代理人。权力是在话语中以它们构成和支配个别主体的方式来行使
的。② 福柯关注的问题是，一些话语如何塑造意义系统，并主导着我们如何定
义和组织我们自己和我们的社会世界。福柯发展了"话语场"（discursive
field）的概念，作为其试图理解语言、社会制度、主体性和权力之间关系的一
部分。话语场，如法律或家庭，包含了许多相互竞争和矛盾的话语，它们具
有不同程度的力量，可以赋予社会制度和过程以意义，并将其组织起来。③

　　对话语的认知与研究，除了福柯以外，还有两个代表性的学术流派。一
个是以葛兰西为代表的文化话语霸权流派。作为 20 世纪西方著名马克思主
义理论家，葛兰西通过对文化霸权的讨论建立批判性话语分析的理论基
础。④ 话语霸权强调通过知识构建权力网络所涉及的内在冲突。但葛兰西的
话语霸权与福柯有所不同，他并不否认个人可以通过政治机构制定政治策略
来改善其命运的可能性。话语和霸权成为衡量社会对抗和理解文化交流中的

---

① 福柯认为这是指在某些历史时期主要影响思维的知识体系，每个认识论时代都有不同的知
识体系占主导地位。

② Chris Weedon, *Feminist Practice and Post-Structuralist Theory*, Oxford：Basil Blackwell, 1987,
p. 113.

③ Chris Weedon, *Feminist Practice and Post-Structuralist Theory*, Oxford：Basil Blackwell, 1987,
p. 35.

④ 〔意〕安东尼奥·葛兰西：《狱中札记》，曹雷雨、姜丽、张跣译，河南大学出版社、重庆
出版社，2016。

施压强迫、谈判形式的基本工具。这一流派发展衍生后马克思主义话语理论、后殖民主义话语理论。后马克思主义的代表人物阿根廷裔英国政治学者恩内斯托·拉克劳（Ernesto Laclau）与比利时政治哲学家尚塔尔·墨菲（Chantal Mouffe）提出话语的衔接、对抗、主体、霸权，反对政治身份，主张以对抗的形式建立激进的民主多元主义。① 巴勒斯坦裔美国哥伦比亚大学教授爱德华·赛义德（Edward Said）将文化霸权理论用于分析西方"东方主义"话语在东西方之间的支配与从属关系，反对欧美的文化霸权。②

还有一个是以当代德国哲学家哈贝马斯为代表的话语伦理流派。话语伦理试图解释交往理性在道德洞察力和规范有效性领域的意义。③ 哈贝马斯意图通过检验话语的预设来构建对规范或伦理真理的论证，认为只有那些符合作为实际话语参与者的所有受影响者所认可的规范才能说是有效的。④ 其特点是由不同见解组成的公众参与，塑造公众之间的互动，保护和促进公共利益。哈贝马斯将话语伦理的各种应用问题留给各种类型的共识导向团体。⑤ 其中，有高度可见的政治和政府团体如英国的议会和美国的国会辩论，也有在公共和私人机构中以共识为导向的活动如支持维基百科的行动。

综合来看，这些流派都着眼于话语背后的权力因素，剖析权力如何组织社会、调解社会、重塑社会结构，意在分析话语怎样影响公共权力的社会实践。一言以蔽之，话语是通过符号、文本界定事物、建构现实和创造世界的社会实践的权威知识体系，它规定了在某种社会形态中什么可以被接受、什么必须被排除，对于管理和维持秩序至关重要。因此，话语虽然是由作为主体的人或者机构出于认识世界的动机而创建的，但是话语能够形成一定的社

---

① Ernesto Laclau, Chantal Mouffe, *Hegemony and Socialist Strategy: Towards A Radical Democratic Politics*, London: Verso Books, 2014. 北京大学仰海峰在《拉克劳与墨菲的霸权理论》（载《教学与研究》2008 年第 8 期）一文中对这一理论范式做了很好的阐释。
② 〔美〕爱德华·赛义德：《东方学》，王宇根译，生活·读书·新知三联书店，1999。
③ Jürgen Habermas, *Discourse Ethics*, London: Routledge, 2003.
④ Jürgen Habermas, "Discourse Ethics: Notes on a Program of Philosophical Justification", in *Moral Consciousness and Communicative Action*, Cambridge: MIT Press, 1990, pp. 43-115.
⑤ Jurgen Habermas, *Moral Consciousness and Communicative Ethics*, Cambridge: MIT Press, 1990, pp. 202-203.

会规则，建构政治权威和社会权力，起到建构社会实践与调节社会关系的功能性作用。

一是建构功能。话语建构了我们认识的对象和知识的客体，形成对这个世界的理解和解释。[①] 比如，参与议会辩论、广播和报纸采访、国际谈判、多边会议、国际经济论坛等产生、塑造话语的重要场所。话语虽然是为满足人类社会发展实践所创建的一种认识工具，但这种认识工具却有了"主宰世界"的强大能力，这种能力本质上来源于其建构功能，它在人与人之间建立起联系，不管这种联系是否完全反映了客观现实，但"局中人"的思想观念、意识形态、行为模式、活动规范等已被话语这只看不见的手掌控。二是动员功能。话语影响人们认识世界的方式、认知与政治、伦理的规则及其运行方式。"我们是谁"即我们作为主体的身份，对话语的对象进行动员，有时能表现出足够的煽动性，让话语的主体得到整个政治领域的支持。2016 年，特朗普"让美国再次伟大"的竞选口号，蕴含足够吸引并鼓动选民的话语叙述与话语动员，帮助他向选民展示其政治抱负，对其赢得那场总统大选"居功至伟"。三是渗透功能。西方话语体系不是简单的文字表达或工具与符号系统，它包括西方思想理论、西方道路、发展模式、政治原则、制度规范、价值取向的总体反映和实践运动，具有鲜明的意识形态和价值渗透性。[②] 西方有着对外输出价值观的强大动机，自殖民时代起，西方就将它们的思想观念往非西方国家"塞"，让这些非西方国家人民的想法跟西方趋同，认为西方的价值观比自己国家的更进步，从而接受被统治的事实并相信西方思想，用西方的价值观观察世界、判断是非。这实际上就是西方话语向非西方世界的渗透，也是对其思想和价值观层面的话语穿透。

全球治理话语权可以使一国通过影响对外的政治经济秩序和价值观，设定国际议程，从而获得更大的地缘政治经济实力以及掌控全球治理的能力。话语权由三个要素构成：其一，实力是话语权的根本基础。只有那些能够维

---

① 〔英〕诺曼·费尔克拉夫：《话语与社会变迁》，殷晓蓉译，华夏出版社，2003，第 38 页。

② 韩美群：《解构与重建：西方话语的理论逻辑与马克思主义的话语创新》，《马克思主义研究》2018 年第 2 期，第 93 页。

持或者改革社会秩序的权力才能获得话语权。实力强大者，就具备创造话语权的可能。实力是话语权的根基，软、硬实力能否灵活运用甚为关键，亦即"巧实力"，它将强制力量与"软实力"相结合以实现对外政策目标。① 其二，共同规则和话语表达是话语权的核心。控制话语权的关键是制定资源分配的优先规则，其目的是创造和维持秩序。其三，社会实践与国际制度是实现话语权的场所。权力事实和共享规则之间的中介联系是一种社会治理实践，它源于具体和互动的话语实践对社会因素的定位。② 话语是行使社会权力的场所，话语的生产也可能会制约和挑战权力的行使。话语权的大小主要取决于特定的社会事实和权力地位是否巩固，其社会实践和治理效用是否具有示范效应，话语产生的社会治理模式能否被其他国家所学习。一国可以通过将权力事实、共同规则和社会实践结合在一起来获得全球治理话语权。如果权力基础不牢固、国际制度规则参与不充分，则难以获得话语权。一个国家的全球治理话语权也受制于共同的规则。若一国不能有效地推动建立反映其权力和国际地位的规则、不能强化话语体系与权力事实的关系，就不利于话语权的获得。

话语成为话语权的过程本质上是政治权力博弈的过程，权力很大程度上体现什么样的话语能够有效运行、什么样的话语寸步难行。福柯等人对话语与权力的看法主要聚焦于对事物、社会结构本身描述的"器物"层面，而对国际关系鲜有触及，对不同制度下的话语权较量问题着墨不多。在葛兰西看来，当话语成为统治者的"历史—有机意识形态"时，它们就是霸权主义，以这种方式在社会中获得对其特定利益的同意（通常是通过做出让步和妥协），发挥政治、知识和道德领导作用。③ 这种领导作用必须致力于与现有的霸权制度做斗争，这在政治、经济、文化三个基本层面进行。政治斗

---

① Joseph S. Nye, *Soft Power: The Means to Success in World Politics*, New York: Public Affairs, 2004, p. 32.

② Kejin Zhao, "China's Rise and its Discursive Power Strategy", *Chinese Political Science Review*, Vol. 1, No. 3, 2016, p. 546.

③ John M. Cammett, *Antonio Gramsci and the Origins of Italian Communism*, California: Stanford University Press, 1967, p. 205.

争贯穿全程，在政治阶段，经济斗争呈现一种新的或独特的形式。① 在文化阶段，身份与意识形态则起到关键作用，在进行国际互动之前，国家根据一套确认谁是朋友、谁是对手的特定话语来确立自己的身份。在全球治理舞台上，某种程度来看，"谁在说"比"说什么"更重要，话语的主体比话语的真伪更关键。正因如此，西方的发展优势借助学术包装转化为话语优势，西方的话语优势借助越界本能，转化为话语权优势，西方话语的空间优势借助资本逻辑和国家力量，转化为道路和制度的同质化过程。② 以大众传媒为传播渠道，通过西方话语的武器化，不断设置各种瓦解人心的议题和迷惑公众的话语，使霸权话语能够在世界范围内传播，从而使拥有话语霸权的国家能够在不使用强制手段的情况下保持其特权地位。从 20 世纪 80 年代开始，西方新自由主义的话语曾无处不在，私有化、市场化、去监管一度成为拉美地区等不少第三世界国家的政治和经济流行语。很明显，特定的话语思维以某种方式塑造了政治、社会和经济运行规则。没有话语权就无法实现真正崛起，因为没有自己的话语权，即使是做对的事情，也会被解释成错的，被动地承受着"话语压制"，致使话语霸权的对象国陷入混乱乃至解体，不战而屈人之兵。

（二）增强话语的吸引力

话语的吸引力是话语主体的声誉影响、制度理念、政治操作、治理能力等所展示的吸引与感召能力。在全球治理中，话语主体主要是指对全球治理有兴趣、有能力参与其中的国家行为体，此外还包括政府间国际组织、非政府组织、私营机构、个人等非主权国家实体。从国家行为体看，国家是全球治理的主要参与者，也是特定话语的生产者。美国作为世界首强国家，利用其在国际社会上的话语垄断能力宣扬西方文化和价值观念，话语助推其文化

---

① Valeriano Ramos, "The Concepts of Ideology, Hegemony, and Organic Intellectuals in Gramsci's Marxism", *Theoretical Review*, No. 27, March-April, 1982, https://www. marxists. org/history/erol/periodicals/theoretical-review/1982301. htm.

② 陈曙光：《政治话语的西方霸权：生成与解构》，《马克思主义研究》2020 年第 6 期，第 37 页。

霸权的产生。从国际机构层面看，有两类正式的国际话语机构。第一类是联合国及其专门机构，主要聚焦解决政治、安全、社会（如卫生、难民）政策等问题。世界卫生组织作为专业性国际机构，负责建立、监测和执行卫生、医疗、健康等领域的国际规范和标准，确立在这些领域的核心话语，协调应对新冠疫情大流行等问题的技术和规范指导（只有经世卫组织认证的疫苗才能获得国际通行认可，因此它有疫苗话语权）。① 这些国际机构之所以具有公认的权威性和话语权，主要在于其掌握同行认可的国际规范和规则的制定权，界定国际事务的合法边界，确定能被国际社会接受的情理范围。第二类是世界银行、国际货币基金组织、世贸组织等国际金融和贸易机构，主要致力于宏观经济和贸易规则搭建。世界银行和国际货币基金组织作为国际社会"最后贷款人"，对请求金融援助的国家有强大的议价能力，在全球金融领域的话语权不言而喻。世界贸易组织的争端解决机构可对争端方发起仲裁，要求应诉方对提诉方造成的商业损失进行赔偿。能够影响这一执法机制的国家，就会在多边贸易领域掌握主导权。因此，话语主体在不同的背景下制定不同的话语策略，追求它们的目标。

话语权的获得很大程度上依靠话语主体的理念贡献和政治操作能力。一方面，理念贡献目的在于解决"能够说"与"有人听"的问题。它既可以清晰明确地表达自身观点与立场，又能通过多样资源的调动与多元渠道的建立，提高国家自身话语的信任度，让其他国家准确理解本国的对外话语表达。在一个以信息快速交流为特征的时代，话语叙事具有极端重要性。话语主体通过叙事有效传达特定信息，塑造某种观念和形象，影响受众对该主体的认知，从而扩大话语主体的吸引力、感召力。"叙事范式"（narrative paradigm）理论创立者沃尔特·费舍尔（Walter Fisher）认为，人类天生就

---

① Lawrence O. Gostin, Suerie Moon and Benjamin Mason Meier, "Reimagining Global Health Governance in the Age of COVID-19", *American Journal of Public Health*, Vol. 110, No. 11, 2020, pp. 1605-1623.

是讲故事的人，他们通过叙述来理解周围的世界。[1] 哲学家肯尼思·伯克（Kenneth Burke）认为，"术语完美"的原则隐含在任何象征性行为中，它提供一种"术语强迫"来实现术语意涵，为该术语的正确性辩护。[2] 例如，如果有人用"修昔底德陷阱"来描述中国的崛起，那么这个词就会让说话者提出一个符合描述的解决方案，国际受众如果知道用来描述问题的类比，他们甚至可以预测到解决方案，即守成国先验性地预设合法性话语，把崛起国塑造成国际体系的破坏者。守成国将采取行动遏制崛起国的挑战，形成某种霸权竞争乃至战争。不过，随着非西方世界的发展，来自新兴国家的话语吸引力近年也显著提高。中国越来越有信心和能力来创造、扩大具有规范性影响的术语。例如"一带一路""人类命运共同体"等词语受到广泛关注，以"人民为中心"的发展人权观、合作共赢的人类命运共同体理念得到联合国的认可，充分说明中国人权观话语正获得更多的发展中国家认可。

另一方面，政治操作能力主要体现为国际动员能力。尽管话语权的最终结果体现为一国话语对他国的吸引力、说服力和渗透力，但政治操作不是单纯的对外关系问题，而是国家在国际和国内两个舞台上塑造、展示自己吸引力和感召力的机会，这不仅要求一国把自己的外交理念传递给世界，争取他国的理解和认同，还强调在国内实施"善政"、实现"善治"，以自身的经济发展、社会进步和民生改善取信于国际社会。[3] 这就涉及制度和价值观层面的话语。按照葛兰西的观点，国家结构中的意识形态及文化领导权会推动经济和政治利益的冲突通过文化和意识形态的冲突表现出来。[4] 一国通过巩固其意识形态主导地位来提升其话语权，借助价值观自信，增强国际交流能

---

[1] Walter Fisher, "Narration as a Human Communication Paradigm: The Case of Public Moral Argument", *Communication Monographs*, Vol. 51, No. 1, 1984, pp. 1-22.

[2] Kenneth Burke, *Language as Symbolic Action: Essays on Life, Literature, and Method*, Berkeley: University of California Press, 1966, p. 19.

[3] 王啸：《国际话语权与中国国际形象的塑造》，《国际关系学院学报》2010 年第 6 期，第 64 页。

[4] 段忠桥主编《当代国外社会思潮》，中国人民大学出版社，2010，第 160 页。

力，阐明其发展模式走向成功的真谛。例如，凭借冷战中的"胜利"，克林顿政府提出"扩展战略"，追求"全球民主化"，塑造西方的民主话语，竭力推广西方发展模式、生活方式、思维方式，将美国的意识形态塑造成超越一切社会制度的价值观话语，来广泛吸引第三世界国家特别是东欧国家向西方靠拢。

政治操作表现为一国治理能力对其他国家的示范效应，即为本国话语进行"赋魅"，体现全球治理能力的卓著。一个国家的治理场域好坏将直接影响他者对该国提出方案有效性、话语合理性的判断。实力不强、治理混乱、政局不稳都不足以产生吸引力。反之，拥有实力意味着具有自身"善治"的经验吸引力、更多公共产品提供的利益吸引力，话语主体本身的治理能力与治理实践影响他者"想不想听话"的主观意愿，因为各国往往愿意听有实力、会治理的国家说话。比如，在太空治理领域，只有具备强大的航天实力，才能有参与太空治理、提出话语权的机会。否则，只能当个旁观者，遑论话语权。再如，"元宇宙"概念的提出已有时日，并未掀起多大波澜，但在脸书创始人扎克伯格等人的推波助澜下颇受追捧，这就是科技业界权威人士科技话语权的体现。

（三）强化话语的设定力

全球治理话语的设定力是指对技术、规则、程序、规范、治理理念以及世界观、秩序观的权威性阐述，有设定相关规则的能力，体现话语权的核心要素。话语的设定力越强，话语权越牢固。话语的设定力源自一国的技术能力和经济实力，只有经济与技术领先的国家，才有可能在规则制定、标准确定、议题锚定中取得更多举足轻重的话语权。工业革命时代的英国产生一系列具有革命意义的发明和科技创造，使其拥有了决定性意义的经济和军事优势，开启西方主导世界秩序的时代，也因此垄断了国际话语权。美国率先启动以电气和能源革命为主要特征的第二次工业革命，二战后又在核能、航天、电器、新型化工、计算机、移动通信、互联网等领域积累了大量的重大技术创新，牢牢掌控全球科技话语权。

话语的设定力须突出话语的分量。具体而言，国家依托议题和议程设置，提出核心概念，推出治理问题的解决方案，影响全球治理的方向。议程是全球治理的协调和安排，决定全球治理方案的进展、实施。设置议程权力意味着相关行为者能将它们所关心、重视的问题纳入现有的国际政治议程，以获得优先关注。经济和科技实力领先的国家往往具备强大的议程设置能力。技术性话语设定力形成有三个关键要素条件：成为经济与技术先进的国家；创造一种可扩展的国际合作；贡献新的国际秩序与国际规则。[①] 技术领先有助于提升国家对问题领域的把握与设定能力，确立话语权地位。话语的设定力体现为程序控制，程序可以控制话语表达机会，即给一些人说话的机会，而不给另一部分人机会，这就使控制话语成为可能。但在一些具体议题上，即使小国也会拥有话语分量，它们善于设定问题、塑造自身的道德形象。譬如，梵蒂冈虽是一个"袖珍国家"，在天主教事务上却拥有主导性话语设定力，话语权因此很大。

更有效地创造解释性话语，可反映国际谈判中话语主体的关注点和认可接受度。以全球气候治理为例，气候治理话语权的解释可通过几种模式，包括全球气候调控模式（如气温警戒线、二氧化碳浓度警戒线等指标）、减排模式（如减排基准年、减排承诺）、绩效监督模式（如透明度原则、清单模式、可比性原则）、融资模式（如碳交易、碳关税）等，掌握了对这些模式的解释和规则制定，就可从制度、科学、道德三个维度构建和确立气候变化领域的话语权。世界银行首位科技顾问、美国乔治城大学教授查尔斯·韦斯（Charles Weiss）指出，在气候政治和气候话语权的研究中有必要考虑政治和科学之间的互动。[②] 例如美欧在解决科技领域的关键问题和建设专业人才队伍方面处于优势地位，它们引入碳交易、碳政治、碳关税、排放交易、绿色发展等话语治理机制，深刻影响气候问题的谈判，对其话语权有直接提升

---

① 包刚升、王志鹏：《全球领导者的三要素：从历史看未来》，《复旦国际关系评论》2020 年第 2 期，第 87~92 页。

② Charles Weiss, "How do Science and Technology Affect International Affairs", *Minerva*, Vol. 53, No. 4, 2015, pp. 411-430.

作用。

话语的设定力须注重话语本身的质量。国际语境中的"只言片语"无法真正形成话语体系并获得吸引力、感召力。价值取向、意识形态、逻辑论证和具体的表述方式都是影响话语质量的重要因素。凸显共同利益、共同诉求的话语形式，比强调自我利益的现实话语形式更容易让参与者接受。要善于提炼标识性概念，例如，为塑造和扩大气候话语权，欧盟通过文本框架和词汇创新等话语处理策略将其认知规律和价值取向整合到文本结构中，并通过多种方式与途径传播和促进欧盟的气候话语，以加强其气候治理体系的权威塑造。[①] 形成对话语的共鸣，话语的设定力要体现对某一领域事务的长期专注与投入，经常与身份、情感和忠诚交织在一起。[②] 话语一旦形成，就会产生一定的观念、价值和认同，激发隐蔽的影响。例如，西方起先"注册"了民主的概念，垄断对民主话语的解释"专利"，其他国家若一味地跟在西方后面"人云亦云"，就会落入西方话语体系的陷阱，再怎么解释民主、强调民主，都只能是以弱势对强势，声音被掩盖。话语不仅要证实，还要有可证伪的能力。针对真假话语的对立，必须确定哪些言论以及出于什么原因可以被认为是真实的，哪些是假的。

（四）强化话语的穿透力

话语的穿透力是将话语广泛有效地传播出去，覆盖更多的受众，触发他者的理解、认可乃至认同，其包括三个特征：信息充分准备、传递给大部分听众、听众必须感知到这一点。话语的穿透力越强，所覆盖的受众越广，渗透到人们观念中的内涵越牢固，话语的可接受度就越高。这就要求"话语声量"足够高、"话语渠道"足够多、话语受众足够广。话语穿透力需要借

① Charles F. Parker, Christer Karlsson and Mattias Hjerpe, "Assessing the European Union's Global Climate Change Leadership: from Copenhagen to the Paris Agreement", *Journal of European Integration*, Vol. 39, No. 2, 2017, pp. 239-252.

② Judith Gold and Robert Keohane eds., *Ideas and Foreign Policy: Beliefs, Institutions, and Political Change*, Ithaca: Cornell University Press, 1993, p. 8.

助一定的介质，而媒体将政治阶层、大众声音和学术文化的不同话语融合在一起，并将舆论的力量推到很高的程度，在塑造、传播和吸引公众舆论方面发挥着至关重要的作用，对于形成和扩大话语权非常重要。一旦掌握媒体力量，就易于形成话语权的外在影响力。例如，美国掌握国际主流媒体机器，控制着全球话语生产、传播的主要渠道，压制其他声音，主导了对国际舆论的讨论，掌握对某些全球问题的定性。强大的话语传播能力可以引导国际舆论。一个国家媒体传播的国际影响力越大，传播手段越多，信息接收者对其话语权的支持就可能越多。因此，对外传播能力强的国家，其话语权相对较高。如果话语能够吸引更多的参与者，建立立体的话语联盟网络，话语传播的成功概率就会更大。①

要想倾听者能够"听得懂""听得进"，并使话语能够产生影响力和感召力，表达能力和载体是关键，主要包括叙事性和传递性两种工具。话语的叙事性工具主要指的是采用恰当的语言与说话方式，将本国的特定话语表达出去。语言方面往往使用国际通行语言，国际社会是一种多样性语言的话语环境，有着千差万别的语言系统。而国际通用的语言势必占有优势。当前主流的叙事性工具被英语等西方语言所控制，要在国际上发声还得使用英语，而使用本国（非英语）语言更多时候需要经过一个"英语化"的转换过程，否则其他国家的人听不懂、看不懂。要更精准地使用对象国语言，开展针对性的话语叙事。同时，怎么说亦十分重要，通过发布和解释政策阐释本国立场、态度和方案固然重要，但"受众"能否听到、是否愿意听同样值得关切。涉及国家利益和根本原则的问题，义正词严的权威性表达有一定威慑力，也要注意灵活性与特定场合下的模糊性。模糊性表达最明显的特征就在于象征性，例如新闻发布会在描述两国敏感关系时经常使用的话语——"遭遇寒冬""破冰之旅"。② 相较于严肃刻板的宣传话语，"讲故事"的表

---

① Steven G. Livingston, "The Politics of International Agenda-Setting: Reagan and North-South Relations", *International Studies Quarterly*, Vol. 36, No. 3, 1992, pp. 313–329.

② Nicholas Khoo, "Realism Redux: Investigating the Causes and Effects of Sin-US Rapprochement", *Cold War History*, Vol. 5, No. 4, 2005, p. 4.

达方式更能被受众所接受，但讲好故事并不容易，特别是面对不同背景的受众，讲求和选用针对性的表述方法，以引起情感共鸣。

话语的传递性工具包括使用官方媒体发布外交声明、文书、政策等以及借助社交媒体等方式向"他者"传递自己的声音。它本质上是一种国际传播机制，直接反映话语的传播能力。这方面，传统媒体过去的把关地位正在消失，新的参与者正在进入舞台，互联网正在改变政治等公共领域的结构和逻辑。西方控制世界主流新闻生产和传播渠道，推特、脸书、谷歌等占领了互联网传播阵地，这些西方主流媒体、信息科技巨擘与政府结盟，形成实际上的国际话语审查机制，垄断传播性的话语权。它们利用媒体帝国加强美国对世界的控制，让后者接受美国对自身实力的夸张描绘，相信美国是保护民主、安全和全球稳定的力量。①

权威平台和规则规范帮助深入传播话语，放大话语权。国际平台主要通过正式渠道展示话语内容加以内化和嵌入制度安排的网络，如国际组织、国际会议、国际论坛以及各类权威研究报告、学术刊物等，直接影响话语的权威性和传播效果，甚至接受程度。② 话语规范主要是指全球规制，包括用以调节国际关系和规范国际秩序的所有跨国性的原则、规范、标准、政策、协议、程序。③ 如果一个国家能推动建立促使他国以和谐方式行事的国际制度，那么这个国家就不必像别的国家那样耗费昂贵的经济与军事资源。④ 经济、政治话语通过国际平台，建构并依托全球规制，内化为制度性话语权，让其他参与者愿意或不得不遵从，这既是机制平台的功能，也是话语权的力量。

---

① 《西方如何打造软实力？专家：美式宣传基于欺骗》，中国新闻网，2021 年 10 月 18 日，https://www.chinanews.com.cn/gj/2021/10-18/9588961.shtml。

② 孙吉胜：《当前全球治理与中国全球治理话语权提升》，《外交评论》2020 年第 3 期，第11 页。

③ 俞可平：《全球治理引论》，《马克思主义与现实》2002 年第 1 期，第 25 页。

④ Robert Keohane and Joseph Nye, "Power and Interdependence in the Information Age", *Foreign Affairs*, Vol. 77, No. 5, 1998, pp. 86-87.

三　中等强国全球治理角色认知

近年来，随着新兴国家群体性崛起，全球治理体系中主体结构发生的变化，不单是国家间力量对比的变化，而且是新兴国家群体在全球治理体系中地位和作用的提升。① 以新兴中等强国为主要代表的新兴国家，其全球治理角色是其与国际社会双向互动所塑造的，来自它对国家历史角色的转化与现实角色的认同，体现积极作为与外部正向期望的结合。

（一）国际角色理论的身份和认同

一国的国际角色是国际社会结构的组成部分。角色理论并不是国际关系文献中的新理论，它最早由加拿大不列颠哥伦比亚大学学者卡列维·霍尔斯蒂于 20 世纪 70 年代引入国际关系研究领域，霍尔斯蒂从社会心理学和人类学中借用角色理论，提出国家角色在国际关系研究中的系统应用，以分析国家在国际体系中的外交行为。角色通常被理解为行为体的角色期望（行为体应如何扮演角色的规范性外部期望）和角色扮演（行为体实际扮演角色）的过程。在角色理论中，国家被理解为在国际体系中设想自己角色的行动者。角色概念有两个来源：①决策者的自我期望，这些看法来自国家历史经验、国内政治传统、地理、资源、舆论和社会经济需求；②对角色行为体的他者期望。②

自霍尔斯蒂提出该理论以来，角色理论的描述和解释能力有了显著的发展。其后，角色理论的研究已超越了霍尔斯蒂对角色的认知，转而考察国家角色是如何构建和践行的。角色建构大致经历两个过程，即改变期望和自我期望。改变期望可以被视为国家角色概念的一个结构性因素。根据建构主义的方法，角色预期抓住了主体间国际结构的本质，它有助于行为体的偏好，

---

① 刘雪莲：《充分认识全球治理体系变革的局限性》，《探索与争鸣》2020 年第 3 期，第12 页。

② Kalevi J. Holsti, "National Role Conceptions in the Study of Foreign Policy", *International Studies Quarterly*, Vol. 14, No. 3, 1970, pp. 233-309.

并对其未来的角色产生影响。因此，第三方对一个行为体可能采取的角色期望和理解将塑造该行为体的实践。国际体系中的第三方为国家找到恰当的国际角色的过程被称为角色定位过程，也可以视为社会化过程。角色定位过程主要是由重要的国际行为体主导进行的，如体系内的大国以及国际机构。在国家角色定位过程中，决策者观察国际体系的结构变化，评估其角色概念内涵以及物质能力，从而进行调整，以更好地适应国际社会结构的需求。[1] 随着这些领域的发展，角色定位过程为解释外交政策的变化提供了合适的分析框架。这主要涉及角色形成和变化的两种机制。

第一种机制涉及角色的"历史惯性"。为了确保国内合法性，对一个国家当前地位的自我期望必须考虑这个国家的历史经验。自我期望必须深刻认识这些历史角色，因为一个国家的自我概念建立在一个完整的国家叙事之上，以维护所谓的"本体安全"。[2] 也就是说历史须臾不能忘却。当然，历史经验可以是消极的，也可以是积极的，随着时间的推移，它们可能会从消极的历史自我认同转变为积极的历史认同，就像德国的情况一样；或者像俄罗斯目前对西方的焦虑那样，从积极的自我认同转变为消极的自我认同（当然，这种消极的自我认同并不都是负面的，而是指对与西方关系的看法趋于消极）。但是，角色的历史性不仅仅是一个国家或其精英将其当前行为合法化的工具，因为各国的角色还取决于其他国家相应的角色扮演。

第二种机制涉及角色扮演的"他者意义"。在国际社会结构中，联盟或者国际机构通过长期具有法律约束力的角色承诺来稳定和改变预期，以平衡不对称的物质能力和不同的威胁感知。但这些法律结构并非自动执行，角色期望的稳定性取决于其成员之间的承诺和信任。例如，东盟高度灵活的角色安排，有助于其实现在亚洲安全治理中扮演牵头人角色的目的。这就是大国在与中等强国打交道时，竭力抓住它们，争取它们支持的重要原因。因为中

---

① Cameron G. Thies, "State Socialization and Structural Realism", *Security Studies*, Vol. 19, No. 4, 2010, pp. 689−717.

② Jennifer Mitzen, "Ontological Security in World Politics: State Identity and the Security Dilemma", *European Journal of International Relations*, Vol. 12, No. 3, 2006, pp. 341−370.

等强国有足够的能力在安全事务等特定范围内充当权力平衡的"摇摆国家"，一个国家的实力越强，它就越有可能选择平衡战略（不考虑联盟的刚性约束）。与此同时，这个国家越弱，它就越有可能随波逐流。地区中等强国将表现出多样化的战略选择，因为它们在选择站哪个大国方面拥有更高的自由。针对大国之外"第三种力量问题"，摩根索认为，美苏冷战超级大国对峙，加之其力量源泉，使英国得以扮演能左右局势的"均势者"角色，对和平与稳定作出有益的贡献。[1] 除了赢得中等强国的支持而获得额外的政治、经济和军事影响外，这种战略可以让一个崛起的国家在不直接挑战体系中的领导者和冒着公开冲突的风险的情况下逐渐提高自己的权力地位。另外，中等强国的"他者意义"还受制于大国的影响。例如，韩国国家角色概念的变迁现象，深受对外关系的影响，特别是大国塑造了韩国的角色认知。与重要"他者"之间的关系往往直接冲击韩国对自我的认定认知。美国是韩国最重要的政治与军事盟友，使得韩国政府在制定政策之前，必将美国支持放在首位考虑因素。韩国的自我角色等于是身为重要他者的美国所给予并决定的。

（二）全球治理领导力

全球治理体系演进的一个重要趋势是治理行为体多元化，但各类行为体的能力和责任差异不可能消除。[2] 全球治理的领导力十分必要。

领导力是影响各种活动的重要变量，范围包括从企业和管理层的组织绩效，到军事行动以及国家内政外交政策的特点和质量。奥兰·扬（Oran Young）在《政治领导和政权形成》中提出三种类型的领导力：一是结构型将权力转化为领导力；二是企业家型使用谈判技巧来促进利益并就制度安排建立共识；三是知识型提供了一种促进制度形成的思考方式。国际领导力指

---

① 〔美〕汉斯·摩根索：《国家间政治：权力斗争与和平》，徐昕等译，北京大学出版社，2006，第 438 页。

② 刘建飞、谢剑南：《全球治理体系变革与中美新型大国关系建构》，《太平洋学报》2018 年第 1 期，第 48 页。

的是一国利用其资源，通过多维渠道动员和影响其他国家（追随者）以实现共同目标的一系列过程的能力。这是一种动态互动和持续的关系。就大国来说，主要是指全球大国（如美国）对国际体系的主导能力，体现出对国际组织、国际议题、国际事务、国际合作的引导、掌握、处置能力。国际领导力或领导权是确保共同行动的权威，克服"零和"行动的保证。在国际共同权威缺乏时，领导国家对国际权威的形成非常重要，一方面能够为国际社会提供足够的公共产品可资共享，另一方面对复杂问题的解决能够起到牵头作用，避免"群龙无首"的局面。约瑟夫·奈曾经认为，比美国领导更糟糕的一件事就是没有领导力。[①] 在全球治理危机上升、中等强国实力扩大的背景下，围绕国际领导力的争夺是一个势必要涉及的命题。

与权势等概念不同，国际领导力是一种结果性的概念，体现的是以适当的手段，综合运用国家力量，实现特定的战略目标。国际领导力是一个多维度的聚合体，其来源主要包括实力、威望和意愿。

第一，实力是领导力的基础。领导力源于实力，国家的综合实力是实现国际领导力最基本的资源。历史上，但凡是霸权国家，其领导地位都是由强大的经济实力、政治能力、军事力量决定的，其能够采取强制性的做法迫使他国遵从。英国和美国在霸权角色中取得成功，部分原因是它们将意志强加于较小的国家，其他国家从中受益并接受其领导。正如吉尔平所言，在每一种国际体系中，组织和控制其间诸部分互动进程的，都是那些在不同国际层次的国际权力和国际威望中占支配地位的国家。[②] 实力最强的那些国家对全球治理体系的左右能力很难被替代。在诸多实力要素中，对国际领导力影响最深刻的是经济实力，它反映的是一个国家对全球资源的配置能力，也体现了对其他国家的影响力。拥有最强实力的强国对国际运行规则的制定享有优

---

① Joseph S. Nye Jr., "Politicians Say American Leadership is in Decline. They're Wrong", *The Washington Post*, January 29, 2016.

② 〔美〕罗伯特·吉尔平：《世界政治中的战争与变革》，宋新宁、杜建平译，上海人民出版社，2007，第29页。

先权，以规则实施领导。摩根索强调，现有的国家力量决定外交政策的范围。[1] 经济实力越强，能够对其他国家施加的影响越大，对全球治理的引领能力越强。

第二，威望是领导力的倍增器。威望是国际关系中难以估量的因素之一，但它是国际领导力的重要资源，源自权力的一种影响。威望主要是指其他国家对一个国家行使其权力的潜力、能力和意愿的看法和认识。[2] 威望高的国家可以吸引其他国家支持其外交政策目标。相反，威望较低的国家只能努力培养和争取国际支持。具有高威望的国家能够以最小的阻力和最大的灵活性将其力量转化为它所希望的政治结果。马丁·怀特在《权力政治》中强调，威望意味着实力得到其他人的承认，如果得到承认，通常不运用实力便可达到目的。威望并不只是他人承认的东西，它还是自身所坚持维护的东西。[3] 吉尔平也指出，国际关系中的威望与国内政治中权威的作用具有同等功能。[4] 全球治理活动中，各国之间讨价还价和谈判的结果会受到有关各方相对声望的影响。

第三，意愿是领导力作用的触媒。拥有实力和威望是一回事，是否有意愿使用它们则是另一回事。所谓领导力意愿，就是负责任的大国把对全球治理的使命感和责任感转化为具体行动，运用全球思维思考问题，欣赏世界文明和文化的多样性，广泛建立伙伴关系，分享而不独占，共同促进全球问题的解决。换言之，领导力意愿也是让其他追随者确信领导国家会采取行动，并能通过共同行动获取好处、实现其利益。领导力意愿与国际体系的实力分配有关。如果国际体系中更强大的国家对现有的领土、政治和经济安排感到满意，国际体系就处于平衡状态。但是，随着时间的推移，体系中各层次的

---

① 〔美〕汉斯·摩根索：《国家间政治：权力斗争与和平》，徐昕等译，北京大学出版社，2006，第 198 页。

② 〔美〕罗伯特·吉尔平：《世界政治中的战争与变革》，宋新宁、杜建平译，上海人民出版社，2007，第 31 页。

③ 〔英〕马丁·怀特：《权力政治》，宋爱群译，世界知识出版社，2004，第 59~60 页。

④ 〔美〕罗伯特·吉尔平：《世界政治中的战争与变革》，宋新宁、杜建平译，上海人民出版社，2007，第 30 页。

国家实力增长出现重大差异，技术和经济霸权导致持续变化的边际成本超出边际效益，国际体系中权力分布状态需要重新分配。[①] 这也正是新兴中等强国对改革分配规则与治理架构提出迫切要求的原因。

全球治理中的领导者都应该向国际社会提供公共产品，主动将领导资源分配到相关地区、相关领域，鼓励并支持那些影响力较大的国家参与提供全球公共产品。当这些国家愿意提供这些公共产品时，它们就扮演了协助实现共同目标的领导者角色。也就是说，既要有提供足够多的国际公共产品的能力，也要有可以拉拢人心的软实力，两者的有效结合可以构成领导力。[②] 此外，一个问题领域的领导者可能需要在另一个问题领域充当追随者。中等强国作为上升的力量，在全球大国能力不济、意愿不强的特定领域充当领导者角色。例如，中美两大国都承认东盟在地区安全治理中的建设性核心地位。

与国际体系中的"权力转移"（power transition）类似，全球治理中的"领导权过渡"（leadership transition）过程是在一个国家发起新的机构而现有的领导国家认为它是一个威胁而产生激烈的较量。全球治理中的领导权过渡需要很长时间才能完成。因此，领导权过渡模型的重点是研究在这个过渡时期不同类型国家之间的制度动态。澳大利亚格里菲斯大学学者何凯认为，全球治理中的领导权过渡过程是通过制度平衡来实现的，包括包容性制度平衡、排他性制度平衡和机构间平衡。包容性平衡是国家在制度内约束目标国家的行为；排他性制度平衡需要将目标国排除在制度之外，并通过制度内各国的凝聚力和合作对该国施加压力；机构间平衡是排他性制度平衡的延伸，一个被特定机构排斥的国家可以支持另一个国家或者发起一个类似的机构从

---

① Robert Gilpin, *War and Change in World Politics*, Cambridge: Cambridge University Press, 1983, pp. 11–13.

② Joseph S. Nye, "Soft Power, Hard Power and Leadership", October 27, 2006, http://www.hks.Harvard.edu/netgov/files/talks/docs/11_06_06_seminar_Nye_HP_SP_Leadership.pdf.

而抵消来自排斥它的那个国家的压力。① 国家如何进行制度平衡主要取决于它们在秩序转型过程中的角色观念。根据角色理论，可以将这一领导权过渡过程中的角色分为三类，分别是领导者、挑战者和追随者。结合角色理论和机构平衡理论，全球治理"领导权过渡"论点提出了以下三个假设。

假设一：如果一个国家在全球治理的某一领域确定其作为领导者的角色，那么它最有可能采取排他性制度平衡或机构间平衡的策略，以削弱其他国家发起任何新制度的影响和价值。由于制度领导者国家的权威和合法性将面临来自挑战者国家最严重的挑战，因此，现有的领导者竭力将其竞争对手对该制度的影响降到最低。实现这一目标最简单和最好的方法是首先拒绝新制度的合法性，降低其价值。因此，排他性制度平衡即拒绝认可或加入新的机构，成为领导者合乎逻辑的政策反应。此外，领导国很可能劝阻其他国家加入新机构，因为新机构的成员越少，它对现有体系的影响就越弱。《跨太平洋伙伴关系协定》（TPP）是奥巴马执政时期美国排他性制度平衡的一个尝试，尽管其声称 TPP 对所有国家开放，但其高准入标准，尤其是在劳动保护和对国有企业的限制方面，实际上首先排除中国的加入。美国可以利用TPP 成员之间的团结和凝聚力疏远中国，进一步削弱中国在该地区的影响力。拜登推动"印太经济框架"（IPEF）也暗含这种排他性制度平衡的因素。

假设二：如果一个国家认为自己在全球治理的某一领域扮演着挑战者的角色，那么它最有可能采取一种包容性制度平衡的战略，以汇聚其他国家的支持力量，确保它所发起的机构取得成功。挑战者国家的直接目标是利用新机构来提升其在现有体系中的话语权。从长远来看，这样的新机构可以成为挑战者在全球治理中取得领导地位的制度基础。然而，挑战者必须向他人证明，其发起的新机构能够提供现有体系无法提供的好处。为了实现这一目标，挑战者必须放弃某些短期的经济收益，以使新的制度发挥作用。因此，

---

① Kai He, "Role Conceptions, Order Transition and Institutional Balancing in the Asia-Pacific: A New Theoretical Framework", *Australian Journal of International Affairs*, Vol. 72, No. 2, 2018, pp. 97–101.

包容性制度平衡是理性的政策选择，挑战者可以通过这种方式集合现有全球治理体系中其他国家的支持。新机构的成功确立并壮大将实现挑战者国家的长期目标，即在未来的全球治理中建立一个新的领导地位。在亚太地区，由于以东盟为中心的多边机构仍然存在，日本、澳大利亚和韩国等中等强国积极发起、发展新的机构，从东盟"抢夺风头"。这三国在 2008 年全球金融危机之后，分别发起新的多边倡议包括东亚共同体、亚太共同体及东北亚和平与合作倡议等。而印度尼西亚总统佐科呼吁建立"对新兴国家开放且不受任何特定国家集团支配"的全球经济新秩序。① 这透露出新兴中等强国支持多极世界和新的国际秩序，对美国主导的体系提出变革要求。

假设三：如果一个国家认为自己在全球治理的某个领域扮演着追随者的角色，那么它可以对新机构采取包容性或排他性制度平衡战略。如果这个国家看到了一些具体的好处，它最有可能支持挑战者国家的新机构。否则，它就会追随领导者而远离新机构。它们在现有领导者国家和挑战者国家之间的制度竞争中的角色是追随者。因此，它们必须选择立场：要么追随现有的领导者，与新机构保持距离；要么支持挑战者国家并加入其中。为了吸引追随者，挑战者将提供现有领导者国家无法提供的额外利益。因此，如果追随者认为新机构会带来某些"特殊利益"，它就会选择加入新机构，从而支持挑战者国家。然而，如果一个追随者不能从加入新机构中感受到任何好处，它将继续追随现有的领导者国家，因为现状提供了更多的稳定和安全。澳大利亚作为亚太地区典型的中等强国，长期奉行追随美国的外交战略，在区域与全球治理中紧随美国。澳大利亚在战略围堵中国问题上采取了排他性制度平衡战略，对美日印澳"四方安全对话"机制不仅积极性很高，并且在其中发挥一定的牵头作用。譬如，2020 年 12 月 23 日，时任澳大利亚外长佩恩宣布成立四方技术网络（Quad Tech Networkm，QTN），开展区域性第二轨道研究和公众对话，深化在网络和关键技术问题上的务实合作，提高澳大利

---

① Zakir Hussain, "Indonesian President Jokowi Calls for New, More Equal Global Economic Order", *The Straits Times*, April 23, 2015.

亚作为网络和关键技术问题全球领导者的声誉。[①] 实际上，其意图在于主导全球技术话语权，跟随美国围堵中国。

（三）中等强国多重国际角色

尽管涉及角色理论的国际关系文献越来越多，但很少尝试将角色理论纳入中等强国行为的分析中。有一些研究试图从角色理论中调动概念工具，特别是国家角色的概念，[②] 还有一些尝试将个别中等强国的行为偏好与国家角色结合起来。[③] 然而，这些只触及这个概念，并没有通过角色理论的框架对中等强国在全球治理中的地位、角色、话语权进行系统的考察。国家作为国际行为体渴望在国际体系的等级结构中获得更多优势而追求地位。寻求地位的行为也会受到改变期望的影响。主要的改变期望是希望得到国际体系中其他国家的承认。与大国地位不同，中等强国地位不仅需要他者期望，还需要自我期望，以使它们的国际地位获得认可。加拿大麦吉尔大学教授保罗等人提出"地位调适"（status accommodation）的概念，就是当国际体系中地位较高的行为者通过各种地位标志（如峰会、国事访问、演讲、战略对话等）承认国家增强的责任担当、特权或权力时，就会出现国际地位。[④] 印尼对中

---

① "Australia Strengthens Global Discussion on Cyber and Critical Technology", Foreign Minister of Australia, December 23, 2020, https://www.foreignminister.gov.au/minister/marise-payne/media-release/australia-strengthens-global-discussion-cyber-and-critical-technology.

② Leif-Eric Easley, "Middle Power National Identity? South Korea and Vietnam in US-China Geopolitics", *Pacific Focus*, Vol. 27, No. 3, 2012, pp. 421-442; Ziya Öniş and Mustafa Kutlay, "The Dynamics of Emerging Middle-Power Influence in Regional and Global Governance: The Paradoxical Case of Turkey", *Australian Journal of International Affairs*, Vol. 71, No. 2, 2017, pp. 164-183.

③ Moch Faisal Karim, "Middle Power, Status-seeking and Role Conceptions: the Cases of Indonesia and South Korea", *Australian Journal of International Affairs*, Vol. 72, No. 4, pp. 343-363; I. Gusti Bagus Dharma Agastia, "Understanding Indonesia's Role in the 'ASEAN Outlook on the Indo - Pacific': A Role Theory Approach", *Asia & the Pacific Policy Studies*, Vol. 7, No. 3, 2020, pp. 293-305; Cameron G. Thies and Angguntari C. Sari, "A Role Theory Approach to Middle Powers", *Contemporary Southeast Asia*, Vol. 40, No. 3, 2018, pp. 397-421.

④ T. V. Paul, Deborah Welch Larson, and William C. Wohlforth, *Status in World Politics*, New York: Cambridge University Press, 2014, pp. 3-29.

等强国地位的追求是通过其作为地区领导者、发展中国家代言人和南北国家"桥梁建设者"的角色来实现的。韩国对中等强国地位的追求，是通过扮演地区平衡者、发展主义倡导者和"桥梁建设者"的角色实现的。这些中等强国的地位塑造由其角色而强化。

国家在追求国际地位、寻求国际角色时，对世界政治环境非常敏感。①这些环境可能对这些行为体提出责任要求。在拥有较强实力的情况下，国家自我认同为中等强国是相当重要的，中等强国的地位并不附带某些特殊的"大国责任与义务"，这些国家既可以有影响力，也可以灵活的方式开展国际行动。自我认同是中等强国寻求地位行为的一个组成部分，并非所有国家都愿意被认定为中等强国（如印度自视为大国）。此外，当国家领导者不再认同其国家的这种地位时，对这种地位的追求就可能不复存在。因此，自我认同成为中等强国地位的一个基本特征，这也就是中等强国在全球治理当中扮演特定角色的出发点。一切国力的基础来自经济发展，中等强国将自己塑造成发展者角色，也可能会促成榜样者（model）抑或示范者（example）角色的形成。榜样者角色重视在国际体系之中获得声望与增加影响力，它相对于国家概念处于较为次要的位置，通常受到来自其他角色的后续影响，其本身也是透过被动性的活动展现出来的。经济状况的改善，使得中等强国特别是新兴中等强国获得更多外交空间，国际地位也得到提升，在外交政策领域树立发展模式的自信心。

在国际政治现实中，国家在国际体系中可能扮演多重角色。由于不同的角色可以共存，这些角色也可能会相互矛盾，国家所扮演的角色之间的矛盾将导致角色冲突。②角色冲突更有可能出现：①他者的角色期望是模糊或不一致的；②缺乏履行角色责任的资源；③国家存在不同规范和期望的情况；

---

① Joshua Freedman, "Status Insecurity and Temporality in World Politics", *European Journal of International Relations*, Vol. 22, No. 4, 2016, p. 805.

② Moch Faisal Karim, "Role Conflict and the Limits of State Identity: The Case of Indonesia in Democracy Promotion", *Pacific Review*, Vol. 30, No. 3, 2017, pp. 85-404.

④国家的利益或目标与外部对该国在国际关系中的角色期望之间不相匹配。① 角色冲突可以定义为国家拥有多个相互矛盾的角色的情况，一定程度上可以解释中等强国在地区和全球秩序中看似矛盾的角色，既想扮演独立的引领者角色，又不得不在大国间平衡，或者服从于大国利益。复杂的治理策略所产生的"言辞"和"行动"之间的差异，则会损害它们的声望和影响力。然而，如果中等强国能够使自身的能力与期望相匹配，其可能会扮演有效的制衡角色，并为加强以合作为基础的全球治理秩序作出贡献。

中等强国在不同的时期有不同的角色。德国海德堡大学教授塞巴斯蒂安·哈尼施（Sebastian Harnisch）等人认为，当社会结构产生变迁，行为体将面临新问题与新挑战。若是旧有做法难以达到预期效果，行为体将进行角色的选择（as-if-role taking），在与外界互动的过程中，筛选能够应对外在挑战的角色，并逐渐适应新的社会身份，新兴角色从而诞生。② 冷战结束后，高级政治对国际政治的影响不再那么唯一。类似韩国这样的中等强国开始追求成为"调解者"（mediator-integrator）、"区域合作者"（regional-subsystem collaborator）与"桥梁者"（bridge）角色，并以国际合作为主轴，拓展不同角色的倾向。③ "调解者"认为自己有能力并愿意负责、履行特殊任务，以协调不同国家团体之间的冲突，并愿意与对手进行和解。"区域合作者"角色与"调解者"角色的不同之处在于，区域合作者不只是涉入偶发性的领域或冲突，而是希望与其他国家合作，建造更加辽阔的联盟与体系。"桥梁者"概念较为模糊，但若与"调解者"相比较，"调解者"制定外交政策的重点在于如何介入冲突性问题，"桥梁者"的功能则更聚焦合作，在全球治理中强调以沟通对话为主，在不同文化族群与文明间传递信息，展现协调能力。因为没有像大国那样有重大影响或者主导国际秩序的意愿，中等强国致力于发展经

---

① Sebastian Harnisch, "Conceptualizing in the Minefield: Role Theory and Foreign Policy Learning", *Foreign Policy Analysis*, Vol. 8, No. 1, 2012, pp. 47-69.

② Sebastian Harnisch, Cornelia Frank, and Hanns W. Maull, *Role Theory in International Relations: Approaches and Analyses*, New York: Routledge, 2011, pp. 10-12.

③ Kalevi J. Holsti, "National Role Conceptions in the Study of Foreign Policy", *International Studies Quarterly*, Vol. 14, No. 3, 1970, pp. 267-271.

贸合作的外交政策，其对于国内发展角色的重视，决定它们积极参与国际制度建设的态度，强化对于调解者、区域合作者及桥梁者角色的追求，提高对于和解与国际合作的重视程度，增强对于多方协商与对话的参与。

中等强国认识到，积极参与全球事务有助于提高其长期国家利益。在国际层面，随着国力和地位的提升，它们试图扮演牵头者的角色，积极参与全球和平行动，向多个冲突地区派兵维和。此外，它们通过增加对全球发展的援助，树立道义形象，提高其国际美誉度，在全球发展领域具备某种程度上的话语权与代表性。在地区层面，中等强国的角色有时会因安全困境成为寻找安全问题解决方案的"架桥者"而不仅仅是"桥梁者"。例如，朝鲜半岛作为大国博弈甚至军事冲突的热点地区，其存在的安全困境也让韩国努力找寻某种各方都可以妥协的突破口。但当不确定性增加时，韩国的外交政策战略选择变得相当有限。在这种情况下，韩国的主要目的是促进局势稳定，适应新安全环境的弹性。在安全战略领域，韩国的角色作用应该体现为六个方面：①帮助大国减少相互战略不信任；②建立针对具体问题的争端解决机制；③发展多边机构或积极参与现有机构；④将全球规范引入该地区以确立东亚解决问题的原则；⑤在志同道合的中等强国之间建立合作网络，以提高它们相对于大国的地位；⑥助力制定和改革地区安全架构。① 这也折射出中等强国角色的复杂性，它们既想牵动地区安全、经济治理的合作、磋商架构，还要在大国之间寻求某种平衡，让大国愿意加入这些合作框架中，增强治理机制的合法性。

（四）中等强国的区域和全球角色

中等强国面临发挥全球影响力和地区领导力的诸多机会。在许多方面，这种角色和身份的混合提供了灵活性，使这些国家能够投射出"桥梁建设"或跨国的形象。事实上，全球和区域这两种角色概念是相互交织和互补的。

---

① Chaesung Chun, "East Asian Security and South Korea's Middle Power Diplomacy", *EAI Middle Power Diplomacy Initiative Working Paper No.* 9, December 3, 2014.

显然，中等强国在投射区域和全球角色的过程中，国内、区域和系统动态相互关联。高度聚焦地区事务可能限制中等强国在全球舞台上发挥建设性作用的范围和形式。当中等强国遇到长期的地区动荡环境时，这种聚焦可能会产生反作用，因为这种不稳定使它们更难将其地区力量有效地扩散到国际舞台上。影响中等强国积极行动程度的因素包括：中等强国所在地区的开放性、地缘政治和经济特征、区域实力地位，尤其是在全球范围内发挥更大影响力的结构性能力，即在全球机构内平衡大国的利益和偏好。[1] 重要问题是中等强国如何通过外交实践权衡其区域和全球双重角色，在全球核治理、气候治理中更能体现全球角色，而一旦涉及安全治理则更可能着眼于区域角色。

当然，论及"中等强国"的地区角色，还有一个政治名词"地区大国"时常出现于政治家和学者们的使用范畴中。中等强国通常指的是在国际权力谱系中占据中间位置的国家，仅次于超级大国或大国，它们具有重要的影响力，有推动国际发展的某种能力。"地区大国"是指在特定地区发挥影响力的国家。如果这种能力在其区域内是无可匹敌的，那么这个国家可上升到区域霸权的水平，显示相对较高的军事、经济、政治和意识形态能力，使它们能够塑造其区域安全议程。[2] 例如，印度作为一个具有全球影响力的中等强国，通常被视为南亚地区大国；而作为大国的中国，过去常常被称为亚太地区大国。总的来说，中等强国和地区大国这两个概念意味着能力、等级、影响和愿望，两者有着区别和联系。

四　中等强国全球治理角色实践

中等强国积极凸显自身在国际社会中的存在，构建治理角色，致力于扩大发言权。它们的行为角色通常被外界认为具有可预测性，有一定程度上协调的共同政治身份，对国际局势的反应表现出一些相似之处。但是，它们的

---

[1] Daniel Flemes, *Regional Leadership in the Global System: Ideas, Interests and Strategies of Regional Powers*, Oxfordshire: Routledge, 2016, p. 100.

[2] Şuhnaz Yilmaz, *Middle Powers and Regional Powers*, Oxford University Press, 2017.

国情和利益千差万别，并非所有中等强国都愿意在国际秩序中扮演更重要的角色。中等强国中既有相对独立自主者，也有超级大国的跟从者。传统中等强国如加拿大、澳大利亚、瑞典等，通常是大国政策的追随者，其国际行为的自主性受制于大国战略，尽管它们也带有国际力量平衡的稳定性作用。①独立于大国行事的中等强国是不结盟的地区大国，例如印度或巴西。这些奉行不结盟政策的中等强国利用大国竞争为自己争得更有利的位置、更多的国际机会，使之能左右逢源，成为国际外交舞台上的"座上宾"。

（一）中等强国全球治理角色引领

在适当的背景下，中等强国的外交角色根据不同的问题领域而有所不同，这是由具体的中等强国实力、能力、历史惯性、问题领域所决定的。如前文所述，在特定的问题领域，中等强国大致确定了四种角色：桥梁、建设者、设计者和领导者。作为"桥梁"，中等强国在现有的问题领域缓解不同国家和大国之间的相互不信任，通过集体和多边机制，在外交上积极寻求、建立连接并激发各国在其特定优势领域的兴趣和能力。作为"建设者"，中等强国利用既定的规范，可以帮助促进其他各方在现实世界环境中建立一个国际规范。作为"设计者"，中等强国可以确定它能参与并设计国际机制、规则的领域，塑造潜在的多边国际制度框架。作为"领导者"，中等强国可以确定它能在哪些问题领域发挥主导作用，有效地推动国际规范和架构的发展完善，促进全球性问题的解决。根据具体问题领域及其复杂程度，中等强国应该表明它能够在最合适的地方扮演这些多重身份，并发挥具有活力的作用。

安全事务等复杂领域需要更微妙和深思熟虑的努力，对此，中等强国的重点是发挥"桥梁"作用，减少大国之间的战略不信任，通过强调非"零和"博弈和规范政治来巩固地区秩序，建立稳定的合作关系，对安全架构

---

① Gürol Baba, Taylan Özgür Kaya, "Testing the Creativity of Kevin Rudd's Middle Power Diplomacy: EU-Australia Partnership Framework Versus the Asia-Pacific Community", *International Relations of the Asia-Pacific*, Vol. 14, No. 2, 2014, p. 252.

问题产生影响。例如，韩国通过在全球绿色增长、MIKTA 合作网络和核安全等问题领域积极作为，努力在全球层面形成中等强国倡议的领导力，创建安全合作的新议程。① 面对中国的崛起，韩国过度依赖美国是不明智的。②韩国必须在这一问题领域占据微妙的平衡位置，积极维护其有利地位。

在发展合作方面，中等强国致力于协调利益相关者之间的利益冲突，从而成为传统大国和新兴国家捐助者之间的协调方。中等强国加强合作并形成利益共同体，这些国家倾向于发展合作的目标和原则。例如，韩国积极与MIKTA 成员合作，促进成员之间在各个发展领域的合作。然而，中等强国应该意识到，基于共同利益的合作是一种"便宜行事"的联盟，当利益出现分歧时就有可能解体。在合作可能瓦解的情况下，中等强国应该寻求形成长期"志同道合"的团体。

在网络治理方面，中等强国可以扮演"建筑师"角色。更确切地说，不是整个系统的设计者，而是一个补充性的"程序员"，可以为全球治理体系运作的整个系统提供有用的"补丁程序"。虽然中等强国需要参与网络安全领域的国际秩序建设，但它们的外交策略应该是对现有体系的补充。作为一个发挥基础性作用的"程序员"，中等强国提供其专业知识来完善全球治理体系，使其在平衡各国之间不同的利益方面发挥关键作用。

中等强国在经济领域的一个角色是"设计者"。特别是在贸易方面，中等强国努力设计新的区域贸易架构，初步评估自由化，制定规则，降低政策风险，形成"亲贸易"的中等强国联盟。③ 面对中国主导的《区域全面经济伙伴关系协定》（RCEP），像韩国这样的中等强国主动确定 RCEP 的目标，支持和促进区域经济一体化、公平的经济发展以及加强先进工业国家和发展

---

① Chaesung Chun, "Policy Recommendations for South Korea's Middle Power Diplomacy: East Asian Security", *EAI Middle Power Diplomacy Initiative Policy Recommendation*, April 8, 2015, http://www.eai.or.kr/data/bbs/eng_report/2015041418463183.pdf.

② Min Gyo Koo, "Policy Recommendations for South Korea's Middle Power Diplomacy: Maritime Security Policy", *EAI Middle Power Diplomacy Initiative Policy Recommendation*, March 5, 2015.

③ Fukunari Kimura, "RCEP from the Middle Powers' Perspective", *China Economic Journal*, Vol. 14, No. 2, 2021, pp. 162-170.

中国家的经济合作。在美国退出《跨太平洋伙伴关系协定》后，日本、加拿大、澳大利亚、墨西哥、越南等中等强国参与设计区域贸易框架《全面与进步跨太平洋伙伴关系协定》（CPTPP），它们在新贸易组织中发挥设计和引领作用。在金融领域，中等强国倾向于巩固区域大国之间的合作模式，制定和设计区域金融安排。地区中等强国往往以本地区代言人的角色参与全球金融治理，塑造全球金融和货币秩序。

在气候变化问题上，中等强国从模糊的"搭桥者"转变为积极的领导者。中等强国的领导作用是发掘关注的专门领域，向国际社会提出倡议并被认可接受。例如，印度尼西亚在联合国气候谈判框架下，发起"减少森林砍伐和森林退化排放"倡议，获得联合国的认可。联合国启动了"减少森林砍伐和森林退化排放"计划，作为森林环境治理的重要内容纳入气候谈判的框架内，影响了不少国家的立法议程，从而保护森林与推动生物可持续发展。

当前，中等强国采取务实的方式推动全球经济治理改革。它们集中精力制定中短期策略，既能为其国家和公民带来实际利益，又能为全球经济治理改革创造更多机会，实施全球治理行动。

一是能力建设。中等强国作用发挥的前提是有能力利用说服力和影响力等非物质资产来建立联盟。它是"间接的艺术"，扮演着催化剂、促进者和管理者的角色。[1] 作为催化剂，中等强国在最初阶段有足够的政治能量来触发全球治理倡议。在政策论述的关键阶段，一个成功的中等强国倡议可能会促进联合、合作和联盟活动。计划和召开会议以及提供技术支持（宣言起草等）的卓越外交能力变得更加重要。中等强国支持和承接"机构建设"的能力和意愿成为关键。当然，这些高度专业化的活动需要专业知识和经验丰富的核心人员，而不仅仅是该国政治部门和官僚机构。这方面，挪威在斡

---

[1] Mark Beeson and Richard Higgottr，"The Changing Architecture of Politics in the Asia-Pacific：Australia's Middle Power Moment"，*International Relations of the Asia-Pacific*，Vol. 14，No. 2，2014，pp. 223-224.

旋国际和平协议中发挥的作用就是一个经常被研究者引用的例子。① 这种技能需要较长的时间来获得经验的积累。澳大利亚和加拿大的贸易官员花了很多年时间来学习国际贸易专业知识，然后才能在乌拉圭回合多边贸易谈判中组成凯恩斯集团，并成功地发挥作用。同样，亚太经合组织的成立和发展是建立澳大利亚官员在亚太区域经济合作领域多年积累的专长知识基础之上的，倡议者才能研究发起这样的国际组织。简而言之，有抱负的中等强国外交政策制定者需要长期投身于能力建设当中。

二是联盟建设。实力较弱的中等强国试图影响国际体系内的大国，决策者会比过去更加关注中等强国联盟，作为全球治理合作和政权建设的工具。② 中等强国形成包容性和涵盖性联盟的能力，成为影响其外交政策的关键变量。③ 正如基欧汉强调的，中等强国未必能单独有效地行动，但可以在一个小团体中或通过一个国际机构产生系统影响。④ 由于国际体系结构的限制，中等强国往往倾向于多边主义和建立议题合作联盟，对全球治理利益和主张相近的中等强国也会积极聚拢到一起，努力在新兴国际平台（如 G20）与"志趣相投"的国家建立有效的合作联盟（coalition），因为这些全球治理的参与者还没有强大到凭借自己的力量改变整体局势。譬如加拿大、瑞典、挪威、澳大利亚、意大利等国家，彼此在人权、环保、社会发展等议题上注重政策协调合作，以发挥在国际社会中的影响力。南非这样的中等强国通过加入金砖国家合作机制提高自己的国际显示度，体现影响力，争取话语权。

三是议题建设。与过去相比，中等强国有更多机会在全球治理的政策领

---

① Mark Beeson and Richard Higgottr, "The Changing Architecture of Politics in the Asia-Pacific： Australia's Middle Power Moment", *International Relations of the Asia-Pacific*, Vol. 14, No. 2, 2014, p. 224.

② Richard A. Higgott and Andrew Fenton Cooper, "Middle Power Leadership and Coalition Building： Australia, the Cairns Group, and the Uruguay Round of Trade Negotiations", *International Organization*, Vol. 44, No. 4, 1990, pp. 589-632.

③ A. F. Andrew Cooper, R. A. Higgott and K. R. Nossal, *Relocating Middle Powers： Australia and Canada in a Changing World Order*, British Columbia： UCB Press, 1993, p. 19.

④ Robert Keohane, "Lilliputians' Dilemmas： Small States in International Politics", *International Organization*, Vol. 23, No. 2, p. 296.

域发挥引领作用。新兴中等强国在区域和全球治理中确定它们可以作出独特和特殊贡献的"利基"领域。中等强国可在全球治理中完成并履行对单个具体治理领域的职责，这就是所谓的"利基外交"或"小众外交"。中等强国在全球治理中发挥"小众"牵动"大众"的作用，有可能在大国关注不到或者不愿意投入过多资源去竞争的全球治理领域取得较多的话语权。例如，加拿大在人类安全治理议程中形成中等强国的领导权。韩国是"利基外交"在环境、卫生治理、绿色发展领域的一个典型例子，它专注于提升信息技术研发能力和推动绿色技术全球推广，将其作为发挥中等强国领导力的关键领域。同样，印尼在全球环境治理方面的投入、土耳其在人道主义外交方面的行动都是中等强国扩大权力和威望的成功案例。不过，议题建设的关键点在于全球治理的行动需要与国家整体能力、外交政策行为和国家角色定位相一致。

（二）中等强国全球治理角色行动

中等强国的全球治理行动从一些核心国家开始，它们对具体问题有共同的评估，并拥有采取行动的动机。一旦这个核心团体制定了总体行动规划，就会鼓励其他国家加入联盟，为联盟的努力作出贡献，完善其目标。对联盟的参与取决于其主题和目标。例如，一个捍卫发展中国家发展权的气候治理团体，自然会由有共同需求的国家和相关的非政府伙伴组成，而一个军备控制倡议则可能由更加多样化的国家组成。加拿大在 20 世纪 90 年代支持多方利益相关者的运动，比如，推动禁止杀伤人员地雷条约的达成，发起关于孕产妇、新生儿和儿童健康的马斯科卡倡议。更知名的例子包括全球疫苗免疫联盟，抗击艾滋病、结核病和疟疾全球基金，这些是全球卫生领域突出的公私合作关系的成功案例。定期磋商制度使中等强国团体能够就国际秩序所面临的威胁交换意见；讨论各自在应对全球挑战方面的优先事项和承诺；协调各具体问题联盟的行动；彼此对各自的承诺承担相应的责任。澳大利亚等发起的凯恩斯集团对农业贸易话语权的争夺，加拿大牵头的渥太华集团对世贸组织改革的推动，巴西、印度、南非等国家作为主体的基础四国，都定期召开碰头会议，特别是在重要的国际多边会议召开前夕，它们往往召开"会前会"密集发声，提出自己的主张和治理方案。如下是两个具有代表性意义的案例。

1. 中等强国合作体

中等强国合作体（Mexico, Indonesia, Korea, Turkey and Australia, MIKTA）是一个由五个中等强国发起的倡议，成员包括墨西哥、印度尼西亚、韩国、土耳其、澳大利亚，名称取自各成员英文国名的首字母。起初，它是二十国集团内的一个非正式磋商小组，于 2013 年 9 月 25 日在纽约联合国大会期间举行了第一次外长会议。韩国延世大学国际政治经济学教授莫宗林（Mo Jongryn）指出，MIKTA 国家共同意识到，在未来的岁月里，需要强有力的政治领导来应对重大的全球挑战，而它们作为经济上有活力的中等强国，在促进国际合作与谈判、给出新的观点见解、提出解决方案方面具有独特的地位。①

MIKTA 机制确立之后即开始系统地参与全球治理，急切地为自己作为中等强国寻找发挥作用的空间。这五个中等强国在代表和提升中小国家在全球经济治理体系中的声音方面有共同的利益，通过在多边谈判中尝试弥合大国之间的分歧和矛盾，或者在多边协议陷入僵局时，从中协调以扩大回旋空间，从而为有效的全球治理作出贡献。可以说，MIKTA 的成立旨在提高其五个成员国在 G20 中的效力和威望，在发达国家和发展中国家之间发挥桥梁作用，促进适用于各方的新协议。这五个中等强国首次被纳入 G20 全球金融管理决策进程，在联合国大会上以统一的立场发声，获得积极参与全球治理的机会。

在组织上，MIKTA 是一个非正式的外长会议，就全球治理问题建立共识和相互信任，为它们提供最大的灵活性。MIKTA 的功能潜力主要通过三个阶段来实现：①促进国际经济合作；②加强经济安全联系；③关注传统的国际安全。② 每一个阶段的合作都会带来新问题领域的新合作，从而促进其

① Mo Jongryn, *MIKTA*, *Middle Powers*, *and New Dynamics of Global Governance*：*The G20's Evolving Agenda*, New York：Palgrave Macmillan, 2015, pp. 2-3.

② Mo Jongryn, *MIKTA*, *Middle Powers*, *and New Dynamics of Global Governance*：*The G20's Evolving Agenda*, New York：Palgrave Macmillan, 2015, pp. 4-11.

他阶段的整体合作，形成合作外溢效应。正如功能主义理论所认为的那样，三个阶段的渐进合作将促成成员之间更广泛的制度化合作。因此，在第一阶段，MIKTA 成员有动力通过 G20 等渠道进行全球经济治理合作，包括国际金融机构组织有效性的核心任务、南南合作、多边承诺的落实。在第二阶段，MIKTA 可以超越经济合作，致力于解决与经济和安全相关的问题，如网络安全、粮食安全、人类安全、绿色增长、气候变化、海上安全等。在第三阶段，MIKTA 可通过关注核不扩散、军备控制、预防冲突和建设和平努力等全球安全问题，开展进一步和更深入的政治合作。当然，MIKTA 尚未形成制度化的平台架构，三个阶段的合作道路依然任重道远。

2. 中等强国反核倡议

部分致力于无核世界的中等强国，试图联合起来推动消除核武器的谈判，施压有核国家减少对核威慑的依赖，采取措施降低核扩散危险。为此，1998 年，一些中等强国参与发起"中等强国倡议"（Middle Power Initiative，MPI），目的是鼓励各国在倡导核裁军方面发挥更强有力的推动作用，增强接触并推动在核不扩散领域的集体行动能力。"中等强国倡议"扮演推动者角色，为全球控制核武器对话注入活力，努力在全球核辩论中架起桥梁。[①]联合创始成员包括非政府国际组织阿尔伯特·施韦策研究所、全球安全研究所、国际反核武器律师协会、国际工程师和科学家全球责任网络、国际和平局、国际防止核战争医生组织、核时代和平基金会及国际妇女和平与自由联盟。其中，由巴西、埃及、爱尔兰、墨西哥、新西兰、南非和瑞典组成新议程联盟向北约申明，强调以透明和不可逆转的方式裁减和消除战略战术核武器是全面核裁军进程框架内的一个基本要素，核武器构成真正风险。[②]

"中等强国倡议"发起后立即发布战略简报，并向欧洲、亚洲和太平洋地区的中等强国派遣正式代表团，与能够对政策和立法产生显著影响的领导

[①] "NATO is a Major Impediment to Progress, MPI Policy Paper for Canadian Government Finds", Global Security Institute, 2012, https：//gsinstitute.org/000218-2/.

[②] "Middle Powers Initiative：Brief on NATO Nuclear Policy", Global Security Institute, http：// gsinstitute.org/mpi/pubs/natobrief_ 0903.pdf.

人进行磋商。2000 年 1 月，在美国前总统吉米·卡特的主持下，"中等强国倡议"在亚特兰大市的卡特中心举行第一次重大磋商，汇聚来自中等强国和有核武器国家的高级别大使，为当年 5 月成功举行的《不扩散核武器条约》（NPT）审议大会扩大舆论势头。2002 年，"中等强国倡议"国际指导委员会和全球安全研究所董事会一致通过一项决议，接受"中等强国倡议"作为全球安全研究所的项目。2005 年 NPT 审议大会失败后，"中等强国倡议"创建 NPT 第六条论坛（Article VI Forum，A6F），这是一个新的创造性倡议，与 NPT 缔约国举行一系列二轨道会议，旨在将"志同道合"的国家聚集在一起，审查实施《不扩散核武器条约》第六条，即实现核裁军的义务所需的政治、法律和技术要素，为 2010 年 NPT 审议大会建立核裁军共识。此后举行了六次 A6F 会议，许多会议由东道国政府共同主办，包括加拿大（渥太华论坛，2006 年）、奥地利（维也纳论坛，2007 年）、爱尔兰（都柏林论坛，2008 年）和德国（柏林论坛，2009 年）。2006 年海牙论坛由荷兰国际关系研究所共同主办。A6F 在亚特兰大举行的第三次磋商会议成果显著，2010 年《不扩散核武器条约》审议大会的"最后文件"反映了亚特兰大第三次磋商会议提出的许多建议。

在 2010 年《不扩散核武器条约》审议大会之后，"中等强国倡议"同核不扩散和裁军议员联盟（Parliamentarians for Nuclear Non-Proliferation and Disarmament，PNND）建立了框架论坛，探讨政治上可行框架的法律、技术和体制要素，以建立合作和政治牵引力，推动各国政府采纳这些建议内容，落实 2010 年《不扩散核武器条约》审议大会的决定，即所有国家都需要做出特别努力，实现无核武器世界的多边谈判，建立必要的框架，以实现和维护一个没有核武器的世界。2012～2016 年，"中等强国倡议"与核不扩散和裁军议员联盟举办了 10 次框架论坛活动，每次活动包括 20～30 个国家出席，向 2013～2016 年举行的裁军谈判会议、《不扩散核武器条约》审议大会、联合国大会和推进多边核裁军谈判不限成员名额工作组（OEWG）提出建议。[1]

---

[1] "Middle Power Initiative", https://www.middlepowers.org/history-achievements/.

（三）中等强国角色的局限性

由于国际政治经济现实，中等强国发挥国际作用面临不少制约因素，主要是看国家实力、外交目标、联盟建构能力、国际环境等诸多情况的交织交锋。中等强国通过政策工具和实施独特的全球治理战略来展开外交，同时也面临若干挑战，阻碍它们在全球事务中进一步发挥作用。

一是国际秩序裂变之势。西方主导秩序的时代正在结束，美国主导的秩序体系逐渐衰落，大国竞争成为国际政治的主导因素，各国共存于一个非极性的全球化世界。权力已经扩散，不再由传统意义上的垄断国家或联盟来掌握。在这个新阶段，无序是常态，而权力更多的是体现破坏的能力而非建设的能力。为充分发挥全球治理的作用，中等强国需要一个被牛津大学国际关系教授安德鲁·赫里尔（Andrew Hurrell）描述的"霸权减压"时代所提供的政治空间。[1] 然而，在大国竞争的背景下，国际组织成为开展地缘政治博弈的舞台，国际机构进入衰弱阶段，全球治理的动能受到极大的干扰，开放对话、相互理解与合作的空间被压缩，中等强国"催化剂"与"桥梁者"角色受到相当程度的限制。此外，中等强国发挥作用还受到地区形势等因素影响。[2]

二是杠杆动能依然不足。中等强国缺乏足够的在对其多重全球角色的期望与实际行动之间建立微妙平衡的能力。在疫情背景下，外界对这些国家在全球治理中发挥潜在作用的预期上升，但中等强国在集体应对全球问题的同时，往往超越自己的客观实力，试图超越大国建立自己的国际权威影响力。事实上，尽管近年来中等强国的物质力量、行为能力和观念力量都在增强，但面对大国时，它们的影响力仍然较弱。原因之一是它们在国际机构中行使

---

① Andrew Hurrell, "Hegemony, Liberalism and Global Order: What Space for Would-be Great Powers?", *International Affairs*, Vol. 82, No. 1, 2006, pp. 1-19.

② Ziya Öniş and Mustafa Kutlay, "The Dynamics of Emerging Middle-Power Influence in Regional and Global Governance: The Paradoxical Case of Turkey", *Australian Journal of International Affairs*, Vol. 71, No. 2, 2017, pp. 180-181.

独立外交行动的能力受到制度化的限制。① 从理论上讲，中等强国有两种战略选择：与大国之一建立密切的安全关系；保持中立，脱离强权政治，或者在大国之间发挥平衡作用。中美之间的战略竞争将减少中等强国的行动自由。因此，与美国的安全关系管理将仍然是中等强国的一项复杂任务。不管是过去的特朗普政府，还是现在的拜登政府，那些与美国关系密切的中等强国都将面临选边站队的压力。譬如，多边主义曾是澳大利亚中等强国外交政策的标志，但正转变为排他性的地区主义（如美日印澳"四边安全对话"），将限制该国更广泛的全球接触，维持外交独立性似乎让位于美国的对华战略。对此，西澳大利亚大学国际政治学教授马克·比森（Mark Beeson）强调了中等强国外交的潜力和局限性。他认为没有哪个国家的领导人像澳大利亚一样热衷于采用中等强国外交的语言，并将其作为政策创新的源泉来谈论。然而，也很少有国家比澳大利亚更紧密地依附于一个大国即美国。②

三是治理能力存在挑战。流动性以及全球化带来的"货物自由流动"使经济相互依存成为可能，这对激励合作和世界各地经济的可持续发展至关重要。毫无疑问，新冠疫情破坏了这种经济秩序，大流行带来了世界各地最严重的公共卫生危机，经济、就业、社会治理、资源供给等面临系统性的挑战，极端主义、民族主义、民粹主义等思潮涌动，这些都考验着各国的治理能力。世界舞台上的合法性和领导地位首先要靠良好的国家治理能力。福山在《大西洋月刊》一篇文章中指出，国家的能力和对政府的信任是决定性因素。③ 但改善全球治理的努力要克服悲观情绪、仇外心理、非理性主义、造谣、各级政府信任危机，凝聚社会信任，提升治理水平。面对新冠疫情危机，一些中等强国如韩国、日本、澳大利亚等国家的应对措施相对较好，但

---

① Brian Rathbun, "Before Hegemony: Generalized Trust and the Creation and Design of International Security Organizations", *International Organization*, Vol. 65, No. 2, 2011, pp. 243-273.

② Mark Beeson, "Can Australia Save the World? The Limits and Possibilities of Middle Power Diplomacy", *Australian Journal of International Affairs*, Vol. 65, No. 5, 2011, pp. 563-577.

③ Francis Fukayama, "The Thing that Determines a Ceuntry's Resistanle to the Coronavirus", *The Atlantic*, March 30, 2020.

是不少中等强国如印度、巴西、墨西哥等国家均因公共卫生体系不足、治理失效暴露出重大的治理缺陷。从中等强国角度出发，首先要注意的是，确保外部状况不会使它们的领土完整、社会凝聚力和经济发展受到威胁。

未来，中等强国要克服以上三种挑战，关键在于加强国家治理，提升内部治理能力，增强治理效力与合法性；在其地区和全球责任之间构建微妙的平衡，重点是要平衡国家利益与大国关系，在诸多重要问题领域加强与中国的合作，这对于中等强国的国家利益和地区稳定都至关重要；重心放在稳定全球秩序上，无论是区域性的小多边还是全球性的大多边，都尽可能地推动全球治理协调机构与平台建设，推动区域治理与全球多层治理；作为地区的领导力量，进一步凸显中坚力量的作用，在全球健康、贫困和人道主义援助等议题上打开新的视野，继续扮演全球治理的搭桥者、建设性、贡献者角色。

小　结

全球治理日益多元化的趋势为相关国家提供更多的机会来承担中等强国的角色。在这个不确定性加大、国际机能失调和机构失灵的时代，国际社会比以往任何时候都更需要寻求一个更好、更可持续的解决方案与前进道路，恢复对国际合作、全球治理的信心。多边主义不仅是限制这一国际环境风险的关键，而且是建立一个更友好国际环境的关键。至少在理论上，中等强国推崇多边主义，对加强以联合国为基础的全球秩序有着明显的兴趣。

在大流行的催化下，世界正迅速接近关键时刻。在这个时刻，我们可以观察到自由秩序向更加公平的全球治理体系进行系统性转变，大国、中等强国、小国与精英参与者彼此交互以实现增量安全目标的方式来协调全球治理任务。大国竞争迭起，让中等强国更加意味到发挥全球治理作用、扩大自身影响力的机会。考虑到一种倾向于实际行动的"利基外交"趋势，全球治理将是中等强国寻求领导地位的新议题。中等强国因其较强的国家能力能够奉行较为独立的积极外交政策，但它们的实际行动能力还因问题领域、国内外因素而有所不同。从国际上看，更大的不确定性为中等强国的国际行动选择开辟更大空间。与大国有能力推动塑造国际局势发展不同，中等强国并不奢求国际霸权，其外交政策方针的中心，在于确保外部变化不会危及其领土完整、社会凝聚力和经济发展。意图扮演领导者角色让我们看到中等强国积极进取的一面，"调解者""搭桥者"的角色让各国看到其对全球治理的正面贡献和有益尝试，而部分中等强国对超级大国的追随者角色让国际社会看到其作用局限的一面。尽管它们声称独立自主地行动，但有时候会滑入大国地缘竞争的旋涡，显露出这种中等强国外交角色的局限性。

第四章

中等强国对非传统全球问题治理的话语权

许多最棘手的全球问题都具有跨国属性，如气候变化、难民、传染性疾病、恐怖主义等。要想成功解决这些问题，需要采取的行动不仅仅是单边、双边、多边行动，而且是全球行动。全球性问题得到解决的一个关键要素是中等强国的广泛参与并发挥突出作用。保罗·肯尼迪等人认为，环境问题是帮助美国确定支点国家的因素之一。[①] 中等强国对全球治理的支持和参与程度，就是全球性问题得以解决的进度，它们发挥着难以替代的作用，这是任何大国都难以忽视的事实。

一 中等强国环境气候治理的角色与作用

气候变化导致的极端天气越来越频繁，持续时间越来越长，破坏性也越来越严重。各国对于环境和气候问题休戚与共，它们迫切需要国际合作。然而，发达国家和发展中国家在解决这些问题的承诺上存在分歧，不利于建立全球气候变化应对机制的努力。当前，全球气候治理中的权力格局发生变化，大国不再是唯一主导者，中小国家、私营部门也成为重要的参与者。其中，新兴中等强国在推动绿色增长议程方面越来越积极主动，挑战传统中等

---

① Robert S. Chase, Emily Hill, Paul M. Kennedy, *The Pivotal State: A New Framework for U. S. Policy in the Developing World*, New York: W. W. Norton & Company, 1999, p. 313.

强国的领导者角色期望，它们希望在关键的全球组织内架起发达国家和发展中国家之间的桥梁。[1] 中等强国强调气候谈判的集体化进程。其中，一些中等强国联合中国发起组成气候变化谈判联盟"抱团联合"，力图在复杂的气候变化政治博弈中占据有利的谈判地位，获得气候政治话语权，为南方集体即发展中国家的气候利益发声说话，进一步增强现有制度目标的规范性，在全球治理中构建声誉认同，构成中等强国的气候治理战略。[2]

（一）韩国对于绿色增长的牵引作用

韩国是积极参与全球气候治理并表现突出的中等强国。作为主要的工业化国家，韩国是全球碳排放第七大国，人均二氧化碳排放量高达世界平均量的约 3 倍（见图 4-1）。[3] 因此，韩国做什么或不做什么，都会影响《巴黎协定》遏制全球二氧化碳排放的努力。韩国正将气候治理作为工具来巩固其在全球治理体系中的核心地位。

韩国为扩大气候治理话语权，主要采取三个方面的行动。

第一，担当绿色增长领头羊角色。绿色增长是一种环境友好型的发展模式，在促进经济增长的同时，防止环境退化，提高气候可持续性。韩国聚焦绿色增长领域，牵头成立专门的国际组织，在其中扮演领头羊角色，自认为是全球绿色增长的领导者。[4]韩国主办一系列高级别国际会议，成立全球绿色增长研究所，旨在推动环境友好型经济增长战略。2010 年，韩国时任总统李明博倡议成立全球绿色增长研究所（Global Green Growth Institute），总部设在韩国首尔。2012 年，在巴西"里约+20"联合国可持

---

① Chandra Pandey, Iain Watson, "Public Diplomacy and Bridging in the Climate Change Debate: Assessing South Korea's Leadership Role in New Middle Power Forums", *The Australian Political Studies Association Annual Conference*, University of Sydney Paper, 2014, https://ssrn.com/abstract=2440290.

② Amitav Acharya, *Why Govern: Rethinking Demand and Progress in Global Governance*, Cambridge: Cambridge University Press, 2016, p. 207.

③ https://ourworldindata.org/co2/country/south-korea? country=KOR~OWID_WRL.

④ Amitav Acharya, *Why Govern: Rethinking Demand and Progress in Global Governance*, Cambridge: Cambridge University Press, 2016, p. 198.

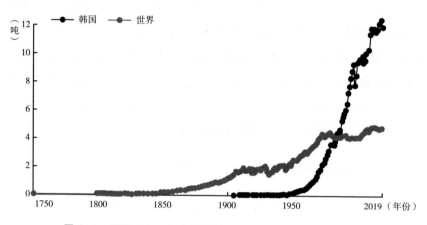

图 4-1　1750～2019 年世界和韩国人均二氧化碳排放量对比

资料来源："Source：Our World in Data"，https：//ourworldindata.org/co2/country/south-Korea？country＝KOR～OWID_ WRL。

续发展大会上，全球绿色增长研究所转型为国际政府间组织，致力于支持和促进发展中国家和新兴经济体强劲、包容和可持续的经济增长。① 截至2022 年，该组织已从 18 个创始签署国增加到 39 个成员、23 个伙伴（含国际组织）。② 机构的扩张为韩国提供扩大发言权和影响力的机会。全球绿色增长研究所推出绿色投资服务，提供绿色金融服务，2015～2020 年为 60个项目筹集了 20 亿美元的气候资金，在 40 个国家和地区开展业务，提供技术支持、能力建设、政策规划和实施，并帮助建立绿色投资项目的融资渠道。③

---

① 全球绿色增长研究院官方网站，https：//gggi.org/about/。

② 成员：安哥拉、澳大利亚、布基纳法索、柬埔寨、哥伦比亚、哥斯达黎加、科特迪瓦、丹麦、厄瓜多尔、埃塞俄比亚、斐济、圭亚那、匈牙利、印度尼西亚、约旦、基里巴斯、韩国、吉尔吉斯斯坦、老挝、墨西哥、蒙古、挪威、巴布亚新几内亚、巴拉圭、秘鲁、菲律宾、卡塔尔、卢旺达、塞内加尔、斯里兰卡、泰国、汤加、阿联酋、乌干达、英国、乌兹别克斯坦、瓦努阿图、越南、东加勒比国家组织。伙伴（含国际组织）：智利、中国、科摩罗、多米尼加、加纳、危地马拉、印度、哈萨克斯坦、马达加斯加、摩洛哥、莫桑比克、缅甸、尼泊尔、尼加拉瓜、北马其顿、巴基斯坦、萨摩亚、苏丹、多哥、突尼斯、土库曼斯坦、赞比亚、欧洲联盟。

③ 全球绿色增长研究院官方网站，https：//gggi.org/global-program/green-investment-services/。

　　韩国积极推动举办多边国际峰会。2021 年 5 月，首尔市举行"绿色增长和 2030 年全球目标（P4G）伙伴关系峰会"。这是韩国首次举办环境多边会议，与会国家和国际机构在会后发表了《首尔宣言》，此次峰会对 2021 年 11 月在英国格拉斯哥举行的《联合国气候变化框架公约》缔约方大会（COP）起到桥梁作用，为全球气候谈判提供了支持。[①]

　　第二，引入气候治理国际融资机构。全球气候治理关键的影响因素是资金，没有足够的资金支持，围绕应对气候变化的各种承诺、计划都难以落实。若能在融资方面获得影响力，那么韩国在这一领域的话语权就能得到凸显。绿色气候基金（Green Climate Fund，GCF）成立于 2010 年 12 月，是具有历史意义的《巴黎协定》的一个重要成果，其任务是支持发展中国家提高并实现其国家自主贡献（NDC）的雄心壮志，以实现低排放、具有气候适应能力的发展途径。2012 年，韩国打破二战后国际组织总部设在欧洲或美国的惯例，击败德国、墨西哥、波兰、纳米比亚和瑞士，成功竞得绿色气候基金的东道国地位，该基金总部设在仁川市松岛。[②] 韩国政府为该基金的成功申办投入大量资金，认为这反映该国日益提升的国际地位，也是推动韩国经济增长的一种手段。绿色气候基金预计每年管理 1000 亿美元的资金，帮助发展中国家应对气候变化。绿色气候基金是《联合国气候变化框架公约》金融机制下唯一独立的多边融资实体，作为《联合国气候变化框架公约》和《巴黎协定》金融机制最大运营实体，绿色气候基金是全球最大的单一公共资金来源，致力于减少温室气体排放和帮助各国适应气候变化。韩国作为绿色气候基金东道国的角色，对绿色增长贡献有着显著影响，推动发达国家对该基金的捐款援助，成为全球发展领域的"绿色先

---

① 《P4G 首尔宣言"加强气候危机包容性合作"》，韩民族日报中文网，2021 年 6 月 1 日，http：//china. hani. co. kr/arti/politics/9790. html。

② John Parnell，"South Korea Selected to Host Green Climate Fund"，*Climate Home News*，October 20，2012，https：//www. climatechangenews. com/2012/10/20/south-korea-selected-to-host-green-climate-fund/。

锋"。^① 2015～2020 年，基金获批项目总价值超过 230 亿美元，其中约 1/3 来自合作伙伴。^② 绿色气候基金不仅是发达国家兑现 1000 亿美元长期资金承诺的重要平台，亦是《巴黎协定》目标达成的关键因素。^③

第三，推出绿色新政主张。2020 年，韩国政府推出"绿色新政"（South Korea's Green New Deal）计划，借助更多的数字服务和更强大的安全网，并通过多边行动，扩大韩国绿色倡议的影响力，充分利用其在信息技术领域的优势，推动韩国制造业向更智能、更绿色转型。这一计划的核心是技术和产业转型战略，旨在迅速将韩国打造为未来新技术密集型、高技能、高工资、出口导向型产业的领导者。韩国政府计划在 2025 年前将其 GDP 的 3.8% 投资于"绿色新政"项目，总投资约 1440 亿美元，以实现碳中和，并增加对发展中国家的发展援助和对绿色气候基金的捐款，支持环保工作。^④ 该政策主张一经宣布就引起了全球的广泛关注。韩国国际协力机构（KOICA）已被绿色气候基金批准为认可实体，在促进韩国"绿色新政"的同时，与绿色气候基金合作共同推进各项气候变化项目，加大对相关国家的支持。例如，韩国国际协力机构援助的耗资 2000 万美元的斐济农业光伏项目（韩国提供 800 万美元资金），就获得绿色气候基金 900 万美元的支持，占该项目投资总额的 45%，项目的第一阶段韩国就顺利获得拨款 500 万美元。^⑤ 韩国以较少的启动资金，有力地撬动了国际融资，实现了外交目标。值得注意的是，2022 年 2 月，俄乌冲突引发化石能源价格暴涨，让清洁能源和绿色增长再度引起关注。例如，美国知名智库亚洲协会（Asia Society）刊文呼吁，要抓住韩国清洁能源转型带来的机遇，学习韩国在环境、能源和

---

① Hyo-sook Kim, *South Korea's Foreign Aid: The Domestic Politics of Middle Power Diplomacy*, Oxfordshire: Routledge, 2021, p. 1995.

② "GCF Annual Results Report-Climate Action during the Pandemic", Green Climate Fund, March 2021, https://www.greenclimate.fund/sites/default/files/document/gcf-annual-results-report-2020.pdf.

③ Green Climate Fund, https://www.greenclimate.fund/about/governance.

④ "Finance Minister Pledges Major Green Investment", *Korea JoongAng Daily*, May 26, 2021.

⑤ Choi He-suk, "Green Climate Fund Grants $5m for KOICA's Fiji Project", *The Korea Herald*, Aug. 22, 2020, http://www.koreaherald.com/view.php?ud=20200821000602.

经济安全方面的经验。[1]

韩国通过多种举措和对外公共话语的努力，特别是引入联合国唯一的气候公共融资平台绿色气候基金，成功将自己塑造成为绿色增长领域的一个牵头羊和推动者角色，强化了在绿色增长领域的重要话语权。尽管现实情况是，韩国在绿色增长领域并非立竿见影地实施绿色能源，如煤电仍占韩国能源消耗总量的40%，可再生能源占比不到6%，[2] 但韩国政府反复声张的"绿色低碳"的确留给外界"韩国在这方面是引领者"的印象，这恰恰证明话语权塑造的重要性。

（二）印度尼西亚气候治理的角色和作用

立足于东南亚，印度尼西亚的全球角色日益凸显，其对外战略的重心是积极参与国际和地区合作机制，广泛拓展多边外交舞台，提升国际地位和世界影响力，扮演东盟的核心角色，成为东盟的"领袖"和东盟地区对外的"代言人"。从更长远的目标出发，印尼是要跻身世界十大强国行列，实现与大国平起平坐的夙愿，赢得国际社会的真心尊重。印尼尽管面临推进环境政策的诸多挑战，但也在全球气候谈判中承担正面和活跃的角色。印尼已批准几乎所有关于环境和气候变化的条约，包括《维也纳公约》《蒙特利尔议定书》《伦敦修正案》《联合国气候变化框架公约》等，积极参与气候变化谈判，发挥更大的治理作用。

一方面，印尼意识到其地理结构是一个群岛国家，将受到海平面上升的重大影响，对推动全球气候变化治理有紧迫感。作为东南亚最大的经济体，印尼不仅是世界上最大的温室气体排放国之一（2015年全球第四大温室气体排放国），也是受气候变化影响最严重的国家之一。印度尼西亚拥有1万

[1] Lizabeth Thurbon, Sung-Young Kim, Hao Tan and John Mathews, "South Korea's Green New Deal: A Very Big Deal for Australia", *Asia Society*, June 15, 2022, https://asiasociety.org/australia/south-koreas-green-new-deal-very-big-deal-australia.

[2] Josh Smith and Sangmi Cha, "Jobs Come First in South Korea's Ambitious 'Green New Deal' Climate Plan", *Reuters*, June 8, 2020, https://www.reuters.com/article/us-southkorea-environment-newdeal-analys-idUSKBN23F0SV.

多个大小岛屿和漫长的海岸线，其沿海人口非常多，例如 65% 的爪哇岛人口生活在低洼的沿海地区，容易受到气候变化的影响。如果海平面因气候变化而继续上升，印尼可能会失去数千个岛屿。[①] 印尼有面积广袤的热带雨林，受到人工开垦的影响，正遭遇森林退化的威胁。火山和构造地震、海啸等自然灾害频发，旱季和洪水等极端天气事件屡见不鲜。城市污染严重，经济活动依赖化石燃料。根据国际能源署发布的《2020 年煤炭报告：分析和预测至 2025 年》数据，印尼是世界上最大的煤炭出口国，2019 年的总出口量为 4.55 亿吨，占世界煤炭出口总量（13.31 亿吨）的 1/3，远高于第二名澳大利亚的 3.93 亿吨。[②] 化石能源世界第一出口国、温室气体排放大国的身份，使印尼在气候变化治理领域的作用不可或缺，对于全球温室气体减排任务具有特殊的重要性。

另一方面，印尼展现了对全球气候治理国际领导地位的雄心。印尼致力于改善和提升国际形象，推动东盟向外看、齐发声，并重点发展同大国和其他中等强国之间的关系，希望争取与大国同等地位。印尼重视多边外交，高度重视联合国、G20 等"大多边"舞台的外交活动，担任 2022 年 G20 峰会主席国，有机会在全球关切的问题上发挥桥梁纽带作用；注重参与中等强国合作体（MIKTA）等"小多边"机制，主张 MIKTA 作为一个跨区域集团发挥多边体系重要的桥梁作用，在当前的全球形势下继续倡导多边主义精神。[③] 印尼作为 77 国集团的创始成员之一，在历次《联合国气候变化框架公约》谈判中一直支持该集团的集体谈判作用。印尼还是国际气候谈判中 5 个重要谈判集团的成员，包括"志同道合"发展中国家（LMDCs）、"77 国

---

① Rafki Hidayat, "Indonesia Counts its Islands to Protect Territory and Resources", *BBC*, June 7, 2017, https：//www.bbc.co.uk/news/world-asia-40168981.

② "Coal 2020：Analysis and Forecast to 2025", International Energy Agency, December 2020, p. 103. https：//iea. blob. core. windows. net/assets/00abf3d2-4599-4353-977c-8f80e9085420/Coal_ 2020. pdf.

③ "Indonesian Minister of Foreign Affairs：MIKTA Countries Should Call for Equality of Vaccines for All", Ministry of Foreign Affairs of Republic of Indonesia, February 3, 2021, https：//kemlu. go. id/portal/en/read/2132/berita/indonesian-minister-of-foreign-affairs-mikta-countries-should-call-for-equality-of-vaccines-for-all.

集团+中国"、雨林国家联盟、石油输出国组织（OPEC）和卡塔赫纳对话（Cartagena Dialogue）。① 京都缔约方大会第三次会议后不久，印尼当选为77国集团主席国，在布宜诺斯艾利斯举行的第四次缔约方会议期间领导了77国集团的气候谈判小组。

印度尼西亚于2016年批准《巴黎协定》，其气候承诺（即"国家自主贡献"）的目标是到2030年将排放量减少29%～41%。这一范围的上限取决于国际合作的支持，2030年的排放量将保持接近2016年的水平。2021年7月，印度尼西亚提交了更新的国家自主贡献，确认了其现有的2030年目标。印度尼西亚再次承诺在一切照旧情景下无条件地减少29%的排放量，并在相同的情景下有条件地减少41%的排放量。② 当然，印度尼西亚依然高度依赖化石燃料，拥有丰富储量的煤炭占该国能源结构的近40%。印尼国有电力公司（PLN）宣布在2023年后停止建设燃煤电厂。③ 印尼积极谋求气候治理国际话语权，突出自己在全球气候治理中的专长，把握国际关切，加大国际参与力度。

一是加强森林气候治理。减少森林砍伐造成的排放是印度尼西亚气候行动的重要组成部分，政府在这一重要的气候行动议程上发挥着"中坚"作用。印度尼西亚拥有世界第三大热带森林面积和36%的热带泥炭地，土地开发、泥炭地和林业变化的排放占该国总排放量近50%。④ 由于经济开发需要拓展土地，印尼每年都会清理大片林地用于棕榈油种植园。棕榈油目前已成为印尼最重要的出口商品之一，2020年产量约为4830万吨，超过马来西

---

① 卡塔赫纳对话是一个由大约30个参与国组成的非正式讨论空间，是联合国气候谈判中为数不多的汇集全球南北谈判代表的团体之一，向在联合国气候谈判中寻求类似成果的任何国家开放。

② "Updated NDC Indonesia 2021", Ministry of Environment and Forestry of Indonesia, July 21, 2021, https://www4.unfccc.int/sites/ndcstaging/PublishedDocuments/Indonesia% 20First/Updated%20NDC%20Indonesia%202021%20-%20corrected%20version.pdf.

③ Hans Nicholas Jong, "Indonesia Says no New Coal Plants from 2023", *Mongabay*, May 12, 2021, https://news.mongabay.com/2021/05/indonesia-says-no-new-coal-plants-from-2023-after-the-next-100-or-so/.

④ "Forests and Landscapes in Indonesia", World Recourses Institute, https://www.wri.org/initiatives/forests-and-landscapes-indonesia.

亚成为最大的棕榈油生产国，供应了全世界约44%的棕榈油。[①] 由于棕榈油需求的快速增长，印尼的森林砍伐速度加快，成为仅次于巴西的世界第二大森林砍伐国。[②] 这就造成经济发展与环境保护之间的矛盾。在此背景下，保护森林减少温室气体的排放成为气候变化谈判中的重要议题。2005年12月，在加拿大蒙特利尔举行的《联合国气候变化框架公约》第11次缔约方大会上，以哥斯达黎加、巴布亚新几内亚为首的雨林国家联盟提出降低发展中国家因森林砍伐和退化所产生的碳排放，"减少森林砍伐和森林退化排放"（REDD）提案得到广泛的支持。2017年10月，印尼政府宣布一项旨在将气候行动纳入国家发展议程的新举措，特别针对五个"优先部门"落实减排目标，包括林业和泥炭地、农业、能源和交通、工业和废物处理。[③] 2007年12月，在巴厘岛举行的联合国气候会议上，各方广泛讨论了REDD问题，包括印尼在内的国家提出"REDD+"的建议，其中"+"指的是森林的可持续管理、森林碳储存的保护和森林碳储存的提高，这一有巨大潜力的减缓气候变化措施被列入了"巴厘路线图"。印尼利用"REDD+"倡议加强其在《联合国气候变化框架公约》中与其他缔约方的谈判地位，还发起"森林十一国"联盟（Forest-11），获得雨林国家的积极响应，由11个拥有大量热带森林国家组成的雨林联盟，有助于提高气候谈判地位。2008年，在印尼等国家的影响下，联合国启动"减少森林砍伐和森林退化排放"计划，允许各国通过支付停止森林砍伐的费用从而抵消其自身碳排放。[④] 同年，印尼成为第一个将REDD计划引入立法的国家，还主办一些与REDD相关的会议，推出相关的项目。随着气候变化谈判的不断深入，REDD的内容变得更加丰富，在原有的森林保护基础上，增加造林、森林的可持续管理以及生物多样性等内容。

---

① "Production Volume of Palm Oil in Indonesia from 2012 to 2020", Statista, https://www.statista.com/statistics/706786/production-of-palm-oil-in-indonesia/.

② https://www.carbonbrief.org/mapped-where-multilateral-climate-funds-spend-their-money.

③ https://www.carbonbrief.org/the-carbon-brief-profile-indonesia.

④ 《"REDD"：发展中国家适应气候变化一个重要机制》，联合国新闻，2010年2月26日，https://news.un.org/zh/audio/2010/02/296112。

二是突出气候治理桥梁作用。鉴于推动 REDD 倡议和鼓励全球广泛支持这一倡议的重要性，印度尼西亚采取积极立场，没有完全局限于推动发达国家减排并向发展中国家提供财政和技术援助。印度尼西亚外交部高级官员称："我们在气候变化问题上的立场比 77 国集团更进步。77 国集团的强硬立场可能与 15 年前我们在世贸组织的立场相同。但我们不再是那样了。77 国集团在一些问题上仍然保守和防御，而我们更先进。尽管我们仍然是集团的一部分，但我们可以自由选择……在（谈判）僵局中，印尼总是把自己作为中间人和对话者。"① 与"基础四国"相比，印度尼西亚更倾向于通过更大范围的群体讨论发达国家向发展中国家提供足够资源的义务。从其在气候变化谈判中的联盟偏好可以看出印尼所扮演的关键角色。印尼没有加入发展中国家气候谈判集团"基础四国"，但加入了发达国家与发展中国家混合在一起的卡塔赫纳对话，以此来寻找解决传统南北分歧之外的气候变化问题解决方案。卡塔赫纳对话具有独特的地位，在正式谈判室之外进行坦率的讨论，氛围比正式气候谈判更为轻松。卡塔赫纳对话通过强调所有国家都有责任根据其相对经济能力进行减排，在不同国家之间建立信任。② 正如印尼前环境部长拉赫马特·维托拉尔（Rachmat Witoelar）所说："我们试图使卡塔赫纳不仅是一个处于中间的集团，而且是一个公共的领导者，也就是说，它是一个积极调和不同利益和立场的规则制定者。"③ 为此，印尼将它视为重要的外交场所，一直派高级别代表团参加对话会，并将自己视为桥梁角色，发挥沟通作用。

从担任《联合国气候变化框架公约》第 13 届缔约方大会主席到 20 国集团匹兹堡峰会对自愿减排承诺发挥的关键作用，印度尼西亚的桥梁作用展

---

① Awidya Santikajaya, "Walking the Middle Path: The Characteristics of Indonesia's Rise", *International Journal*, Vol. 71, No. 4, 2016, pp. 579–580.

② John Vogler, "Environmental Issues", in John Baylis and Steve Smith, eds., *The Globalization of World Politics: An Introduction to International Relations*, Oxford: Oxford University Press, 2014, p. 352.

③ Awidya Santikajaya, "Walking the Middle Path: The Characteristics of Indonesia's Rise", *International Journal*, Vol. 71, No. 4, 2016, p. 581.

现得淋漓尽致。在第 13 届缔约方大会上，由于发达国家和发展中国家都对美国作为《京都议定书》非缔约方的地位产生怀疑，会议陷入僵局，几乎没有达成任何协议。因为美国不同意协议草案，还试图删除一些与发达国家义务有关的内容，包括实现比 1990 年排放水平低 25%～40% 的具有约束力的总承诺。[1] 发展中国家谴责美国的立场，指责美国削弱了国际气候变化制度。在发展中国家的强大压力下，美国和其他缔约方之间的分歧在最后一天得到调和。美国最终加入"巴厘岛路线图"，其中规定了讨论后京都协议的步骤。虽然美国最终同意路线图的决定是来自发展中国家的强大压力，但印尼也在其中扮演了重要角色，它推行"穿梭外交"，与各方保持密切接触，确保在最后的会议上达成一致。虽然"巴厘岛路线图"本身并不具有约束力，但与以往相比，路线图已是很大突破。这是发达国家和发展中国家首次搁置在国际气候变化机制上的长期分歧。此外，印度尼西亚在 2009 年 G20峰会上宣布减排承诺，到 2020 年正常情况下减排 26%，在国际支持下减排41%。[2] 这一举动推动东道主美国将气候变化问题纳入当年会议议程。印尼的外交举动和承诺带来一些积极的结果。2010 年 6 月，挪威和印度尼西亚签署一份意向书，承诺由挪威出资 10 亿美元在印尼启动"REDD"计划，支持印尼对泥炭地和原始森林实施的林业许可证暂停发放措施。[3] 不过，2021 年，印度尼西亚政府终止了与挪威的"REDD+"协议。[4] 理由是挪威未能支付 5600 万美元的赠款，其 10 亿美元的援助资金也远未兑现。[5]

三是积极吸引气候国际融资。印尼坚持环境保护与经济发展相适应的立

① Peter Christoff, "The Bali Roadmap: Climate Change, COP 13 and Beyond", *Environmental Politics*, Vol. 17, No. 3, 2008, p. 468.

② Frank Jotzo, "Can Indonesia Lead on Climate Change?", in Anthony S. Reid, ed., *Indonesia Rising: The Repositioning of Asia's Third Giant*, Singapore: ISEAS, 2012, p. 91.

③ "Norway to Give Indonesia $1 Billion to Protect Forests", *Reuters*, May 18, 2010.

④ "Indonesia Terminates the LoI on REDD + with Norway", Ministry of Foreign Affairs of the Republic of Indonesia, September 10, 2021, https://kemlu.go.id/portal/en/read/2912/berita/indonesia-akhiri-kerja-sama-redd-dengan-norwegia.

⑤ "Indonesia, Norway in Blame Game over Collapsed Deforestation Pact", *the Jakarta Post*, September 10, 2021, https://www.thejakartapost.com/news/2021/09/12/indonesia-norway-in-blame-game-over-collapsed-deforestation-pact.html.

场。为了减少温室气体排放，弥补经济发展损失，印尼需要相关国际融资支持。当然，气候变化机制可以带来经济效益，印尼试图利用气候融资机制的有利地位，进一步扩大在森林治理与气候融资方面的话语权。在气候治理转移支付机制的支持下，印度尼西亚成为全球第六大气候融资接受国。到2016 年，印度尼西亚已从绿色气候基金和气候投资基金（CIF）获得了3.62 亿美元的金融支持。不过，根据气候政策倡议组织（Climate Policy Initiative）的研究，追踪 2015～2018 年约 132 亿美元的私人气候融资发现，印度尼西亚需要在未来十年大幅扩大气候融资以实现其国家自主贡献。[1] 当前，印度尼西亚有关气候融资总量与减排目标还有很大的差距，到 2030 年，它估计需要 2470 亿美元才能实现其将温室气体排放量减少 29% 的国家自主贡献目标。

（三）印度气候治理的角色和作用

印度人口超过 14 亿，已成为世界人口最多的国家。就国内生产总值而言，印度经济在全球排名第 5 位，超过英国，是世界上增长最快的主要经济体之一。同时，印度也是仅次于中国和美国的世界第三大温室气体排放国、世界第二大煤炭消费国。在中国的煤炭使用量已经趋于稳定并减少的情况下，印度可以在很大程度上决定煤炭燃料的全球使用轨迹。

在过去 20 多年的大部分时间里，印度关于气候谈判做法的核心原则一直是公平分担义务，遵循温室气体排放的历史责任、共同但有区别的责任和各自能力的原则。实际上，这意味着印度拒绝承担大规模减排义务，而是推动发达国家为解决气候问题承担财政责任。这一传统方法的实质上受到以下因素的影响：①物质限制感，贫困在印度很普遍，大约 3 亿印度人的生活没有基本电力供应；②对国际进程缺乏信任，即不相信工业化国家在谈判气候协议方面是真诚的，不信任达成的任何协议都会得到遵守；

---

[1]　Chavi Meattle and Muhammad Zeki, "Uncovering the Private Climate Finance Landscape in Indonesia", May 15, 2020, https://www.climatepolicyinitiative.org/uncovering-the-private-climate-finance-landscape-in-indonesia/.

③对公平的担忧，担心气候谈判不会为印度带来公平结果，对应对气候变化的负担应该如何分配也表示疑虑，担心会限制印度的工业化进程；④强烈的主权意识，印度的民族主义情绪极其强烈，任何有关印度政府可能屈服于西方国家的做法都会在议会中引发强烈批评，反对党会指责政府出卖国家并损害印度的主权。这些因素促使印度采取传统的保守做法。气候外交在很大程度上是与外交政策的其他领域隔离开来的，主要由环境部高级官员负责实施。这一立场反映了印度坚持确保其经济和社会发展权益不受影响的态度。

然而，随着经济实力的增强和国际地位的提升，印度在应对气候变化中扮演的角色逐渐发生变化，从一个抗拒者转变为积极参与者乃至规则制定者。过去10多年，印度已从全球气候政策的边缘抗议声音，转化为积极塑造应对气候变化国际努力的协奏声音。印度参与全球气候政治是其总体外交政策调整的一部分，倾向于在管理全球公共资源方面承担更多责任，获得更多的话语权，为其外交目标和国家利益服务。2008年起，印度气候外交的影响中心逐渐从官僚机构转移到了政治机构。2008年，时任印度总理曼莫汉·辛格发布了"国家气候变化行动计划"（NAPCC），标志着印度参与应对气候问题的一个转折点。辛格承诺印度人均碳排放量永远不会超过发达国家人均碳排放量的平均水平。[①] 这是印度首次在名义上设定排放上限。印度坚持认为，按人均计算各国温室气体排放量是全球气候变化长期安排的唯一公正和公平的基础，要求富国付出认真努力，将温室气体排放量降至可容忍的水平，并坚称发展中国家不能也不会在发展问题上妥协。

2009年辛格连任总理后，印度对气候治理的态度发生更明显的转变。在备受瞩目的哥本哈根气候峰会前夕，环境部长贾拉姆·拉梅什（Jairam Ramesh）表示，他已受总理指示，在气候变化谈判中发挥建设性和主动性的作用。[②] 印度希望成为交易的缔造者而不是交易的破坏者，后者是它在气

---

① "PM Unveils Action Plan to Deal with Climate Change", *Indian Express*, Jul. 1, 2008.

② Namrata Patodia Rastogi, "Winds of Change: India's Emerging Climate Strategy", *The International Spectator*, Vol. 46, No. 2, 2011, p. 131.

候和贸易谈判中以强硬的谈判风格给人留下的印象。辛格强调无论是在贸易领域还是气候变化领域，印度都要在国际舞台上发挥积极作用，为寻找应对主要全球挑战的解决方案作出积极贡献。①

2014 年，纳伦德拉·莫迪领导的印度人民党（BJP）执政后，印度的外交政策出现更多决定性的变化。尽管印度尚称不上世界大国，但莫迪的"光辉印度"口号表明印度渴望在国际体系中获得大国地位以及成为领导者的愿景。印度外交政策的新活力和能量在很大程度上归功于总理莫迪，他实施了外交政策的诸多"第一"，包括首次阐明印度需要领导应对气候变化的斗争。② 在气候变化谈判中，印度将自己视为发展中国家声音的一部分，并成为它们的代表。莫迪把印度描绘成全球气候政治的负责任参与者。2018年，在世界经济论坛上，莫迪称气候变化是"我们所知的对生存和人类文明的最大威胁"。③ 莫迪政府通过在国际层面发出独特的声音、同时实现气候变化和经济发展目标，突出印度的软形象，希望在制定国际规则、规范和程序方面发挥更大的作用。④ 印度在《联合国气候变化框架公约》内的谈判方式也发生变化，更加积极地参与气候行动，从全球反对派过渡到全球议程制定者的角色。莫迪的积极政策和全球举措反映出印度正在扩大外交影响力，树立印度的全球形象，发展软硬实力。

一是建构印度有关气候话语体系。莫迪将印度传统文化融入对气候变化的认知，继而在气候谈判中宣传印度的气候与环境正义立场，为重塑议程的能力提供重要佐证。2015 年 4 月，在对德国的访问中，莫迪引述印度文化

---

① M. Singh，"PM Outlines Priorities for Global Engagement"，*Prime Minister's Press Release*，August 25，2009，http：//www. pmindia. nic. in/pressrel. htm.

② Waheguru Pal Singh Sidhu and Shruti Godbole，"Bold Initiatives Stymied by. Systemic Weakness. In Modi's Foreign Policy @ 365：Course. Correction"，*Brookings India*，2015，https：//www. brookings. edu/opinions/modis-foreign-policy-365-course-correction/.

③ "Narendra Modi：These are the 3 Greatest Threats to Civilization"，*World Economic Forum*，Jan. 23，2018，https：//www. weforum. org/agenda/2018/01/narendra-modi-davos-these-are-the-3-greatest-threats-to-civilization/.

④ Farhat Konain Shujahi and Nazir Hussai，"Evaluating Modi's Foreign Policy：Continuity or Change"，*Journal of Political Studies*，Vol. 23，No. 2，2016，pp. 617-618.

中对自然的敬畏，称善待自然对印度人来说是"理所当然"。① 莫迪对环境伦理和可持续发展承诺的话语，从印度提交给 2015 年 10 月巴黎气候谈判的"国家自主贡献"的文本中可见一斑。其中充满了对印度文学和宗教传统的引用，为印度承诺减缓气候变化提供合理依据。比如国家自主贡献报告声称："印度有着人与自然和谐共处的悠久历史和传统。这里的人类把动物和植物视为他们家庭的一部分……我们所代表的文化将我们的星球称为地球母亲。"② 印度引述古代文本所说："保持纯洁！因为地球是我们的母亲！我们是她的孩子。"印度还将广为人知且起源于古印度的瑜伽，视为一种旨在平衡满足感和世俗欲望的系统，推崇适度和可持续的生活方式，从而佐证对人与自然平衡的追求。印度还引述圣雄甘地的话，"明智地利用自然资源，因为确保我们给后代留下一个健康的地球是我们的道德责任"。③ 很明显，印度在制造一种对环境友好和热爱的气候话语，将传统文化和价值观与环境保护立场相结合。

二是增强气候治理影响力。作为一个持续发展的新兴国家，印度的全球气候谈判角色越来越有影响力：它是"77 国集团+中国"的成员，与巴西、中国、南非合作成立"基础四国"，成为气候谈判会议上一股重要力量，有机会引领气候谈判方向。这些举动标志着印度接受对气候变化的集体责任，发出气候谈判中强有力的声音。印度还加入"志同道合"发展中国家（LMDCs）和雨林国家联盟，并扮演积极角色。莫迪有效地利用新议

---

① Narendra Modi, "India will Set Climate Change Conference Agenda", *Indian Express*, April 14, 2015, http：//indianexpress. com/article/india/india-others/india-will-set-climate-change-conference-agenda-narendra-modi/.

② "India's Intended Nationally Determined Contributions", Ministry of Environment, Forest and Climate of India, September 2015, p. 1, https：//www4. unfccc. int/sites/ndcstaging/PublishedDocuments/India%20First/INDIA%20INDC%20TO%20UNFCCC. pdf.

③ "India's Intended Nationally Determined Contributions", Ministry of Environment, Forest and Climate of India, September 2015, p. 1, https：//www4. unfccc. int/sites/ndcstaging/PublishedDocuments/India%20First/INDIA%20INDC%20TO%20UNFCCC. pdf.

题和发展议程协同开展工作。[①] 2015 年，在巴黎气候谈判中，印度通过推动可再生能源议程，发挥推动引导的作用。在联合国气候变化谈判中，美国和其他发达国家提出建立一个核查程序的重要问题，以确保发展中国家承诺的减排行动具有透明度。在哥本哈根气候峰会之前，各方围绕这一问题出现严重的分歧，主要是因为发展中经济体担心国家主权受到侵犯。作为一个"交易促成者"，印度通过引入"国际协商和分析"的概念，帮助发达国家和发展中国家找到折中方案。[②] "国际协商和分析"流程旨在以非侵入性、非惩罚性和尊重国家主权的方式提高减排行动的透明度。[③] 这一做法允许对透明度进行有创造性的解释，删除被认为具有侵犯性的"核查"提法。对于印度发挥的作用，英国媒体《每日电讯报》引述一位谈判代表称赞印度时的话："你必须把它交给印度部长，就像他在与美国、BASIC 成员之间走钢丝一样，印度确实成为谈判中的一个重要集结点。"[④]

三是实施清洁能源行动。能源安全和能源供应是印度政府优先考虑的重要问题。在新兴清洁能源市场中建立自己的地位既能创造新的经济机会，也可以帮助印度实现其在未来技术选择中保持领先的目标。印度积极进军太阳能和可再生能源市场，将自己定位为清洁能源技术市场的领军者。在管理体制上，印度政府专门成立了新能源与可再生能源部（Ministry of New and Renewable Energy），统筹规划和部署新能源。在向联合国提交的国家自主贡献报告中，印度承诺到 2030 年安装相当于该国总装机容量 40% 的清洁能源电量，到 2030 年其经济的碳强度比 2005 年的水平降低

---

① Amrita Narlikar, "India's Role in Global Governance: a Modification?", *International Affairs*, Vol. 93, No. 1, 2017, pp. 93-111.

② Namrata Patodia Rastogi, "Winds of Change: India's Emerging Climate Strategy", *The International Spectator*, Vol. 46, No. 2, 2011, p. 133.

③ "International Consultation and Analysis", United Nations Framework Convention on Climate Change, https://unfccc.int/ICA.

④ Jayanta Basu, "Cautious Support for Jairam's Tightrope Act", *The Telegraph*, December 7, 2010, https://www.telegraphindia.com/india/cautious-support-for-jairam-tightrope-act/cid/449437.

33%～35%，通过提高森林覆盖率来提升价值 25 亿～30 亿吨二氧化碳当量的碳汇目标。[①] 印度力图实现 175 吉瓦可再生能源的目标，[②] 进一步彰显在全球气候行动中的领导地位。印度还在第 21 届联合国气候变化大会上发起全球太阳能联盟，积极推动扩大可再生能源计划。2017 年，印度可再生能源投资和新增产能首次超过化石燃料。印度是全球第四大风力发电国，仅次于中国、美国和德国。印度是世界第三大电力消费国，也是世界第三大可再生能源生产国，2020 年总装机容量的 38%（总容量 373 吉瓦）来自可再生能源。2021 年"可再生能源国家吸引力指数"将印度排在美国和中国之后，位居世界第三。[③] 印度是世界上可再生能源增长率最高的国家之一。2014 年 4 月至 2021 年 1 月，其可再生能源装机容量增加 2.5 倍，同期太阳能装机容量增加 15 倍。在全球范围内，印度的可再生能源发电能力排名第 4 位、风力发电排名第 4 位、太阳能发电排名第 5 位。在 2021 年英国格拉斯哥气候峰会上，印度总理莫迪宣布提高印度的气候目标，包括到 2030 年将其非化石能源产能提高到 500 吉瓦，通过可再生能源满足 50%的能源需求。[④] 这一目标将带来 2000 多亿美元的投资机会。根据全球可再生能源投资趋势报告，2014～2019 年，印度的可再生能源计划和项目共吸引 642 亿美元的投资。[⑤] 国际能源署在《2021 年印度能源展望》报告中将印度可再生能源部门的增长描述为"令人印象深刻"，并预测未来几十年印

[①] "India's Intended Nationally Determined Contribution is Balanced and Comprehensive", Ministry of Environment, Forest and Climate Change of India, October 2015, https: //pib. gov. in/newsite/ printrelease. aspx? relid = 128403.

[②] "Country Summary, India", https: //climateactiontracker. org/countries/india/.

[③] "Renewable Energy Country Attractiveness Index", https: //assets. ey. com/content/dam/ey-sites/ey-com/en_ gl/topics/power-and-utilities/power-and-utilities-pdf/ey-recai-57-top-40-ladder. pdf.

[④] "India to Achieve 50% Clean Energy Share, 500 GW RE Capacity Targets before 2030 Deadline", *India Times*, November 9, 2021, https: //economictimes. indiatimes. com/industry/renewables/ india-to-achieve-50-clean-energy-share-500-gw-re-capacity-targets-before-2030-deadline-singh/articl eshow/87604552. cms.

[⑤] "MNRE Annual Report 2020-2021", Ministry of New and Renewable Energy of India, p. 2.

度将在太阳能和电池等领域引领世界。[1]

印度积极追求在气候变化领域的国际影响力，提升在特定领域的话语权，一个重要原因是希望在全球治理中发挥更大作用。它渴望成为联合国安理会常任理事国，增加在国际货币基金组织和世界银行等国际金融机构中的投票权，进一步证明其有兴趣扮演领导者。皮尤研究中心一项民意调查显示，大约68%的印度受访者认为，与10年前相比，印度在当今世界上扮演着更重要的角色。由于莫迪对西方国家开展广泛的公共外交，一些发达国家民众对印度的看法趋于正面。加拿大（52%）、澳大利亚（53%）和日本（54%）一半以上的受访民众对印度持正面看法。[2] 不过，印度必须承担与其国际地位相称的气候治理责任，无法逃避承担减排义务。

总而言之，在气候变化领域，中等强国潜力无限，角色更加突出，任务也更加繁重。一方面，中等强国在气候政策方面都有各自不同的国家议程和优先关注的问题，也都面临着不同程度的国际和国内压力，需要在新的气候谈判制度下设定有约束力的目标。另一方面，它们积极参加联合国气候变化谈判，努力发挥领导作用。中等强国在全球气候治理领域的影响力、话语权，既来自对国际舞台的参与和对本身实力与作用的自我承认，也来自世界其他国家对它们在应对气候变化问题上的期待。

二　中等强国全球卫生治理的角色与作用

全球化将各个国家纳入紧密相连的网络，交通发达，人们因商务、旅游等因素在不同国家间穿梭。跨境人口流动频繁，增加出入境防疫管理的困难和复杂度。全球生产链一体化背景下，食物制造商将食物材料供应、生产工

---

[1] Anmar Frangoul, "India Hails 'Milestone' for Its Renewables Capacity, But Challenges Remain", CNBC, August 13, 2021, https://www.cnbc.com/2021/08/13/india-hails-milestone-for-its-renewables-capacity-challenges-remain.html.

[2] Bruce Stokes, "How Indians See Their Place in the World", Pew Research Center, September 19, 2016, https://www.pewresearch.org/global/2016/09/19/3-how-indians-see-their-place-in-the-world/.

序集中在同一地方，再输往世界各地。然而一旦产品出现问题，便难以追踪病源。人们在享受各种便利的同时，也面临艾滋病、埃博拉病毒、寨卡病毒、新冠病毒、禽流感等各类传染病威胁。特别是新冠疫情大流行提醒我们，在全球化的世界中，没有哪个国家能够独立有效地应对健康威胁。各国必须行动起来，加强合作抗疫，加快开发疫苗及药物，共同制定公共卫生的国际协议及标准，防止传染病大规模暴发。

美国外交关系委员会公共卫生高级研究员大卫·P. 菲德勒（David P. Fidler）将全球卫生治理定义为国家、政府间组织和非国家行为体利用正式和非正式的机构、规则和程序来处理需要跨界集体行动才能有效解决的卫生挑战。[①] 领导力对于实现全球卫生的目标至关重要。领导者角色可有效影响行为体的活动，确立明确的使命和目标。世界卫生组织作为国际公共卫生最权威的协调机构，推动了世界卫生事业的发展，在协调国际合作应对疫情方面发挥领导作用，但在大国竞争、国际政治博弈持续加剧的背景下，全球卫生治理依然任重道远。

（一）多边应对全球卫生治理

全球卫生治理架构是从危机的灰烬中产生的。70多年前，联合国从第二次世界大战的废墟中成立。1945年6月26日签署的《联合国宪章》第五十七条要求建立一个新的国际卫生专责机关即世界卫生组织（WHO）。[②] 作为联合国最重要的下属机构之一，世界卫生组织是最大和最权威的政府间卫生组织，一直以来，处于全球应对公共健康危机威胁的最前沿，寻求指导和协调国际行动，是全球公共卫生治理的核心。1946年《世界卫生组织章程》授权世卫组织就广泛的卫生问题谈判达成国际协议。《国际卫生条例》（International Health Regulations）规定了各国预防、保护、控制疾病的国际

---

① David P. Fidler, "The Challenges of Global Health Governance", Working Paper, Council on Foreign Relations, 2010, p. 3. https：//cdn. cfr. org/sites/default/files/pdf/2010/05/IIGG_WorkingPaper4_ GlobalHealth. pdf.

② 《联合国宪章》, https：//www. un. org/zh/about-us/un-charter/full-text。

传播和提供公共卫生应对措施的义务。① 世界卫生组织长期以来积极寻求加强协调各国卫生工作的机构权力，呼吁通过加强世卫组织作用来实现协作和伙伴关系。在过去的 20 多年里，联合国在全球卫生方面的行动急剧增加，凸显应对公共卫生威胁的紧迫性。

2020 年，新冠疫情突如其来，对全球各国持续造成重大影响，这一全球公共卫生危机的政治关注度达到高峰。在应对新冠疫情的全球威胁时，联合国采取了应对措施，制定疫情应对计划、人道主义应对计划以及减轻社会和经济影响的框架。② 联合国秘书长启动联合国新冠疫情应对和恢复基金，推行疫苗计划，以帮助低收入和中等收入国家应对疫情。然而，特朗普领导下的美国做法动摇了全球卫生治理架构，削弱世卫组织的权威，妨碍了联合国协调一致的反应。世界卫生组织的全球卫生使命受到挑战。全球公共卫生危机应对措施中的民族主义挑战凸显全球卫生治理的关键结构性障碍。各国将世卫组织置于政治权力斗争的中心，使联合国政治舞台陷入瘫痪，全球治理面临有效应对的问题。然而，即使联合国系统寻求将世界团结在一起，各国政府也常常独自应对，因为国际组织的普遍框架在实现全球团结协作方面面临持续的阻碍。

通过国际组织进行全球卫生治理仍然至关重要。世卫组织是公认最权威的多边机构之一，负责协调国际卫生领域的政府间行动，在大流行应对中提供政治领导，协调技术和规范指导，提供公共卫生产品，并解决全球卫生政策方面的分歧。③ 世卫组织的核心作用绝对必要，尽管它缺乏对影响所有国家的全球紧急情况作出有效反应的权力和资源。世卫组织不断发展的卫生治理能力可以提供一个新的全球合作模式，将有意愿的国家和非国家行

---

① "International Health Regulations（2005）Third Edition"，World Health Organization，https：//www.who.int/publications/i/item/9789241580496.

② 《联合国关于采取即时社会经济措施应对 2019 冠状病毒病的框架》，联合国，2020 年 4 月，https：//unsdg.un.org/sites/default/files/2020 - 08/CH _ A-UN-framework-for-the-immediate-socio-economic-response-to-COVID-19.pdf。

③ "Global Coalition to Accelerate COVID-19 Clinical Research in Resource-limited Settings"，*The Lancet*，Vol.395，No.10223，pp.1322-1325.

为体聚拢在一起，应对人类面临的共同威胁。这一点，协调一致的全球卫生战略非常重要，这鼓励双边或非国家行为体发起各种倡议，国家、政府间组织与非国家行为体联合起来，形成公私伙伴关系，共同解决全球卫生问题。譬如国际免疫融资机制，突出体现为由全球疫苗免疫联盟、世卫组织和流行病防范创新联盟共同领导的"新冠肺炎疫苗实施计划"（COVAX）。长期以来，全球疫苗免疫联盟一直从特定的国家和非国家行为体那里获得自愿捐款，以确保世界上最贫穷的国家获得疫苗。如今，应对新冠疫情全球大流行更加迫切需要这种多边行动，增加对不发达国家的疫苗援助和支持。

当前，世界正面临前所未有的全球健康威胁，全球卫生治理处于十字路口，需要一种新的治理模式应对新的复杂形势，健全全球卫生治理体系。面对大国竞争对全球卫生治理造成的潜在影响，一些中等强国积极行动起来，力图通过自身对全球卫生的长期投入，把公共卫生治理的话语权拿过来，增加自身在全球治理中的分量，提升国际地位，同时助力于跨国公共卫生问题的解决。

（二）德国全球卫生治理的角色与作用

无论是从政治还是经济角度来看，德国都是一个具有全球影响力的关键中等强国，也是政治上的潜在大国。尽管有学者认为德国应是大国，因为其庞大的发达经济体和全球影响力。然而，更多的时候研究者将它视为中等强国。① 德国政治学家赫弗里德·明克勒（Herfried Münkler）认为，一个自信的中等强国在追求自身国家利益的同时履行其国际义务，不断增强在世界舞台上的影响力。明克勒认为，德国争取联合国安理会常任理事国席位的努力是其中等强国战略的一部分。② 实际上，二战后的几十年里，德国并没有积

---

① Max Otte, *A Rising Middle Power: German Foreign Policy in Transformation*, New York: St. Martin's Press, 2000.

② Herfried Münkler, "Germany as a Middle Power", https://ghdi.ghi-c.org/sub_document.cfm? document_id=3732.

极寻求成为全球政治领导者的角色。但德国在环保问题上表现出极高的重视度，环境问题是非常吃重的国内议题。德国人阿希姆·施泰纳（Achim Steiner）1998~2016 年担任联合国环境规划署署长。近年，德国在全球卫生治理方面的举措相当多，系统增加公共卫生领域的活动，参与全球卫生议程，扩大对全球卫生基金的援助，通过向世卫组织提供德国经验、专业知识和资金来承担其在全球卫生领域的责任和领导地位。

第一，领导人作为卫生治理实际推动者。执掌德国政坛长达 16 年的德国前总理默克尔对健康的个人动力和兴趣是德国参与全球卫生治理的独特之处。[1] 基于对全球卫生治理和多边主义的承诺，德国大大增加对世界卫生组织的政治支持和资金投入。当世卫组织因对西非埃博拉疫情反应迟缓而遭受攻击之际，默克尔决心发出支持多边主义的强烈政治信号。2015 年，在第 51 届慕尼黑安全会议上，默克尔将埃博拉病毒带来的威胁与恐怖主义、难民等全球问题相提并论。[2] 默克尔又在第 68 届世界卫生大会上强调，改革后的世卫组织在改善全球健康方面发挥着关键作用，向世卫组织提供坚定支持。默克尔认为，世卫组织是唯一在全球卫生事务上享有普遍政治合法性的国际组织。[3] 2018 年，默克尔与其他全球领导人一起呼吁世卫组织带头制定"人人享有健康生活和福祉全球行动计划"，加快实现与卫生相关的可持续发展目标。该计划已于 2019 年 9 月在联合国大会上启动。在默克尔第三届任期，德国卫生部获得全球卫生灵活预算，使其能够通过财政支持（即紧急应急基金）直接帮助世卫组织。

第二，利用国际多边平台确立牵头引领者角色。德国外交政策坚信多边

① Ilona Kickbusch，"What Explains Germany's New Role in Global Health? Chancellor Merkel is Central but Political Commitment Goes Deeper"，*British Medical Journal*，Vol. 351，2015.

② A. Merkel，"Speech by Federal Chancellor Angela Merkel on the Occasion of the 51st Munich Security Conference"，Feb. 7，2015，https：//www.bundesregierung.de/breg-en/chancellor/speech-by-federal-chancellor-angela-merkel-on-the-occasion-of-the-51st-munich-security-conference-400334.

③ "Statement by Federal Chancellor Angela Merkel at the 68th session of the WHO World Health Assembly in Geneva"，World Health Organization，May 18，2015，www.who.int/mediacentre/events/2015/wha68/merkel-speech-wha68.pdf？ua=1.

参与是国际秩序最重要的原则。德国外交部在政策宣言中直言，德意志联邦共和国一直支持以联合国为核心的多边秩序。① "软实力"和多边主义是德国参与全球卫生治理的出发点。② 德国积极利用现有的国际机构谋取话语权，如联合国、世界卫生组织、七国集团和二十国集团等。2009～2012年，德国成为世卫组织执行委员会的成员，推动世卫组织改革。德国倡议在柏林设立了世界卫生峰会，该会议后来成为重要的年度全球卫生会议。2017年，国际知名医学杂志《柳叶刀》对德国在全球卫生领域的作用予以肯定。③ G20德国汉堡峰会是第一次在其讨论中纳入全面健康轨道的会议，各国政府举行会议以推进实现全球健康目标。德国主办抗生素耐药性研究的筹款活动，并帮助起草G20卫生部长的宣言，将抗生素耐药性问题置于议题中心，推动G20与世卫组织密切合作，应对不断变化的挑战，为共同承诺和行动作出贡献。④ 至2023年，已有89个国家加入全球抗生素耐药性监测系统（GLASS），其中66个国家提供从9000个监测点收集的耐药性数据，自汉堡峰会以后增加了8倍。⑤

德国积极支持世界卫生组织。2020～2021年，德国大幅增加对世卫组织的资助，总捐款从2018～2019年的3.592亿美元增加到2020～2021年双年度的12.6亿美元以上，使德国成为这期间世卫组织的最大捐助国。⑥ 在

① "International Cooperation in the 21st Century: A Multilateralism for the People", Foreign Ministry of the Federal Republic of Germany, May 19, 2021, https://www.auswaertiges-amt.de/en/aussenpolitik/multilateralism-white-paper/2460318.

② Ilona Kickbusch, "Germany's Role in Global Health", The American Institute for Contemporary German Studies, Johns Hopkins University, June 10, 2020, https://www.aicgs.org/2020/06/germanys-role-in-global-health/.

③ Ilona Kickbusch, Christian Franz, Anna Holzscheiter, Iris Hunger, Albrecht Jahn, Carsten Köhler, Oliver Razum, Jean-Olivier Schmidt, "Germany's Expanding Role in Global Health", the Lancet, Vol. 390, No. 10097, 2017, pp. 898-912.

④ "Berlin Declaration of the G20 Health Ministers: Together Today for a Healthy Tomorrow", G20 Information Centre, May 20, 2017. http://www.g20.utoronto.ca/2017/170520-health-en.html.

⑤ "Germany: Partner in Global Health", World Health Organization, October 20, 2023, https://www.who.int/about/funding/contributors/deu.

⑥ "Germany: Partner in Global Health", World Health Organization, June 7, 2022, https://www.who.int/about/funding/contributors/deu.

2020 年 G7 和 G20 峰会上，面对美国对世卫组织的攻击，德国采取支持世卫组织的明确立场。2020 年，在特朗普政府宣布退出世卫组织数周后，德国卫生部长延斯·斯潘宣布增加 2 亿欧元的德国资金，使德国的捐款达到约 5 亿欧元。德累斯顿工业大学政治学教授、柏林社会科学中心全球卫生政策研究小组组长安娜·霍尔茨谢特（Anna Holzscheiter）认为，德国正以身作则，增加对世卫组织的捐款，愿意为世卫组织不受欢迎的领域提供资金，如加强卫生系统、监测和评估。[①] 世卫组织顾问、日内瓦全球健康中心创始人伊洛娜·基克布施（Ilona Kickbusch）指出，新冠疫情使德国等中等强国进入全球治理的核心空间。[②]

　　第三，突出应对全球公共卫生危机的贡献。2020 年，全球卫生治理的政治关注度达到顶峰，但同时国际合作的脆弱性备受关注。在全球公共卫生应对中，德国在加强政策协调、促进利益相关者参与方面取得重要进展，通过政治、技术和财政支持增加其全球承诺。仅 2020~2022 年，德国就为世卫组织的新冠疫情应对工作提供了超过 11 亿欧元的资助。[③] 在卫生治理领域，技术即话语权。德国公司在疫苗和药物开发方面处于领先地位，在医疗卫生领域拥有先进的技术机构，在国际舞台上以持久、快速和全面的方式贡献专业医疗卫生技能。[④] 德国积极投入资金、技术和人员研发疫苗，并作为"获得抗击新冠肺炎工具加速器"（ACT-Accelerator）[⑤] 第二大贡献者，致力于促进新冠疫苗和药物的快速开发、生产与公平分配。迄今为止，德国已为"ACT-Accelerator"提供了 22 亿欧元，大部分用于疫苗平台"COVAX"，一

---

① Ashleigh Furlong，"Germany Eyes Global Health Ambitions as US Steps Back"，*Politico*，August 27，2020，https：//www. politico. eu/article/germany-eyes-global-health-ambitious-as-us-steps-back-jens-spahn/.

② Ashleigh Furlong，"Germany Eyes Global Health Ambitions as US Steps Back"，*Politico*，August 27，2020，https：//www. politico. eu/article/germany-eyes-global-health-ambitious-as-us-steps-back-jens-spahn/.

③ http：//Who. int/abeut/funding/contnibaters/deu.

④ Hermann Gröhe，"Together Today for a Healthy Tomorrow—Germany's Role in Global Health"，*the Lancet*，Vol. 390，No. 10097，2017，pp. 831–832.

⑤ "ACT Accelerator"的目标是通过加速开发、公平分配和扩大疫苗、提供治疗方法和诊断方法来降低新冠肺炎死亡率和减少严重疾病，从而尽快结束新冠疫情大流行。

些用于诊断工具和治疗新冠肺炎的药物。不过，奉多边主义为圭臬的德国不想单独行动，而是期望以德国为主导国的欧盟在改革全球卫生安全格局中发挥关键作用。为巩固常态化的疫情监测，德国积极加强国际合作，打造数据平台。2021 年 5 月，德国联合世界卫生组织建立了一个新的全球枢纽和平台，用于大流行病和流行病情报、数据、监测和分析创新，将在最大的全球数据网络中领导数据分析创新，以检测和监测世界各地的大流行病和疫情风险。

第四，鼓励民间组织参与全球卫生治理。民间社会在全球卫生领域的呼声越来越高。德国发展合作的独特之处在于有一批非常活跃、种类繁多的民间社会组织。这些组织近年积极参与全球卫生治理议程，推动德国政府支持世卫组织，扩大德国的全球卫生议程。由 120 个与发展有关的非政府组织组成"德国发展和援助非政府组织协会"（VENRO），发起一个全球健康工作组，参与 G7、G20 会议以及 C20 民间社会工作组会议，扩大社会层面对全球卫生治理的参与，放大德国社会在国际上的声音。与绿党有关联的海因里希-伯尔基金会（Heinrich Böll Foundation）等政治基金会也一直对全球卫生问题直言不讳。[①] 成立于 2012 年的德国全球卫生平台（The German Platform for Global Health），在全球卫生政策方面很活跃，特别关注公平问题。这些组织为全球卫生治理提供了民间社会的重要参与声音。

整体来看，德国促进全球治理的国际话语权主要通过多边框架，并强调以联合国为基础的国际合作的重要性，维护国际规范、协议和机构，采取更积极主动的政策推进改革，使涉及公共卫生的国际机构更具包容性和有效性。德国支持多方利益相关者，加强欧盟在多边体系中的作用，通过欧盟放大自身作用，例如与法国等国家联合发起"多边主义联盟"（Alliance for Multilateralism），推动有效多边合作。[②] 德国提升卫生话语权实际上回应了

[①] Marwin Meier and Birthe Redepenning, "Commitments on Global Health", https://www.boell.de/en/2016/12/09/commitments-global-health? dimension1=ds_ g20_ en.

[②] "The Alliance for Multilateralism", https://multilateralism.org/wp-content/uploads/2021/02/Alliance-for-Multilateralism-Declaration-of-principles.pdf.

多边行动有效性的问题。国际社会需要的不仅仅是规则，最紧迫的是加强集体行动。当前，全球公共卫生领域危与机并存，德国正在巩固和扩大在全球卫生治理中的话语权。

（三）南非全球卫生治理的角色与作用

作为新兴中等强国，南非倾向于多边主义，在国际事务中发挥突出的作用，提升其后种族隔离时期的国际地位，努力摆脱过去种族隔离时代的国际声誉阴影。尤其是南非长期着眼于非传统安全领域，关注公共卫生问题，促进和平与稳定，得到大国的认可和鼓励。[①] 南非参与各种全球倡议，在外交领域加强对卫生问题的重视。2007 年，南非与巴西、法国、印度尼西亚、挪威、塞内加尔和泰国等国家外交部长发布《奥斯陆部长宣言》，一道发起"全球卫生与外交政策"倡议，将全球卫生确定为"我们这个时代一个紧迫的外交政策问题"。《奥斯陆部长宣言》多次提到"健康是每个人的一项基本权利"，认为"生命是最基本的人权，生命和健康是最宝贵的资产，人们越来越意识到，健康投资是经济增长和发展的基础。对健康的威胁可能会危及一个国家的稳定和安全。将卫生问题更有力地纳入外交政策讨论和决策的范围，在全球层面采取一致行动，确保在处理贸易问题和遵守多哈原则时更加重视健康问题。[②]

第一，全球卫生治理议程设置。南非通过允许进口廉价仿制药以促进普遍获得药品的法律成功地引起世界的关注。对于药品获取的普遍性与便利性，南非利用自身在"种族隔离"斗争、促进平权运动方面的形象，积极争取获得药品机会，南非政府倡导增加获得抗反转录病毒药物的机会，为所

[①] Maxi Schoeman, "South Africa as an Emerging Middle Power", *African Security Review*, Vol. 9, No. 3, 2000, pp. 47-58; Charalampos Efstathopoulos, "Southern Middle Powers and the Liberal International Order: The Options for Brazil and South Africa", *International Journal*, Vol. 76, No. 3, 2021, pp. 1-20.

[②] "Oslo Ministerial Declaration Global Health: A Pressing Foreign Policy Issue of Our Time", the *Lancet*, Vol. 369, No. 9570, 2007, pp. 1373-1378.

有艾滋病患者提供普遍治疗。① 2001 年，南非通过药品制造商协会案成功地将药品获取权置于全球聚光灯下。39 家制药公司将南非政府告上法庭，理由是南非政府打算改革《药品法》。② 在这个案件中，南非政府在各种民间组织和跨国网络的支持下，强调获取药品应作为全球政策问题。此案之后，南非举行各种高级别会议和进程，始终关注该问题并推动 2001 年多哈宣言的通过，包括与贸易有关的知识产权中公共卫生的灵活性（TRIPS）协议。③《与贸易有关的知识产权协议》第 5 （c）条明确规定，公共卫生危机，包括与艾滋病、结核病、疟疾和其他流行病有关的危机，可以构成国家紧急状态或其他极端紧急的情况。该条款为各国在管理药品（公共物品）专利方面提供一些灵活性，特别是在国家紧急状态和其他极端紧急的情况下。④ 在全球范围内，南非作为奥斯陆集团的一员，推动制定将全球卫生纳入联合国大会外交政策的前三项决议，即 2008 年的 A/63/33 号、2009 年的 A/64/108 号和 2010 年的 A/65/95 号决议。⑤ 在这些决议之后，各种高级别会议和进程让世界持续关注这些问题，促使联合国秘书长在联合国大会通过进一步

---

① Eduard Grebe, "The Treatment Action Campaign's Struggle for AIDS Treatment in South Africa: Coalition-building through Networks", *Journal of Southern African Studies*, Vol. 37, No. 4, 2011, pp. 849–868.

② Wogart J. P., Calcagnotto G., Hein W., et al., "AIDS, Access to Medicines, and the Different Roles of the Brazilian and South African Governments in Global Health Governance", German Institute for Global and Area Studies Working Paper No. 86, 2008.

③ Peter K. Yu, "Access to Medicines, BRICS Alliances, and Collective Action", *American Journal of Law and Medicine*, Vol. 34, No. 2, 2008, pp. 345–394.

④ "Intellectual Property (TRIPS) -Fact Sheet: TRIPS and Pharmaceutical Patents", WTO, 2006, https://www.wto.org/english/tratop_ e/trips_ e/factsheet_ pharm02_ e.htm; "Using TRIPS Flexibilities to Improve Access to HIV Treatment", United Nations Development Programme, 2015, https://www.undp.org/content/undp/en/home/librarypage/hivaids/using_ trips_ flexibilities-toimproveaccesstohivtreatment.html.

⑤ Steinar Andresen and Kristin I. Sandberg, "The Oslo Ministerial Group (OMG): a Forceful Illustration of a New Paradigm in Global Health or a Passing Fashion?", Unpublished Paper Presented at the Annual Meeting of the International Studies Association Annual Conference, Quebec, March 16, 2011.

的决议和报告，将全球卫生治理纳入外交政策。① 2020 年 10 月，南非联合印度提出一项在世界贸易组织临时豁免知识产权的提案草案，让所有人能够负担且便于获得新冠肺炎治疗药物。这一提议被包括欧盟在内的 9 个世贸组织成员拒绝，但获得 100 个国家的支持。②

第二，卫生治理政策制定过程。成立南非发展伙伴机构（SADPA）和卫生部发展合作组（DCU），进一步加强海外发展合作。这一举措有助于南非更好地推行其全球卫生治理政策，并加强与其他国家和国际组织的协作。全球卫生议程中的行为体、问题数量迅速增加，人们寻求更大程度的协调和行动。全球卫生治理的重点是在跨国行动的国家和非国家行为体之间建立伙伴关系，建设性地参与全球卫生治理进程。例如，南非、巴西、印度等国利用跨国问题网络，加强与全球社会运动的联系来实现其外交政策目标。这种合作形式特别适合中等强国，它们与非政府组织合作，共同解决国际议程上的某些问题。③ 艾滋病的流行是南非处理公共卫生治理问题的一个关键转折点，促使政府采取具体行动来解决全球卫生问题。南非国内抗击艾滋病的支持者与全球倡导运动合作，动员支持在全球范围内普及抗反转录病毒药物。南非的卫生活动家群体、学术界和私营部门成功利用它们的组织和法律资源，形成跨国问题网络，使南非成为参与全球疾病防治的一股重要力量。事实上，将卫生问题纳入南非外交政策以及各种政策工具的改革，帮助南非艾滋病死亡人数从 2010 年的 32 万人快速下降到 2014 年的 14 万人。此外，艾滋病毒母婴传播人数从 2004 年的 70000 人显著下降到 2015 年的 7000 人以下。这表明南非在卫生治理政策的制定和执行方面取得了显著进展。

---

① "Global Health and Foreign Policy：Resolution / Adopted by the General Assembly"，UN，https：//digitallibrary. un. org/record/698323.

② "Waiver from Certain Provisions of the TRIPS Agreement for the Prevention，Containment and TREATMENT of COVID – 19"，2020，https：//docs. wto. org/dol2fe/Pages/SS/directdoc. aspx? filename = q：/IP/C/W669. pdf&Open = True.

③ Rudderham M. A.，"Middle Power Pull：Can Middle Powers Use Public Diplomacy to Ameliorate the Image of the West"，*YCISS Working Paper*，No. 46，2008，p. 7.

第三，展现应对公共卫生危机的领导力。在新冠疫情暴发之初，南非针对疫情的策略包括强制保持社交距离、对有症状的人进行广泛检测，识别、隔离和治疗感染者并隔离接触者。除这些公共卫生措施外，南非还制定多项经济措施，支持受封锁影响的企业和个人。这些措施已三次拉平南非的疫情曲线，南非社会各界总体上肯定政府的抗疫行动，政党、商界、民间社会和公众赞扬政府为对抗疫情所做的努力。[①]

作为非盟合作应对新冠疫情的倡导者，南非展现出推动和领导非洲国家抗击疫情的意愿和能力，实现疫苗尽可能高的覆盖率。2020 年 4 月，南非卫生部长共同主持非盟应对新冠疫情非洲大陆行动协调委员会，多个非洲国家强调加强协调，建立持续的沟通渠道，共同对抗新冠病毒。[②] 2020 年 11 月，在非盟会议上，南非总统拉马福萨牵头推动非盟疫苗融资战略，成立非洲疫苗采购工作组，并力争筹措 120 亿美元为采购新冠疫苗提供资金。[③] 2021 年 5 月，在南非的支持下，非盟各成员国卫生部长批准一项以强化预防、监测和治疗方法为基础的抗击新冠疫情调整战略。[④] 南非还与挪威一起被选为"获得抗击新冠肺炎工具加速器"促进委员会的共同主席，该委员会的成立是为了促进新冠肺炎测试、治疗和疫苗的公平获取。[⑤] 成为 ACT-Accelerator 促进理事会的共同主席是一个重要的信号，表明南非在全球卫生治理领域开始扮演领导者角色。由非洲联盟主席、南非总统共同主持促进

① Unathi Nkanjeni，"Cyril Ramaphosa and Zweli Mkhize Applauded for 'Greatest Effort' Against Covid-19 in Africa"，*Times Live*，April 9，2020，https：//www. timeslive. co. za/politics/2020-04-09-cyril-ramaphosa-and-zweli-mkhize-applauded-for-greatest-effort-against-covid-19-in-africa/.

② "First Meeting of the Coordinating Committee of the Africa Union's Continental Response to COVID-19 Chairs by H. E Zweli Mkhize"，https：//sacoronavirus. co. za/2020/04/05/update-of-covid-19-05th-april-2020/.

③ "Statement on AU Vaccines Financing Strategy"，African Union，November 8，2020，https：// au. int/en/pressreleases/20201108/statement-au-vaccines-financing-strategy.

④ "African Ministers of Health Endorsed an Adapted Strategy to Fight COVID-19 Underpinned by Enhanced Approaches to Prevent，Monitor，and Treat"，African Union，May 17，2021，https：//au. int/en/pressreleases/20210517/african-ministers-health-endorsed-adapted-strategy-fight-covid-19-underpinned.

⑤ "ACT Together to End COVID-19"，https：//www. un. org/en/coronavirus/act-accelerator.

委员会高级别活动，联合公共和私营部门的专业知识和机构，特别是在诊断治疗、疫苗分配方面使南非获得更多的国际声量。2022 年 2 月，在非盟峰会上南非提出在非洲大陆制造疫苗、药品、诊断、治疗和保健产品的共同议程，得到普遍认可。非洲大陆最大的新冠疫苗制造厂也在南非开业，有力地促进非洲抗击疫情。

第四，加强公共卫生的南南合作。南非在公共卫生治理领域的突出作用也得益于它在全球南南合作机制中的积极角色。南非参与金砖国家和 IBSA 等机制，有望在全球卫生治理融资新模式中发挥重要作用。例如，在第 60 届世界卫生大会上，金砖国家的代表强调全民健康覆盖作为实现健康权重要手段的重要性。[①] 南非有效地利用它作为新兴中等强国联盟 IBSA 机制来挑战涉及医药的国际规则。印度是抗反转录病毒药物和其他药品的著名仿制药制造国，南非与印度成功倡导对《与贸易有关的知识产权协议》进行修订，使抗反转录病毒药物在其国内环境中得到应用。南非在全球机构中建立灵活的联盟，不直接挑战大国的军事优势，而是利用非军事工具来拖延、挫败和破坏超级大国的单边政策。在全球卫生治理领域，南非—印度建立灵活联盟，推动有关药物生产权的获得，通过国内和国际、国家和非国家行为体之间的互动，丰富参与全球卫生治理的手段，逐渐获得在全球卫生治理领域的话语权。

（四）加拿大全球卫生治理的角色和作用

在全球卫生问题上，加拿大利用其中等强国的能力，能够发挥重大影响。加拿大在全球卫生治理领域的领导地位得益于其作为多边活动的坚定参与者、全球卫生倡议的大型资助者以及卫生公平和全球公民意识的积极推动

---

① Martin McKee, Robert Marten, Dina Balabanova, Nicola Watt, Yanzhong Huang, Aureliano P Finch, Victoria Y Fan, Wim Van Damme, Fabrizio Tediosi, and Eduardo Misson, "BRICS' Role in Global Health and the Promotion of Universal Health Coverage: the Debate Continues", Bull World Health Organ, Vol. 92, No. 6, 2014, pp. 452-453.

者优势。[①] 加拿大很早就参与全球卫生工作。1948 年，加拿大人布罗克·奇泽姆（Brock Chisholm）当选为新成立的世界卫生组织第一任总干事，这一任命标志着加拿大长期领导全球卫生外交和卫生发展援助的开始。在随后几十年中，不少加拿大人在卫生发展方面发挥突出作用，为该国在全球卫生治理领域争取了更多的国际话语权，展现在全球公共卫生问题上的领导潜力。

第一，参与国际多边卫生治理行动。作为传统中等强国，加拿大擅长通过多边机构采取集体行动，将自己的利益、观点嵌入国际行动中，并赋予其合法性。加拿大卫生部与世界卫生组织合作创建了全球公共卫生情报网（GPHIN），这是一个自动化、多语种、基于互联网的工具，用于快速检测、识别、评估、预防和减少对人类健康产生威胁的事件。全球公共卫生情报网的总部设在加拿大公共卫生局，是世卫组织警报和反应行动的重要信息来源。加拿大积极参与《国际卫生条例》的修订工作，并将加拿大公共卫生局确立为国家履约协调中心。新冠疫情暴发后，加拿大公共卫生系统为应对疫情，积极与包括世卫组织在内的国际伙伴合作，旋即投入5260 万美元专项资金资助 96 个研究小组，对新冠病毒开展研究，并与非洲、亚洲的相关机构合作，研究如何加强临床和公共卫生反应，努力增强全球卫生安全。[②]

第二，注重对全球卫生治理的资金支持。加拿大通过拨出大量资金资助海外的全球倡议，展现其对多边主义的承诺。加拿大与澳大利亚、意大利、挪威、瑞典和英国一起，支持由捐助方主导的对世界卫生组织国家办事处改革的研究，这实际上维护了富裕的发达国家对世界卫生组织的影响力。加拿大与世界卫生组织、其他国家发起全球卫生安全倡议（Global Health

---

① Isaac Weldon & Steven J. Hoffman, "Harnessing Canada's Potential for Global Health Leadership: Leveraging Strengths and Confronting Demons", in Robert W. Murray and Paul Gecelovsky (eds.), *The Palgrave Handbook of Canada in International Affairs*, Cham: Palgrave Macmillan, 2021, p. 484.

② "Government of Canada Takes Action on COVID-19", https://www. canada. ca/en/public-health/services/diseases/2019-novel-coronavirus-infection/canadas-reponse/government-canada-takes-action-covid-19. html.

Security Initiative），作为一种非正式的伙伴关系，加强公共卫生准备和应对生物、化学和放射性恐怖主义以及大流行的威胁。加拿大、挪威、美国、世界银行和联合国共同启动全球融资机制（GFF），以支持妇女、儿童倡议。2015 年，加拿大出资 4000 万美元，启动全球融资机制国际复兴开发银行（IBRD）合作项目，用于社区卫生工作者和疟疾控制，该项目撬动了私人资本市场的资金。近几十年来，加拿大的卫生发展援助（DAH）贡献无论是绝对值还是相对值都有了提高。根据卫生计量与评估研究所（IHME）的数据，加拿大的 DAH 总量从 1997 年的 1.4 亿美元增加到 2016 年的 12 亿美元，增加了 7 倍多，在此期间，加拿大占全球总体 DAH 的份额从大约1.37%增加到 2.86%。[①]　在七国集团成员中，加拿大的 DAH 占国民总收入的比重（0.058%）排名第三，仅次于英国（0.170%）和美国（0.073%），在法国（0.036%）、德国（0.032%）、日本（0.014%）和意大利（0.012%）之前。加拿大是抗击艾滋病、结核病和疟疾全球基金的创始成员，2002 年以来已捐款超过 22 亿美元。2016 年 9 月，作为全球基金第五次增资会议的东道主，加拿大主持蒙特利尔筹集资金会并承诺提供 8.04 亿加元，比之前的承诺增加 24%。[②]　2019 年，加拿大认捐未来三年（2020~2022年）9.954 亿加元，比之前认捐增加 15.7%。[③]

　　第三，在非安全问题领域发挥领导作用。加拿大在全球卫生治理方面的一个长期主题是促进健康公平，主要是通过集体行动，在非传统安全问题上发挥领导作用。加拿大公共卫生协会、加拿大卫生部和世界卫生组织共同主办第一届国际卫生大会。加拿大和世界卫生组织共同主办第一届国际健康促进会议，会议通过了《渥太华宪章》，呼吁对健康和福祉采取全面多战略的

---

① "Flows of Development Assistance for Health：Canada", Institute for Health Metrics and Evaluation，https：//vizhub. healthdata. org/fgh/.

② "Canada Steps Up Fight Against Epidemics with a Major Increase to Global Fund", the Global Fund，August 22, 2019，https：//www. theglobalfund. org/en/news/2019-08-22-canada-steps-up-fight-against-epidemics-with-a-major-increase-to-global-fund/.

③ "Government and Public Donors：Canada", the Global Fund，September 16, 2021，https：//www. theglobalfund. org/en/government/profiles/canada/.

方法。加拿大在世界卫生大会上首次提出制定"国际烟草控制条约"的构想，认为有必要采取全面、协调和多层面的方法。因为当时（1998年）加拿大还不是世卫组织执行委员会的成员，因此加拿大说服芬兰和爱尔兰成为世界卫生大会决议的提案国，启动《烟草控制框架公约》。[①] 加拿大卫生部长和环境与气候变化部长承诺在《化学品管理计划》的指导下，解决化学品对健康和环境的风险。该计划旨在使加拿大成为安全化学品管理的领导者，包括通过一项相关世界卫生大会决议。加拿大与坦桑尼亚共同领导妇女和儿童健康信息和问责制委员会，支持千年发展目标。

加拿大将卫生科研作为凸显影响力的一项战略。加拿大推出国际发展研究中心（IDRC），资助第三世界国家开展对公共卫生治理的研究。它由前总理皮埃尔·特鲁多自由党政府于1970年成立，向150个低收入和中等收入国家的研究人员提供资金。尽管近年削减了资金，国际发展研究中心仍然是世界上唯一致力于研究促进发展的政府授权组织。发起全球健康研究计划（Global Health Research Initiative），由加拿大卫生研究所及国际发展研究中心与外交、贸易和发展部三个政府机构资助，其目标是聚集来自不同国家、部门和专业领域的人士，支持研究人员和决策者制定有效的政策、计划和战略，改善和加强卫生系统，解决影响全球公共卫生的复杂问题。[②] 这一计划资助全球公共卫生的研究项目，特别是帮助低收入和中等收入国家改善并加强公共卫生研究的能力。在全球健康研究计划支持下，加拿大研究人员与非洲、亚洲、中东、拉丁美洲和加勒比地区60多个国家的研究人员进行合作。加拿大联邦资助机构加拿大卫生研究所每年为全球公共卫生治理提供300万~3000万美元的研究资金，对健康公平的关注程度超过其他主要关注点。[③]

---

① "Government of Canada Report on the Government of Canada Stakeholder Consultations on the Framework Convention on Tobacco Control", http://www.hc-sc.gc.ca/ahc-asc/pubs/tobac-tabac-int/framework-convention-eng.php.

② "Global Health Research Initiative", https://ghri.ca/.

③ "Global Health Research", https://cihr-irsc.gc.ca/e/31562.html.

第四，增强公共卫生应对能力。成立加拿大公共卫生局，负责监测和应对可能危及健康的疾病暴发。任命首席公共卫生官员，负责向加拿大政府提供关于应该采取保护健康措施的建议，并与各省、地区的首席卫生官员密切合作。加强国家微生物学实验室的诊断能力。加强与世界卫生组织和其他国际伙伴如美国疾病控制和预防中心的工作关系。推进与国际卫生监管机构合作，包括欧洲药品管理局与美国食品和药物管理局，支持和协调针对疫苗和其他医疗对策的快速监管反应。① 根据统计数据，加拿大全球卫生安全（GSI）指数 2020 年排名全球第 5 位，该指数对构成世界卫生组织《国际卫生条例》（IHR）195 个缔约国的卫生安全和相关能力进行全面评估。表明加拿大保障公共卫生安全的能力得到国际认可。

公共卫生在全球政治议程领域变得日益突出。加拿大在国家建设历史和中等强国地位的共同塑造下，长期积极参与全球卫生治理，对全球卫生治理的贡献质量可观。然而，加拿大全球卫生倡议有时存在分散于政策与机构之间的协调问题。优先事项和政策之间分散，内政变动，将全球卫生问题与有利于加拿大的贸易和投资机会相联系，可能也会损害其国际形象。近年，它在全球卫生治理方面的影响力和话语权有所减弱。当然，这也充分表明，实现在全球卫生治理领域的话语权需要持续的关注和承诺，热心于公共卫生问题的解决。

三　中等强国人道主义治理的角色与作用

人道主义治理是近年来全球治理体系中备受关注的重要议题。人道主义随着国际关系民主化的进程而加快映入人们的眼帘。乔治华盛顿大学国际事务和政治学教授迈克尔·N.巴内特（Michael N. Barnett）在其著作《人类帝国：人道主义史》中探讨了人道主义从 19 世纪初的卑微起源到目前在全球生活中突出地位的非凡发展。他认为，人道主义领域的派别分为一个致力

---

① "Government of Canada Takes Action on COVID-19", https://www.canada.ca/en/public-health/services/diseases/2019-novel-coronavirus-infection/canadas-reponse/government-canada-takes-action-covid-19. html.

于拯救生命的紧急阵营和一个想要消除痛苦根源的炼金术阵营。它们对人道主义的目的和原则有不同的看法，相应地，对相同的全球挑战和人道主义紧急情况作出不同的反应。① 具体的人道主义危机和人道主义干预的意外与负面影响，推动了人道主义治理的发展。对索马里的"恢复希望行动"（1992~1993年）、卢旺达种族大屠杀（1994年）、波斯尼亚（1992~1995年）和科索沃（1999年）的干预进行评估，凸显了监管和执法的重要性，确保改善非政府组织和国际组织的表现。这个过程的一个成果是建立联合国人道主义事务部，并于1998年转变成联合国人道主义事务协调厅（OCHA），负责协调人道主义行动者，确保对紧急情况作出协调一致的反应。

广义的人道主义治理是指试图规范人道主义行为，包括促进负责任和有效的人道主义实践的规则、结构和机制，推动负责任的人道主义实践。人道主义治理与人道主义的总体目标相联系，即帮助有需要的弱势人群，挽救其于危难之中，减少人类生命的损失，可以视其为"一种日益组织化和国际化的尝试，以拯救世界弱势人群的生命，提高他们的福祉，减轻痛苦"。② 人道主义治理不仅体现怜悯和帮助，而且将政治和权力因素视为它的核心内容，它考虑内部政治利益、经济发展、外交政策目标以及它们之间的相互作用。从实践的角度看，人道主义外交与援助是一种使用非强制性组织方式（沟通、谈判、宣传、动员、说服等）的政策工具，并由外部行为者提供物资，目的是帮助目标国家的弱势人口满足基本的人类需求。③ 人道主义是看谁更慷慨的治理领域，不像经济和安全领域能带来直接的明显收益，甚至也不如气候变化领域，大国在这一治理领域没有进行竞争的强烈动机。这就为中等强国提供了可发挥作用的空间，也为它们扮演领导者角色创造了可能，使之可在有关发展和人道主义问题的国际会议上寻找发言权、塑造话语权。

① Michael Barnett, *Empire of Humanity: A History of Humanitarianism*, Ithaca: Cornell University Press, 2011.
② Michael Barnett, "Humanitarian Governance", *Annual Review of Political Science*, Vol. 16, No. 1, 2013, p. 379.
③ Bruce Gilley, "Turkey, Middle Powers, and the New Humanitarianism", *Perceptions: Journal of International Affairs*, Vol. 20, No. 1, 2015, p. 39.

（一）土耳其人道主义治理的显赫作用

作为一个典型新兴中等强国，土耳其外交政策的主要目标是增加其在区域以及全球倡议中的存在，扩大全球影响。为此，土耳其一直积极寻求通过公共外交手段在中东和非洲地区施加影响，并利用人道主义来打造自己的国家形象、提升国际口碑，增强其在全球舞台上的"软实力"。与西方国家相比，土耳其曾经在人道主义援助方面相形见绌，但在过去的十年里，它有意将人道主义援助作为其外交政策的一项重要内容，俨然成为国际人道主义援助的领导者，巩固了其在全球人道主义治理中的话语权。

冷战结束后，土耳其对外援助的积极性变得越来越高，既强调与联合国的理念相近（从而强调了其代表性），又强调近似大国的实力（从而强调了其能力）。① 土耳其人道主义援助背后的主要动机是施加影响，而人道主义援助是扩大其作为全球行为体的影响力的恰当途径。土耳其官员并不讳言："捐助必须符合我们的外交政策利益，促进土耳其与特定国家的关系。"② 安卡拉大学政治学者塞内姆·B. 切维克（Senem B. Çevik）揭示土耳其利用人道主义援助打造影响力和话语权的意图与实践。她指出，人道主义和发展援助是土耳其全球传播努力中不可或缺的战略。通过这些机构和组织，土耳其不仅试图将自己打造成一个人道主义援助的提供者，而且还通过与地区伙伴的合作逐步建立信任，成为地区冲突的调解者。寻求通过人道主义援助和实施人道主义努力的机构解决冲突的政治手段可以认定为"人道主义外交"。③ 土耳其外交部长恰武什奥卢称，土耳其的外交政策是进取和人道主义的，外交政策必须有一个道德指南针，即只有通过有原则和人道主义的外交，

---

① Ahmet Davutoglu, "Turkey's Humanitarian Diplomacy: Objectives, Challenges and Prospects", *Nationalities Papers*, Vol. 41, No. 6, 2013, pp. 865–870.

② Andrea Binder, "The Shape and Sustainability of Turkey's Booming Humanitarian Assistance", *International Development Policy*, Vol. 5, No. 2, 2014, p. 11.

③ Senem B. Çevik, "Turkey's State-Based Foreign Aid: Narrating Turkey's Story", *Rising Power Quarterly*, Vol. 1, No. 2, 2016, pp. 55–67.

"我们才能应对全球挑战"。① 土耳其自称是"最慷慨的国家"，就官方人道主义援助相对国民收入而言，占国民总收入的 0.79%。据土耳其官方媒体阿纳多卢通讯社报道，2019 年土耳其贡献了近 26% 的全球人道主义援助，花费 76 亿美元，自 2017 年起连续三年成为人道主义援助支出最多的国家（见图 4-2）。根据官方数据，截至 2020 年 5 月土耳其收容了接近400 万难民，是世界上接收难民最多的国家。② 支持善举和实施善行在国际声望方面得到回报，在捐助者和接受者之间建立信任，并为土耳其树立了良好的国家形象。

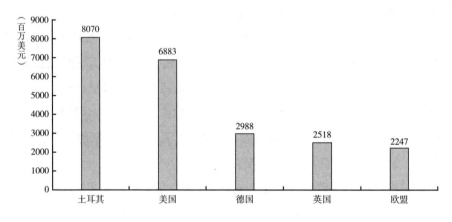

图 4-2　世界人道主义援助者（2017 年）

资料来源：土耳其合作与国际协调局（TIKA），www.tika.gov.tr。

　　第一，推动国际多边人道主义援助。土耳其根据其在国际人道主义援助领域的经验，支持在联合国的领导下，努力克服国际人道主义援助系统面临的挑战，并建立一个公正和有效的系统。土耳其通过人道主义

---

① "Turkey's Foreign Policy 'Enterprising and Humanitarian'：FM", *Daily Sabah*, October 8, 2021, https：//www.dailysabah.com/politics/diplomacy/turkeys-foreign-policy-enterprising-and-humanitarian-fm.

② Gokhan Ergocun, "Turkey Accounts for 26% of 2019 World Humanitarian Aid", Anadolu Agency, July 23, 2020. https：//www.aa.com.tr/en/economy/turkey-accounts-for-26-of-2019-world-humanitarian-aid/1919544.

推动建立合作、规范和包容的世界秩序，促进更广泛的全球治理议程。[①]
约翰霍普金斯大学学者切马莱廷·哈希米（Cemalettin Haşimi）指出，土
耳其声称要重新定位政治与人道主义援助活动之间的联系，使这种关系
成为塑造新国际秩序讨论的一部分。[②] 土耳其于 2016 年主办首届世界人
道主义峰会，来自联合国 173 个会员国的约 9000 名代表与会，其中包括
55 位国家元首和政府首脑、60 多位部长，会议规模庞大。此外，还有 40
多个国际组织秘书长／主席级别的代表、700 个非政府组织和 350 名私营
部门代表参加会议。[③] 因此，这次峰会是联合国有史以来第一次世界人道
主义峰会，是除纽约联合国总部外规模最大、参与国家最多的一次峰会。
土耳其借此次会议获得颇为正面的国际声誉，在人道主义援助领域扩大
了影响力和有效作用。土耳其又于 2017 年 5 月主办世界卫生组织研讨会
和高级别小组讨论，确保人道主义和发展的参与者进行高效协调与合
作。[④] 这是世界人道主义峰会的主要成果之一，也显示了土耳其持续的高
姿态。

第二，在巴以冲突中打人道主义援助牌。1995~2021 年，土耳其红新
月会向巴勒斯坦提供总计约 1.05 亿美元的人道主义援助。特别是 2008 年
12 月至 2009 年 1 月，以色列国防军对巴勒斯坦加沙地带的哈马斯目标执
行代号"铸铅行动"，造成巴勒斯坦 1434 人死亡（其中 960 人是平民）、
5303 人受伤的重大人员伤亡，出现严重的人道主义危机。[⑤] 为加强紧急援

---

① B. Senem Çevik, "Turkey's Humanitarian Assistance: The Fourth Largest Donor State", http://www.asem.org.tr/en/publication/details/87.

② Cemalettin Hasimi, "Turkey's Humanitarian Diplomacy and Development Cooperation", *Insight Turkey*, Vol. 16, No. 1, 2014, pp. 127-45. 哈希米于 2014 年 11 月被任命为土耳其新闻、广播和信息部总干事，是总理首席顾问和公共外交协调员。

③ "World Humanitarian Summit", United Nations Office for the Coordination of Humanitarian Affairs, https://agendaforhumanity.org/summit.html.

④ "Turkish Emergency Humanitarian Assistance", Minister of Foreign Affairs of Republic of Turkey, https://www.mfa.gov.tr/humanitarian-assistance-by-turkey.en.mfa.

⑤ 人权理事会第十三届会议:《1967 年以来巴勒斯坦被占领土的人权情况 报告员理查德·福尔克提交的报告》，2009 年 1 月 15 日，https://www2.ohchr.org/english/bodies/hrcouncil/docs/13session/A-HRC-13-53_ch.pdf.

助，土耳其红新月会在加沙开设了联络处，与其他非政府组织一起提供紧急援助，捐赠衣物、药品和资金以重建基础设施。在 2021 年 5 月加沙冲突中，土耳其红新月会为巴勒斯坦人启动价值 700 万美元的应急计划，援助医疗、救护、药品等物资。[①] 土耳其利用担任联合国安理会非常任理事国的机会，积极推动并支持巴勒斯坦申请联合国非会员观察员地位。2023 年 10 月，加沙冲突再起，巴勒斯坦出现上万人的重大伤亡，对此土耳其谴责以色列，并通过土耳其红新月会向加沙地区运送人道主义援助物资。然而，目前与以色列的政治局势仍然是土耳其在和平谈判中担任调解人的一个障碍。[②]

第三，在伊斯兰地区打情感牌。土耳其向中亚的扩张始于 20 世纪 80 年代，时任总统图尔古特·奥扎尔试图组建一个"突厥联盟"，将所有讲突厥语的人进行文化和政治统一。尽管这一战略受到各种制约，但土耳其继续通过发展援助和冲突调解参与该地区的事务。[③] 穆斯林民族主义，无论是作为一种当代情感，还是作为一种历史叙事，现在都为一种植根于现实政治的关系增添宗教和民族主义色彩。同时，土耳其决策者试图改善与穆斯林人口占多数的中东国家的关系，与伊斯兰合作组织等地区组织建立更紧密的联系，并努力利用土耳其的历史和身份塑造"软实力"，提升土耳其作为伊斯兰世界榜样的形象。土耳其总统埃尔多安多次表达对全世界穆斯林人民的责任，称正义与发展党不仅仅是土耳其的政党，也是一个世界性的政党。他指出，从摩加迪沙到萨拉热窝，从大马士革到斯科普里，从萨那到比什凯克，从阿布扎比到伊斯兰堡，从加沙到班加西，从普里什蒂纳到北塞浦路斯土耳其共

① Beyza Binnur Dönmez, "Turkish Red Crescent Launches $ 7M Worth Emergency Plan for Palestinians", Anadolu Agency, May 17, 2021.

② B. Senem Çevik, "An Emerging Actor in Humanitarian Diplomacy", January 17, 2014, http://www.asem.org.tr/en/publication/details/88/An-Emerging-Actor-in-Humanitarian-Diplomacy.

③ Binnur Ozkececi-Taner, "Turkish Foreign Policy: Bridge, Buffer, Barrier", in *Foreign Policy in Comparative Perspective: Domestic and International Influences on State Behavior*, edited by Ryan K. Beasley, Juliet Kaarbo, Jeffrey S. Lantis & Michael T. Snarr London, London: SAGE Publications Ltd., 2013, pp. 183-203.

和国，只要世界上有受害者，正义与发展党就站在他们身边。[①] 对土耳其政府来说，人道主义援助是加强与伊斯兰国家双边关系的一种手段。土耳其基于宗教的人道主义外交框架与伊斯兰强国之间创造了新的交流合作模式。例如，土耳其认为对巴基斯坦的人道主义援助是与穆斯林兄弟国家巴基斯坦良好关系的自然体现，也是伊斯兰世界中等强国的强有力联合，埃尔多安还将两国描述为"兄弟国家"。[②]

第四，在叙利亚内战中树立难民接收者道德形象。尽管土耳其近年来已成为最大的国际人道主义援助捐助国之一（见图4-3），但仍然面临着世界上最多、增长最快的难民人口。由于土耳其与叙利亚、伊拉克、伊朗以及欧洲接壤，其地理位置使其成为难民流动的便利地点。随着叙利亚内战的持续，土耳其面对难民的大量涌入，收容了数以百万计的叙利亚难民。据联合国难民署统计，土耳其目前收容约360万已登记的叙利亚难民。[③] 由于欧盟愿意接纳的难民数量很低，这令土耳其在面对欧盟拒绝接受难民的要求时占据道德制高点。同时，放难民进入欧洲成为土耳其面对欧洲的一个十分管用的工具，土耳其将此作为人道主义筹码，从而增强在难民问题上的话语权。当然，为了打击库尔德武装组织以及地缘政治利益，土耳其通过军事行动介入叙利亚内战，造成平民伤亡和人道主义灾难，国际社会对其人道主义援助行为的真正善意产生怀疑。

第五，在索马里危机中向非洲扩展影响力。2011年8月，土耳其总理埃尔多安成为20年来第一位访问索马里的外国政府首脑，这在当时引起了全球关注。大多数国家、非政府组织都避免介入索马里事务。不久之后，土

[①] "Turkey Moves Ahead with New Constitution", *The National*, October 19, 2011, http://www.thenational.ae/news/world/europe/turkey-moves-ahead-with-new-constitution.

[②] "Turkey and Pakistan are Two Brotherly Countries Whose Friendly Ties Date back a Long Time in History", Presidency of the Republic of Turkey, January 4, 2019, https://tccb.gov.tr/en/news/542/100428/-turkey-and-pakistan-are-two-brotherly-countries-whose-friendly-ties-date-back-a-long-time-in-history-.

[③] "Refugees and Asylum Seekers in Turkey", UNHCR, https://www.unhcr.org/tr/en/refugees-and-asylum-seekers-in-turkey.

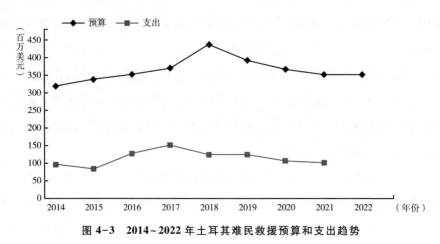

图 4-3　2014~2022 年土耳其难民救援预算和支出趋势

资料来源："Global Focus：Turkey"，the United Nations High Commissioner for Refugees，https：//reporting. unhcr. org/turkey。

耳其的非政府组织开始为这个动荡的国家带来积极变化。尽管土耳其对索马里的兴趣始于 2008 年的吉布提和平进程和 2010 年与联合国共同主办的伊斯坦布尔索马里会议。与设在肯尼亚的其他国际组织不同，土耳其非政府组织敢于在索马里首都摩加迪沙开展活动，这本身是处理救灾和政治问题的一个突破性步骤。在中东和非洲之外，土耳其还采取更广泛的行动，使其影响范围进一步扩大。2013 年 11 月，史上第八强的超强台风"海燕"重创菲律宾，引发了严重人道主义灾难。土耳其表示对中东和北非地区以外的人道主义援助感兴趣。埃尔多安派遣副总理等高官带着 65 吨人道主义援助抵达菲律宾首都马尼拉，协调土耳其在当地的救援工作。① 土耳其甚至还向美国的印第安人提供了人道主义援助。2014 年，土耳其提供 20 万美元，用于建造一个水箱，为美国俄勒冈州印第安人保留地的一所小学服务。自新冠疫情大流行开始至 2021 年 5 月，土耳其红新月会已向 47 个国家提供价值 1000 万美元的人道主义救援物资。②

---

① "Turkey Sends Relief Aid to Typhoon-hit Philippines"，*Daily Sabah*，November 12，2013.

② "Turkish Red Crescent COVID-19 Humanitarian Aid to India"，UN Office for the Coordination of Humanitarian Affairs，May 28，2021，https：//reliefweb. int/report/india/turkish-red-crescent-covid-19-humanitarian-aid-india-flash-update-1.

　　第六，注重发挥非政府组织特殊作用。基于宗教信仰的非政府组织通过文化和宗教联系在伊斯兰世界和西方国家之间进行斡旋，为土耳其外交提供杠杆作用。作为有影响力的中等强国，土耳其的人道主义救济工作模式依赖非国家行为体，特别是有国家背景的非政府组织。土耳其的非政府组织被视为"土耳其的援助之手"，尽管它们并不正式代表土耳其，但对外援助的非政府组织使用印有土耳其国旗的徽章及标志。通过有针对性的对外援助计划，这些非政府组织擦亮土耳其的人道主义品牌。土耳其非政府组织参与世界上 100 多个国家的人道主义活动，从技能培训、教育和医疗保健到水井钻探，为许多不同部门提供便利。[①] 一项对非政府组织志愿者的调查中，受访者称："我们向国外提供援助，要感谢来自我们国家的捐款，我们代表这个国家和土耳其人民提供援助。每个人都知道，它来自土耳其，与我们是谁无关。""有时国家之间有裂痕，国家机构不能自由地去我们能去的地方。但是，即使在这样的地方，当我们提供人道主义援助时，没有人说谢谢你，每个人都说谢谢土耳其。因此，我们每次在当地都代表土耳其。"[②] 土耳其非政府组织开展的人道主义援助活动产生公共外交效果，强化作为"人道主义大国"国家品牌建设的努力，有助于提升土耳其在受援地区的"软实力"。

　　诚然，在某些情况下，土耳其的援助纯粹是出于人道主义考虑。然而，与其他许多中等强国一样，土耳其也试图在其对外援助计划中找到一个擅长发挥的领域，并将重点放在精心挑选的国家和地区（如 2011 年从索马里人道主义援助开始大阵仗启动），通过增强人道主义"软实力"，将自己打造成引领人道主义治理的大国。再加上具有伊斯兰色彩的价值观和人道主义政治叙事，土耳其已能够在非洲和中东地区建立一种信任和宗教情谊，显著提升人道主义安全领域的话语权。

---

① Hakan Mehmetcik, "Humanitarian NGOs: Motivations, Challenges and Contributions to Turkish Foreign Policy", *Perceptions*, Vol. 24, No. 2, 2019, pp. 259-262.

② Hakan Mehmetcik, "Humanitarian NGOs: Motivations, Challenges and Contributions to Turkish Foreign Policy", *Perceptions*, Vol. 24, No. 2, 2019, p. 271.

（二）巴西担当人道主义治理地区领导者

今天，难民问题已成为国际社会必须共同解决的全球人类安全挑战。解决难民问题既是全球人道主义治理的紧迫任务，也是实现国际社会和平与稳定的重要使命。在世界各地的难民救济方面，中等强国在对主要机构的财政捐助方面也表现积极。其中，在为难民需求提供财政支持方面，传统中等强国发挥较大的作用。然而，在收容难民方面，几个新兴中等强国收容了大量难民，这些难民通常来自本地区的国家。例如土耳其接纳了 400 万难民、巴基斯坦接纳了 140 万难民。因为远离西亚、北非等冲突地区，巴西收容难民数量较少，绝对值比不上土耳其等国，但其亦决心在拉美地区人道主义治理方面扮演领导者角色，发挥区域治理的引领作用。

第一，扮演拉美难民治理领导者角色。巴西利亚大学国际关系学者蒂亚戈·盖尔（Thiago Gehre）认为，巴西将南美地区纳入外交战略优先事项，表明了对地区领导力的追求，并根据外交政策的目标引导一系列国家，采取行动应对国际舞台上的挑战和机遇，调解国际社会的冲突和分歧。[①] 澳大利亚国立大学中等强国研究学者肖恩·伯吉斯（Sean Burges）断言，在拉丁美洲，多边主义和发展话语是保证追随者纳入区域领导国家的目标并积极参与相关议题的常见工具。[②] 拉丁美洲组织有关难民问题的区域会议，通过《卡塔赫纳难民宣言》，对解决难民问题有重要助力。巴西在其中发挥了特殊的作用，塑造难民人道主义治理的关键话语权。巴西发起关于难民的立法，提出区域团结安置计划，鼓励拉美国家制定安置方案，把重点放在保护需求上，为逃离叙利亚冲突的难民设立特殊的人道主义签证，积极扮演一个区域领导者角色。2014 年 12 月，在《卡塔赫纳难民宣言》发表 30 周年之际，巴西作为东道主举办纪念大会，28 个拉丁美洲和加勒比地区国家政府

---

① Daniel Jatoba, "Brazil as a Leader in the Latin American Refugees' Regime", *The Journal of International Relations, Peace Studies, and Development*, Vol. 4, No. 1, 2018, pp. 5-6.

② Sean Burges, "Brazil as a Bridge between Old and New Powers?", *International Affairs*, Vol. 89, No. 3, 2013, pp. 573-774.

与会。会议产生两份重要文件《巴西宣言》和《合作与区域合作框架行动
计划》，提出加强对难民的国际保护合作和区域团结框架，明确了难民问题
治理方案的共同路线图（见表4-1）。[①]

表4-1　拉美区域有关难民的会议与协定

文件名称	地点和日期	参与国
《卡塔赫纳难民宣言》	哥伦比亚卡塔赫纳 1984年11月22日	伯利兹、哥伦比亚、哥斯达黎加、萨尔瓦多、危地马拉、洪都拉斯、墨西哥、尼加拉瓜、巴拿马、委内瑞拉
《圣何塞和平宣言》 难民和流离失所者	哥斯达黎加圣何塞 1994年12月7日	阿根廷、巴哈马、伯利兹、玻利维亚、巴西、智利、哥伦比亚、哥斯达黎加、厄瓜多尔、萨尔瓦多、危地马拉、洪都拉斯、尼加拉瓜、巴拿马、秘鲁、多米尼加、乌拉圭
《墨西哥加强妇女地位 宣言和行动计划》	墨西哥城 2004年11月16日	阿根廷、玻利维亚、巴西、哥伦比亚、哥斯达黎加、古巴、智利、厄瓜多尔、萨尔瓦多
《巴西利亚和平宣言》保护 非洲难民和美洲无国籍人	巴西巴西利亚 2010年11月11日	阿根廷、玻利维亚、巴西、智利、哥伦比亚、哥斯达黎加、古巴、多米尼加、厄瓜多尔、萨尔瓦多、危地马拉、墨西哥、尼加拉瓜、巴拿马、巴拉圭、秘鲁、乌拉圭、委内瑞拉
《巴西宣言》和《合作与区域 合作框架行动计划》	巴西巴西利亚 2014年12月3日	安提瓜和巴布达、阿根廷、巴哈马、巴巴多斯、伯利兹、玻利维亚、巴西、开曼群岛、智利、哥伦比亚、哥斯达黎加、古巴、库拉索岛、萨尔瓦多、厄瓜多尔、危地马拉、圭亚那、海地、洪都拉斯、牙买加、墨西哥、尼加拉瓜、巴拿马、巴拉圭、秘鲁、圣卢西亚、苏里南、特立尼达和多巴哥、特克斯和凯科斯群岛、乌拉圭、委内瑞拉

资料来源：根据联合国难民署的数据整理。

[①]　"Brazil Declaration and Plan of Action", The UN Refugee Agency, https://www.acnur.org/cartagena30/en/brazil-declaration-and-plan-of-action/.

1997 年，巴西率先通过一项新的难民立法，标志着它积极在国际上参与以难民为主题的人道安全治理，还与联合国难民署签订重新安置协议，鼓励民间社会组织参与难民保护。这一做法被其他拉美国家效仿。前联合国难民事务高级专员（现为联合国秘书长）安东尼奥·古特雷斯曾经赞扬巴西在难民立法和融合实践方面树立良好的榜样，称"巴西如今是一个模范国家，既因为它拥有世界上最先进的难民立法之一，也因为它有一个特别积极的保护做法"。① 古特雷斯称赞巴西已是难民问题的区域领导者，还是许多关键问题领域的重要国际参与者。② 联合国难民署也肯定了巴西对难民保护的承诺，无论是在立法方面还是在努力帮助难民融入方面堪称典范。联合国难民事务高级专员菲利普·格兰迪表示，巴西对委内瑞拉难民和移民的团结可圈可点，承认巴西在难民问题上的领导地位。③

第二，较早实施难民保护。自 19 世纪后期始，巴西在数十年间一直欢迎欧洲和亚洲移民。二战结束以来，巴西参加讨论 1951 年公约筹备案文的国际会议，当选为联合国难民署咨询委员会成员，1954 年接收大约 40000 名来自欧洲的难民。当时，巴西是拉丁美洲接收较多难民的国家。1964 年巴西发生政变，军政府上台后对难民政策有所抵制，没有参加 1984 年卡塔赫纳会议。此后，巴西政局恢复正常，通过并实施《难民法》，设立国家难民委员会，负责确定难民身份和难民政策。巴西还开放了大门，接收来自非洲和中东的难民，④ 使之成为拉美地区首个在国家立法中采用广泛的难民定义的国家。

---

① Daniel Jatoba, "Brazil as a Leader in the Latin American Refugees' Regime", *The Journal of International Relations, Peace Studies, and Development*, Vol. 4, No. 1, 2018, p. 22.

② Thais Bessa, "Guterres Praises Brazilian Efforts to Integrate Refugees", the UN Refugee Agency, November 9, 2005, https://www.unhcr.org/news/latest/2005/11/43722e6a2/guterres-praises-brazilian-efforts-integrate-refugees.html.

③ 《联合国难民署长对巴西对逃离委内瑞拉人的困境的"模范"反应印象深刻》，联合国新闻，2019 年 8 月 19 日，https://news.un.org/en/story/2019/08/1044431。

④ 《叙利亚难民对拉丁美洲有何影响?》，《拉美顾问》2015 年 9 月 18 日，https://www.thedialogue.org/analysis/%E5%8F%99%E5%88%A9%E4%BA%9A%E9%9A%BE%E6%B0%91%E5%AF%B9%E6%8B%89%E4%B8%81%E7%BE%8E%E6%B4%B2%E6%9C%89%E4%BD%95%E5%BD%B1%E5%93%8D%EF%BC%9F/。

　　第三，巴西对海地、叙利亚、委内瑞拉等国家的移民和难民持开放政策。2010 年海地地震后，巴西采用人道主义签证的办法，向大量海地难民和移民发放 28000 多张人道主义签证。2013 年，巴西国家难民委员会颁布决议，简化叙利亚难民申请人道主义签证的程序。因此，叙利亚难民2014 年成为巴西最大的难民群体。2017 年 11 月，巴西新移民法生效。该法赋予包括难民在内的外国移民更多平等的权利，让他们更加方便地申请巴西正式居民身份。尽管与土耳其和巴基斯坦等国相比，巴西接收的难民数量并不多，但多年来，巴西的难民人口一直快速增长。2017 年，在巴西各地联邦警察局登记的难民申请数量达 33865 件，比 2016 年增加228%，创历史新高。① 同年，巴西接收了约 10260 名难民。2020 年，59147名难民在巴西寻求庇护。这一统计数据比 2019 年抵达的人数增加80.08%。② 2020 年，巴西制定了一项名为"欢迎行动"的新计划。该计划专门针对委内瑞拉难民，帮助成千上万的家庭在巴西开始新的、安全的生活。2021 年，联合国难民署和国际移民组织协助"欢迎行动"，帮助大约 5 万名委内瑞拉难民迁移到巴西城市。联合国难民署致力于为巴西在难民问题上所做的应对行动争取更多的国际支持。它希望巴西继续利用其区域领导能力，特别是在当前委内瑞拉危机的背景下，保护被迫流离失所者。③ 根据联合国难民署数据，目前有 26 万名委内瑞拉人逃离后居住在巴西，并寻求庇护。④

　　巴西针对难民治理突出多层次的伙伴关系，这是一个三方的难民保护结构，包括联邦政府、以联合国难民署为代表的国际社会和民间社

① 《巴西 2017 年难民申请增加 228% 创历史新高》，新华网，2018 年 1 月 11 日，http：//www. xinhuanet. com/world/2018－01/11/c_ 129788013. htm。

② Mariam Kazmi，"Brazils Successful Refugee Policies：A Model for the World"，*Borgen Magazine*，September 15, 2021. https：//www. borgenmagazine. com/brazils-successful-refugee-policies/.

③ 《难民署欢迎巴西决定承认委内瑞拉人难民地位》，联合国新闻，2019 年 12 月 6 日，https：//news. un. org/zh/story/2019/12/1046971。

④ "Brazil's Policies Boost Inclusion of Venezuelans, But Challenges Remain"，the UN High Commissioner for Refugees，May 18, 2021，https：//www. unhcr. org/news/press/2021/5/60a398db4/brazils-policies-boost-inclusion-venezuelans-challenges-remain. html.

会。这三者的合作在难民整体保护方面发挥关键作用。城市作为难民"内部安置"的关键地方，被赋予直接实施难民接收计划的责任，参与难民选择过程，与联合国难民署合作帮助难民融入社会。① 不过，巴西难民问题治理也受到政治的干扰。被称为"热带特朗普"的巴西右翼总统博索纳罗上台后，巴西政府在难民问题上保持警惕和抵制。例如，2019年1月，博索纳罗上台仅9天便宣布巴西退出联合国《移民问题全球契约》。② 考察巴西人道主义治理的区域领导者角色，还需密切考察其国内政治变化的影响。

（三）瑞典"人道主义超级大国"角色

瑞典经常跻身世界上最幸福或腐败最少的国家之列。尽管人口不多、国土面积不算大，但瑞典仍被加拿大、澳大利亚研究者视作中等强国。③ 爱德华·乔丹认为中等强国指的是在国际实力、能力和影响力方面既不强大也不弱小的国家，它们表现出促进世界体系凝聚力和稳定的倾向。他指出，尽管存在分类问题，但已经形成一种共识，即澳大利亚、加拿大、挪威和瑞典等国属于中等强国。④ 意大利博洛尼亚大学教授詹皮耶罗·贾科梅洛（Giampiero Giacomello）等人编撰的《21世纪亚欧中等强国》一书中，专门将瑞典作为典型中等强国的案例分析其国际角色。书中认为，尽管从传统的权力角度看，瑞典并不是实力较强的地区大国，但它在某些领域具有强大的"利基外交"能力，它仍然是世界上最大的发展援助捐助国之一。对瑞典而言，它作为"中等强国"不仅仅是实力大小

---

① Liliana L. Jubilut, Wellington P. Carneiro, "Resettlement in Solidarity: A Regional New Approach Towards a More Humane Durable Solution", *Refugee Survey Quarterly*, No. 3, 2011, pp. 63-86.

② 《巴西总统确认巴西退出联合国移民问题全球契约》，新华网，2019年1月10日，http://www.xinhuanet.com/world/2019-01/10/c_ 1123971810.htm。

③ Cranford Pratt, *Middle Power Internationalism: The North-South Dimension*, Montreal: McGill-Queen's University Press, 1990.

④ Eduard Jordaan, "The Concept of a Middle Power in International Relations: Distinguishing between Emerging and Traditional Middle Powers", *Politikon: South African Journal of Political Studies*, Vol. 30, No. 1, 2003, p. 165.

问题，更在于它对于全球治理领域的作用给它带来国际地位和发挥影响的机会。瑞典政府长期以来对人道主义问题表示关注，成功塑造了"人道主义超级大国"国际形象。① 瑞典人道主义治理话语权主要可从三个方面理解。

第一，打造人道主义超级大国"人设"。瑞典成功塑造政治话语，把自己"打扮"成国际人道主义移民政策的领跑者。在国际层面，瑞典作为一个人道主义超级大国的形象，涉及通过价值观而非利益来投射"软实力"。这不仅关乎瑞典在全球事务中应有的立场，而且是在国际体系中发挥更大作用的一次尝试，扮演更重要的角色。瑞典前首相弗雷德里克·赖因费尔特公开将瑞典自称为"人道主义超级大国"。② 前外交部长玛格特·沃尔斯特罗姆表示，其政府积极践行瑞典作为"人道主义超级大国"的角色。人道主义超级大国这一品牌的构建和认同已在政治层面和瑞典大众媒体上进行了长时间的讨论。媒体普遍对政府的政策形成肯定的共识，宣传瑞典全球人道主义大国的角色与价值。瑞典对人道主义治理的努力，不仅仅出于善意，更是在国际舞台上发挥中等强国作用的一种方式。瑞典是联合国人道主义事务协调厅捐助者支持小组成员（ODSG），该小组充当人道主义事务"声音委员会"，就政策、管理、预算和财务问题提供建议，支持人道主义事务协调厅履行其职责。2021年，瑞典是联合国人道主义事务协调厅第三大捐赠国，仅次于美国、英国，捐赠额约为 3534 万美元（见表 4-2）。③ 就其相对经济规模而言，瑞典是最大的捐助国之一（见图 4-4）。

---

① Giampiero Giacomello and Bertjan Verbee, *Middle Powers in Asia and Europe in the 21st Century*, Lanham: Lexington Books, 2020, pp. 181-185.

② Greg Simons and AndreyManoiloc, "Sweden's Self-perceived Global Role: Promises and Contradictions", *Research in Globalization*, Vol. 1, 2019, p. 2.

③ "Sweden and the UN in Figures", The Government of Sweden, June 29, 2018, https://www.government.se/government-policy/sweden-and-the-un/sweden-and-the-un-in-figures/.

表 4-2　联合国人道主义事务协调厅前二十大捐助者（2021 年）

单位：美元

排序	国家	捐款	排序	国家	捐款
1	美国	49593620	11	澳大利亚	7868640
2	英国	38698768	12	比利时	7073171
3	瑞典	35343223	13	瑞士	6963982
4	德国	26243557	14	法国	6097561
5	欧盟委员会	15135097	15	日本	6009008
6	挪威	15032280	16	爱尔兰	4065309
7	加拿大	12115675	17	新西兰	3512500
8	丹麦	11431415	18	芬兰	3033981
9	沙特阿拉伯	9894678	19	韩国	2000000
10	荷兰	8474576	20	阿联酋	2000000

资料来源：联合国人道主义事务协调厅，"OCHA Donors in 2021"，https://www.unocha.org/funding#donor-others。

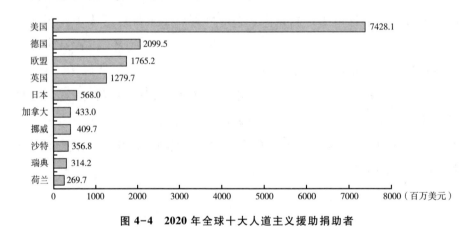

图 4-4　2020 年全球十大人道主义援助捐助者

资料来源：https://www.statista.com/statistics/275597/largers-donor-countries-of-aid-worldwide/。

　　第二，对地区冲突和灾害提供人道主义救助。预防冲突和人道主义援助是瑞典参与全球治理的优先事项。冲突预防侧重于妇女、和平与安全，包括培训妇女并将其融入和平谈判进程。人道主义援助主要是参与危机应对，瑞典国际发展合作署负责管理瑞典的人道主义援助。瑞典在应对人道主义危机方面发挥了重要作用，尤其是在也门和埃塞俄比亚等国家。2070 万也门人急需援助（占人口的 66%），其中包括超过 1610 万人口缺粮、400 万流离失所者。针对也门人道主义危机，瑞典频频召开人道主义救援国际会议，派遣特使，协调援助物资。2021 年 3 月，瑞典和瑞士共同主办也门人道主义援助认捐会，半年内募集到 22 亿美元的认筹资金。① 6 月，欧盟委员会和瑞典共同主办关于也门人道主义危机的第三次人道主义高级官员会议。9 月，瑞典与欧盟、瑞士政府在联合国大会边缘共同举办一场名为"也门：应对危机"的虚拟高级别会外活动，商讨应对也门人道主义危机的措施。② 瑞典政府还设立了也门问题特使，就食品和药品与地区国家进行协商。2020 年底，埃塞俄比亚北部战乱引发严重的人道主义灾难，瑞典积极参与联合国人道主义协调厅就埃塞俄比亚北部问题召开的紧急高级别部长级会议。2010 年海地大地震后，瑞典对海地紧急情况的支持达到 1.8 亿瑞典克朗。瑞典向联合国中央应急基金（CERF）支付 4.25 亿瑞典克朗的捐款。2020 年，瑞典政府人道主义部门采取了两项新战略，2020~2022 年与联合国人道主义事务协调厅的发展合作新战略和 2021~2025 年新的人道主义援助战略。两者都旨在加强瑞典对人道主义援助的实施，并更加关注对落后地区的人道主义救援。新冠疫情大流行、气候变化、食品价格上涨和俄乌冲突加剧了全球粮食短缺，影响到 50 多个国家的近 2 亿人口。2022 年 6 月，瑞典国际开发署宣布将追加 3.45 亿瑞典克朗（3700 万美元）的人道主义援助，通过反饥饿行动组织（AAH）、红十字国际委员会、联合国世界粮食计划署、国际救援委员会、挪威难民委员会、联合国粮食及农业组织以及联合国

---

① Edith Lederer, "UN: In War, 16 Million Yemenis 'Marching' toward Starvation", *AP News*, September 23, 2021, https://apnews.com/article/united-nations-general-assembly-middle-east-united-states-saudi-arabia-united-nations-e9092fbed471e2fe387a395558bdbc28.

② "Yemen: Responding to the Crises within the World's Largest Humanitarian Crisis", UN, https://media.un.org/en/asset/k1m/k1mpdx26jv.

人道主义国家基金，向有关受影响的国家提供财政支持，[①] 应对日益严峻的全球粮食危机。

第三，难民接收政策趋于原籍国援助。传统上，瑞典一直是难民的避风港。按照人均来算，瑞典是人均接纳难民人数最多的国家，在这一指标上仅次于加拿大和澳大利亚，位居世界第三。[②] 在 2015 年欧洲难民危机期间，仅两个月在瑞典登记的寻求庇护者就多达 8 万人，到年底难民庇护申请总数超过 17 万人。[③] 这是瑞典有史以来接收寻求庇护者的最高纪录，主要来自叙利亚、伊拉克和阿富汗。数量庞大的难民群体突然激增，导致社会问题增加和排外主义抬头，也引发了对 "制度崩溃" 的担忧。2014 ~ 2017 年，收容难民的成本占瑞典官方发展援助的很大一部分，2015 年达到 23 亿美元的峰值（占 34%），然后降至 2019 年的 2.63 亿美元。伴随政治光谱从中左翼向右翼滑动，瑞典收紧难民移民监管政策。瑞典出台严格的庇护法律，对于一个长期以慷慨的庇护姿态自居的国家来说，这是一个重大政策转变。[④] 2021 年，瑞典再推出一项法案，缩减临时居留许可时间，提高申请永久居留权要求。[⑤] 自称是人道主义者的瑞典人希望直接对难民原籍国提供援助，而不是接收难民到瑞典。[⑥] 然而，2022 年

[①] "Sweden Allocates US $ 37 Million in Emergency Support to Counter Global Food Shortage", *Donor Tracker*, June 20, 2022, https://donortracker.org/policy-updates/sweden-allocates-us37-million-emergency-support-counter-global-food-shortage.

[②] Jynnah Radford and Phillip Connor, "Canada Now Leads the World in Refugee Resettlement, Surpassing the U. S. ", Pew Research Center, June 19, 2019, https://www.pewresearch.org/fact-tank/2019/06/19/canada-now-leads-the-world-in-refugee-resettlement-surpassing-the-u-s/.

[③] Michał Krzyżanowski, "The 'Refugee Crisis' and the Hybrid Discourse of Politicizing Immigration in Sweden", *Journal of Immigrant & Refugee Studies*, Vol. 16, No. 1-2, 2018, p. 101.

[④] "UNHCR Global Trends 2019", the UN High Commissioner for Refugees, July 2020, https://www.unhcr.org/be/wp-content/uploads/sites/46/2020/07/Global-Trends-Report-2019.pdf.

[⑤] Junno Arocho Esteves, "Swedish Aid Groups Oppose Restrictive Migration Proposals", *Union of Catholic Asian News*, April 22, 2021, https://www.ucanews.com/news/swedish-aid-groups-oppose-restrictive-migration-proposals/92197#.

[⑥] Danielle Lee Tomson, "The Rise of Sweden Democrats: Islam, Populism and the End of Swedish Exceptionalism", Brookings Institute, March 25, 2020, https://www.brookings.edu/research/the-rise-of-sweden-democrats-and-the-end-of-swedish-exceptionalism/.

俄乌冲突爆发后，数以万计的乌克兰难民涌入瑞典，瑞典不得提供 10 亿美元的外援。[①]

（四）加拿大"保护的责任"理念塑造者

加拿大在起草和争取对人道主义治理的支持文件、概念方面发挥积极作用。例如，加拿大律师和学者约翰·汉弗莱（John Humphrey）在 1947 年帮助起草了《世界人权宣言》。前外交部长劳埃德·阿克斯沃西（Lloyd Axworthy）提出了人的安全（human security）概念。[②] 随着中东、非洲等地区战乱不断，如何保护难民避免陷入大规模人道主义危机成为棘手问题。为了应对人道主义危机，"保护的责任"（Responsible to Protect，R2P）概念应运而生，而"干涉的权利""人的安全""个人主权""负责任主权"等概念都对"保护的责任"概念的提出产生了重要影响。[③] 面对人道主义干预与不干涉主权之间可能存在的矛盾，联合国前秘书长科菲·安南呼吁国际社会解决干预和主权带来的真正困境。加拿大在创建"保护的责任"的过程中发挥关键作用。加拿大政府成立了国际干预和国家主权委员会（ICISS），加拿大国际干预和国家主权委员会提出，如果东道国"不愿意"或"无法"保护其人民免受某些暴行的伤害，第三方干预是正当的，只要它遵循某些预防原则。[④] 继而在 2001 年制定"Responsible to Protect"规范：①军事干预的主要目的必须是"制止或避免人类痛苦"；②干预必须是最后的手段，即所有非军事选择都用尽了才可考虑；③干预必须与"确保明确的人类保护目标"相称；④必须有合理的机会通过干预来制止或避免暴行。该委员会试图将措

① Vince Chadwick，"Sweden Pulls ＄1B in Foreign Aid for Ukrainian Refugees at Home"，*Devex*，May 5，2022，https：//www.devex.com/news/sweden-pulls-1b-in-foreign-aid-for-ukrainian-refugees-at-home-103164.

② Lloyd Axworthy，"Canada and Human Security：The Need for Leadership"，*International Journal：Canada's Journal of Global Policy Analysis*，Vol. 52，No. 2，1997，pp. 183-196.

③ 罗艳华：《"保护的责任"的发展历程与中国的立场》，《国际政治研究》2014 年第 3 期，第 11 页。

④ "The Responsibility to Protect"，the International Development Research Centre，2001，p. 17.

辞从"干预的权利"转变为"主权作为一种责任"，通过提出干预标准和指导方针以及联合国安理会的行为守则来挑战现有的主权和自决观念。

2005 年，在联合国会议上，各国首脑确认有责任保护人民免受种族灭绝、战争罪、族裔清洗和危害人类罪的责任。"保护的责任"原则有三大支柱：每个国家皆有保护其人民的责任；国际社会有帮助各国保护其人民的责任；当一个国家明显无法保护其人民时，国际社会有保护该国人民的责任。[①] 这一原则反映全球治理的更广泛趋势，在人类安全、国家建构和强制干预方面显示出对主权原则的回击。"保护的责任"逐渐被纳入大规模冲突以及平民遭受战乱暴罪行的国际讨论。2006～2021 年，联合国安理会在其决议中 90 多次提及保护责任。[②] 加拿大多伦多大学公共政策与治理学院的教授梅尔·卡普（Mel Cappe）颇为自信地称："我们看到各国向超国家机构、国家以下实体以及民间社会和其他非国家行为者让出权力。加拿大是推动这种机构的典范。我们率先创建了'R2P'，领先于它的时代。加拿大是实现这一目标的世界冠军。"[③]

不过，作为一项不具约束力的原则，关于军事干预以保护平民在其法律层面一直存有争议，有干涉别国内政的嫌疑。中国等国家认为，"保护的责任"迄今还只是一个概念，尚不构成一项国际法规则，各国应避免将"保护的责任"作为向他国施压的外交手段。"保护的责任"能否得到各国一致接受、能否真正有效履行，还需要在联合国或有关区域组织内进一步探讨。[④] 保护的责任在实际应用时，确实存在一些复杂性和争议。例如 2011

---

① 伊万·西蒙诺维奇：《保护责任》，联合国中文网，https：//www.un.org/zh/chronicle/article/20732。

② "UN Security Council Resolutions and Presidential Statements Referencing R2P"，https：//www.globalr2p.org/resources/un-security-council-resolutions-and-presidential-statements-referencing-r2p/.

③ Mel Cappe，"A Reminder of What is Possible as our Relationship with the 'Nation-state' Changes"，Open Canada Organization，August 3，2017，https：//opencanada.org/seven-reasons-why-r2p-relevant-today/.

④ 《刘振民大使在联大关于"保护的责任"问题全会上的发言》，外交部网站，2009 年 7 月 24 日，https：//www.fmprc.gov.cn/ce/ceun/chn/xw/t575179.htm。

年，加拿大政府支持并为北约军事干预利比亚出了力，"保护的责任"原则不仅没有给利比亚制造和平，反而产生更多动乱，给这一规范蒙上阴影，引发关于何时以及如何使用武力保护民众的辩论，特别是在未经其政府批准的情况下。军事干预出于政治目的滥用"保护的责任"，实现政权更迭的借口引发国际社会的担忧。对此，2011年11月，巴西提出"保护同时负责"（Responsibility While Protecting，RWP）倡议，旨在化解利比亚之后对"保护的责任"可能受到滥用的担忧。"RWP"有三个主张：进行人道主义干预的人首先需要考虑替代措施；干预者在使用军事力量保护平民时需要格外小心；干预者应不断向联合国安理会汇报。①

加拿大的立场和行动在"保护的责任"原则的发展和实施方面经历了一些变化。在卢旺达种族灭绝事件发生后的20年里，加拿大已经从该规范最直言不讳的支持者变成了该规范最温和的支持者之一。② 然而，保守党政府很少使用任何"R2P"用语。2015年上台的自由党政府重新参与这一规范框架。2016年10月，加拿大总理特鲁多在讨论叙利亚危机时提到了"R2P"。对于全球人道主义治理，加拿大倡导并推崇"保护的责任"原则，试图重新构建关于干预和主权的论述，重申主权的条件性，试图更明确地界定违反主权责任的程度，国际社会有责任干预，增加各方面对大规模暴行采取行动的规范压力。加拿大采取了多种措施，它建立了一个"保护的责任"协调中心，进一步增加人道主义、安全和发展援助，发起关于如何支持大规模暴行影响平民的讨论，参与讨论审查难民保护制度与"保护的责任"之间的联系。在"保护的责任"概念付诸国际实践中，加拿大的引领作用相当明显，可以其诠释中等强国如何通过推动"人类安全"议程来表现出较强国际领导力的意图。

---

① Kai Michael Kenkel and Philip Cunliffe, *Brazil as a Rising Power: Intervention Norms and the Contestation of Global Order*, London: Routledge, 2016, pp. 104−106.

② "Canadian Voices on R2P", https://opencanada.org/indepth/canadian-voices-on-r2p/.

四　中等强国互联网空间治理的角色与作用

20世纪90年代，互联网用户还不到100万，处于萌发发展阶段。如今，我们身处在一个万物皆可联通的互联网时代，互联网用户数高达52.5亿，占全球人口的66.2%。网络空间已成为现代社会不可或缺的一部分，互联网已经广泛渗透到经济社会的方方面面，在提高工作效率、提升生活质量的同时，人们对网络的依赖程度也越来越高（见表4-3）。互联网催生了数字经济的繁荣，把我们带入数字经济时代，"元宇宙"带来虚拟世界与现实世界的交互，数据将呈现指数级增长。同时，"万物互联"证明了在原来虚拟世界的攻击会变成对物理世界的伤害。从国家安全的角度看，一个突出问题是网络安全问题，勒索软件攻击、新型网络诈骗、信息泄露、违法犯罪活动大量发生；网络空间的大国博弈日益激烈，相互攻讦频繁而突出；各国间网络互信缺乏，国际社会网络空间治理尚处于起步阶段，全球网络安全治理呈现碎片化态势，加强网络安全治理刻不容缓。

表4-3　全球互联网使用情况和人口统计数据（2022年）

单位：人，%

区域	人口	世界人口占比	互联网用户	渗透率	增长（2000~2021年）	互联网用户占比
非洲	1394588547	17.6	601327461	43.1	13220	11.5
亚洲	4350826899	54.8	2790150527	64.1	2341	53.1
欧洲	841319704	10.6	743602636	88.4	608	14.2
拉丁美洲/加勒比	663520324	8.4	533171730	80.4	2851	10.2
北美	372555585	4.7	347916694	93.4	222	6.6
中东	268302801	3.4	205019130	76.4	6141	3.9
大洋洲	43602955	0.5	30549185	70.1	301	0.6

续表

区域	人口	世界人口占比	互联网用户	渗透率	增长（2000~2021 年）	互联网用户占比
世界	7934716815	100.0	5251737363	66.2	1355	100.0

注：互联网渗透率是指使用互联网的网民与总人口数之比。①互联网使用和世界人口统计估计值为 2022 年 1 月数据；②人口数字基于联合国人口司的数据；③互联网使用信息来自世界银行、国际电信联盟、尼尔森在线、our world in data 数据库等机构发布的数据。

资料来源：https：//www.internetworldstats.com/stats.htm。

（一）全球互联网空间治理轮廓

随着信息化时代来临，互联网与国家安全的关系日益加深。网络安全（network security，cyber security）有两层含义。从狭义的角度讲，网络安全是指网络系统的硬件、软件及其系统中的数据受到保护，不因偶然的或者恶意的原因而遭受破坏、更改、泄露，系统连续可靠正常地运行，网络服务不中断。[1] 从广义的角度讲，网络安全就涉及国家安全领域。在政治、经济和军事事务中，信息和信息技术提供并支持业务活动的关键要素。可以说，网络安全是一个新领域，我们才刚刚开始探索它的含义。

网络安全成为含有科技元素的政治议题。过去由国家政府掌控、主导进行多边或双边协商的议题如国家安全、国际贸易等，如今已变身为网络安全、数据贸易。在攸关国家利益的议题上，政府立法、执法的权力及义务不可或缺，但如何与多方利害关系人的权利、义务达成平衡，显然是网络安全治理需要思考的方向。网络已深入应用到全球政治、经济、国防、科技、文化、教育等多个领域，网络空间正成为陆、海、空、天之后的"第五空间"。特别是对于新兴中等强国来说，互联网安全治理攸关其经济发展的韧性与可持续性。然而，对国家安全、关键基础设施、国内政治稳定、全球经济和隐私的数字威胁正在增加。例如，仅一个重要的云服务被恶意黑客破

---

[1]　万雅静主编《计算机文化基础》，机械工业出版社，2016，第 234 页。

坏，就可能造成高达 530 亿美元的经济损失。① 网络安全治理挑战主要表现为三个突出问题。

一是大国在网络安全领域的竞争博弈日趋激烈。信息技术革命日新月异，对国际经济、政治、文化、社会、军事等领域造成深刻的影响，致使大国博弈也因此进入一个新的阶段，即网络空间战已然成为一种有效的常规战，并且被许多国家经常采用。换言之，网络空间早已在国家主权扩张与布局中，扮演着十分重要的角色。网络大国继续主导网络空间治理。这些国家在规则制定、议题设置领域的优势明显，特别是通过选择性或者优先设置议程，左右网络空间治理的机制构建。比如在网络安全治理中，美国依靠其议程设置能力阻止国际社会将大规模数据监控列为治理议程，同时将其重点关切的网络经济窃密设置为优先议程。此外，信息发达国家在设置网络人权议程时，将重点置于自由领域，而民主（一国一票）、平等（大小国家拥有同等话语权）等同样重要的议题则被排除在议程之外。网络空间博弈的"龙卷风"席卷全球，给世界带来极大的冲击和震撼，这背后都有美国的影子。2013 年 6 月，美国国家安全局（NSA）前雇员爱德华·斯诺登披露了该局的"棱镜"监听项目。"斯诺登事件"曝出在过去的几年里，联邦调查局和国安局通过具有较大影响力的微软、谷歌、苹果等许多互联网公司的服务器，监控美国国内居民的邮件、视频以及聊天记录等秘密资料。2021 年 7 月，美国、北约、欧盟、澳大利亚、新西兰和日本指责中国政府支持的网络攻击。拜登政府称将共享有关网络威胁的情报，并在网络防御和安全方面进行合作。② 作为世界顶级军事力量的研发部门，美国国家安全局不断开发新的网络武器。美国国家安全局部署的间谍工具，能够潜伏在受害者的计算机中访问敏感信息，控制了全球互联网设备并窃取大量用户信息。特洛伊木马"NOPEN"是一种用于 Unix/Linux 计算机系统的远程控制工具。它主要用于

---

① Suzanne Barlyn, "Global Cyber Attack Could Spur $ 53 billion in Losses: Lloyd's of London", *Reuters*, July 17, 2017.

② Christina Wilkie, "U.S., NATO and EU to Blame China for Cyberattack on Microsoft Exchange Servers", CNBC, July 19, 2021.

窃取文件、访问系统、监控网络通信和查看目标设备的信息。根据黑客组织 Shadow Brokers 泄露的美国国家安全局内部文件，"NOPEN"是 TAO 用来攻击和窃取机密的强大武器之一。该机构在一个月内远程窃取超过 970 亿条全球互联网数据和 1240 亿条电话记录。[①]

美国是全球最早将网络用于实战的国家。2002 年，时任总统布什签署"国家安全第 16 号总统令"，要求国防部牵头制定网络空间行动战略。同年 12 月，美国海军率先成立网络司令部，空军和陆军也迅速跟进，组建军种网络部队。2005 年 3 月，美国国防部出台《国防战略报告》，明确了网络空间的战略地位，将其定性为与陆、海、空、天同等重要的第五维空间，美军网络战力量发展迎来第一波高潮。总体而言，在发展初期，美军网络战力量发展速度虽快，但缺乏统筹规划，各军种网络战部队烟囱林立，未能形成合力。2018 年 5 月，美军将网络司令部升级为第 10 个联合作战司令部。[②] 9 月，美国发布新的《国家网络战略》，将"以实力求和平"作为主要支柱之一，并表示运用经济、军事多种手段进行威慑。美军网络战力量体系已成形。位于该体系中心的是直属于美国网络司令部的网络任务部队，其在美军网络战行动中扮演关键角色。截至目前，美军网络任务部队人数已达 5000 人，其 133 个网络战任务组全部具备完全作战能力。[③] 在这些部队当中，有 40 支为进攻性网络部队，拥有上千种网络武器。2022 年，俄乌冲突加剧网络空间对抗。美国网络司令部司令兼国家安全局局长保罗·中曾根在爱沙尼亚接受采访时承认，在这轮俄乌冲突中，美国对俄开展进攻性黑客行动，以支持乌克兰。[④] 大量黑客行动主义者（如 Anonymous 组织等）先后宣称成功对一系列俄罗斯目标发动了 DDoS 攻击，影响面涵盖银行、新闻及政府机关

---

① 《又是美国 近 30 天窃取 970 亿条全球数据》，环球网，2022 年 6 月 13 日。

② 陈航辉：《美军网络战主要干什么?》，《解放军报》2017 年 3 月 14 日。

③ 有关美国网络战部队更详细情况，参见美国网络司令部网站，https://www.cybercom.mil/About/History/。

④ "US Military Hackers Conducting Offensive Operations in Support of Ukraine, Says Head of Cyber Command", *Sky News*, June 1, 2022, https://news.sky.com/story/us-military-hackers-conducting-offensive-operations-in-support-of-ukraine-says-head-of-cyber-command-12625139.

网站，甚至有人自称破坏了俄罗斯的间谍卫星与太空基础设施。例如，俄称来自美国、土耳其、格鲁吉亚和欧盟国家超过 65000 名黑客定期参与针对俄罗斯关键信息基础设施的联合阻断服务攻击。①

二是网络攻击、网络恐怖和违法犯罪破坏社会安全。全球范围内针对关键信息基础设施的网络攻击行为不断攀升，涉及金融、医疗卫生、交通、能源、工业控制等领域，影响范围广泛、程度严重。这类攻击瞄准和利用第三方产品的安全漏洞或脆弱环节，通过入侵和感染联网设备、重要系统，造成设备破坏、系统崩溃、敏感数据丢失等后果，以实现对关键信息基础设施的破坏性打击。信息科技瞬息万变，利用网络实施的攻击、恐怖、淫秽、贩毒、洗钱、赌博、窃密、诈骗等犯罪活动时有发生，网络谣言、网络低俗信息等屡见不鲜，已经成为影响国家安全、社会公共利益的突出问题。因网络安全没有同步跟进而导致的重大危害事件时有发生，甚至导致政府倒台。例如，2007 年 4~5 月，爱沙尼亚遭受全国性网络攻击，攻击的对象包括爱沙尼亚总统和议会网站、政府各部门、各政党、六大新闻机构中的三家、最大两家银行以及通信公司等，大量网站被迫关闭。2010 年伊朗核设施遭受"震网"病毒攻击，导致 1000 多台离心机瘫痪；"震网"病毒攻击瘫痪物理设施，引起世界震动。2015 年 12 月 23 日，乌克兰电力基础设施遭受恶意代码攻击，导致大面积地区数小时的停电事故，造成严重社会恐慌，这是一个具有信息战水准的网络攻击事件。

这些惨痛的教训所反映出来的共同问题，就是网络安全防护工作没有同步跟进，使得国家政权、关键基础设施和社会生活面临极大的网络风险。以"震网"蠕虫病毒为例，2009 年该病毒就已经开始在伊朗纳坦兹（Natanz）核设施生效，但直到 2010 年 6 月才被一家白俄罗斯，而非伊朗，网络安全公司发现。其后又花了一个月的时间才发现该病毒是专门设计用来攻击工业流程的。2017 年 WannaCry 勒索软件感染了 150 个国家和地区的数十万台计

---

① 《俄外交部：来自美国、欧洲、乌克兰和格鲁吉亚等国的 22 个黑客团伙对俄发动网络攻击》，俄罗斯卫星新闻网，2022 年 6 月 10 日，https://sputniknews.cn/20220610/1041857928.html。

算机网络，造成总额高达 40 亿美元的损失。[①] 2021 年 5 月，美国境内最大的燃油管道系统 Colonial Pipeline 遭受黑客 "勒索病毒" 攻击（ransomeware attacks），导致该连接南方炼油重地至东岸主要市场的系统全面瘫痪（该管道提供了东海岸近一半的燃料供应），美国总统拜登指示联邦调查局应对，但最终拿出的措施是该石油公司支付 500 万美元。[②] 哈佛大学教授约瑟夫·奈谈到了 "高成本" 的网络威慑策略，比如 "点名羞辱" 攻击发源国：从事此类攻击的国家可能会被视为做生意、投资和保管资金的风险之地。然而，他指出，要想让这种微妙的威慑发挥作用，需要有更好的能力将袭击归因于特定的国家，可能还包括该国境内的特定行为者。[③] 基于这样的逻辑，西方国家常常以网络攻击为由，指责中国、俄罗斯、朝鲜等国家对西方进行网络黑客攻击。它们往往通过舆论战等手段，将自身塑造成受害者角色，实行双重标准，上演贼喊捉贼的戏码。

三是网络国际治理碎片化。现有的国际网络治理结构是历史的产物，而不是解决问题这一逻辑的产物。全球互联网基础资源管理体系难以反映大多数国家意愿和利益。在黑客技术快速传播的情况下，许多国家和国际组织更加注重制定安全措施和加强多边合作，以抵御可能与物理军事打击一样具有破坏性的网络威胁。例如，它们正在努力构建互联网治理的全球框架，其中网络安全是有争议的子领域之一。尽管联合国牵头就网络空间治理建立一些工作机制，如 2019 年成立联合国网络安全开放式工作组（OEWG），定期向联大报告，提出促进网络空间和平与安全建议，提供与行业、非政府组织和学术界举行磋商会议的机会。[④] 但是，全球治理的碎片化趋势确实延伸到网

---

① Jonathan Beer, " 'WannaCry' Ransomware Attack Losses could Reach ＄4 Billion", *CBS News*, May 16, 2017, https：//www.cbsnews.com/news/wannacry-ransomware-attacks-wannacry-virus-losses/.

② William Turton and Kartikay Mehrotra, "Hackers Breached Colonial Pipeline Using Compromised Password", *Bloomberg*, June 5, 2021, https：//www.bloomberg.com/news/articles/2021-06-04/hackers-breached-colonial-pipeline-using-compromised-password.

③ David E. Sanger, *Confront and Conceal*：*Obama's Secret Wars and Surprising Use of American Power*, New York：Broadway Paperbacks, 2013.

④ "Open-ended Working Group", UN, https：//www.un.org/disarmament/open-ended-working-group/.

络安全领域。国际社会对于互联网治理并没有形成统一的共识，也缺乏足够的协调合作对话平台。网络空间缺乏普遍有效规范各方行为的国际规则，自身发展受到制约，还缺乏有效的国际安排来处理网络安全及网络执法方面的问题。① 更复杂的是，缺乏有利于推动全面实施网络防御的条约与国际合作，特别是西方国家与新兴国家关于网络安全的分歧、矛盾和争论要远多于共识和合作。更由于网络的匿名性、匿踪性，难以追溯源头，因而出现相互指责的现象，造成网络空间治理的"零和博弈"。

（二）中等强国互联网空间治理的角色

互联网政治理论专家、美国韦尔斯利学院政治学教授斯泰西·E.戈达德（Stacie E. Goddard）认为，特定类型的网络为参与者提供影响变革的资源。创造了有利的条件，参与者在网络中的位置取决于与他者竞争或合作的能力。② 在这种观点下，中等强国的行动取决于一个国家与其他国家联系在一起的网络结构状况。换句话说，根据全球互联网治理结构及条件如节点数量、链路模式和整个网络的体系结构，中等强国将会扮演特定的角色，确定在网络空间治理中的特定位置，使自己成为网络治理的中坚力量，从而具有更多治理能力。③

第一，依托盟友网络扮演网络安全依随者角色，构建数字经济的引领力量。加拿大是一个高度数字化的中等强国，拥有强大的数字经济以及充满活力的技术创新生态系统。加拿大制定了国家网络安全战略，重点是发挥它在该领域增强领导地位的巨大潜力。④ 2019 年，加拿大国家网络安全行动计划

---

① Sangbae Kim, "Policy Recommendation for South Korea's Middle Power Diplomacy: Cyber Security", Center for National Security Studies, June 8, 2020.

② Stacie E. Goddard, "Brokering Change: Networks and Entrepreneurs in International Politics", *International Theory*, Vol. 1, No. 2, 2009, pp. 249–281.

③ Sangbae Kim, "Cyber Security and Middle Power Diplomacy: A Network Perspective", *The Korean Journal of International Studies*, Vol. 12, No. 2, 2014, p. 327.

④ "National Cyber Security Strategy: Canada's Vision for Security and Prosperity in the Digital Age", Ministry of Public Safety and Emergency Preparedness Canada, 2018, https://www.publicsafety.gc.ca/cnt/rsrcs/pblctns/ntnl-cbr-scrt-strtg/index-en.aspx#s11.

概述广泛的外交战略，设定的战略网络安全协调机制，强调通过倡导开放、自由和安全的互联网，塑造符合加拿大自身利益的国际网络安全环境。加拿大积极参与有关网络空间事务的国际论坛，参与国际层面的网络安全讨论，例如联合国网络空间安全政府专家组。加拿大作为"五眼联盟"国家，其情报联盟内部的协调"对于确保各自国家的网络安全韧性至关重要"，尤其是信息共享、协调的网络事件应对和国际政策协调方面。① 加拿大还在北约总部派驻接受过网络培训的官员专门从事网络协调工作。

澳大利亚的目标是成为网络和关键技术外交领域有影响力的领导者。② 2016 年，澳大利亚发布网络安全战略，强调在国家网络伙伴关系、网络防御、全球责任和影响、成长与创新、网络智能国家等五个行动主题中投资超过 2.3 亿美元。③ 2017 年 1 月，澳大利亚设立首任网络事务和关键技术大使，负责澳大利亚网络治理国际参与，推进和保护澳大利亚在网络空间和关键技术方面的国家安全、外交政策、经济和贸易以及发展利益。④ 2017 年 10 月，澳大利亚效仿美国发布《网络国际参与战略》，涉及网络空间管理的所有外交方面，包括网络犯罪、数字贸易、网络安全、人权、互联网治理与合作、隐私和国际安全。⑤ 2020 年 8 月，澳大利亚政府公布《网络安全战略 2020》，将在 10 年内投资 16.7 亿澳元，用于保护具有国家意义的

---

① Amaliah Reiskind, "Canada's Cyber Security: A Discussion with Public Safety Canada", *NATO Association Canada*, August 22, 2018, http://natoassociation.ca/.

② "Speaker Spotlight: Dr Tobias Feakin, Ambassador for Cyber Affairs and Critical Technology", Public Sector Network, July 7, 2021, https://publicsectornetwork.co/insight/interview-with-dr-tobias-feakin-at-the-department-of-foreign-affairs-andtrade/?＿＿cf＿chl＿jschl＿tk＿＿= pmd＿GC. FlHUCDsj8. emb. chMYs4f9NJ7eTuQPapMmqVZEGA-1635067756-0-gqNtZGzNAnujcnBszQi9.

③ "What is the Government Doing in Cyber Security?", Department of Industry, Science, Energy and Resources of Australia, https://www.industry.gov.au/data-and-publications/australias-tech-future/cyber-security/what-is-the-government-doing-in-cyber-security.

④ "Ambassador for Cyber Affairs and Critical Technology", Department of Foreign Affairs and Trade of Australia, https://www.dfat.gov.au/about-us/our-people/homs/ambassador-for-cyber-affairs.

⑤ "Australia's International Cyber Engagement Strategy", Australia Government, October 2017, https://www.internationalcybertech.gov.au/sites/default/files/2020-11/The%20Strategy.pdf.

关键基础设施和系统。①

澳大利亚在联合国、国际电联、东盟和亚太经济合作组织等多个国际组织的框架内，就网络空间问题的管理方面扮演积极角色。比如，澳大利亚参加联合国网络空间安全政府专家组，并于2013~2015年担任主席国。它在"东盟+"（ASEAN Plus）框架内担任网络安全工作组的共同主席。澳大利亚研究国际法如何适用于各国使用通信技术，力图对网络空间的国际法进行解读。2020年，澳大利亚向联合国网络环境工作组提交一份电子文件，其中载有一系列关于网络空间国际法应用的案例研究。这试图证明，现有条约和习惯国际法需要一个全面和强有力的框架，以应对由"恶意网络活动构成的威胁"。特别是国际法应为受害国提供一个"工具包"，用于查明违反国际法律义务的行为，查明责任国，寻求和平解决争端，在受害国认为适当的情况下采取合法措施作出回应。②

然而，以加拿大、澳大利亚为代表的传统中等强国在全球网络治理中奉行"零和博弈"的对抗思维，处处拿中国、俄罗斯、伊朗等国家说事，将网络治理中的话语权转化为施压别国的工具。对它们来说，加入"五眼联盟"被视为弥补本土能力不足的关键手段。加拿大对进攻性网络能力的开发和使用仍处于发展阶段，澳大利亚则已经具备这样的能力，例如，配合美国和英国的网络攻击联合行动。2021年，由世界银行赞助的价值7260万美元的东密克罗尼西亚太平洋海底光缆项目进行招标，将连接瑙鲁、基里巴斯和密克罗尼西亚联邦。中国华海通信技术有限公司对该项目进行投标，在3家投标单位中竞争力最强（华海通信技术能力强，拥有约10%的全球市场份额，建造或修理世界400条海底电缆中的近100条）。但是，美国担心华海通信中标，施压项目招标取消。而澳大利亚则与瑙鲁商谈海底电缆连接事

---

① "Australia's Cyber Security Strategy 2020", Department of Home Affairs of Australia, August 2020, https：//www. homeaffairs. gov. au/cyber-security-subsite/files/cyber-security-strategy-2020. pdf.

② "Australia's Submission on International Law to be Annexed to the Report of the 2021 Group of Governmental Experts on Cyber ", Australia Government, June 2021, https：//www. internationalcybertech. gov. au/sites/default/files/2021 - 06/Australia% 20Annex% 20 -% 20Final%2C% 20as% 20submitted% 20to% 20GGE% 20Secretariat. pdf.

宜，并接手电缆项目。①

第二，塑造全球网络治理议题，扮演领军者新角色。作为新兴中等强国，韩国也是新兴网络强国，号称拥有最快的互联网和多元化的数字经济，已经成功地树立起自己的"标枪"商标。韩国追求网络治理外交的关键，是在全球治理的架构中找到对自己有利的位置，扮演兼容协调的"中间人"角色，提升在网络空间国际治理中的影响力和国际地位。

一是巩固国内网络治理顶层设计。韩国网络安全治理由三个机构组成：国家情报局下属的国家网络安全中心（NCSC），主要负责政府和公共部门；科学和信息通信技术部负责私营部门；然后是不同机构的个别应用系统，如国防部负责军事部门的系统。2005 年颁布的《国家网络安全管理条例》规定了每个组织的职责。② 推出一系列网络安全治理指导方针，包括《国家网络安全管理条例和国家网络安全标准手册（2005）》《国家网络危机综合措施（2009）》《加强国家网络安全能力的措施（2015）》《国家网络安全综合措施（2013）》《国家网络安全总体规划（2011）》。2019 年，韩国政府发布《国家网络安全战略》，这是韩国在网络安全治理领域出台的第一部战略文件。③ 韩国科学和信息通信技术部于 2022 年实施综合网络安全战略，最重要的目标是通过彻底改善安全环境来保护其关键网络基础设施，使其更具生存能力并在发生中断时提高其恢复能力。④ 提高国家核心基础设施安全性，增强网络韧性与应对能力，持续应对网络威胁，开发网络安全相关技术，建立网络攻击实时探测、应对体系，推动网络和业务用信息通信网分离

① Anthony Bergin and Sam Bashfield，"Digital Age Lies Vulnerable to Threats from Underwater"，*the Australian*，October 18，2021，https：//www.theaustralian.com.au/world/digital-age-lies-vulnerable-to-threats-from-underwater/news-story/d25c934b431ce34591ffebfb0696a9d1.

② So Jeong Kim，Sunha Bae，"Korean Policies of Cybersecurity and Data Resilience"，Carnegie Endowment for International Peace，August 17，2021，https：//carnegieendowment.org/2021/08/17/korean-policies-of-cybersecurity-and-data-resilience-pub-85164.

③ "Cybersecurity Policy Documents. National Cybersecurity Strategy"，National Security Office，April 2021，http：//ccs.or.kr/south-korea-cybersecurity-policy-documents/？ckattempt=1.

④ "Seoul to Implement Comprehensive Cyber Security Strategy by 2022"，Yonhap News Agency，September 3，2019，https：//en.yna.co.kr/view/AEN20190903002800320.

等，持续强化网络防御力量。激活民、官、军合作体系，提升国家网络安全基础力量的技术、人力、产业竞争力，让网络安全产业界在提高国家网络安全水平上起到重要作用。① 2020 年 6 月，国际电信联盟公布第四届全球网络安全指数（GCI），在 193 个国际电联成员国和巴勒斯坦评估排名中，韩国排在第 4 位。② 全球网络安全指数是国际电联每两年进行一次的国家网络安全水平衡量项目，用于比较和分析国家之间的网络安全能力。

二是推动网络治理多边外交行动。韩国通过主办国际网络政策协议会、加强国际机构合作伙伴关系、加入国际协议等举措，推动网络安全领域的国际合作，积极参与网络安全国际规范的塑造，在国际层面探索网络安全的应对方案，在制定国际规范方面发挥主导作用，确保韩国在国际合作中有较大的话语权。作为中等强国，韩国有展示其外交能力的企图，为此也加入网络安全方面的政府间伙伴关系。例如，韩国参加了第一、二届联合国信息安全政府专家组（GGE），2008 年主办经济合作与发展组织部长级会议，主办 2013 年首尔网络空间会议，发布关于互联网经济未来的《首尔宣言》。韩国作为政府专家组进程的参与方，在联合国、亚洲区域合作（如通过东盟地区论坛）、中等强国合作体（MITKA）、全球网络专业知识论坛等多边外交场合深度参与网络治理，同时还与中国、印度、日本和美国等国开展涉及网络的双边合作。积极推动 MIKTA 组织将网络治理纳入涉及能源治理、应对恐怖主义、经贸合作、治理与可持续发展、性别平等、联合国维和行动等的重要议题行列。除了国家间关系框架之外，还密切关注谷歌、推特、亚马逊、脸谱、腾讯、阿里巴巴等大型互联网科技企业动向，积极担当网络安全规范多边谈判的中间人。当然，韩国对网络空间秩序的形态看法相对独立，即牢固坚持主权不受干涉原则，并未在所有网络问题上追随美国的立场。它

① "National Cybersecurity Strategy", Yonhap News Agency, September 3, 2019, http://ccs. or. kr/south-korea-cybersecurity-policy-documents/? ckattempt = 1.

② "Global Cybersecurity Index 2020", International Telecommunication Union, https://www. itu. int/en/myitu/Publications/2021/06/28/13/22/Global-Cybersecurity-Index-2020.

没有批准美国支持的《布达佩斯网络犯罪公约》,① 也没有加入美国阵营反对 2012 年谈判达成的修订后的《国际电信规则》。

三是在中美网络竞争中寻找平衡。当前,美国和中国在网络安全领域存在竞争与冲突,美国和西方主导的网络治理板块和中国、俄罗斯等非西方国家的网络治理板块的立场差异明显。美国要求韩国加强其网络战能力,加入日本、澳大利亚等传统联盟的网络合作。但韩国文在寅政府犹豫是否与美国结成网络联盟,因为担心中国会做出反应,无法做出正确判断,保守派尹锡悦政府上台后奉行追随美国战略,在网络治理阵营的选择上出现一些灵活变化。比如,2023 年 4 月韩国总统尹锡悦与美国总统拜登签署《战略性网络安全合作框架》,并商定将美韩同盟覆盖范围扩大至网络领域。韩国追求的网络安全外交的优势是在复杂的全球网络治理框架内寻求恰当角色,设定外交战略的方向。对于韩国来说,要与美国的支配标准保持兼容性,同时还要跨过美国支配标准的门槛,转移到中国构建的替代标准阵营。在建立互联网治理模式方面,美国追求的私营企业主导模式和中国、俄罗斯等支持的国家介入模式对韩国都很重要,韩国要在两者之间占据重要的战略位置。

第三,发展不同于西方的网络主权治理模式。凭借其最大优势,美国拥有网络霸权,对塑造互联网的技术和治理产生极大的影响,但这通常以违背主权控制的方式。随着用户数量和用途的急速扩大及其作为基础设施的重要性大幅增加,互联网意识形态的演变不可避免,挑战政治稳定(互联网首次引发大规模区域国家社会动荡的要数"阿拉伯之春")。对此,政府需要采取措施来提供其人民所需要的政治与社会稳定。对一些国家来说,与美国及其盟友所提供的支持相比,它们支持以国家为中心的方法捍卫"网络主权"。优先控制网络空间"国家边界"是一些中等强国参与全球治理的另一类路径选择。

---

① 《布达佩斯网络犯罪公约》是 2001 年 11 月由欧洲理事会的 26 个欧盟成员国以及美国、加拿大、日本和南非等 30 个国家的政府官员在布达佩斯共同签署的国际公约,2004 年开始生效,系全世界第一部针对网络犯罪行为所制定的国际公约。但该公约由西方主导,让美国、欧洲和其他国家的执法机构能够迅速地获取在它们管辖范围以外的数据。详细信息参见 "Budapest Convention and Related Standards",https：//www.coe.int/en/web/cybercrime/the-budapest-convention。

作为中东地区重要中等强国，伊朗积极推动国内互联网主权，加强互联网安全治理。从广义上讲，伊朗的网络安全治理具有进攻性和防御性两个维度。伊朗的进攻性网络能力为伊朗应对外国威胁提供低成本的选择。伊朗认为，如果以色列、美国或任何其他国家决定对伊朗进行网络攻击行动，它就会通过网络攻击进行报复。防御性网络行动采取的措施是加强对该国互联网基础设施的保护和控制，以防止西方价值观对伊朗社会的"腐化"。从架构上看，伊朗武装部队总参谋部（AFGS）下属网络空间中心，其任务是对网络空间中的任何威胁进行威慑和网络防御，在伊朗网络行动中担任关键角色，协调伊朗军队的网络行动。伊朗情报部门、国防部和信息通信技术部与武装部队总参谋部网络总部合作，查找伊朗网络基础设施的弱点并跟踪威胁。[1]

伊朗目前还没有一个全面的网络战略，但军方关于网络空间治理的声明可以作为观察的窗口。2020 年 7 月，伊朗武装部队总参谋部发布《伊朗伊斯兰共和国武装部队总参谋部关于适用于网络空间的国际法的声明》，概述其对国际法如何适用于网络空间的看法。这份详细声明是非西方网络大国发布的此类声明中首批国家之一（中国 2017 年 3 月发布《网络空间国际合作战略》）。声明认为"适用于网络空间的国际法应是和平网络空间利益和优势的公正分配者，涉及所有国家的'准入'和'平等主权'，强调虽然所有国家都应对网络空间负责任，但由于每个国家可用的资源和技术不同，它们具有共同但有区别的责任"。声明指出，"任何有意使用具有有形或无形影响的网络力量，对国家安全构成或可能构成威胁，或可能由于政治、经济、社会和文化不稳定而导致国家安全不稳定，构成侵犯国家主权"。[2] 进攻性

---

① "Iranian Cyber Strategy: A View from the Iranian Military", November 24, 2015, https://www. criticalthreats. org/analysis/iranian-cyber-strategy-a-view-from-the-iranian-military#_ ednb9882941-c3c549de9f5010123803ad026.

② "Declaration of General Staff of the Armed Forces of the Islamic Republic of Iran Regarding International Law Applicable to the Cyberspace", Iran Young Journalists Club News Agency, August 17, 2020, https://www.yjc.news/en/news/47482/declaration-of-general-staff-of-the-armed-forces-of-the-islamic-republic-of-iran-regarding-international-law-applicable-to-the-cyberspace.

网络行动主要由伊斯兰革命卫队直接负责。伊朗将网络空间行动作为国家力量的主要工具,表现出使用网络作为报复武器的强烈意愿。伊朗负责管理网络战略的高级军事官员、伊斯兰革命卫队准将贝鲁兹埃·斯巴蒂(Behrouz Esbati)称,伊朗必须夺取管理其互联网主权的"权利",并成为软件开发的竞争者,以对抗美国在网络空间的霸权。[1]

伊朗网络防御能力颇受考验。2010年,伊朗首座核电站布什尔核电站员工的个人电脑遭到名为"震网"(Stuxnet)蠕虫病毒侵袭。伊朗纳坦兹核设施电脑网络遭病毒攻击,1000台铀浓缩离心机瘫痪。这普遍被视为美国和以色列发起的网络战攻击。2021年4月,伊朗纳坦兹地下核设施遭遇严重的停电事故,被认为是以色列精心策划的毁灭性网络攻击导致的。伊朗官员公开宣布停电是以色列的破坏行为,称其为"核恐怖主义"。[2]哈佛大学贝尔弗中心《2020年国家网络实力指数》将伊朗列为网络防御能力得分最低的国家之一,网络防御、商业算法和境外信息控制方面的能力较弱,在全部30个评估对象国家中位列第24。该指数认为伊朗与俄罗斯、以色列、荷兰这些国家正在积极地向其他国家发出信号,表示它们打算发展其网络能力。[3]正是由于伊朗是遭受网络攻击的主要国家之一,它有积极参与并提升网络治理能力的愿望。

在国际层面,伊朗寻求成为全球网络治理参与者,加强与友好大国的网络治理协调合作。2017年,伊朗与俄罗斯签署在信息通信技术相关问题上合作的谅解备忘录,包括互联网治理、网络安全和国际互联网连接。2018年,在伊朗倡议下,伊俄双方成立了双边媒体合作委员会,旨在反击西方媒

---

① Paul Bucala and Caitlin Shayda Pendleton, "Iranian Cyber Strategy: A View from the Iranian Military", Critical Threats Project of the American Enterprise Institute, November 24, 2015, https://www.criticalthreats.org/analysis/the-growing-cyberthreat-from-iran-the-initial-report-of-project-pistachio-harvest-5a4408f5949b0.

② Jon Gambrell, "Iran Calls Natanz Atomic Site Blackout 'Nuclear Terrorism'", *AP News*, April 11, 2021.

③ "National Cyber Power Index 2020", The Belfer Center for Science and International affairs, September 2020, https://www.belfercenter.org/sites/default/files/2020-09/NCPI_2020.pdf.

体。2021 年 1 月，时任伊朗外长扎里夫与俄罗斯外交部长拉夫罗夫签署一项关于网络安全和信息通信技术的合作协议。该协议包括网络安全合作、技术转让、联合培训以及在联合国等多边论坛上的协调。① 伊朗已将网络媒体作为一种灵活和有影响力的传播手段，讲述"伊朗故事"。政府主要官员利用社交媒体来瞄准国际受众，伊朗最高领袖、总统和外交部长使用社交媒体网络及时发布自己的观点，以正视听。伊朗国营广播电视台开播多语种的网站，向外界传递伊朗信息，将伊朗介绍给国际社会，努力消除西方对伊朗负面宣传产生的不利影响。

一批新兴中等强国积极推动网络主权的概念。2015 年联合国政府专家组确认了网络主权原则，强调遵守国际法。哈萨克斯坦、印度尼西亚等新兴中等强国政府加强对互联网内容的控制，掌握对国内互联网的治理权。2019 年 7 月 17 日起，哈萨克斯坦政府开始拦截其境内的所有 HTTPS 互联网流量。当地互联网服务提供商（ISP）强制其用户在所有设备和每个浏览器中安装政府颁发的证书。当用户试图访问互联网时，将被重定向到有安装政府根证书说明的网页。该证书允许政府机构解密用户的 HTTPS 流量，查看其内容，用它们的证书再次加密，并将其发送到目的地。② 印度尼西亚认为要拥有网络主权来控制信息流动，其中包括网络激进主义。2017 年 12 月，印度尼西亚新成立国家网络和加密局，直接向总统负责。该机构的任务是在网络安全和加密领域履行政府职责，协助总统管理网络事务。③ 2021 年 4 月，印度尼西亚总统佐科颁布总统令，要求采取行动增强印度尼西亚国家网络和加密局（BSSN）的权力，特别加强该机构的结构、职能、责任和资金基础，

① "Russia, Iran Sign Agreement on Cyber Security Cooperation", TASS Russian News Agency, January 26, 2021.

② Catalin Cimpanu, "Kazakhstan Government is Now Intercepting all HTTPS Traffic", *ZD Net*, July 18, 2019, https：//www.zdnet.com/article/kazakhstan-government-is-now-intercepting-all-https-traffic/.

③ Anton Hermansyah, "Jokowi Swears in New Chief of National Cyber Agency", *The Jakarta Post*, January 3, 2018.

增强协调各个部门的权威，并在此过程中加大国家安全、主权和数据保护力度。① 同时，还将发布印度尼西亚第一个国家网络安全战略。通过这些法令，印度尼西亚旨在进一步建设、保护和利用网络空间，在地缘政治和全球经济竞争力方面更好地确立其有影响力的国际地位。2020 年印尼全球安全指数以 94.88 分排名全球第 24 位、亚太地区第 6 位。② 在国际上，印尼在网络安全方面与东盟建立战略联盟关系，在其伙伴中，马来西亚和新加坡网络能力比较突出。马来西亚长期以来支持网络防御的政策、机构、基础设施和计划，并经常参与网络国际合作论坛。新加坡在网络技术、数字经济、人力资源方面具有优势。

（三）新兴中等强国互联网治理作为

第一，推动形成网络空间国际规则。网络空间的无国界性造成全球网络安全治理的分割性，加之尚未有网络空间规制达成，使得国际网络空间总体上处于无序状态。对此，巴西、南非以及俄罗斯、中国等新兴国家要求分享全球网络空间国际规制权和话语权，致力于推动治理共识、规则设定以及话语权的形成。2012 年 9 月，巴西、南非与中国、俄罗斯等国家举办了新兴国家互联网圆桌会议。这是新兴国家间首次就互联网问题开展对话交流，有助于研究制定涉及各国重大利益的网络空间国际规则。2013 年 10 月，韩国举办第三届网络空间国际会议，就网络与经济增长和发展的关系、网络对社会文化的影响、网络安全、国际网络保障、网络犯罪、加强网络基础设施等问题展开了广泛讨论。2014 年 4 月，巴西成功主办全球互联网治理大会。会议提出互联网治理的全球原则，勾勒出互联网治理生态系统未

---

① "Gov't Issues Presidential Regulation 28/2021 on National Cyber and Encryption Agency (BSSN) ", Office of Assistant to Deputy Cabinet Secretary for State Documents & Translation of Indonesia, April 24, 2021, https：//setkab.go.id/en/presidential-regulation-28 - 2021-on-national-cyber-and-encryption-agency-bssn/.

② "Global Security Index 2020：Measuring Commitment to Cybersecurity ", International Telecommunication Union, 2021, https：//www.itu.int/dms _ pub/itu-d/opb/str/D-STR-GCI.01-2021-PDF-E.pdf.

来发展的路线图，确认了互联网领域全球多利益相关方的概念。总体上，新兴国家希望在联合国的主导下，寻求全球网络治理方案，达成网络空间新的规则，推动形成全球网络新秩序。那些动辄以互联网自由为幌子，行使主权干涉之实的做法，已受到包括新兴国家在内的各国的普遍质疑，要求有所改变。

第二，加强必要的网络管理。这已成为加强网络安全的国际共识。韩国是互联网发达国家，同时也是互联网监管最为严格的国家之一。韩国国防部成立了网络战中心，成立国家网络安全委员会，建立政府秘密信息管理制度，加强对重要社会基础设施信息系统的安全保护，如发电站、天然气管道和交通设施。经过"棱镜门"事件后，巴西高度重视网络安全，重拳出击制定被称为"互联网宪法"的《网络民法》，确立互联网管理系列原则，要求收集涉及巴西的数据须遵守巴西的数据保护法律，即使数据被收集并存储在国外服务器。近年印度尼西亚网络安全意识逐渐增强，新设立网络安全监管机构，研究立法措施，提高国家网络防御能力，并支持网络犯罪方面的执法。

第三，保护国家关键信息基础设施。信息基础设施的可靠性、安全性已成为各国普遍关注的重大问题，一旦发生破坏性的事件，后果不堪设想。为了避免关键基础设施和重要数据、信息系统被美国等大国监听、监控，新兴国家力主实现网络和信息核心技术的自主掌控和安全。建立国家网络安全防护系统，一发现网络病毒和网络入侵行为，就提出预警或采取措施消除网络入侵带来的后果。建立计算机事故协调中心，以对境内的网络攻击进行预警和处理。加大对相关责任人和违法者的处罚力度，直至判刑。印度成立国家关键信息基础设施保护中心（NCIIPC），协调各种网络安全问题，促进信息基础设施及其他相关环节的安全。

第四，加强国际网络通信设施设备建设。随着海底互联网电缆、光缆的建设，西方通过各种技术手段窃听获取国际海底通信记录，掌握各国政府与民用通信情况。避开美国监控是新兴国家保障自身网络通信安全的重要措施。金砖国家已经在建设独立的海底光缆问题上展开合作，如建设连接金砖国家和非洲 21 个国家的海底光缆，目前已接近完成一条长达 3.4 万公里的海底光纤电缆，它将完全绕过美国，从俄罗斯的符拉迪沃斯托克，经中国汕头、印度金奈、南非开普敦，到达巴西福塔莱萨，并且接入中东和欧洲，2015 年底正式运营。这一全新的互联网骨干网将在很大程度上保护新兴国家政府和公民免受美国国家安全局间谍的监控风险。目前，拉丁美洲通往欧洲海底光缆的 85%～90% 都要经过美国。这意味着拉美国家无法阻止美国政府入侵性的数据搜集。2014 年 2 月，时任巴西总统罗塞夫宣布将耗资 1.85 亿美元建造一条直接从巴西福塔莱萨连接葡萄牙里斯本的跨大西洋海底光缆。她声称这条电缆将绕开美国领土因此得以保障巴西网络通信的中立性，减少乃至避免美国的监控。

第五，开展互联网空间治理国际合作。推进全球互联网治理体系变革是大势所趋、人心所向。联合国在网络空间国际治理中发挥主渠道作用，联合国互联网治理论坛（IGF）、世界互联网大会（WIC）、世界移动大会（MWC）、国际电信联盟（ITU）等平台也发挥积极作用，开展全球、区域、多边、双边与多方等各层级的合作与对话，共同维护网络空间和平与稳定，增进各国之间战略互信。2018 年 12 月 22 日，联合国大会通过的第 73/266 号决议要求秘书长设立一个政府专家组，负责在国际安全背景下促进网络空间负责任的国家行为。[①] 产生的政府专家组由来自 25 个国家以个人身份工作的专家组成，由巴西吉列尔梅·德阿吉亚尔·帕特里奥塔大使担任专家组主席。[②] 这既推动联合国框架内的网络治理，也能更好发挥各类非国家行为体的积极作用。

[①] 《从国际安全角度看信息和电信领域的发展》，联合国大会，https：//front. un-arm. org/wp-content/uploads/2021/08/A-76-136-CH. pdf。

[②] 联合国专家组成员来自以下国家：澳大利亚、巴西、中国、爱沙尼亚、法国、德国、印度、印度尼西亚、日本、约旦、哈萨克斯坦、肯尼亚、毛里求斯、墨西哥、摩洛哥、荷兰、挪威、罗马尼亚、俄罗斯、新加坡、南非、瑞士、英国、美国、乌拉圭。参见 "Group of Governmental Experts"，UN，https：//www. un. org/disarmament/group-of-governmental-experts/。

小 结

在气候变化、公共卫生、人道主义、网络安全等非传统安全领域的全球治理中，中等强国已经崭露头角，不仅是后来者，也积极争当引领者，谋求在这些新的全球治理领域的话语权。中等强国着眼于"小众"外交领域发挥领导力，联合有相似治理需求和地位的国家建立多边谈判团体，强化多层面的国际合作机制，推动全球气候变化、公共卫生、人道主义、网络空间等重要领域的多边行动。它们的目标是将政策理念和信念合法化、治理话语扩大化、外交影响国际化。

中等强国尤其是新兴中等强国坚持以联合国为主体的国际组织在全球治理"软议题"中的主导地位，同时鼓励非国家行为体全面参与全球治理行动，借此发挥它们在全球治理政策协调中的灵活作用。这种参与形式包括开展实地研究、提供技术专长、游说政府、动员公众舆论并进行媒体宣传，放大发声筒。中等强国与国际非政府组织在制定国际法、人道主义规范方面的影响力越来越大。[1] 尤其是目前环境气候、难民、卫生、网络空间等跨国问题的传播速度不断加快，全球治理的必要性、重要性也逐渐增强。这给中等强国提供了扮演角色、发挥作用的空间，由此产生的治理机制和治理机构很可能是由中等强国而不是由大国来引领和推动的。[2] 在这一进程中，中等强国的角色空前凸显，其关涉全球治理的作用前所未有。

---

[1] Matthew Bolton and Thomas Nash, "The Role of Middle Power-NGO Coalitions in Global Policy: The Case of the Cluster Munitions Ban", *Global Policy*, Vol. 1, No. 2, 2010, pp. 172-84.

[2] Amitav Acharya, *Why Govern: Rethinking Demand and Progress in Global Governance*, Cambridge: Cambridge University Press, 2016, p. 5.

第五章

中等强国全球经济治理的话语权

经济是全球治理的主要内容和一个核心要素。一个比以往任何时候都更加联系且相互依存的世界经济正在经历经济衰退和脆弱复苏，这给全球经济秩序带来巨大压力，凸显了经济和政治的不平等，对全球经济治理产生长期影响。现有的国际金融和贸易体系暴露出既有权力框架与代表性发声不匹配的问题。从现实来看，中等强国在全球经济治理中的多重作用空间显著扩大，围绕经济治理，绝大多数中等强国强调坚持多边、多层次、多利益攸关方治理，扩大在全球经济治理中的话语权和代表性。它们加强相互联合，放大各自声音，推动国际贸易体系改革，并在经济治理中选择平衡外交政策，扮演"建设者""催化剂""搭桥者"等角色，对全球治理体系起到强有力的支撑作用。同时，也存在"追随者"角色，这让部分中等强国暴露出能力上的不足与外交独立性的弱点，进而影响各国对全球治理目标的一致性与可持续性。

一 全球经济治理的多重架构

世界经济不再是按传统等级秩序而是以新的网络化方式运作。在网络化的世界中，联合与联系具有引领世界发生有意义变化的潜力。特别是应对全球经济问题，需要对全球经济治理进行彻底改革，赋予新兴经济大国更重要的角色。在全球经济治理中，中等强国要获取话语权，多边机制的途径十分重要。在金融领域，由于在国际舞台上投射其政策偏好的能力相比大国有限，中等强国不仅将多边主义看作一种政策工具，而且将其本身作为一个目标来追求。通过制定区域和全球多边联系的混合战略，试图通过巩固区域多边主义来发挥全球影响力。① 同样，中等强国意识到多边外交在贸易中的关键重要性。鉴于地缘政治竞争的影响，这些国家需要对贸易问题的复杂性质有深刻的理解，在动荡的地区采取平衡的方法，准备好对多边环境中日益增长的外交活动需要作出战略反应。从实践来看，中等强国在全球经济治理中提升地位和作用具有普遍性、一致性，比如联盟构建者、桥梁沟通者、大国相伴者等，以制度共性、规则惯性、参与积极性为切入点，找寻这些国家提升地位作用的途径和表现。

（一）全球经济治理结构

近年来，新兴国家和发展中国家的重要性显著上升，全球经济治理发生了巨大的变化。技术变革、更快的流动性和全球化浪潮的上升，在全球范围内加强经济和金融的相互依赖性，在政治和制度层面，加强国际合作变得不可或缺。目前，关于全球经济治理的多边方式主要有四种。

第一种方式是以G20为代表的全球主要经济体宏观经济多边协调。G20成员合计占全球GDP的85%、国际贸易的3/4和世界人口的2/3。毫无疑问，G20在为全球经济增长设定未来方向方面发挥着至关重要的作用。作为国际经济协调的卓越论坛，G20各成员的领导人定期召开峰会，就当前全球经济及相关领域进行对话和沟通，并以公报的形式对改善经济治理进行承诺，这对引导世界经济发展具有十分重要的意义。G20峰会的第一个十年

---

① Sook Jong Lee, Chaesung Chun, Hyee Jung Suhand Patrick Thomsen, "Middle Power in Action: The Evolving Nature of Diplomacy in the Age of Multilateralism", EAI Middle Power Diplomacy Initiative, April 2015, https://www.files.ethz.ch/isn/191150/30.04.2015.pdf.

里，在 2013~2019 年的七次峰会期间，各国领导作出 1482 项承诺。[1] 这些承诺涉及宏观经济、气候、公私伙伴关系、全球价值链、包容性增长、投资环境等相关领域，有力地推动全球经济治理。

第二种方式是国际货币基金组织、世界银行等采取的国际宏观经济治理和协调模式。它本质上是一种规劝模式，协调各成员的财政政策、货币和金融政策，加强对国际金融市场的监管，对成员宏观经济政策提出建议等。[2] 这种模式更多的是适用于需要贷款的国家。与每个国家拥有一票的联合国大会不同，国际货币基金组织的决策旨在反映每个成员在全球经济中的地位。每个国际货币基金组织成员都被分配了一个配额，该配额决定了其对国际货币基金组织的财务承诺以及投票权。

第三种方式是世贸组织所采取的准法定模式。世贸组织在参与国之间制定贸易规则，其行动基础是一套限制贸易壁垒的协议。这些协议由各个成员政府经过长期谈判后共同签署和修订。世贸组织有一套分歧解决机制来迫使参与国遵守协议，而且因为规则相对清晰，各国的遵守情况就能在一个类似法律的机制内进行评判。[3]

第四种方式是国际标准化组织、国际电工委员会、国际电信联盟等国际组织主导的科技标准、规则的治理架构。它们在审议、制定、修订国际信息通信规则中拥有主要的话语权。引领产业发展的关键因素是确保世界各国日新月异的各类技术和设备能够相互通话的行业技术标准，谁的标准被认可，谁就是游戏规则的制定者，没有标准就可能意味着只能跟在别人的后面学，而且还要缴纳授权费、专利费等高昂的各类"学费"。以这些机构为平台，凡是掌握相关技术及专利权的国家，成为国际通信领域几乎最有发言权的游戏规则制定者。

---

[1]　John J. Kirton, "The G20's Growing Legitimacy", *G20 Analysis*, October 25, 2019, http：//www. g20. utoronto. ca/biblio/Kirton-G20_ Growing_ Legitimacy. html.

[2]　"IMF and Good Governance", *IMF*, March 3, 2020, https：//www. imf. org/en/About/Factsheets/The-IMF-and-Good-Governance.

[3]　〔美〕拉古拉迈·拉詹：《断层线——全球经济潜在的危机》，刘念等译，中信出版社，2011，第 268 页。

（二）全球经济治理演变

第二次世界大战后，全球经济治理体系围绕布雷顿森林体系而构建，该体系包括许多规则和多边机构。1944 年成立国际货币基金组织和世界银行作为核心机构。三年后，世界贸易组织的前身关税及贸易总协定（GATT）在日内瓦签署。布雷顿森林体系的核心特征是所有货币对美元的固定汇率，强化了美元在全球经济治理中的主导地位。但从长远来看，一个基于美元的单极体系是不可持续的。1971 年，美国总统尼克松决定单方终止美元与黄金的可兑换，布雷顿森林体系基础发生动摇。在第一次石油价格冲击的影响下，至 1973 年，主要货币开始相互自由浮动汇率。美国绝对主导下的布雷顿森林体系开始解体，全球经济治理朝着更加多极的方向发展。国际货币体系不再仅仅以美元为中心，而是越来越多地建立在几个支柱上，包括欧元、日元以及日益重要的人民币。

2008 年爆发的全球金融危机证明全球高度相互依存和有效治理的重要性。这场危机给出三个关键教训：其一，通过金融市场传播的全球溢出效应可能会产生巨大的后果。例如，希腊债务危机对欧洲其他地区的其他经济体产生直接影响。其二，金融和货币稳定具有全球层面。在一个资本自由流动的世界里，汇率并不能将各国经济隔离开来。想要保持资本市场开放的国家必须在货币自主权和汇率管理之间作出选择。其三，在后金融危机时代，各国领导人和决策者之间的密切合作对于避免"以邻为壑"的零和政策至关重要。要使金融体系免于全面崩溃，就需要重新确立国家在金融市场治理方面的权威。[1]

除了对经济的影响外，金融危机还在制度层面产生重大结果。危机加剧对发达经济体相对衰落的看法，提振了新兴大国的信心，包括新兴中等强国在内的新兴发展中经济体呼吁加快全球机构改革，特别是对国际货币组

---

[1] Manuela Moschella and Catherine Weaver, *Handbook of Global Economic Governance Players, Power and Paradigms*, London：Routledge，2014，p. 164.

织的改革。全球经济和金融危机已成为国际合作的加速器，也是全球经济治理体系改革的催化剂。因此，为了应对危机的挑战，治理体系进行一系列全球体制创新。最重要的是，G20 从一个财政部长会议提升到了国家领导人的级别。这时，G20 已变得非常重要，成员通过迅速和果断的行动，成功地避免了 2008 年全球金融危机引发的经济大萧条。

过去，几乎所有主要世界经济机构都是由西方发达经济体主导建立的。它们往往包含有利于既定大国的程序和做法，反映它们的利益。而如今，随着全球经济体系的重新平衡，全球经济正在经历转型，出现了代表权的冲突，新兴国家要求对国际机构的程序和实践施加更大的影响。随着这种权力转移与代表性问题日益凸显，一些新兴治理机构开始出现，弥补了传统机构的不足。金砖国家新开发银行和应急储备安排，特别是中国的国际金融活动，包括倡议成立亚洲基础设施投资银行、"一带一路"和其他金融制度创新，本着合作精神进行有益的生产性投资，以维护接受国的政策自主权，越来越多地拥有美元体系不具备的优势和吸引力。这与美元信用制度形成鲜明的对比。在过去的几十年里，美元信用制度只为主要的金融投资提供短期资本，这种制度限制了长期发展政策，对债权人有利。而亚投行、新开发银行等对于急需金融支持的发展中国家不啻为更好的选择，这些倡议正在显示出对更多国家的吸引力。[①] 比如，亚投行不仅很快吸纳许多发展中国家，还吸引了英国和许多其他欧洲国家成为新成员。

（三）全球经济治理特点

从普遍意义上看，中等强国参与全球治理是通过多边机制实现的，强调了联合国必须在全球经济治理中发挥更大作用。在多边机制中，中等强国的参与需要治理机制的专业化、透明化、合理化。一是治理协调专业化。区域安排和协调机构应更好地纳入全球治理框架。G20 需要与既定的多边体系建

---

① Yaroslav Lissovolik, "New Members for BRICS New Development Bank?", *Valdai Club*, July 11, 2019, https://valdaiclub.com/a/highlights/new-members-for-brics-new-development-bank/.

立更好的关系，确保与联合国等多边组织发挥互补作用，发挥各自的比较优势。协调专业化原则要求，国际经济治理机制和机构的任务必须加以明确界定，聚焦于国际经济事务。同时，这些机构不能忽视发展进程的其他重要方面。因此，需要协调好全球经济治理机构与全球治理其他组织的关系。有效缓解全球治理不同方面之间的紧张关系，协调机制要确保有公认的争端解决机制。二是机构运作透明化。全球治理机构要坚持良好的组织行政基本原则，这些原则是透明度、参与性、理性决策和问责制。这意味着，所有参与国际经济治理的机构都必须以充分公开的方式运作，使其程序、决定和行动对所有的利益攸关方来说都是可以预测的，当然也是被认可的。这些利益相关者拥有提出诉求关切的权利。三是参与主体合理化。需要加强发展中国家在全球经济治理机构和其他相关机构中的发言权和代表性。世界银行和国际货币基金组织要采取措施解决话语权和代表性的不平衡问题。新兴中等强国对现有全球经济治理的参与在很大程度上源于它们在适应不断变化的全球经济环境方面想要获取更多代表性。全球经济机构的主体扩大到更具全球代表性的中等强国集团如巴西、印度、印度尼西亚、韩国、土耳其、南非等，将这些新参与者更关心的问题纳入议程范围，反映权力转移趋势与治理的广泛代表性，更好地代表新兴国家或发展中国家发声。

（四）全球经济治理愿景

第一，坚持整体性发展愿景。全球经济治理需要对发展有一个整体的定义，把发展看作为其公民创造更好生活的出发点和归属点。发展的目标是增进所有人的福祉，各国政府都要满足人民对美好生活的向往。虽然界定这方面的责任以及希望优先考虑的发展进程可能会有分歧，但各国几乎都会同意，个人和社会的福祉会受到一系列经济和非经济因素的积极或消极影响。因此，发展应被看作一个全面的、整体的过程，其中经济不能与社会、政治、环境、文化、安全相分离，都要纳入这一动态的综合过程。发展对于各国尤其是发展中国家至关重要，没有发展，就无法实现对人权的享有，无法克服各种全球性问题带来的挑战。各国应加强国际合作，坚持以人民为中心，促进可持续发展，消除贫困和不平等。对于中等强国来说，发展仍然是它们最重要的事项，推进全球经济议题始终要注重发展，而不应该割裂发展的意图，将自身的发展利益绑定到超级大国的利益战车上，遏制其他国家的发展进程。

第二，经济治理要有包容性。全球经济治理的机制和机构要适用于国际经济中所有利益攸关方的需要。有三个命题需要关注：一是全球经济治理机制要具有足够的灵活性和活力，能够适应不同利益攸关方不断变化的需求和活动；二是全球经济治理安排须确保国际社会有一个运作良好的全球经济体系，不能建立在以邻为壑、动辄"脱钩"的政策基础上；三是经济治理安排应确保在经济系统中符合有效决策的层面作出决定，不能只顾经济大国的利益，还要照顾到更多中小国家的利益诉求。中等强国可以发挥独特的作用，支持包容性，提高资金的可预测性，将资源用于多边倡议，这些都将为碎片化的治理体系提供关键支持。[①]

第三，坚持国际法指导地位。全球经济治理的体制安排应符合适用的国际法律原则。这意味着参与全球经济治理的决策机构应符合广泛的国际法原则。首先要尊重国家主权。国家主权为各国提供尽可能多的独立性和政策空间，以满足有效全球金融治理的要求。当今全球经济治理仍然建立在国家主权原则之上。任何有助于解决紧迫的全球经济问题的集体决定，都需要主权国家之间达成共识。应采取非歧视的一般原则，全球经济机构应以同样的方式对待所有处境相似的国家和非国家利益攸关方。这表明需要制定标准，确保所有国家和非国家利益攸关方得到公平合理的待遇。

对于全球经济治理，中等强国需要注意四个问题：一是在当前全球政治和经济力量平衡的变化过程中，全球经济治理的制度安排仍不稳定。尤其是大国博弈对抗性突出的情况下，全球经济治理难以形成有效共识。二是鉴于不断变化的国际权力动态，只有当它专注于各国关心的相对聚焦的经济问题

---

① Thorsten Benner, "Competitive Cooperation: How to Think about Strengthening Multilateralism", Global Public Policy Institute, October 28, 2020, https://www.gppi.net/2020/10/28/competitive-cooperation-how-to-think-about-strengthening-multilateralism.

时，它才能有效发挥作用，而太宽泛的经济议题往往缺乏明确的行动路径。三是中等强国应有一个长期的全球经济治理愿景，引导它们在全球治理论坛上的行动。四是应有确定一套可实现的短期且清晰的目标，并制定实现这些目标的战略，积极利用参加多边经济论坛可能带来的任何短期机会。同时，要着眼于长期增长目标，加大力度规划设计中长期发展前景，避免出现"应景式""被动式"的策略。当前，面对疫情和地缘政治冲突带来的严峻挑战，经济治理的协调力度尤其要加大，优化产业链、供应链、价值链，获得更多的经济利好，新兴中等强国应加强彼此的关系，增强在相近立场、共同利益方面的协调性，获取更多利益和发言权。

二 中等强国在二十国集团中的角色作用

由发达经济体和新兴经济体组成的 G20 取代西方七国集团的领导地位，成为全球经济合作的"指导委员会"，在世界经济的关键时刻提供新的协同机制，发挥影响全球经济、金融和贸易政策的重要平台作用（见图 5-1）。为应对 2008 年金融危机，G20 成员在各自国家实施经济刺激计划，并就冻结经济保护主义的原则达成一致，如抵制进口限制和"购买国货"政策。这些努力有助于遏制金融危机的蔓延。尽管如此，人们越来越担心，即使最近经济复苏有限，尤其是大国竞争博弈、经济民族主义抬头、贸易保护主义等干扰下，G20 合作的势头正在减弱。这在一定程度上归因于发达国家和发展中国家在气候变化、贸易和国际货币基金组织改革等 G20 具体问题上存在立场分歧。全球经济治理架构将如何演变？国际金融机构如何应对合法性的挑战？新兴大国如何试图改变全球经济治理安排？发达国家将如何反应？这些考验着全球治理的有效性与可持续性。当然，这也充分表明，各国应该促进更多的国际合作，实现稳定、强劲、持续的增长。

就非西方国家的崛起而言，世界看起来更加多中心化。在后金融危机的全球治理中，一些中等强国首次被提升到"高位"，几乎能与大国平起平坐。G20 不仅可以在全球金融危机后提供工具性的服务应对危机，还可作为

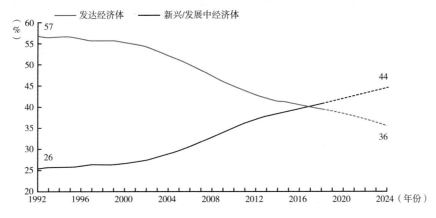

图 5-1　G20 发达经济体与新兴发展中经济体占世界经济份额比重

资料来源：Suman Bery, Filippo Biondi and Sybrand Brekelmans, "Twenty Years of the G20：Has it Changed Global Economic Governance", *Russian Journal of Economics*, Vol. 5, No. 4, 2019, pp. 415-416。

一个类似"联合国"的参与者论坛明确地提供参与式服务，充分反映各种声音。G20 的特点是发展中国家在扩大参与全球治理关键机构方面进行了前所未有的成功尝试。[①] 在 G20 中，全球经济治理权力分散在多个成员国家，而不仅仅由美国主导，这一开放的舞台让新兴市场大国和发达国家共同讨论紧迫的全球问题，而不像类似国际货币基金组织那样采用两级安排或加权投票制度，受制于一国或少数国家的意愿。

（一）推动海利根达姆进程

加强与新兴国家的关系一直是 7 国集团应对国际金融危机的核心议题。而关于如何更好地代表非七国集团成员并将其融入集团的辩论，则体现为海利根达姆进程（Heiligendamm Process）。2007 年 6 月在德国海利根达姆举行的八国集团峰会上，巴西、中国、印度、墨西哥和南非等 5 个主要发展中国家参与 8 国集团（当时俄罗斯还是 8 国集团成员）领导人峰

[①] David Held, *Cosmopolitanism：Ideals, Realities and Deficiencies*, Cambridge：Polity, 2010, p. 204.

会，就德国提出的加强与中美合作的倡议达成共识。2007 年 10 月，海利根达姆进程第一届会议在德国柏林举行。海利根达姆峰会围绕全球治理的关键问题启动主题对话，围绕四个主题展开对话协商：促进和保护创新；通过开放的投资环境，包括加强企业社会责任原则，提高投资自由度；明确针对非洲的共同发展责任；共享知识以提高能源效率和加强技术合作，尤其是在气候变化方面。①

德国政府对海利根达姆进程的结果寄予厚望，认为海利根达姆进程取得的成果离不开德国的高水平参与。这一倡议提高了德国在全球治理中的声誉，也改善德国政府各部门之间的工作关系。虽然各部门有不同的利益和关切，但对海利根达姆进程的预期结果似乎有高度的一致性。官员们强调对话过程的重要性，而不是指具体的政策结果，主要有五个相关期望：在 8 国集团和发展中五国（中国、印度、巴西、墨西哥、南非）之间建立信任和可靠性；加强对关键全球问题的动机和利益的相互理解；提高对全球问题的共同责任的认识；为国际组织中停滞的谈判探索可能的妥协路径；提高涉及发展中五国的代表性和发言权。② 总的来说，缺乏信任和相互理解是西方和新兴大国之间有效合作的主要障碍。海利根达姆进程的非正式氛围通过交流而不是谈判，能够促进关系的缓和，提供促进谈判磋商的契机。德国可以利用海利根达姆进程的成功，让它围绕全球治理问题展开讨论，以这种方式为塑造国际议程提出"德国主张"，在国际体系权力转移中塑造自身的话语权力。

（二）主动设置经济治理议题

中等强国的一个关键特征是如果政治结构中出现适当的机会空隙，这些国家就有可能在特定的问题上采取行动，并在化解地缘政治和系统结构变化

---

① Katharina Gnath, "The G8 and the Heiligendamm Process: A Group's Architecture in Flux", *European Year Book of International Economic Law*, 2010, p. 409.

② Andrew F. Cooper and Agata Antkiewicz, *Emerging Powers in Global Governance: Lessons from the Heiligendamm Process*, Ontario Waterloo: Wilfrid Laurier University Press, 2008, p. 248.

引发的冲突方面发挥调解作用。[①] 因此，担任主办经济峰会的东道主是中等强国在具体问题上发挥话语权作用的重要机会。G20 作为全球经济治理的首要论坛，为中等强国参与议题设置提供难得的机会空间。2010 年中等强国首次主办 G20 峰会之后，它们开始积极主办并主动设置谈判议题。当年，加拿大、韩国分别主办了两次 G20 峰会，将发展问题列为 G20 的长期议题。2012 年，墨西哥洛斯卡沃斯主办 G20 峰会，澳大利亚于 2014 年主办了 G20 布里斯班峰会，这些中等强国都结合自己的利益兴趣设置了相关议题。土耳其于 2015 年在安塔利亚主办 G20 峰会，讨论世界政治和安全危机，包括土耳其最关心的叙利亚问题和难民大规模流动。通过轮流主办 G20 峰会，这些中等强国有机会将最关心的全球治理新问题带到谈判桌上来。例如，韩国强调发展实践的多元化，澳大利亚注重更强劲的经济增长，土耳其则强调政治与安全，它们各有政策取向，也各有利益的关切点。因此，作为 G20 成员的主要中等强国既参与明确的全球经济治理长期愿景和规划，又可提出基于可实现的短期目标的行动计划，从 G20 平台中获得实际利益。

当然，鉴于国际力量动态的变化，目前全球经济的"管理者"G20 短期内不太可能成为一个稳定的实体。而中等强国需要全球金融治理的长期愿景，指导它们在 G20 和其他全球治理论坛上的行为，确定一套可实现的短期目标，并制定实现这些目标的战略，充分利用参加 G20 可能带来的任何治理机会。

（三）开展多边经济外交

中等强国在 G20 经济治理进程中的作用，需要从这些国家为 G20 议程增加价值的实际影响以及它们的地位来审视。为实现这一目标，分析时既要考虑传统的中等强国全球治理参与模式，又要关注新兴中等强国模式在应对全球秩序变化时的新特点。换句话说，G20 的中等强国成员针对特定问题的

---

① Andrew F. Cooper, "The G20 and Contested Global Governance: BRICS, Middle Powers and Small States", *Caribbean Journal of International Relations & Diplomacy*, Vol. 2, No. 3, 2014, p. 97.

政策领导形式的话语权将会如何表现。迄今为止，令人印象深刻的是韩国和加拿大在中等强国外交方面的表现。此外，印度尼西亚和土耳其这两个拥有巨大潜力的国家在 G20 中展现系统性和地缘政治的重要性。

韩国是第一个举办 G20 领导人峰会的非 G7 和非西方国家。就 G20 框架内的角色，韩国管理和发挥得相当有效。韩国从一开始就积极参加 G20 会议，积极参与并推动全球经济治理进程，包括寻求应对全球金融危机的方法。韩国曾是 20 世纪 90 年代亚洲金融危机中受打击最严重的国家之一，这使得其在应对金融危机问题上有着独特经验。2008 年 11 月在华盛顿举行的第一届 G20 峰会上，韩国呼吁停止贸易保护主义。[①] 2009 年，时任韩国总统李明博和澳大利亚领导人陆克文在《金融时报》上联合发表文章，敦促 G20 领导人在匹兹堡达成一个宏观经济政策协调框架，强调 G20 领导人应在 2010 年首尔峰会商定后金融危机时期全球经济管理框架内的责任和行动。[②] 随后，G20 领导人在匹兹堡峰会上决定将 G20 指定为国际经济合作的首要论坛并使其成为年度会议。作为 2010 年的主席国，韩国当年主办及联办了两次 G20 峰会，分别是 6 月的多伦多峰会和 11 月的首尔峰会，一国连续主办两次 G20 领导人峰会十分罕见。从侧面反映了韩国对于 G20 这一多边经济治理平台的高度重视和承担领导责任的决心。

G20 为韩国在外交活动方面提供新的机遇，特别是在领导力方面。尽管韩国的经济权重低于中国、日本和印度，但韩国冲在前面，夺得了"盎格鲁"世界以外的第一届 G20 峰会的主办权。韩国将自己的角色定义为发展中国家和发达国家两个阵营之间的桥梁力量，它在这两者的沟通中发挥了穿梭协调的作用。韩国认为，世界可以分成两组：一组制定全球规则，另一组

---

① President Lee quoted in BHwang & YJo, "Bridging the Global Gap: Korea's Leadership Agenda for the G‐20", *Joint U. S.‐Korea Academic Studies*, 21, 2010, http://www.scribd.com/doc/81752422/Bridging-the-Global-Gap-Korea-sLeadership-Agenda-for-the-G-20-by-Balbina-Hwang-and-Youngji-Jo.

② Lee Myung-bak and Kevin Rudd, "The G20 Can Lead the Way to Balanced Growth", *the Financial Times*, September 3, 2009.

则遵守它，而韩国已成功地从被动的追随者转变为积极的议程制定者，踏入第一组行列。正如《经济学人》指出的那样，韩国充满活力的领导力有助于将 G20 变成一个值得讨论的会议。① 双重身份即作为发展中国家和拥有发达经济的发达国家，使韩国在全球事务中发挥更大的作用。韩国成功说服其他富国将贫穷国家的发展列入 G20 议程，此后发展议程也基本上都列入 G20 峰会的议题，发展议程现在依然是 G20 的优先事项之一，也是为数不多的得到所有 G20 成员支持的议程之一。首尔峰会最困难和吸引眼球的谈判是关于如何促进仍在展开的全球经济复苏措施，特别是关于银行资本和流动性的新框架，所达成的成果——《首尔宣言》，其中包括全球金融安全网和对贫困国家的发展援助方面取得的较大影响。最后的公报包含韩国所称的"首尔发展共识"（Seoul Development Consensus），它借用 20 世纪 80 年代末"华盛顿共识"（Washington Consensus）的名称，同时驳斥其对国家发展过程中出现危机时的自由市场解决方案。发展的成功没有一种通用的模式也是韩国峰会上达成的共识。首尔峰会的公报称，"虽然存在一些共同因素，但没有单一的成功发展模式。我们必须与其他发展中国家建立伙伴关系，尊重其制定本国政策的权利，这是成功发展最重要的决定性因素"。② 包容性绿色增长是 G20 议程上的另一个议题，已经产生切实的成果，并且得到了许多 G20 成员的支持。在 G20 内部，韩国推动对此类中等强国倡议感兴趣的成员之间建立一个问题驱动、非正式、灵活的对话机制，主要目的是缩小在 G20 峰会相关问题上的意见分歧，推动协调行动和落实 G20 承诺。

　　加拿大在 G20 创建形成阶段的建设者角色表现突出。在 G20 创建的关键阶段，加拿大的推动者角色非常突出。事实上，G20 的想法与加拿大紧密相关。1998 年，加拿大财政部长保罗·马丁说服美国和其他 G7 国家组成一个新的团体，即 G20 财政部长和中央银行行长会议，并邀请发展中国家的

---

① "Running the World Economy Finally, a Talking-shop Worth Having", *The Economist*, November 4, 2010, https://www.economist.com/leaders/2010/11/04/finally-a-talking-shop-worth-having.

② 《二十国集团首尔峰会领导人宣言》，2010 年 11 月 12 日，http://www.g20chn.org/hywj/lnG20gb/201511/t20151106_1237.html。

领导人参与国际经济决策过程。加拿大《环球邮报》首席政治记者约翰·伊比森（John Ibbitson）认为，加拿大财长马丁是第一个呼吁将 G20 财长小组提升为 G20 领导人峰会的人。[①] 加拿大在 2010 年 6 月主办第四届 G20 领导人峰会，强调了在经济领域的协调力量。作为 G20 强劲、可持续和平衡增长框架工作组的共同主席，加拿大成为解决全球失衡问题工作的重要参与者，发挥积极作用。2011 年 2 月在巴黎举行的 G20 财长会议上，由加拿大领导的工作组提议使用几个失衡指标，包括政府债务和赤字以及私人储蓄和债务，促成 G20 对公共债务问题的关注。[②] 加拿大在 G20 中担任技术变革影响框架工作组的联席主席，该工作组负责评估技术变革对生产力、增长、就业和社会的宏观经济影响。

澳大利亚自 G20 概念及平台形成以来一直参与其中。在 G20 创建初期，澳大利亚发挥了重要推动者的作用。当时 G7 财长和央行官员一致认为有必要将经济政策协调扩展到包括主要发展中国家在内的更大群体。从 1999 年起，G20 财政部长和央行行长每年开会协调经济政策和监管，包括 2006 年在墨尔本举行的年度会议。2008 年金融危机之后，时任澳大利亚总理陆克文在推动 G20 作为国际协调的首选论坛方面发挥了重要作用。2008 年，美国总统布什在华盛顿召开 G20 国家元首会议，澳大利亚加入该论坛为其开展中等强国外交打开新路。澳大利亚总理吉拉德在出席 G20 首尔峰会时承诺，将延续澳大利亚工党创造性中等强国外交传统，并将发展问题列入议程，支持韩国总统的倡议。其称澳大利亚一直是国际货币基金组织改革的推动者，在制定新的国际金融规则方面发挥积极作用，[③] 澳大利亚致力于在 G20 内部积极参与和发挥政策触发"器"的作用。2014 年，澳大利亚担任

---

① John Ibbitson and TaraPerkins, "How Canada Made the G20 Happen", *the Globe and Mail*, June 18, 2010, https：//www.theglobeandmail.com/news/world/how-canada-made-the-g20-happen/article4322767/.

② Cooper and Jongryn Mo, "Middle Power Leadership and the Evolution of the G20", *Global Summitry Journal*, Vol.1, No.1, 2013, p.7.

③ Michelle Grattan, "Gillard to Push Australia's Activist Role in the G20", *The Sydney Morning Herald*, November 12, 2010.

G20 主席国的角色提供独特的机会来检验其对外政策行为。澳大利亚认为自己是在"掌大权"，因它同时担任 G20 主席国和联合国安理会席位，这使其在世界事务中享有前所未有的突出地位。澳大利亚充分利用其 G20 主席国地位来促进自由贸易，平衡美国与金砖国家相互竞争的全球治理主张。澳大利亚决定利用其主席国的身份推动 G20 "增长战略"的协议，敦促 G20 国家在投资和基础设施等领域提出各自的战略。尽管受到欧洲国家的强烈抵制，特别是德国极度怀疑，澳大利亚还是于 2014 年 2 月实现第一个目标，当时 G20 财长们宣布了 2% 的增长目标。这一目标随后被主席国用来推动 G20 国家确定结构性改革，这些改革最终在 11 月的 G20 领导人峰会前被纳入全面增长战略。

澳大利亚利用主席国控制谈判程序权力的案例表明，在像 G20 这样的非正式国际组织中，主席国制定谈判程序的权力可能更大，因为适当的行为规范还没有形成确立。议程管理亦为澳大利亚作为主席国的重要任务，它感到成员国强烈要求提供一个高效的谈判过程，解决不断膨胀的问题和会议数量。[①] 在担任主席国后，澳大利亚表示它将采取具体的步骤来改善 G20 的进程，包括将 G20 领导人的公报限制在 3 页之内，在谈判前至少提前 10 天分发简报材料，主持有吸引力和充满活力的会议。这种控制为澳大利亚提供影响力，使其能够制定谈判议程并引导谈判结果符合其政策偏好。[②]

作为一个中等强国，澳大利亚有望提升多边机构的重要性，通过中等强国联合体搭建沟通西方国家与新兴国家之间的桥梁。陆克文称，澳大利亚的核心利益在于建立对 G20 的信心，鼓励金砖国家和 G7 通过 MIKTA 进行沟通。[③] 这让澳大利亚有机会发挥对议程控制、会议进程、议程设置等方面的

① Susan Harris Rimmer，"A Critique of Australia's G20 Presidency and the Brisbane Summit 2014"，*Global Summitry*，Vol. 1，No. 1，2015，pp. 41-63.

② Christian Downie &Larry Crump，"The Role of the Chair in Informal International Organizations：Australia's Group of Twenty Presidency"，*Australian Journal of International Affairs*，Vol. 71，No. 6，2017，pp. 678-693.

③ Rudd Kevin，"G-20 and the Importance of Mid-Size States in Global Economic Governance"，*Foreign Policy News*，January 9，2015，http：//foreignpolicynews. org/2015/01/09/g-20-importance-mid-size-states-global-economic-governance/.

领导作用，推动 G20 核心议程从应对先前的全球金融危机转向以结构性改革为重点的未来增长，以促进经济增长和全球金融稳定。[①]

　　土耳其作为一个关键的中等强国，拥有跨越传统的南北、东西文化鸿沟的独特地位，展示积极的地区和全球参与，重要性日益增加。拥有 8500 多万人口的土耳其有强烈动机来确保自身的经济繁荣和社会稳定。土耳其积极参与全球治理，依赖国际制度基础，通过主要全球平台表达全球治理改革的诉求。土耳其自 G20 成立以来就高度重视这一全球经济治理的重要平台，并积极参与其中。G20 为土耳其提供了难得的"特权地位"，即积极参与全球决策过程的政治权力。全球金融危机让土耳其成为 G20 领导人峰会的成员，增强了土耳其决策者的信心。土耳其官员认为，作为经合组织成员和新兴市场国家，土耳其在 G20 中发挥着特殊和建设性的作用。[②] 此外，它还为土耳其提供一个机会，使其能够积极参与全球经济的新规则制定过程，而不是被动地遵守强大的核心国家自上而下强加的规则。土耳其前总理达武特奥卢言道，在危机后全球经济治理的新关头，土耳其已经成为一个"秩序创造者"国家。[③] 换句话说，G20 成员资格使土耳其能够在全球治理改革中发挥突出作用。在这样的环境下土耳其自视是具有多重区域身份的中心国家，积极参与全球政治，其身份就会转变为全球大国。[④]

　　特别是担任 G20 轮值主席国为土耳其决策者提供了新的机会，使其能将外交砝码从传统的国家间外交领域带到经济外交领域，通过 G20 提高土耳其的国际威望，展示其为全球治理作出贡献的能力。土耳其利用 G20 安塔利亚峰会主席国身份，在全球发展、人道主义议程等领域积极扩大影响

---

① Susan Harris Rimmer, "A Critique of Australia's G20 Presidency and the Brisbane Summit 2014", *Global Summitry*, Vol. 1, No. 1, 2015, pp. 41-63.

② Dries Legase and Yusuf Kaçar, "Turkey's Profile in the G20: Emerging Economy, Middle Power and Bridge-builder", *Studia Diplomatica*, Vol. 63, No. 2, 2010, p. 133.

③ Colin I. Bradford Jr. and Jonannes F. Linn, "The G20 Summit-Its Significance for World and for Turkey", http://www.mfa.gov.tr/kriz-ozel.tr.mfa.

④ Melis Baydag, "Middle Powers in International Development Cooperation: Assessing the Roles of South Korea and Turkey", In Chaturvedi S. et al., *The Palgrave Handbook of Development Cooperation for Achieving the 2030 Agenda*, London: Palgrave Macmillan Cham, 2020.

力，在其特别关心的领域如能源安全、中东和平、国际金融机构改革方面，寻求协调者角色。为此，土耳其与其他利益诉求接近的 G20 成员结成合作伙伴，以寻求广泛共识和折中解决方案，协调应对紧迫的全球问题。不过，土耳其在担任 G20 轮值主席国后，在 G20 中的议程设置能力有所下降。从那时起，土耳其领导人更加关注与其他领导人的双边会议，较少关注全球议程本身。国内政治变动也影响了土耳其有效参与全球进程。2015 年 6 月至 2019 年 6 月，土耳其经历了 3 次议会选举、1 次总统选举、1 次公投、1 次地方选举和伊斯坦布尔市长重选。土耳其 2016 年面临政变未遂，此后，超过 12 万名公务员包括学者、教师、医生、法官、检察官、警察和军官被解雇。[①] 土耳其的案例表明，新兴中等强国能否在 G20 等国际多边舞台上取得成功，往往受到国内政治稳定性影响。政治动荡和内部挑战会分散领导人的注意力。

从全球经济治理的历史经验看，大国竞争主要途径是通过建立平行的制度结构去竞争治理的有效性，比如金砖国家机制和 G7。G20 的成功在很大程度上取决于发达国家和发展中国家对全球经济治理齐心协力，但只有少数几个国家可以扮演独特的"中等强国"角色。G20 作为一个机构的作用越是突出，这些中等强国就越有动力扮演"桥梁"和推动者角色。当然，从全球治理的角度来看，G20 并非理想的解决方案，因为它容易在一系列广泛而深刻的技术问题上陷入僵局，俄乌冲突爆发后，又受到了地缘政治的重大干扰。尽管 G20 国家支持较贫穷国家的债务重组，但从长远来看，一些较大的经济体也可能面临违约风险。[②] 这可能使它们在全球舞台上进一步陷入困境，难以有效发挥领导作用。G20 的议程逐渐扩大，现在涵盖超出宏观政策协调范围的广泛全球政策主题，比如，2021 年 10 月，意大利罗马举办的

---

① "Turkey's Ministry of Education Dismisses 41 Public Officials over Alleged Terror Accusations: Report", *Turkey Purge*, October 30, 2021, https://turkeypurge.com/turkeys-ministry-of-education-dismisses-41-public-officials-over-alleged-terror-accusations-report.

② Yen Nee Lee, "Coronavirus Could Cause More Countries to Default on Their Debt, Economist Says", *CNBC*, April 15, 2020, https://www.cnbc.com/2020/04/15/coronavirus-more-countries-could-default-on-debt-economist-says.html.

G20第16次领导人峰会将抗击新冠肺炎疫情列入优先讨论议程，并写入《二十国集团领导人罗马峰会宣言》。[①] 最终声明就包括承诺在当年底前停止为海外燃煤发电融资。这显然是新上台的拜登政府关注的重点。2022年印尼巴厘岛峰会就因俄乌冲突而陷入议事分歧。在全球权力再平衡的过程完成之前，全球经济治理的制度安排仍然处于不断探索中。中等强国只有将行动基于全球经济治理的长期愿景，才能更充分利用G20所带来的机会。为此，G20需要在国际层面制定一套共同的行动规则，包括设立一个常设秘书处，这有助于确保议程设置的连续性，使得议程设置更有针对性、连贯性。

三　中等强国全球贸易改革和发展的话语权

自由贸易是促进世界各国经济发展的重要推动力，但保护主义、逆全球化思潮等逆风对自由贸易产生阻力，支撑全球经济增长的国际贸易体系频频遭遇重大挑战。特别是特朗普执政时期，美国政策破坏了更具包容性和进步性的贸易体制，产生持久的影响。特朗普主义的胜利，将对世界造成损失。[②] 中等强国在此当中理应积极推动全球贸易改革，推进贸易议程来帮助维持稳定的国际贸易，着力避免反全球化攻势的附带损害，扮演积极的牵头者甚至贸易引领者的角色。

（一）渥太华倡议推动世贸组织改革

世界贸易组织的作用对于成功的全球经济治理至关重要。自由、规范、非歧视性的多边贸易体系是经济持续增长和发展的核心。作为一个典型的传

---

① 《二十国集团领导人第十六次峰会通过〈二十国集团领导人罗马峰会宣言〉》，中国政府网，2021年11月1日，http://www.gov.cn/xinwen/2021-11/01/content_5648079.htm。

② Oonagh E. Fitzgerald and Hector Torres, "How Middle Powers Can Shore up Trading System", Center for International Governance Innovation, March 17, 2017, https://www.cigionline.org/articles/how-middle-powers-can-shore-trading-system/.

统中等强国，加拿大高度依赖贸易，确保全球贸易体系稳定有利于自身发展。加拿大政府致力于通过双边自由贸易协定和多边贸易安排来加强贸易和促进多样化，寻求创造性的联盟来应对多边贸易体制的冲击。例如，它与欧盟谈判解决方案，规避特朗普政府时期瘫痪世贸组织上诉委员会的做法。加拿大在贸易领域体现牵动者角色是通过组织渥太华集团推动世界贸易组织改革。2018 年 10 月，加拿大政府召开"志同道合国家工作组"，也被称为渥太华集团（Ottawa Group）。它由世贸组织的 13 个成员组成，渥太华集团除加拿大外，还包括澳大利亚、巴西、智利、欧盟、日本、肯尼亚、墨西哥、新西兰、挪威、新加坡、韩国和瑞士，旨在商讨影响世贸组织运行效率的问题，并提出可能的解决方案。① 渥太华集团支持其成员提出具体建议，以改善世贸组织短期、中期和长期的运作方式。

世贸组织上一轮重要的贸易自由化是在 20 世纪 90 年代，治理规则未能跟上新出现的实践领域发展，包括新型融资安排和数字贸易的障碍等，部分原因是规则的改变需要世贸组织成员达成一致意见，而这一直难以实现。加拿大倡导的中等强国举措即渥太华世贸组织改革小组，最初侧重于改善世贸组织委员会的运作，加强四个世贸组织机构的审议职能。② 此外，它也尝试解决更难的问题，包括改革争端解决系统。当时美国特朗普政府阻止了世贸组织上诉机构新法官的任命，结果因法官人数太少而无法审理新案件。没有裁决手段，国际贸易争端将得不到解决，使该组织的争端解决机制面临风险。渥太华小组成员希望找到一个能说服美国恢复任命法官的方案，至少是作为一个临时措施。尽管许多国家与美国一样，担心争端解决程序过于缓慢，法官在裁决中存在越权倾向，但所有世贸组织成员就意义深远的改革达成共识似乎仍然具有挑战性。或者，一部分成员可以同意建立一个新的机制，向所有同意其条款的国家开放。类似的多边方法可能释放出其他领域的

---

① "Joint Communiqué of the Ottawa Ministerial on WTO Reform", WTO, October 25, 2018, https：//www. wto. org/english/news_ e/news18_ e/dgra_ 26oct18_ e. pdf.

② "Ottawa Group and WTO Reform", Global Affairs Canada, https：//www. canada. ca/en/global-affairs/news/2019/05/ottawa-group-and-wto-reform. html#a1.

解决方案，包括关于补贴规则、确定哪些国家被指定为发展中国家的更明确的标准，以及对报告国家政策的更高要求。

新冠疫情暴发后，关于应对新冠大流行的医疗用品短缺、贸易受疫情影响出现受阻情况，渥太华改革小组积极就此问题发出一系列声音，提出一系列建议。2020 年 6 月，加拿大主办渥太华世界贸易组织改革小组第五次部长级会议，来自渥太华集团的 13 个国家贸易部长讨论 WTO 和多边贸易体系如何帮助减轻新冠的影响，为可持续复苏奠定基础，调整贸易规则以应对当前危机。[1] 2020 年 11 月，渥太华集团提出全球贸易与卫生倡议，渥太华改革小组部长呼吁 WTO 成员加强合作，克制使用任何出口限制，在海关和服务领域实施抗疫贸易便利化措施，提高透明度。还鼓励世贸组织成员在危机期间不要对基本医疗商品征收关税，促进对公共卫生紧急情况的有效反应。努力实现加强全球规则以促进基本医疗产品贸易的永久性承诺的基础。该倡议提交给 2021 年举行的世贸组织第 12 届部长级会议。[2] 2021 年 5 月，渥太华集团部长再度会晤，同意加紧努力实现贸易与卫生倡议的目标，解决出口限制问题并防止基本药物和医疗用品的供应链中断。[3] 世贸组织渥太华集团在医品贸易等重要议题上密集发声取得较大的国际影响，强调自由贸易对于确保医疗用品、药品和疫苗到达世界各地所需的地方至关重要，承诺促进有弹性的全球医疗系统和供应链。这引起大国的关注。2021 年 3 月，英国宣布加入渥太华集团，表示全球贸易规则需要改革，保持自由贸易流动的必要性从未如此强烈。[4] 2021 年 7 月，美国贸易代表戴琪加入渥太华集团会议，

---

① "June 2020 Statement of the Ottawa Group: Focusing Action on COVID‐19", Government of Canada, https://www.international.gc.ca/world-monde/international _ relations-relations _ internationales/wto-omc/2019‐06‐covid‐19.aspx? lang=eng.

② "Ottawa Group Proposes a Global Trade and Health Initiative", European Commission, November 23, 2020, https://trade.ec.europa.eu/doclib/press/index.cfm? id=2215.

③ "Ottawa Group Weighs COVID Response Options, Including TRIPS Waiver", June 1, 2021, https://sdg.iisd.org/news/ottawa-group-weighs-covid-response-options-including-trips-waiver/.

④ "UK Statement to Ottawa Group", Department for International Trade of UK, March 22, 2021, https://www.gov.uk/government/speeches/uk-statement-to-ottawa-group.

讨论第 12 届部长级会议的优先事项，特别是结束谈判以控制渔业补贴。[①] 渥太华集团在贸易领域发挥的作用显然不容小觑。

当然，渥太华集团并不代表中等强国在贸易领域改革的全部努力。世贸组织还需要更广泛的支持，以改革或重写其规则。G7 需要中国和世界另一半的国家合作，以革新全球贸易体系。这就是这些发展中国家如印度尼西亚可能成为全球贸易规则改革的关键的地方。[②] 印度尼西亚是 2022 年 20 国集团峰会的东道国，并担任世贸组织 "33 发展中国家集团" 的主席，对于推动国际贸易机制改革同样有着重要影响力和战略意图。

（二）领导区域多边贸易进程

中等强国作为重要成员甚至作为主要牵头者发起区域多边贸易安排机制，其中，《全面与进步跨太平洋伙伴关系协定》（CPTPP）与《区域全面经济伙伴关系协定》（RCEP）是典型代表。例如，曾经以双边主义、非正式和新重商主义为特征的日本政策已转向强调区域制度建设和规则制定的新自由主义战略。[③] 亚洲既是中美战略竞争的主战场，也是最近两个大型贸易协定的摇篮，维持经济相互依赖关系有重要意义。由于过去十年中美经济意识形态冲突加剧，亚太地区地缘经济紧张局势让日本对寻求地区地缘经济平衡的关键地位有机可乘。日本很少在多边谈判中发挥领导作用，但美国退出《跨太平洋伙伴关系协定》（TPP）为日本在区域贸易协议方面发挥领导作用提供了更多空间。日本借此机会与其他 TPP 伙伴共同制定 "道路规则"。

虽然 TPP 的后继者 CPTPP 跟 RCEP 有许多不同之处，但它们有一个共

---

① "Minister Ng Hosts Third Virtual Ottawa Group Meeting of 2021", Global Affairs Canada, July 22, 2021, https：//www.canada.ca/en/global-affairs/news/2021/07/minister-ng-hosts-third-virtual-ottawa-group-meeting-of-2021.html.

② Shiro Armstrong, "Signs of Life for Global Cooperation out of COVID-19", East Asia Forum, June 13, 2021, https：//www.eastasiaforum.org/2021/06/13/signs-of-life-for-global-cooperation-out-of-covid-19/.

③ Saori N. Katada, *Japan's New Regional Reality： Geoeconomic Strategy in the Asia-Pacific*, NewYork：Columbia University Press, 2020.

同的起源：中等强国经济外交的高度活跃。启动 TPP 谈判的 11 个亚太国家共同发表一份联合声明，宣布"已经就新的协议达成基础性的重要共识"，并决定协定改名为《全面与进步跨太平洋伙伴关系协定》。2018 年，日本、澳大利亚、文莱、加拿大、智利、马来西亚、墨西哥、新西兰、秘鲁、新加坡和越南等 11 个国家共同签署《全面与进步跨太平洋伙伴关系协定》（CPTPP）。[1] 澳大利亚、加拿大、日本、墨西哥、新西兰、新加坡和越南七个成员国迅速批准该协议。作为美国退出 TPP 后剩余的最大经济体，日本是确保 TPP 协议生存的关键角色，而 CPTPP 有助于为预期的美日自由贸易协定谈判设定底线，也可以在其他谈判中增加日本的影响力。政治上，这使日本成为地区领导者的地位更加显著，尤其是对中国而言。[2] 日本外交官非正式地表示，CPTPP 的重要目标之一是"控制中国"。[3] 目前，英国、韩国、中国申请加入 CPTPP，哥伦比亚、泰国表示有兴趣加入。但加拿大、澳大利亚和日本在与中国的关系中经历严重的紧张局势，对中国入盟谈判产生负面影响。[4] 除了暂停的条款外，CPTPP 保留 TPP 在商品、服务、投资、国有企业、政府采购和企业流动等市场准入方面的所有原始和实质性承诺。越南作为 CPTPP 的创始成员，通过加入 CPTPP 并积极参与区域自由贸易一体化，在区域经济规则制定上占有重要地位，其国有企业获得了多项豁免。总体看，作为与经济超级大国竞争有可观影响力的中等强国集团，可以推动致力于自由贸易的国家更深入参与贸易治理，从而重振国际贸易。

尽管西方对 RCEP 的看法是它由中国主导下的区域贸易重组尝试，但东

---

① Kati Suominen，"Two Years into CPTPP"，CSIS，August 9，2021，https：//www.csis.org/analysis/two-years-cptpp.

② Christopher F. Corr，"The CPTPP Enters into Force：What Does it Mean for Global Trade？"，*White and Case*，January 21，2019，https：//www.whitecase.com/publications/alert/cptpp-enters-force-what-does-it-mean-global-trade.

③ Aurelia George Mulgan，"CPTPP a Boost for Japan's Regional Trade Leadership"，East Asia Forum，February 27，2018，https：//www.eastasiaforum.org/2018/02/27/cptpp-a-boost-for-japans-regional-trade-leadership/.

④ Mireya Solís，"China Moves to Join the CPTPP, but Don't Expect a Fast Pass"，Brookings，September 23，2021，https：//www.brookings.edu/blog/order-from-chaos/2021/09/23/china-moves-to-join-the-cptpp-but-dont-expect-a-fast-pass/.

图 5-2　CPTPP 与 RCEP 成员

资料来源：作者绘制。

盟及印尼等中等强国在 RCEP 中扮演了不可或缺的经济角色。实际上，RCEP 的起源是多边主义，由东盟构想并带头。作为东盟中等强国外交的胜利，RCEP 创造了世界上最大的贸易集团之一。根据彼得森国际经济研究所学者彼得·A. 佩特里（Peter A. Petri）和迈克尔·G. 普卢默（Michael G. Plummer）的估计，RCEP 将促进全球经济增加近 2000 亿美元，并为其成员每年增加 0.2% 的 GDP。[①] RCEP 牵动力量更多的是来自具有中等力量的成员国，因为作为世界第二、三大经济体，中国和日本在政治上都难以接受对方作为该贸易协定的设计者。2012 年，《区域全面经济伙伴关系谈判指导原则和目标》的通过打破了僵局，吸纳印度、澳大利亚和新西兰作为成员国，并让东盟负责该协议的谈判，不过印度最终并没有加入。以印度尼西亚为主要牵动者的东盟采取了多边机构模式吸引更多合作伙伴，表明当存在多个相互竞争的地区多边机构时，单个大国的影响力就会被稀释，而居中协调方则可能扮演更重要的角色、发挥更大的作用。这种战略与印度尼西亚前外交部长马蒂·纳塔莱加瓦（Marty Natalegawa）提出的东盟"动态平衡"（dynamic equilibrium）战略相似。[②] 许多现有的以东盟为中心和以东盟方式为核心原则的区域多边机构，如东盟地区论坛（ARF）、东

---

① Peter A. Petri and Michael G. Plummer, "East Asia Decouples from the United States: Trade War, COVID-19, and East Asia's New Trade Blocs", the Peterson Institute for International Economics, June 2020, https://www.piie.com/system/files/documents/wp20-9.pdf.

② Marty Natalegawa, *Does ASEAN Matter: A View from Within*, Singapore: YusofIshak Institute, 2018, pp. 85-108.

盟+3、东亚峰会、东盟国防部长会议+（ADMM+）等都是这样的例子。它们为中等强国提供了与大国平等谈判的平台，促进了区域合作和经济增长。

RCEP 有关原产地规则使公司更容易建立跨越多个国家的供应链，有助于在成员国之间建立高效的供应链、生产分配和形成产业定位战略，从而加强本地区产业的国际竞争力。中国正在引领全球数字化转型，RCEP 的签署将促进科技、金融科技和金融、医疗、环保和旅游等各个领域的合作，各参与国将取得进一步进展。这对数字市场的国际规则的形成也是有利的，客观上帮助包括中等强国在内的经济强国塑造经济治理进程，加强与世界经济大国的关系，加速东亚、东南亚经济一体化进程。[①]

区域内中等强国需要审视如何振兴因中美战略竞争和新冠疫情大流行影响而陷入低迷的区域经济和贸易。它们需要将自己定位为区域贸易自由化和振兴区域价值链的领导者。历史和治理结构表明，RCEP 将是东盟以及韩国、澳大利亚等中等强国在与中国等大国交往中找到更平等立足点的理想论坛。因此，加入 RCEP 抑或 CPTPP 不仅仅是为了经济收益，还兼有外交、战略和安全影响因素。例如，作为 RCEP 成员之一的韩国利用其作为东亚和美国之间桥梁的地位优势，成功与美国缔结自由贸易。2020 年 11 月，韩国与东盟十国、中国、日本、澳大利亚、新西兰等 14 个国家签署 RCEP，成为在东亚建立自贸协定网络的主要参与者。2020 年韩国对 RCEP 成员国贸易额约为 4840 亿美元，占韩国对外贸易总额的 49.4%，接近一半。为此，韩国政府 2021 年 10 月 1 日向国会提交《区域全面经济伙伴关系协定》（RCEP）批准动议案。[②] 韩国积极参与区域多边贸易网络，因为决策者认为区域多边自由贸易网络是其在区域一体化中发挥促进者、管理者和桥梁建设

---

① Sadik Unay, "Why Biden Needs a Reckoning with RCEP, the World's Largest Trading Bloc?", *TRT World*, December 23, 2020, https://www.trtworld.com/opinion/why-biden-needs-a-reckoning-with-rcep-the-world-s-largest-trading-bloc-42621.

② 《韩政府向国会提交 RCEP 批准动议案》，韩联社中文网，2021 年 10 月 1 日，https://cn.yna.co.kr/view/ACK20211001005700881。

者等主导作用的有效手段。① 2022 年 1 月 1 日，RCEP 的生效将在区域多边贸易领域以包容性的特点发挥引领和范式作用。

土耳其和墨西哥都是新兴崛起的中等强国，它们的经济规模、发展轨迹和改革时机有一定的相似性，都有推动贸易改革的需求。20 世纪 90 年代，两国都寻求加入区域贸易协定，推动进一步的贸易改革。土耳其外交政策的重点逐渐从欧洲和美国转向中东和北非、中亚、巴尔干和黑海地区。这一新政策议程变化的部分动机是经济因素。土耳其已签署 22 个生效的自由贸易协定，其中土耳其—欧盟关税同盟是土耳其自由贸易协定体系的主要法律基础。欧盟是土耳其最重要的经济伙伴，也是土耳其的主要投资来源。2020 年，土耳其 33.4% 的进口来自欧盟，41.3% 的出口流向欧盟。② 土耳其还积极发展与其他邻近地区的贸易和投资关系，采取激励措施，为土耳其公司在这些地区创造有利的商业和投资环境。土耳其还是地中海联盟（Union for the Mediterranean）的成员。2020 年 11 月，地中海联盟的 42 个成员国通过视频会议的形式，召开第十一次贸易部长会议，启动了全新的贸易和投资倡议，加强地中海地区的贸易联系。③

墨西哥的经济和政治在 20 世纪 80 年代发生重要变化。1982 年遭遇重大债务危机后，墨西哥开始一系列改革，放松对经济的管制，推进私有化，实现贸易自由化。④ 1986 年，墨西哥加入了关贸总协定，并于 20 世纪 90 年代初开始与美国、加拿大谈判贸易协定。1994 年生效的《北美自由贸易协定》（NAFTA）成为墨西哥经济和政治改革以及经济国际化的支柱。墨西哥还于 1993 年加入亚太经济合作组织，于 1994 年加入经合组织，并于

---

① Jinsoo Park, "Korea's Linkage Strategy between FTA Hub Policy and Middle Power Leadership in Regional Economic Integration", *Asia Europe Journal*, 13, 2015, pp. 388-389.

② "Countries and Regions: Turkey", European Commission, 2020, https://ec.europa.eu/trade/policy/countries-and-regions/countries/turkey/.

③ "Union for the Mediterranean Ministers Highlight the Importance of Regional Trade in Economic Recovery", European Commission, November 10, 2020, https://trade.ec.europa.eu/doclib/press/index.cfm? id=2210.

④ Judith A. Teichman, *Privatization and Political Change in Mexico*, Pittsburgh: Pittsburgh University Press, 2001.

1998 年开始与欧盟谈判自由贸易协定。墨西哥高度依赖对美贸易，美国是墨西哥最大的贸易伙伴，2020 年墨西哥与美国的贸易额达到 5381 亿美元，占到其当年进出口总额的 3/4 以上。[①] 2020 年 7 月，美国、墨西哥和加拿大新贸易协定（USMCA）生效，取代《北美自由贸易协定》（NAFTA）。墨西哥目前签订了 13 个自由贸易协定，这一自由贸易协定网络占其对外贸易总额的 90% 以上。2011 年，墨西哥与智利、哥伦比亚、秘鲁成立太平洋联盟，该联盟占拉丁美洲和加勒比地区 GDP 的 38%、贸易总额的 50%，吸引了 45% 的外国直接投资，目标成为拉丁美洲最大的贸易集团。[②] 墨西哥还是 CPTPP 的成员国，致力于拓展在亚太地区的自由贸易网络。中国是墨西哥全球第二大贸易伙伴，2021 年中墨双边贸易额再创历史新高，同比增长 41.9%，达 866 亿美元。[③] 至此，墨西哥构建了一个庞大的战略性贸易网络，使自身出口市场多元化，对世界多边贸易改革诉求和利益有巨大影响。

一个国家积极采取主动的自由贸易协定政策可能会产生如约翰·拉文希尔（John Ravenhill）所说的政治多米诺骨牌效应，以及竞争性区域主义。[④] 自由贸易协定网络有望在区域贸易架构的塑造中提高中小国家与大国讨价还价的能力，为中小国家提供对抗大国压力的能力，还可以帮助中小国家在多边贸易协议中充当"中间人"角色，有助于中等强国在各个地区倡议之间发挥桥梁作用。而自由贸易协定枢纽地位有助于中等强国在区域贸易自由化中发挥关键作用，因而十分重要。例如，韩国认为其自由贸易网络枢纽地位将增加对大国的议价能力，从而加强在决定区域一体化的方式和议程方面的

---

① "U. S. -Mexico Trade", Embassy of Mexico to the United States of America, https: //embamex. sre. gob. mx/eua/index. php/en/economic-affairs/trade-with-the-united-states-2020.

② 太平洋联盟网站，https: //alianzapacifico. net/en/what-is-the-pacific-alliance/。

③ 《商务部就中国与墨西哥经贸合作有关情况等答问》，中国政府网，2022 年 2 月 17 日，http: //www. gov. cn/xinwen/2022-02/17/content_ 5674331. htm。

④ John Ravenhill, "The 'New East Asian Regionalism': Apolitical Domino Effect", *Review of International Political Economy*, Vol. 17, No. 2, 2010, pp. 178-208.

发言权。[1] 因此，自由贸易协定网络和枢纽地位被中等强国视为有用的外交资产，使其经济和政治利益最大化，助其参与塑造地区秩序。

（三）组建凯恩斯集团促进贸易谈判

中等强国利用国际组织在经济治理领域获得更大的全球影响力，有必要追溯到20世纪八九十年代，当时正值冷战结束。中等强国实际上对国际经济结果产生了重要影响，这方面的突出例子是1986年成立的"公平贸易国家凯恩斯集团"（Cairns Group of Fair Trading Nations）。该组织的名字取自澳大利亚东北部昆士兰州凯恩斯市，反映了澳大利亚在该组织成立过程中发挥的关键作用。在20世纪70年代的几次经济危机冲击之后，欧盟、日本开始全神贯注于经济安全，这促使其对农产品贸易采取经济保护主义的做法。由于国内农业游说团体的强大影响力，改革变得越来越困难。正是在这种保护主义抬头的背景下，凯恩斯集团应运而生。凯恩斯集团是由19个农产品出口国和1个观察员国组成的集团，[2] 除了澳大利亚和加拿大之外，还包括几个因经济能力或外交地位而被视为中等强国的国家，例如巴西、阿根廷、马来西亚、南非、印度尼西亚。一系列因素相互作用，共同创造政治空间，在这个空间里，澳大利亚霍克政府在其国家经济利益意识驱动下，推动多层次的贸易外交，成为新农业贸易理念的牵动者和联盟的建立者之一。[3] 尽管20世纪90年代初，凯恩斯集团的影响力有所下降，其鼓励大国之间的多边主义而非双边主义的能力也面临一些制约因素，但在世界贸易组织成立后，凯恩斯集团对促进贸易自由化、强调全球贸易体系的公平性的角色再一次凸显。凯恩斯集团决定继续定期召开部长级会议，就农业问题敦促世贸组织尽早作

---

[1] Jinsoo Park，"Korea's Linkage Strategy between FTA Hub Policy and Middle Power Leadership in Regional Economic Integration"，*Asia Europe Journal*，Vol. 13，2015，p. 389.

[2] 阿根廷、澳大利亚、巴西、加拿大、智利、哥伦比亚、哥斯达黎加、危地马拉、印度尼西亚、马来西亚、新西兰、巴基斯坦、巴拉圭、秘鲁、菲律宾、南非、泰国、乌拉圭和越南。乌克兰是专家组的观察员。

[3] Lawrence T. Woods，*Asia-Pacific Diplomacy*：*Nongovernmental Organizations and International Relations*，Vancouver：University of British Columbia Press，2011，p. 128.

出强有力决定，要求对所有农业和农产品提供明显改善的市场准入机会，在多哈回合农业谈判中加大联合谈判力度，促成内罗毕第 10 届世贸组织部长级会议同意取消对农产品的出口补贴。[①] 在内罗毕会议取得成功的势头下，凯恩斯集团继续通过世贸组织谈判推动国内支持、市场准入等问题的改革。

凯恩斯集团的最初目标是降低关税壁垒，减少或取消补贴，为依赖农业的欠发达国家提供特别优惠，希望为普遍庞大的出口型农业部门放开国际贸易。由于凯恩斯集团的大部分国家都是中小国家，它们无法与富裕贸易大国补贴相提并论。为防止其市场进一步受到侵蚀，凯恩斯集团致力于将农业纳入世界贸易的乌拉圭回合。这些主要是发展中国家的农产品出口国聚集到一起通过共同的平台发出声音，抬高谈判发言的地位。[②] 这种经济上不同属性的国家结成联盟，通过加强改革贸易规则和政策，限制和改变更强国家的行为，确实实现了"1+19>20"的效果。

澳大利亚经常代表凯恩斯集团在联合国大会和多边贸易谈判中发言。例如，2013 年 10 月在第 68 届联大第二委员会讨论会议上，代表凯恩斯集团发言的澳大利亚代表强调，当务之急是加大对农业和贸易政策改革的投资，特别是在粮食安全问题令人担忧的地区。澳大利亚强调，农业必须成为世界贸易组织 12 月讨论的一部分，解决市场扭曲的问题，以加强粮食安全，使市场更有效率。[③] 当年 12 月，作为凯恩斯集团重要成员的印度尼西亚，积极推动有关农产品贸易谈判，在印尼巴厘岛举行的世贸组织第九届部长级会议推出"巴厘岛一揽子计划"，通过了有关农业的重要决定。[④]

凯恩斯集团是中等强国在贸易领域成功建立联盟的一个很好的例子。它

[①] The Cairns Group, https：//www. cairnsgroup. org/Pages/Milestones. aspx.

[②] Amrita Narlikar, *International Trade and Developing Countries*：*Bargaining Coalitions in the GATT & WTO*, Milton Park：Taylor & Francis, 2003, p.135.

[③] "Trade Reform, Removal of Protectionist Measures Vital to Economic Growth, Second Committee Hears in Debate on Macroeconomic Policy Questions", UN General Assembly, October 10, 2013, https：//www. un. org/press/en/2013/gaef3376. doc. htm.

[④] "Agriculture Negotiations", WTO, https：//www. wto. org/english/tratop_ e/agric_ e/negoti_ enew. htm.

通过集体行动，对农业谈判产生了比任何单个成员独立行动所能产生的更大影响，这些国家特别是在其中发挥主导作用的中等强国在制定议程、批准议程方面拥有更大的权力。理查德·希戈特和安德鲁·库珀指出，凯恩斯集团的活动大大促进议程设置和谈判进程的进展，不仅在主要行动者之间，而且对于缓解主要大国和一些发展中国家之间紧张有时是冲突的关系，发挥建设性桥梁作用，增加寻求共识的机会窗口。① 当然，随着时空变换与国际环境的变化，一部分"利益相近"的中等强国组成农业贸易集团在后来的影响力与成立之初相比不可同日而语，但作为一种现象或者趋势，中等强国为寻求利益的最大化而采取集团化、团组化的发声方式，依然成为中等强国在全球治理领域惯常的做法。

四　中等强国全球经济治理机构改革的话语权

近年来，关于全球经济治理变革的讨论愈演愈烈。部分原因是国际货币基金组织治理改革陷入僵局。以传统发达国家为代表的既得利益派唯恐其手中经济特权"大权旁落"，而分量不断增加的新兴国家要求反映其应有地位的经济权力的呼声日益高涨。

（一）国际货币基金组织治理结构

理事会是国际货币基金组织的最高决策机构。它由每个成员国的一名理事和一名候补理事组成。理事由成员国任命，通常是财政部长或中央银行行长。虽然理事会已将其大部分权力下放给基金组织执行董事会，但它保留批准增加份额、特别提款权（SDR）分配、接纳新成员、强制取缔成员国资格和修订章程的权利协议与附则等权力。理事会还选举或任命执行董事，是与解释基金组织协议条款有关的问题的最终仲裁者。

---

① Richard A. Higgott and Andrew F. Cooper, "Middle Power Leadership and Coalition Building: Australia, the Cairns Group, and the Uruguay Round", *International Organization*, Vol. 44, No. 4, 1990, pp. 591–592.

国际货币与金融委员会（IMFC）和发展委员会这两个部长级委员会为基金组织理事会提供建议。国际货币与金融委员会有 24 个成员，来自 190 名理事。其结构反映了执行委员会及其 24 个选区的结构。因此，国际货币与金融委员会代表基金组织的所有成员国。其结构与执董会及其 24 个选区对应。发展委员会是一个联合委员会，其任务是就与新兴国家和发展中国家的经济发展有关的问题向国际货币基金组织和世界银行的理事会提供建议。该委员会有 24 名成员。它代表国际货币基金组织和世界银行的正式成员，主要作为就关键发展问题建立政府间共识的论坛。

国际货币基金组织由 24 名成员组成的执董会处理日常事务，并行使理事会授予的权力以及协定赋予它的权力。随着执董会改革修正案于 2016 年 1 月 26 日生效，自 2016 年 11 月 1 日选举生效以来，定期选举产生的执董会已经就位。此前，持有配额最多的五个成员国（当前为美国、日本、德国、法国和英国）分别有权任命一名执行董事，其余 19 人由其余成员国选举产生。①

国际货币基金组织与成员国政府保持定期政策对话。它评估成员国经济状况并推荐促进可持续增长的政策（这就为主导国留下权力运作空间）。基金组织还监测区域与全球经济和金融发展状况，向面临实际或潜在国际收支问题的成员国提供贷款和优惠金融援助是基金组织的核心职责（见图5-3）。

国际货币基金组织作为战后世界两大权威的国际经济治理机构之一，对全球经济治理起到重要的稳定作用。国际货币基金组织是一个以配额为基础的国际金融机构。配额是国际货币基金组织金融和治理结构的基石。单个成员国的配额大致反映了其在世界经济中的相对地位。配额以特别提款权（SDR）计价，这是 IMF 的特殊记账单位。份额的重要作用主要体现如表5-1 所示。②

---

① "IMF Governance Structure", IMF, https：//www.imf.org/external/about/govstruct.htm.

② "IMF Quotas", IMF, March 4, 2021, https：//www.imf.org/en/About/Factsheets/Sheets/2016/07/14/12/21/IMF-Quotas.

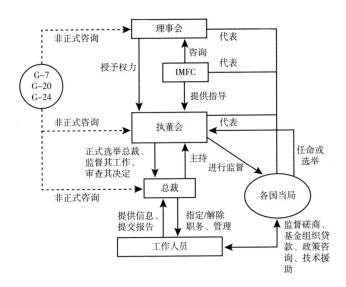

图 5-3　国际货币基金组织治理机构

资料来源：国际货币基金组织网站。

表 5-1　国际货币基金组织配额的多重作用

资源贡献	投票权	融资渠道	特别提款权分配
配额决定成员国有义务向基金组织提供的最大财政资源	份额是 IMF 决策中投票权的关键决定因素。投票包括每 100000 特别提款权的一票加上基本票（所有成员均相同）	配额决定成员国在正常准入条件下可以从基金组织获得的最大融资额	配额决定成员国在特别提款权一般分配中的份额

资料来源：国际货币基金组织。

为了发挥作用，国际货币基金组织必须代表其所有 190 个成员国的利益。因此，其治理结构反映当今世界经济发展状况。2010 年，基金组织同意进行广泛的治理改革，以反映新兴市场国家日益重要的地位。改革还确保较小的发展中国家将保持其在基金组织的影响力。但实际操作层面，新兴国家的经济比重与其在国际货币基金组织中的投票权份额不相匹配，尤其是中国、印度、印度尼西亚等国家（见表 5-2）。

表5-2　IMF投票权与经济比重最不匹配的新兴国家

单位：%

国家	投票权份额	在世界经济中的份额（PPP）
中国	6.16	18.59
印度	2.67	7.09
印度尼西亚	0.96	2.51
巴西	2.25	2.84
伊朗	0.75	1.22
尼日利亚	0.52	0.98
俄罗斯	2.63	3.07
土耳其	0.97	1.39
阿根廷	0.46	0.85
阿联酋	0.18	0.57

资料来源："IMF Members' Quotas and Voting Power, and IMF Board of Governors", IMF, October 23, 2021, https://www.imf.org/en/About/executive-board/members-quotas。

（二）配额分配改革推手

围绕配额分配改革是全球经济治理的一个重要议题，也是发达国家集团与发展中国家特别是新兴经济体博弈的关键点。需要承认的是，现有的制度架构并不能反映这些国家不断上升的实力。事实上，世界上影响力最大的经济治理国际组织如国际货币基金组织、世界银行和国际能源署，在其管理安排中并未充分体现这些国家的权力，包括在许多情况下它们的会员资格和投票权。就主要国际金融机构的治理改革问题，新兴中等强国支持重组世界银行投票权以适应发展中经济体的改革要求，要求改变国际货币基金组织的配额制度及其执行委员会的结构，如日本、德国、意大利、加拿大、澳大利亚等传统中等强国和经济强国在IMF份额分配和治理机构中占有了过大的发言权。尽管IMF的任务是遵循"经济中立原则"，但案例研究和统计分析发现贷款决策（包括贷款条件）通常反映G7国家，特别是美国的地缘政治和经济利益。① 而印度、韩国、巴西、沙特阿拉伯以及中国、俄罗斯等新兴强国的崛起势头很猛，但在全球治理机构中话语权却较小，造成治理机制不合理、治理机构代表性不足，进而影响全球经济治理的有效性与合法性。

实际上，2006 年 IMF 新加坡年会对配额和发言权改革进行大量的讨论，结果是临时增加 4 个代表性与经济实力最不相匹配的国家（中国、韩国、墨西哥和土耳其）的代表权。此外，要求对执行董事会进一步加以改革，使管理更加反映不断变化的全球经济。随之而来的 2008 年配额和投票权改革，需要对国际货币基金组织的协议条款进行修正，并在 2011 年生效。总的来说，国际货币基金组织的配额资源增加约 200 亿特别提款权，并在 54 个国家之间进行分配，这有助于推升市场活力旺盛的新兴经济体的代表性。它还通过将每个成员拥有的基本投票权增加近两倍，在一定程度上提高低收入国家的发言权和参与度。②

包括新兴中等强国在内的新兴力量是全球金融治理机制改革的主要推手，因为它们对此有巨大的需求。对 IMF 治理改革的直接推动者为金砖国家。2009 年 6 月，金砖国家首次正式峰会在叶卡捷琳堡举行。会议后发布公告对全球金融体制改革提出意见。

我们承诺推动国际金融机构改革，使其体现世界经济形势的变化。应提高新兴市场和发展中国家在国际金融机构中的发言权和代表性。国际金融机构负责人和高级领导层选举应遵循公开、透明、择优原则。我们强烈认为应建立一个稳定的、可预期的、更加多元化的国际货币体系。③

2010 年 4 月峰会的东道主、时任巴西总统卢拉称，新的全球经济地理

---

① "Expanding the Global Financial Safety Net", *G20 Insight*, December 10, 2020, https://www.g20-insights.org/policy_ briefs/expanding-the-global-financial-safety-net/.

② Rakesh Mohan and Muneesh Kapur, "Emerging Powers and Global Governance: Whither the IMF", IMF, 2015, https://www.imf.org/en/Publications/WP/Issues/2016/12/31/Emerging-Powers-and-Global-Governance-Whither-the-IMF-43330.

③ 《"金砖四国"领导人俄罗斯叶卡捷琳堡会晤联合声明》，中国政府网，2009 年 6 月 17 日，http://www.gov.cn/ldhd/2009-06/17/content_ 1342167. htm。

格局已经诞生。时任世界银行行长罗伯特·佐利克也承认全球经济和政治板块正在发生变化。[①] 土耳其敦促迅速实施匹兹堡协议，将配额份额从代表过多的国家转移到代表不足的国家，至少向充满活力的新兴市场和发展中国家转移 5%。[②] 新兴中等强国继续坚持重塑全球金融架构，要从布雷顿森林机构的深刻改革开始。2010 年，第 14 次审查对 IMF 的份额分配和投票权确定进行重大改革。当年，IMF 理事会批准了改革，超过 6% 的份额被转移到有活力的新兴市场经济体和发展中国家，同时也从代表人数过多的成员转移到代表人数不足的成员。[③] 在治理架构上，最重要的决策机构 IMF 董事会首次完全由选举产生的执行董事组成，结束任命执行董事的类别（此前拥有五个最大份额的成员各自任命一名执行董事），扩大在拥有 7 名或更多成员的多国选区中任命第二名候补执行董事的范围，提高这些选区在执行委员会中的代表性。[④] 尽管 2010 年 IMF 理事会批准了这些改革，但这些改革仍被搁置。这是由于美国在国际货币基金组织中拥有 17.7% 的配额份额以及 16.7% 的投票份额，因此，美国对需要 85% 以上选票的重要决策拥有实际的否决权。在中国、新兴中等强国等发展中国家努力推动下，经过几轮 G20 峰会的密集、激烈讨论磋商，IMF 反映新兴经济体的改革方案最终落实。2015 年 12 月，美国国会通过立法，授权国际货币基金组织 2010 年的配额和治理改革，所有实施条件在 2016 年 1 月得到满足生效。巴西、中国、印度和俄罗斯将首次跻身 IMF 的权重成员国之列。这将使一个更具代表性、现代化的国际货币基金组织能够更好更有效地应对危机，同时反映充满活力的新兴市场经济体和发展中国家在全球经济中日益增长的作用，改善国际货币基金组织的治理（见表 5-3）。

---

① Pepe Escobar, "The BRIC Post-Washington Consensus", *Asia Times*, April 17, 2010, https://asiatimes.com/2010/04/the-bric-post-washington-consensus/.

② Dries Legase and Yusuf Kaçar, "Turkey's Profile in the G20: Emerging Economy, Middle Power and Bridge-builder", *Studia Diplomatica*, Vol. 63, No. 2, 2010, p. 134.

③ "Quota Reform", IMF, https://www.imf.org/external/pubs/ft/ar/2016/eng/quota.htm.

④ "Press Release: Historic Quota and Governance Reforms Become Effective", IMF, January 27, 2016, https://www.imf.org/en/News/Articles/2015/09/14/01/49/pr1625a.

表 5-3　IMF 成立以来配额前二十国家情况变化

单位：%

国家	1948 年	1959 年	1966 年	1970 年	1978 年	1980 年	1983 年	1992 年	1999 年	2011 年	2016 年
配额份额（占总数的比重）											
美国	32.5	28.4	24.3	23.1	21.2	21.2	20.2	18.8	17.7	17.7	17.4
日本	—	3.4	3.4	4.1	4.2	4.2	4.8	5.8	6.3	6.6	6.5
中国	—	—	—	—	—	3.0	2.7	2.4	2.2	4.0	6.4
德国	—	5.4	5.7	5.5	5.4	5.4	6.1	5.8	6.2	6.1	5.6
英国	15.4	13.4	11.5	9.7	7.4	7.4	7.0	5.2	5.1	4.5	4.2
法国	6.2	5.4	4.6	5.2	4.9	4.8	5.1	5.2	5.1	4.5	4.2
意大利	2.1	1.9	2.9	3.5	3.1	3.1	3.3	3.2	3.4	3.3	3.2
印度	4.7	4.1	3.5	3.2	2.9	2.9	2.5	2.2	2.0	2.4	2.7
俄罗斯	—	—	—	—	—	—	—	3.1	2.8	2.5	2.7
巴西	1.8	1.0	1.7	1.5	1.7	1.7	1.7	1.5	1.4	1.8	2.3
加拿大	3.5	3.8	3.5	3.8	3.4	3.4	3.3	3.1	3.0	2.7	2.3
沙特阿拉伯	—	0.1	0.4	0.3	1.5	1.7	3.6	2.3	3.3	2.9	2.1
西班牙	—	0.7	1.2	1.4	1.4	1.4	1.5	1.4	1.5	1.7	2.0
墨西哥	1.1	1.2	1.3	1.3	1.4	1.3	1.3	1.2	1.2	1.5	1.9
荷兰	3.3	2.8	2.5	2.4	2.4	2.4	2.6	2.4	2.5	2.2	1.8
韩国	—	0.1	0.1	0.2	0.4	0.4	0.5	0.6	0.8	1.4	1.8
澳大利亚	2.4	2.1	2.4	2.3	2.0	2.0	1.8	1.7	1.5	1.4	1.4
比利时	2.7	2.3	2.0	2.2	2.2	2.2	2.4	2.2	2.2	1.9	1.3
瑞士								1.7	1.6	1.5	1.2
排名											
美国	1	1	1	1	1	1	1	1	1	1	1
日本	—	7	7	5	5	5	5	2	2	2	2
中国大陆	—	—	—	—	—	8	9	10	11	6	3
德国	—	3	3	3	3	3	3	2	3	3	4
英国	2	2	2	2	2	2	2	4	4	4	5
法国	3	3	4	4	4	4	4	4	4	4	5

续表

国家	1948 年	1959 年	1966 年	1970 年	1978 年	1980 年	1983 年	1992 年	1999 年	2011 年	2016 年
意大利	9	12	8	7	7	7	8	6	6	7	7
印度	4	5	5	8	8	9	11	13	13	11	8
俄罗斯	—	—	—	—	—	—	—	8	9	10	9
巴西	10	15	12	12	12	14	14	16	17	14	10
加拿大	5	6	6	6	6	6	7	7	8	9	11
沙特阿拉伯	—	54	32	44	15	13	6	11	7	8	12
西班牙	—	19	15	14	16	16	16	18	16	15	13
墨西哥	12	13	14	15	17	17	17	19	19	16	14
荷兰	6	8	9	9	9	10	10	9	10	12	15
韩国	—	49	67	56	44	44	35	35	28	18	16
澳大利亚	8	10	10	10	11	12	13	15	15	19	17
比利时	7	9	11	11	10	11	12	12	12	13	18
瑞士	—	—	—	—	—	—	—	14	14	17	19

注：本表包括拥有 20 个最大配额的国家，根据它们在 2010 年改革（第 14 次审查）中的份额，2016 年生效。表中的年份是一般/特别审查下的配额增加开始生效的年份。

资料来源："IMF Members' Quotas and Voting Power, and IMF Board of Governors", IMF, https：// www. imf. org/en/About/executive-board/members-quotas.

（三）衍生全球经济治理机构

即使 2016 年 IMF 改革生效后，也只是将新兴经济体的配额份额从 39.6%略微增加到 42.4%。这仍将使它们在全球经济中的份额远低于按购买力平价（PPP）计算的 GDP 近 60%的份额，尚不足以完全反映包括新兴中等强国等在内的发展中经济体的经济分量和对全球经济治理改革的需求。由于制度碎片化，西方主导的经济制度秩序不再是唯一的游戏。20 世纪 90 年代以来，新兴经济体在全球经济中日益重要的地位，现正通过 G20 反映在当前的全球治理结构中。非西方新兴大国之间建立新的合作俱乐部（如金砖国家和 IBSA）；新银行、老银行以及其他银行（如亚投行和新开发银行）相互补充和竞争。例如，在发展金融领域，金砖国家对新开发银行的追求，新开发银行和亚洲基础设施投资银行在国际金融体系中的地位提高，充分展现多边开发银行（MDB）在全球经济治理中占有重要的战略地位。自第一家多边开发银行——国际复兴开发银行成立以来，多边开发银行已经分三批出现，每一次都是世界舞台发生重大变化的结果。新开发银行和亚洲基础设施投资银行的创建代表了第三波也是最新一波多边开发银行。这些新的开发银行的出现是全球经济实力从发达国家向新兴经济体历史性转变的结果，更具体地说，与新兴国家经济实力的增强有关。伴随这一趋势的是金砖国家机制、印度巴西南非对话论坛（IBSA）等新兴大国俱乐部的批次形成，可能会刺激和推动现有机构的改革。

全球经济机构的治理需要适应这种结构转变。在全球金融危机催逼下，IMF 等反映世界经济结构的治理机构改革正在进行中。在新冠疫情大流行影响下，全球经济陷入困境，各国经济力图克服疫情不利影响开始艰难复苏。全球经济显然正处于划时代变革的风口浪尖，全球经济治理和 IMF 如今正处于十字路口，要确保全球经济复苏增长和全球金融体系的稳定，就必须进行重大变革，从不同利益攸关方的角度来看，全球经济治理安排必须公平、公正和有效。美国和欧洲占主导地位的时代正在消退，土耳其认为，下一任国际货币基金组织总裁不一定是欧洲人，国际货币基金组织和世界银行的最高管理层应该向所有国家开放。新兴中等强国以及其他经济强国正在崛起，西方主导的全球机构正面临来自新权力中心的竞争，全球治理必须反映更加多样化和多中心化的趋势。由此，中等强国在全球经济治理改革中的推手角色与重要作用须得到充分的认可和响应。

五　中等强国参与全球科技治理的话语权

科技是经济治理的重要议题，也是推动经济发展的强劲动力。在全球经济治理中，关键是要发挥科技力量的最大作用，化解经济问题，促进经济发展，实现经济飞跃。这其中，一系列新兴技术都谋求在下一次科技革命中发挥划时代作用。对于新兴科技的涌现进步，一批具有较强知识积累的中等强国凭借后来居上、弯道超车的后发优势，正在科技治理中扮演一定的引领者角色。

从广义上讲，技术治理涉及对技术开发和传播作出决策和行使权力。技术治理的直接目的是引导个人和组织的行为实现一组特定的结果。① 技术治理往往涉及政府建立激励方案、法律、法规和监督机构。在微观层面，它还包括公司政策的制定和执行，从投资选择到协作战略，再到技术道德应用的指导方针。在中观、宏观层面，国家标准和国际标准机构以及相关标准的制定过程是技术治理中极其重要的方面。通过设定影响技术投资、设计和使用的技术标准来指导国家、企业、组织等大量的科技行为，进而影响国家在某些领域的规则与标准的话语权。技术治理与技术政策相关，但二者并非完全同义。政策可以是治理的一部分，但治理超越明确的法律或正式的规则程序，可以是间接、非正式和隐含的，能通过实践和文化推动预期行为。新兴技术（芯片、高端制造）乃至人工智能具有政治性质，体现价值观、假设和技术原则。

（一）人工智能领域话语权竞争

经济发展日新月异，人工智能将成为转型、颠覆和竞争优势的关键来源。人工智能涵盖众多子学科，包括自然语言处理、机器推理、机器学习和

---

① "Global Technology Governance: A Multistakeholder Approach", *World Economic Forum Whiter Paper*, November 1, 2019, https://www.weforum.org/whitepapers/global-technology-governance-a-multistakeholder-approach.

机器人技术。某些子学科，例如深度机器学习和机器推理通常被视为连续统一体中的点，在这些点上，复杂决策中需要的人力投入逐渐减少。[①] 人工智能各个子领域的进步有望带来巨大的经济和社会效益。通信、医疗保健、疾病控制、教育、农业、交通（自动驾驶汽车）、太空探索、科学和娱乐等领域已经从人工智能应用中受益。人工智能技术发展的驱动力主要是经济，其可以改变全球经济的生产力和发展潜力。根据普华永道预测，到 2030 年，人工智能将为全球经济增加 15.7 万亿美元。[②] 人工智能正被越来越多的个人、企业和政府所采用，效率和生产力的提高使得全球经济的某些领域出现指数级增长。美国、中国、欧盟、俄罗斯以及韩国、日本、印度等其他国家和地区正在展开一场全面的人工智能技术竞赛。美国对人工智能和其他新兴技术研究进行了大量投资，美国国家科学基金会目前每年在人工智能研究上投资超过 1 亿美元。[③] 然而，那些受益于人工智能的国家与没有受益的国家之间在效率和生产力方面的差距也在成倍扩大。这就要求后学国家必须加快追赶速度和进度，以跟随引领者的步伐，否则差距越拉越大。

尽管美国拥有人工智能领先优势，但中国越来越有可能主导人工智能的工业化应用。中国除在工厂机械、电子、基础设施和可再生能源方面的专业知识外，政府越来越关注人工智能的领导地位，正确地认识到人工智能对其未来发展的重要性。中国已将计算机、电子产品、智能手机、基础设施、电信技术和超级计算机商品化，还将目光投向全系统人工智能，包括自动驾驶汽车、先进的医疗设备、机器人、金融技术。中等强国在人工治理发展领域不遑多让，一些科技发达的中等强国具备在人工智能领域获得领先地位的基

① Camino Kavanagh, "New Tech, New Threats, and New Governance Challenges: An Opportunity to Craft Smarter Responses", Carnegie Endowment for International Peace, August 28, 2019, https://carnegieendowment.org/2019/08/28/new-tech-new-threats-and-new-governance-challenges-opportunity-to-craft-smarter-responses-pub-79736.

② "Sizing the Prize: PwC's Global Artificial Intelligence Study: Exploiting the AI Revolution", PWC, https://www.pwc.com/gx/en/issues/data-and-analytics/publications/artificial-intelligence-study.html.

③ "Statement on Artificial Intelligence for American Industry", National Science Foundation, May 10, 2018, https://www.nsf.gov/news/news_summ.jsp?cntn_id=245418.

础条件。用经济学的术语来说，中等强国通常拥有比劳动力密集型国家更多的技术资本。随着全球对机器学习技术（例如快速图像识别或自动驾驶汽车）的需求增长，许多中等强国利用人工智能方面的国内投资提升其经济地位，利用其私营部门来提升人工智能的应用能力，促进经济发展并提高自身安全保障水平。

国家控制尖端人工智能技术的影响是深远的。普华永道的一项研究估计，人工智能带来的最大经济收益将出现在中国（2030 年拉动 GDP 增长26%）和北美（增长 14.5%），总计相当于 10.7 万亿美元，占全球经济影响的近 70%。① 这些技术先进的国家可能成为人工智能事实上的领导者，确保大量资源长期用于人工智能的发展。同样可以肯定的是，这些国家的领先公司将在全球经济舞台上取得并保持更多的领先优势，赋予它们实质性的竞争优势，其经济部门将成为未来人工智能技术的主要受益者。

各国必须越来越多地处理大量的范式、技术和治理规则。数字高速公路正在成为新的航运路线，云存储正取代航运集装箱和仓库的位置，去中心化和数字化同样正在取代传统的通信和交易方式。虽然人工智能革命对全球秩序的影响才刚刚开始，但不难想象，随着人工智能技术的日益成熟和普遍应用，权力、资源和技术会比现在更加多样化。一方面，人工智能面临监管和技术挑战。以色列历史学家尤瓦尔·赫拉利（Yuval Noah Harari）指出，在人工智能方面落后的国家只有两种选择：加入竞赛并可能开发"小众"人工智能，或规范人工智能的使用以减少潜在的负面用途。② 另一方面，技术民族主义、保护主义和功能失调的分裂都有可能破坏创新动力，威胁人工智能的发展应用，这就需要国际合作来解决政策和治理问题。国际多边机构有责任通过加强对话、资源分配和行动，应对人工智能面临的挑战。欧亚集团总裁伊恩·布雷默（Ian Bremmer）和董事长克里夫·库普坎（Cliff

---

① "The Macroeconomic Impact of Artificial Intelligence", PWC, February 2018; "Sizing Prize：Pwc's Global Artificial Intelligenec Study：Enploituby the AI Revelution", PWC, https：//www. pwc. com/gx/en/data_ and_ analytics/pubucations/artificial_ intelligence_ study. html.

② Yuval Noah Harari, "Who Will Win the Race for AI?", *Foreign Policy*, 2019, pp. 52–55.

Kupchan）认为，未来几十年赢家将在经济和地缘政治上占据主导地位。[①]
人工智能已成为经济强权的工具和外交的要素。

福山曾指出，随着现代技术的发展，它以连贯的方式塑造国家经济，将它们与庞大的全球经济联系在一起。[②] 在技术和数据自由跨境流动的时代，管理人工智能的国家政策的力量可能不足。人工智能技术在追求完美的道路上一直大步前进，但必要的治理框架却迟迟没有出现。由于地缘政治和大国竞争的存在，创建一个超国家实体来治理人工智能将具有挑战性。目前，还没有任何政府或超国家机构形成对人工智能加以必要的治理，以最大限度地发挥人工智能的潜力并管理其风险。如何评估人工智能的效果，公平、包容的人工智能应用面临诸多挑战，算法能否完全应对复杂的社会和历史环境也有待持续观察。人工智能的发展部署很大程度上取决于对海量数据的吸收和利用，但这些数据也可能存在偏差。伦敦经济学院政治学和公共政策教授马丁·洛奇（Martin Lodge）等人指出，人工智能算法并不中立。它们不只是调解工具，而是具有表演性和构成性，有可能加强而不是减少权力的不对称性。因此，需要对算法进行监管治理。[③]

新技术革命尽管还未显著发生，人们对它的界定标准也有不同的看法，但信息技术人工智能领域与新技术革命的关联获得广泛的肯定。第四次工业革命是以信息技术为支撑，致力于可持续发展的产业革命，更是世界所有民族、所有国家、所有产业共通的第四次工业革命。[④] 以大数据驱动的人工智能正推动第四次工业革命的出现，正在撼动全球平衡。大数据与人工智能技术让一些新兴国家赶上甚至超过传统发达国家。[⑤] 中等强国在科技治理领域

①　Ian Bremmer and Cliff Kupchan，"Toprisks 2018"，Eurasia Group，January 2，2018，https：//www.eurasiagroup.net/files/upload/Top_ Risks_ 2018_ Report.pdf.

②　Francis Fukuyama，*Trust：the Social Virtues and The Creation of Prosperity*，New York：Free Press，1995，p.5.

③　Martin Lodge and Andrea Mennicken，"Algorithms Raise a Number of Critical Issues for Regulation"，London School of Economics and Politics，May 1，2018.

④　〔日〕藤原洋：《第四次工业革命》，李斌瑛译，东方出版社，2015。

⑤　《第四次工业革命》，联合国教科文组织网站，https：//zh.unesco.org/courier/2018 - 3/di-si-ci-ge-ming。

发挥引领作用，需要具备三种条件。

一是建立科技创新支撑网络。新兴技术很复杂且发展很快，要求中等强国在科技治理领域须有充分能力或专业知识，以便在国际舞台有效地发挥引领作用。中等强国需要广泛组织横向合作网络，建立合作联盟，不仅要考虑团结"志趣相投"的中等强国，还要考虑动员非国家行为者如企业家、科学家、国际组织和民间社会组织。参与科技治理并扮演重要角色不仅仅限于国家内部，而越来越是多方利益相关者的共同参与，突出表现在对技术专家参与的需要。譬如，加拿大在人工智能基础研究方面的优势，离不开顶尖人才的大量集聚。加拿大拥有图灵奖获奖学者约书亚·本吉奥、杰弗里·辛顿等全球顶尖人才和领先机构，使其有能力牵头组建人工智能全球伙伴关系，并发挥主导作用。[①] 除国家间关系之外，与政策、学术研究和行业团体的强有力关系网络也可为在这一领域发挥中等强国的作用提供重要的帮助。

二是增强科技治理能力。世界经济论坛创始人兼主席克劳斯·施瓦布（Klaus Schwab）强调，新科技革命不仅仅是一种技术现象，更重要的是它还涉及一种系统性的变化。[②] 换句话说，挑战不仅在于创新技术可能缺乏，更在于缺乏对这些技术的治理和规范引导，以防止其被滥用，确保服务于公共利益。这种挑战还包括令人担忧的不平等现象的加剧。[③] 技术的治理需要监管者有能力边做边学，以小规模、可控的方式验证针对现有问题的解决方案，然后适时调整法规、政策，继续向前推进（例如科技监管沙盒）。

三是确立有效技术治理框架。治理框架强调针对问题的具体方法，与中等强国应对"日益重要的具体问题、以任务为导向的外交"的能力吻合。[④] 要建立能够适应新的情况变化的规范，对政策的灰色地带与治理的空白之处

---

① "Canada's Leadership in AI-Talent, Ecosystems, and Responsible AI", OECD. AI, May 4, 2021, https：//oecd. ai/wonk/canada-national-ai-strategy-2021.

② Klaus Schwab, *The Fourth Industrial Revolution*, New York：Crown Business, 2017, pp. 66-69.

③ Klaus Schwab, *The Fourth Industrial Revolution*, New York：Crown Business, 2017, pp. 11-12.

④ Richard Higgott, "Issues, Institutions and Middle-Power Diplomacy：Action and Agendas in the Post-Cold War Era", in *Niche Diplomacy：Middle Powers after the Cold War*, edited by Andrew F. Cooper, New York：St. Martin's Press, 1997, pp. 25-45.

要倾注更多注意力，特别是在技术应用中以良好的实践证明塑造技术治理架构的适应性。

（二）中等强国人工智能战略

为人工智能制定全球标准的工作将促使各种国际机构产生重大效应。这些机构包括国际标准化组织、国际电工委员会和电气电子工程师协会等标准制定组织，涉及人工智能的技术、人工智能的伦理政策方面。一些中等强国渴望获得技术大国地位，获得它们在这些国际技术标准制定机构中超出其经济分量的权重。经济合作与发展组织已启动人工智能政策观察站，支持和告知人工智能政策的发展。其他几个国际组织也已开始积极确立人工智能发展的拟议框架。[①] 中等强国打算在人工智能领域扮演关键的角色，确立不可或缺且领导者的作用。这将有助于塑造全球人工智能的标准和政策，同时确保它们在这一关键领域的声音得到充分听取。

1. 加拿大大力推进人工智能战略

加拿大在人工智能技术领域投入甚多，并在全球竞争中排在前列，处于全球人工智能领先地位。加拿大在斯坦福全球人工智能活力指数中排名第 5 位，在 G7 国家中排名第 3 位。[②] 根据世界最大管理咨询公司埃森哲（Accenture）数据，2015～2019 年，加拿大人工智能技能移民指数（衡量 55 个国家/地区之间人工智能人才的迁移流动）上升了 20 位至第 4 位。目前有 100 多名世界领先的人工智能顶尖人员在加拿大工作，其中包括图灵奖获得者。加拿大已发表超过 23000 篇人工智能研究论文，其中仅 2019 年就有

[①] "AI Calling", *The Statesman*, November 3, 2021, https：//www. thestatesman. com/opinion/ai-calling-1503022753. html.

[②] "Government of Canada Launches Second Phase of the Pan-Canadian Artificial Intelligence Strategy", Government of Canada, June 22, 2022, https：//www. canada. ca/en/innovation-science-economic-development/news/2022/06/government-of-canada-launches-second-phase-of-the-pan-canadian-artificial-intelligence-strategy. html.

2054 篇。在科技引文数据库 SCOPUS 的全球 H 指数中排名第 4 位。[①] 2017～2019 年，加拿大信息技术产业的外国直接投资增长 50%，超过 45 家大公司在加拿大投资人工智能研究实验室。人工智能创业资金超过 6 亿美元，2017 年以来已经收购了 34 家初创企业。2018～2023 年，加拿大的技术支出比重比美国高出 4 个百分点。[②] 2022 年，在超过 4.43 亿加元投资的支持下加拿大政府迈向人工智能的第二阶段，加速人工智能的商业化应用，创造更多社会价值。

加拿大人工智能领域的优势在于人才和创新推动的生态系统。2017 年，加拿大政府要求加拿大先进技术研究院（Canadian Institute for Advanced Research）制定并领导一项 1.25 亿美元的人工智能战略，这是世界上第一个国家人工智能战略。加拿大成立国家人工智能研究院，通过在加拿大三大人工智能中心（埃德蒙顿、蒙特利尔和多伦多）建立相互关联的卓越科学节点，培养协作式人工智能生态系统，吸引和留住世界一流的人工智能研究人才。[③] 国家人工智能研究院已培养 1500 多名研究生和博士后。其中许多是国际学生，因加拿大人工智能优势而来。2019 年 5 月，加拿大组建人工智能咨询委员会，就加拿大如何加强人工智能优势和全球领先地位、创造包容性经济增长向联邦政府提供建议，下设公众意识工作小组和商业化工作组，以强调人工智能商业应用的重要性。认识到加拿大有必要将其人工智能商业化，并利用加拿大在研究和人才方面的现有优势，咨询委员会在 2019 年 8 月启动一个专门负责商业化的工作组，探讨如何将加拿大拥有的人工智能转化为经济增长动能，服务经济转型升级，实现更高的商业生产力和经济利益。同时，注重加强与民众就人工智能进行双向对话的重要性，咨询委员会在 2020 年启动一个专门针对公众意识的工作组，研究提高公众对人工智

① Thomas Kim, "Pan-Canadian AI Strategy: Shaping the AI Ecosystem", *Accenture*, May 18, 2021, https://www.accenture.com/ca-en/insights/artificial-intelligence/pan-canadian-ai-strategy.

② Nabilah Chowdhury, "Pan-Canadian AI Strategy Impact Assessment Report", Canadian Institute for Advanced Research, October, 2020, https://cifar.ca/wp-content/uploads/2020/11/Pan-Canadian-AI-Strategy-Impact-Assessment-Report.pdf.

③ Canadian Institute for Advanced Research, "Pan-Canadian AI Strategy", 2021, https://cifar.ca/ai/.

能发展的意识和促进对人工智能的信任，引导公众正确认识人工智能技术、其潜在用途及相关风险。①

同时，加拿大注重人工智能的国际合作，是全球人工智能伙伴关系的发起国。2019年，在G7会议期间，加拿大联合法国发起全球人工智能合作伙伴组织（Global Partnership on Artificial Intelligence，GPAI）。2020年12月，加拿大主持召开第一届年度全球人工智能合作伙伴组织专家组全体会议，加拿大、法国、澳大利亚、欧盟、德国、印度、意大利、日本、韩国、墨西哥、新西兰、新加坡、斯洛文尼亚、英国和美国作为创始成员与会。全球人工智能合作伙伴组织设有理事会和指导委员会，由经合组织秘书处提供支持，还设有两个专业中心，一个在蒙特利尔（蒙特利尔促进人工智能国际专业中心，CEIMIA），另一个在巴黎（法国国家数字科学与技术研究所，INRIA）。这些中心将促进GPAI的四个工作组及其跨部门和学科的研究和实践项目。该组织的目标是为制定首个政府间人工智能标准奠定基础，确立人工智能领域的原则。②

2. 澳大利亚人工智能经济倡导者

数字经济是澳大利亚关注的重点领域，人工智能是其中一个关键领域。人工智能正在为澳大利亚数字经济和创新型企业创造机会。澳大利亚政府推出了《数字经济战略》，加大基础设施、信息技术、网络安全、法规和数字贸易方面的投资。2021~2022年联邦预算承诺在未来6年内投入12亿澳元以支持数字经济战略，使澳大利亚到2030年成为领先的数字经济体。其中，通过1.241亿澳元的举措建设澳大利亚的人工智能能力，包括由澳大利亚联邦科学与工业研究组织领导的国家人工智能中心，由人工智能和数字能力中心网络提供支持，以推动人工智能在整个经济中的应用。政府还注重释放数

---

① "Advisory Council on Artificial Intelligence", Innovation, Science and Economic Development Canada, July 13, 2021, https://ised-isde.canada.ca/site/advisory-council-artificial-intelligence/en.

② "The Global Partnership on AI Takes Off", OECD, July 9, 2020, https://oecd.ai/en/wonk/oecd-and-g7-artificial-intelligence-initiatives-side-by-side-for-responsible-ai.

据的经济价值，为下一代数据管理制定标准，以加速在银行、能源和电信领域推出消费者数据权。[①]

3.韩国人工智能技术开发者

韩国拥有尖端的数字技术、高效的计算机网络和高度发展的互联网普及率。作为全球首个推出5G商用服务的国家，韩国目前5G的普及率在全球也高居榜首。2020年，韩国推出"第二次信息安全产业振兴计划"，加大信息安全技术发展投入，加大对专业人才培养（2025年培养3万人）的支持力度。韩国宣布以实现数字安全国家为目标的"K-Cyber预防推进战略"，计划到2023年在信息保护领域投资6700亿韩元（约合6.07亿美元）。[②] 大力发展数字经济。2017年7月，时任政府推出了《文在寅政府的100项政策任务》倡议，通过推动科学和技术发展为"第四次工业革命"做准备的计划，创建总统第四次工业革命委员会，制定"I-KOREA4.0"战略，计划到2022年在人工智能、大数据和区块链等技术方面投资约2.2万亿韩元（18.8亿美元）。[③] 元宇宙这一概念在科技巨头加持下蓬勃发展，甚至各国政府都将目光投向元宇宙、积极布局元宇宙。在元宇宙政策方面，韩国走在世界的前沿，韩国首都首尔市成为世界上第一个进军元宇宙的城市，积极抢夺元宇宙话语权。2021年11月，首尔市政府出台元宇宙五年（2022~2026年）规划，宣布将在5年内打造首尔元宇宙平台，构建经济、文化、旅游、教育、民诉等各项行政服务的元界生态系统。[④] 首尔市政府还将元宇宙平台

---

① "Australia's Digital Economy Strategy: A Leading Digital Economy by 2030", Department of Superannuation, Financial Services and the Digital Economy of Australia, https://digitaleconomy. pmc. gov. au/sites/default/files/2021-05/digital-economy-strategy. pdf.

② "South Korea to Spend 670 Billion Won on Cybersecurity by 2023", Yonhap News Agency, February 18, 2021, https://en. yna. co. kr/view/AEN20210218006100320.

③ "ROK, 'People-Centered' Plan for the Fourth Industrial Revolution to Promote Innovative Growth: I KOREA4. 0", November 30, 2017, https://eucyberdirect. eu/wp-content/uploads/2019/10/planforthefourthindustrialrevolution. pdf.

④ "Seoul to Provide Public Services through Its Own Metaverse Platform", Seoul Municipal Government, November 5, 2021, https://english. seoul. go. kr/seoul-to-provide-public-services-through-its-own-metaverse-platform/#: ~: text = The% 20SMG% 20disclosed% 20a% 20five, suggested%20in%20Seoul%20Vision%202030.

应用扩展到市政管理的所有领域，以提高政府官员的工作效率。

4. 墨西哥积极跟上人工智能发展

作为拉丁美洲人工智能发展领先的国家，墨西哥通过推出国家人工智能战略，成为世界上最早启动人工智能战略的国家之一，同时也是拉丁美洲第一个公开宣布人工智能战略的国家。2018 年，墨西哥政府与民间社会、私营部门、学术界和国际机构合作，制定第一个国家人工智能战略。墨西哥开始探索人工智能发展前沿，特别是在汽车和航空领域，强化人工智能开发和使用方面的作用，积极树立拉丁美洲数字技术领导者的地位。墨西哥拥有众多新兴的创新型初创公司，巩固人工智能的多部门生态系统。

（三）技术标准与权力资源再分配

全球技术标准是科技治理发展的重要基准。主动制定技术的标准和规则，能影响全球技术标准的竞争态势。从表面上看，制定技术标准是相关专家、工程师和技术官僚的政治中立行为。然而，其实质是谁制定标准和相关立法，谁就拥有话语权，进而让谁遵循这些标准。制定全球技术标准通常采用两种方法。一种是"市场准入方法"，掌握关键技术的科技公司建立并推广自己的全球标准。例如，华为公司在 5G 通信技术领域的大量专利树立华为标准，在很大程度上取得 5G 技术的话语权。第二种是专业性国际组织作为权威机构制定通行标准和规则。[1] 制定全球技术标准的主要国际组织有国际标准化组织和国际电工委员会。

从实践来看，发达国家很大程度上垄断对技术使用的全球治理规则制定权，建立有效执行商定规范和程序的组织，实现更直接的跨国影响。罗森瑙

---

[1]　Dan Breznitz and Michael Murphree, "The Rise of China's Technology Standards: New Norms in Old Institutions", *Research Report US-China Economic Security Review Commission*, January 6, 2013, https://www.uscc.gov/sites/default/files/Research/RiseofChinainTechnologyStandards.pdf.

曾指出，信息技术通过治理网络的发展破坏了传统的等级制度的政治结构。① 随着更具包容性和合作性的治理形式变得势在必行，相关信息（大数据）正变得越来越广泛，并由公共和私营部门掌握。② 然而，技术创新重新分配权力资源，扭曲原有的权力平衡，导致各国重新考虑它们在合作中的利益，它就可能导致对特定体制秩序的破坏。这样的创新可以称为制度层面的技术创新。它们并不止步于提高生产力或引入新的生产方式，而是改变国际游戏的基本规则。16 世纪欧洲的火器、18 世纪的蒸汽机和 20 世纪的核武器都是体系级技术创新的例子。它们促使各国重新分配权力资源，先是导致欧洲的崛起，后来又促成美国的崛起，建立了欧美的全球霸权。20 世纪 90 年代以来数字技术的飞跃发展及其商业化应用塑造新的治理形态，它所产生的治理生态效应是以往不可比拟的。数字化技术不仅通过激励公司将效率较低的生产方式转移到欠发达国家，而且对国际秩序产生系统性影响。③ 拥有先进的数字技术的发展中国家可效仿发达经济体，通过直接进入信息经济，实现弯道超车。在这一方面，以韩国为代表的中等强国表现突出。从长远看，新技术可能会在全球范围内传播，并使每个人受益；但短期内，它们只对那些早期适应者有利，而后来者则可能处于相对劣势。④ 制度层面的技术变革对权力的国际分配有重要影响，技术有助于更有效地利用权力资源，更好地实现既定目标。因此，作为技术创新者的中等强国在使用资源方面享有相对于其他国家的比较优势。

---

① James Rosenau, "Governance in the Twenty-first Century", *Global Governance*, Vol. 1, No. 1, 1995, pp. 13-43.

② Yochai Benkler, *The Wealth of Networks: How Social Production Transforms Markets and Freedom*, New Haven: Yale University Press, 2006, pp. 466-467.

③ Erkko Autio, Ram Mudambi, Youngjin Yoo, "Digitalization and Globalization in a Turbulent World: Centrifugal and Centripetal Forces", *Global Strategy Journal*, Vol. 11, No. 1, 2021, pp. 3-16.

④ Carl Benedikt Frey, *The Technology Trap: Capital, Labor, and Power in the Age of Automation*, Princeton: Princeton University Press, 2019.

小　结

　　全球经济治理任务繁重、复杂艰巨，中等强国可以发挥建设性作用，在全球治理的机构和论坛中确保合法性和有效性的平衡，重振多边贸易谈判，解决全球收支失衡问题。中等强国日益增长的经济实力和在 G20 等国际多边机制中地位的提升，大大增强其解决全球经济治理问题的作用，在全球经济治理的四大制度支柱金融稳定委员会、国际货币基金组织、世界银行和世贸组织的未来改革议程方面，扩大了影响力。

　　全球经济治理同时在全球和区域两个层面展开。从全球层面看，G20 日益成为全球经济治理的中心，强大的 G20 对全球治理具有积极的意义。中等强国的推动者角色十分必要。当中等强国迈上国际舞台的中央枢纽时，其积极开展多边外交活动，例如成功举办 G20 峰会等。多边会议的主席国身份有机会让中等强国获得话语权。中等强国希望在担任东道主期间不仅是主席国，更成为领导者，这就要求它必须将主要努力集中于少数核心领域并取得明显的回报。从区域层面看，通过域内合作建立区域经济贸易合作的共同体，可增加中等强国谈判筹码。因大多数中等强国的影响力限于地区范畴，如土耳其之于中东、中亚，韩国之于东亚，巴西、墨西哥之于拉美和加勒比地区，南非之于非洲，澳大利亚之于亚太地区，等等。由此，它们倾向于形成各类区域经济合作机制、区域贸易框架、区域经济论坛等多种形式，追求不同的发展利益，在特定地区投射影响力。

　　中等强国参与全球经济治理，要发挥更大作用，需要评估它们在特定领域参与能力的程度以及它们的偏好是否与既有大国一致。如果治理能力仍然较弱，它们可能继续作为一个规则接受者。然而，新兴中等强国不愿成为单纯的"规则接受者"，而渴望成为"规则制定者"，若拥有可观的治理能力，很有可能会发展出高度的规制能力，将转变为规则制定者，即根据其利益塑造现有规则。① 中等强国参与全球经济治理，要发挥更大作用，还需要让更多非国家行为体参与进来，在多边贸易改革、金融治理、科技治理等领域都不应忽视非国家行为体的作用。同时，"小多边"集团的兴起，有助于弥补广泛多边主义制度决策效率方面的不足。相比于成员数十个甚至百余个的大型全球治理机构，在"小多边"集团中，主要国家相对容易地达成共识，从而更快推动具体问题的解决。总之，全球经济治理是一个复杂的过程，涉及全球治理架构的不断完善，以及各方在全球政治舞台上的竞争和博弈。这一进程将继续持续下去，有望推动发现全球经济治理问题的解决方案。

---

① Sandra Lavenex, OmarSerrano and TimBüthe, "Power Transitions and the Rise of the Regulatory State: Global Market Governance in Flux", *Regulation and Governance*, Vol. 15, No. 3, 2021, pp. 445−471.

第六章

中等强国地区安全治理的话语权

冷战结束以来，中等强国在安全事务上的参与及其作用已达到前所未有的程度。涉及全球安全事务的棘手问题往往是地区性的，而由于实力与大国存在较大差距，中等强国在本地区安全事务中存在较大参与意愿，在地区安全治理的实践中积极谋求话语权乃至领导力。因此，本章内容将重点聚焦地区安全治理探寻中等强国的角色及其话语权之路。中等强国地区安全治理的话语权具体表现为多个方面，包括谋求地区安全治理的参与、塑造地区安全治理、设置地区安全治理议程、加入并推动地区安全治理的多边进程，力图发挥主导作用。通过地区安全治理的主题、议程和平台塑造制度影响力和话语权力。提升自身在地区安全治理中的话语影响力和感召力，以进一步改变地区国家的安全认知和行为，以此塑造有利于其自身发展的地区安全环境。

一　中等强国与地区安全治理

国际安全是任何国际秩序的最终目标。因此，任何建立新形式的国际秩序的努力都必须首先处理全球安全问题。在当今全球化的世界，在处理国际安全问题时，首要考虑的是地区安全问题。后者构成潜在存在的一个基本前提。地区安全治理由治理主体、治理对象、治理机制、治理目标等部分组成。虽然全球治理日益凸显多元行为主体的重要性，但是主权国家仍然是主要的国际关系行为体。不同的行为主体对于参与全球治理的目标、手段和在全球治理中的影响力都存在差异。由于实力所及，中等强国对地区安全治理的参与积极性更高。同时，也因区域不同、实力差异，中等强国在地区安全战略的选择上会考虑功能性、规范性等因素。

（一）地区安全治理话语权

地区安全治理是全球治理的组成部分。全球治理既包括被授权的正式组织机构和机制，也包括被人们和相应机构认可能满足其利益的非正式安排。[①]英国政治学家戴维·赫尔德（David Held）指出，全球化是一个多维度的复杂进程，包括经济、政治、军事、社会、文化等各个领域。全球化进程转变了社会关系和交易的空间组织，造就了跨大陆或区域间的权力运用和交往网络。[②] 全球治理动态性的特征受到国际体系变革的影响。赫尔德认为，20 世纪末期的全球化进程改变了国际社会的结构，全球治理的讨论必须以理解国际社会的结构变动为出发点。[③] 英国埃塞克斯大学教授埃米尔·J. 基什内尔（Emil J. Kirchner）认为安全治理可以定义为一种有意设定的规则体系，包括多个和独立的行为体对安全问题的协调、管理和监管，涉及公共行为体和私人行为体的干预，以及安全制度上正式和非正式的安排，旨在实现特定的政策结果。[④] 基什内尔的界定侧重强调地区安全治理的多元行为体特征。因此，可以界定地区安全治理是主权国家和其他非国家行为体，针对地区安全事务，处理地区安全问题，进行协商、协调和合作的一系列组织机构和制度安排。

地区安全治理话语权是指在地区安全治理领域，国际行为体设置议程的

---

① The Commission on Global Governance, *Our Global Neighborhood*: *The Report of the Commission on Global Governance*, New York: Oxford University Press, 1995, p. 2.

② 〔英〕戴维·赫尔德等：《全球大变革：全球化时代的政治、经济与文化》，杨雪冬等译，社会科学文献出版社，2001，第 17 页。

③ 〔英〕戴维·赫尔德、安东尼·麦克格鲁编《治理全球化：权力、权威与全球治理》，曹荣湘、龙虎等译，社会科学文献出版社，2004，第 2 页。

④ Emil J. Kirchner, *Global Security Governance*: *Competing Perceptions of Security in the Twenty-First Century*, London and New York: Routledge, 2007, p. 2.

权力、表达意见的权利和其话语的影响力。地区安全治理的话语权主要表现为治理目标、治理主题、治理议程和治理机制的控制与影响。分析中等强国地区安全治理的话语权，应当辨析安全治理和安全治理话语权的联系和区别，从治理目标、治理手段、治理主题、治理议程、治理机制等角度分析中等强国在地区安全治理中的角色和作用。实力较强的中等强国不仅谋求构建有利于本国发展的外部环境，而且希望塑造契合本国利益的地区安全秩序。其安全治理行为并非单一依靠大国，而是表现出相对自主性的特征。不过，由于安全议题涉及国家主权的色彩更为浓厚，其"高政治"敏感性特点也决定了安全治理的话语权相对而言更多的是协商性，而不是主导型、命令式的。

从地区安全治理话语权的内涵看。治理目标反映治理主体的安全诉求，即参与地区安全治理对本国或本地区的积极意义。一般而言，治理主体参与地区安全治理谋求构建周边稳定的安全环境，其治理目标的大小同其自身实力大小相关。实力越强，治理目标的深度和广度也就越大。因此，治理目标的大小反映了治理主体的话语权力的大小。中等强国可能致力于集中力量构建周边安全秩序，而大国往往追求更广泛的地缘政治和战略目标。治理主题指在地区安全治理中的行为主体所关心的议题。治理主题可以看作治理的对象，即治理客体，治理主题反映治理主体的利益。以主权国家为例，不同的主权国家之间，由于实力大小不一，其国家利益也存在差异性。因此，治理主题反映了主权国家之间国家利益的差异，在不同的安全治理主题中，主权国家的话语权力大小也存在差异性。它们反映了治理主体的政策关注和优先事项。治理议程指针对具体的治理主题，采取何种治理路径和计划。对于不同国家而言，治理路径往往与治理成本和治理理念存在相关性。针对某项议题，最终采取何种治理路径实际上反映了治理主体的话语权和影响力，决定了地区安全治理的方向和重点。治理机制指经过多次治理议程的协商后产生的制度化的路径和办法，包括正式的组织机构的建立和定期协商机制的产生。治理机制的形成反映一国的治理话语权演变为制度化的权力。话语权的影响力得到提升，话语权利得到保障。这些机制有助于在地区安全治理中加强协调与合作，促进共同安全利益的实现。

治理话语权的差异源自国家实力的差异，中等强国之间毫无疑问也存在实力差异。一般而言，国家体量和国家实力相对较强的中等强国，在地区安全治理中的话语权相对较高，往往能够主导地区安全治理的主题，引导地区安全议程，构建符合自身利益的地区安全治理机制，进而最大限度地实现自身参与地区安全治理的目标。例如，土耳其、伊朗、巴西等国家在政治上具有较强的地区影响力。土耳其地处亚欧大陆的交接处，能够同时参与东欧事务和中东事务的讨论，军事上依靠北约，武器装备质量在地区国家中具有优势。伊朗扼守波斯湾海峡，控制世界石油运输要道，特别是伊拉克战争之后，伊朗的对手相继瓦解，伊朗的地区实力不断上升，在地区安全事务上颇有影响力。巴西在拉丁美洲陆地面积最大，其加入的南方共同市场被认为是世界第四大经济体。在多边治理机制中，巴西是金砖国家的成员，经济总量排名在中等强国中相对靠前，巴西绚丽的桑巴文化对于周边国家而言也具有吸引力。这些国家相对于周边其他国家，拥有更强的地区影响力，其在地区安全治理中有意谋求更多安全治理问题的话语权。但需要强调的是，地区安全治理是一个复杂的多方利益和政治因素交织的领域，即使这些国家在某些方面拥有话语权，它们也需要与其他国家协商和协调合作，不可独推政策议程。

对于地区实力相对较弱的中等强国而言，往往在地区安全事务中采取加入多边安全治理进程的策略，以此谋求自身在地区安全治理中的话语权力。这些国家往往对安全治理的成本较为敏感，因此更加倾向于运用多边机制，处理自身关心的地区安全问题。例如，印尼、埃及、哈萨克斯坦，这些国家在本地区具有一定的政治影响力，但并非占据绝对的主导地位。印尼加入的东盟还包含越南、泰国等体量和实力与其相似的中等强国。印尼热衷于加入非正式的中等强国协商机制，如五个中等强国的协商机制（MIKTA）以提升自身影响力。[①] 冷战时期，埃及被认为是中东地区的军事强国，但是20世纪70年代后，由于土耳其、伊朗、以色列等国实力的增强，埃及的地区地位

---

① Jorge A. Schiavon and Diego Domínguez, "Mexico, Indonesia, South Korea, Turkey, and Australia: Middle, Regional, and Constructive Powers Providing Global Governance", *Asia and the Pacific Policy Studies*, Vol. 3, No. 3, 2016, p. 495.

出现了下降的趋势。① 但埃及仍然是中东和北非事务方面的重要国家，埃及拥有强烈的民族自豪感，历史上建立了灿烂的古埃及文明，地理位置上扼守亚非交接处，控制着世界经济的"咽喉"苏伊士运河。这反映在其 2014 年宪法的序言中，埃及是"尼罗河的礼物，也是埃及人给人类的礼物"，正是由于得天独厚的地理位置和历史，埃及将自己视为欧亚非之间的支点国家。② 冷战结束以来，埃及逐渐面临多样化的安全问题。2019 年，埃及成为非盟轮值主席国，埃及也越发重视国际组织在地区安全治理中的作用。哈萨克斯坦地处中亚，就其地区治理实践来看，哈萨克斯坦采取了"双重路径"，一方面哈萨克斯坦加入了俄罗斯主导的集体安全条约组织（CSTO），另一方面哈萨克斯坦还提倡成立中亚经济合作组织（CAEC）。③ 此外，哈萨克斯坦还是上海合作组织成员国，显示其在地区安全治理中既寻求与大国合作，又保持一定自主性的立场。

（二）中等强国地区安全治理角色

地区安全问题是中等强国竞得更高国际地位的"竞技场"与"试验田"。中等强国在地区安全问题上的领导作用不是主导更不是主宰，而是体现为多边安全机制的发起人、牵头人与议题设置人的角色，居中协调，影响和推进地区安全的多边治理。

其一，从地缘政治环境因素看，中等强国是地区安全的结构性中枢。应当讲，地区安全紧紧嵌入地缘政治现实当中，在一个地缘政治环境十分复杂的地区，地区安全总是面临着严峻的形势、承受着重大的压力，而在一个地缘政治环境相对和缓的地区，安全问题就不再让人们那么揪心。由此可见，地缘政治影响塑造着地区安全，地缘政治紧张地区安全也就紧张，地缘政治宽松则地区安全就和缓，地区安全越紧张中等强国的领导者角色越是凸显。

---

① Marco Pinfari, "Of Cats and Lions: Egypt and Regional Security Governance in the Middle East", *Robert Schuman Centre for Advanced Studies Research Paper*, 2014, p. 2.

② Riham Bahi, *Diplomatic Strategies of Nations in the Global South*, London: Palgrave MacMillan, 2016, p. 155.

③ Roy Allison, "Regionalism, Regional Structures and Security Management in Central Asia", *International Affairs*, Vol. 80, No. 3, 2004, p. 463.

若中等强国的实力强大、地区影响力不凡，那么其对地区安全的影响作用同样是非常突出的。正如巴里·布赞认为的，在一个标准地区安全复合体内，不包括全球大国（例如非洲地区），其本地极性完全由该地区大国界定。① 作为地区支点国家的中等强国，往往是地区大国，有着重大的地缘政治影响力，承担地区和平稳定的国际责任，其对地区安全的态度、行动以及行动后果也很大程度上影响地区安全态势，即冲突、安全机制还是共同体形态。② 譬如土耳其，作为伊斯兰世界的大国，身处极其复杂的中东地缘政治环境，叙利亚危机尚未解决，"伊斯兰国"（ISIS）又迅速崛起，在打击"ISIS"的联军当中，土耳其的态度至关重要，这不仅是由土耳其的实力，也是由其所处的特殊地缘位置决定的。

其二，从地区安全形成机制看，中等强国是地区安全的稳定器和发动机。中等强国对地区安全的影响体现为对安全实现过程的作用。约瑟夫·奈指出，体系过程是体系单位之间互动模式与类型。③ 就标准的地区安全复合体而言，依据地区行为体之间敌意/善意的程度及其相应的行为模式，一个地区安全复合体可以区分为冲突形态、安全机制形态和共同体形态等三种不同的形态。④ 在实践中，地区安全的实现形式有四种，分别是联盟、集体安全、安全机制、安全共同体。⑤ 第一种形式是联盟。这是传统的安全合作形式，联盟具有排他性和指向性，即联盟成员都有着一致对外的义务和相互间保护的权益。第二种形式是集体安全。全球范围内最重要的集体安全组织是联合国，地区范围内的有非洲联盟（AU）、拉美和加勒比国家共同体

---

① 巴里布赞提出复合地区安全的概念，其中在一个标准的复合地区安全中，有冲突、安全机制与共同体三种形态。参见〔英〕巴里·布赞、〔丹〕奥利·维夫《地区安全复合体与国际安全结构》，潘忠岐等译，上海人民出版社，2010，第54页。

② 〔英〕巴里·布赞、〔丹〕奥利·维夫：《地区安全复合体与国际安全结构》，潘忠岐等译，上海人民出版社，2010，第54页。

③ 〔美〕小约瑟夫·奈：《理解国际冲突：理论与历史》，张小明译，上海人民出版社，2002，第66页。

④ 〔英〕巴里·布赞、〔丹〕奥利·维夫：《地区安全复合体与国际安全结构》，潘忠岐等译，上海人民出版社，2010，第54页。

⑤ Alyson J. K. Bailes and Andrew Cottey, "Regional Security Cooperation in the Early 21st Century", *SIPRI Year Book* 2006, p. 199.

（CELAC）、欧洲安全与合作组织（OSCE）。其中，中等强国的领导者角色最为凸显的是非洲联盟，作为非洲联盟的领头羊，南非在非洲特别是南部非洲地区安全上的领导地位是毋庸置疑的。第三种形式是安全机制。机制或制度能够稳定人们的期望，即能够促使人们产生一种连续性的观念、创造礼尚往来的机会、促进信息的流动以及提供解决冲突的方法。① 据统计，当前涉及安全领域的各类地区安全机制有40多个，其中非洲9个、美洲8个、亚太14个、欧洲18个、中东5个。然而，安全机制并不完全有利于促进稳定，特别是针对第三方意涵的安全对话机制反而可能加剧地区安全紧张关系。比如美日印澳四边安全对话机制（QUAD），除了美国，其他三方都是中等强国，但其有针对中国的意图，所以并不是完全以促进地区安全稳定为目标。第四种是安全共同体。安全共同体的安全等级高、认同感强，秉持互不开战、和平处置争端、和谐共处的观念。安全共同体被认为是共同体内的成员切实确保互相不使用武力而是用其他的方式和平解决争端。② 目前共同体发展最成熟的机制是欧盟，其次是东盟安全共同体。东盟正是在印尼倡议下建立的，东盟安全共同体的主要宗旨在于通过信息交流和采取相互协作措施，防止区域性纠纷扩大成为军事冲突。中等强国的深度参与，推动了地区安全多边框架制度的确立，有利于地区安全局势改善，担当了稳定器的重要角色（见表6-1）。

表6-1　各地区涉及安全的主要政治经济国际组织/机制一览

单位：个

地区	名　称	成立年份	成员数量	成立地点
非洲	非洲联盟（非盟）	2002	54	南非
	非洲大湖地区国际会议组织	2004	12	坦桑尼亚
	萨赫勒-撒哈拉国家共同体（CENSAD）	1998	28	利比亚
	南部非洲发展共同体（南共体）	1992	15	纳米比亚

---

① 〔加〕约翰·柯顿：《强化全球治理：八国集团、中国与海利根达姆进程》，朱杰进译，《国际观察》2008年第4期，第45页。

② K. W. Deutsch, *Political Community and the North Atlantic Area: International Organization in the Light of Historical Experience*, New York: Greenwood Press, 1969, p. 5.

续表

地区	名　称	成立年份	成员数量	成立地点
美洲	美洲国家组织（美洲组织）	1948	35	美国
	南美防务理事会（南共体）	2009	12	巴西
	拉美及加勒比国家共同体（拉共体）	2011	33	墨西哥
	南美国家联盟（美国）	2008	12	巴西
亚太	东南亚国家联盟（东盟）	1967	10	印尼
	东亚峰会（EAS）	2005	18	马来西亚
	亚洲相互协作与信任措施会议	1992	26	哈萨克斯坦
	东盟地区论坛	1994	27	泰国
	上海合作组织	2001	6	中国
	亚太经济合作组织（亚太经合组织）	1989	21	澳大利亚
	美日印澳四边安全对话机制（QUAD）	2017	4	美国
	澳英美三边同盟（AUKUS）	2021	3	美国
欧洲（欧亚）	欧洲安全与合作组织（欧安组织）	1973	55	芬兰
	欧洲联盟（欧盟）	1993	28*	比利时
	集体安全条约组织	1992	6	乌兹别克斯坦
	北约（北约）	1949	28	美国
中东	阿拉伯国家联盟（拉斯维加斯）	1945	22	埃及
	伊斯兰合作组织（伊斯兰会议组织）	1970	57	沙特
	海湾合作委员会（GCC）	1981	6	阿联酋

注：英国已于 2020 年正式退出欧盟，后者现成员国为 27 个。

资料来源：中国外交部官方网站数据。

　　其三，从安全合作方式看，中等强国扮演了发起者与担保人的角色。一般来说，安全合作主要有安全对话、冲突控制、经济融合以及更宽泛的安全议程。安全对话是一个常态也是相对有效的形式。以拉美地区为例，出于历史遗留原因，不少国家之间存有领土或领海争端，[①] 成为引起国家间关系紧张的主要因素。2008 年 5 月，在巴西的倡导和主持下，南美洲国家联盟的 12 个成员国在巴西萨尔瓦多市决定成立"南美防务理事会"，交流讨论南美

---

① 具体争端参见徐世澄《拉美地区的安全形势与安全合作》，《拉丁美洲研究》2003 年第 4 期。

地区的防务问题，增强成员国之间的相互信任、军事合作与协调，力主在集团内部建立促进信任机制，使南美地区防务政策逐渐摆脱美国的影响。冲突管理是实现地球安全目标最直接的形式。以亚太地区为例，东帝汶于2001年从印度尼西亚独立后，政局一直动荡不稳。对此，澳大利亚在东帝汶问题上积极介入冲突化解，领导多国部队在东帝汶开展维和行动，确保了乱局走向总体稳定。当然，澳大利亚这样做有其特定的国家利益考量。澳大利亚对于周边特别是南太平洋地区的战略考虑，是基于对地区经济与安全事务的掌控欲，所以凡是涉及本地区安全的事务，澳大利亚都高度敏感，并且积极发起、参与地区安全对话论坛、机制或者平台。

（三）中等强国地区安全治理选择

世界各地区实现区域安全有五种方式。第一种方式是，区域安全由一个霸权国家来保证和确保，它利用其硬实力和软实力来加强稳定，防止任何其他国家对它造成威胁。在实践中，这种方法在一段时间内维持了南亚和北美的安全。第二种方式是，中等强国、小国组成联盟来平衡本地区强权力量。西欧国家在第一次世界大战和第二次世界大战期间的做法遵循了这种方法。第三种方式是，基于合作和一体化来实现集体安全。东盟是应用这种方式的一个例子。第四种方式是，安全是通过建立一个多元化的安全共同体来实现的，在这个共同体中，成员不建立任何正式的机构，而是商定一套规则来确保该地区的稳定，例如，不使用军事力量，用和平手段解决冲突以及裁军。历史表明，这种方法的成功需要各国拥有类似的政治和经济制度，并具有高度的相互依赖性，以便最终建立机构来实施商定的规范和规则。第五种方式是，各国同意建立一个区域组织，负责对该区域的安全进行多边集体管理。北约就是这种以安全为主要功能的组织的一个例子。必须强调的是，在世界某个特定的地理区域采用这些方法中的任何一种，都需要这些国家之间存在共同的观念，包括对什么是威胁、什么类型的集体工具被接受和采用的共识。这五种方式中的各种区域安排必须有助于促成其成员之间可持续的集体安全框架，这与国家之间为对抗敌人而进行的安全合作和临时的军事安全联盟不同。

在地区安全治理的主体上，中等强国作为地区重要的主权国家，对地区安全治理的进程有关键影响力。中等强国不具有大国的实力条件和影响力，但体现国际结构的关键一角。这种结构只是一种状态，而非一种制度性安排或者说国际体系的结果，它不再是过去那种主导国与附属国之间形成某种程度的等级制，更多的是对国家综合国力的一种描述和客观反映，代表了国际关系的基本现实。全球治理的制度安排也反映了国际权力格局的对比状况，相比于小国，中等强国在全球治理中拥有更多的发言权，相应也就在自身影响力更易发挥的领域存在更多的话语权。

在地区安全治理的制度安排上，随着新地区主义的兴起，地区安全组织本身也已成为关键的行为体。包括非洲联盟、东南亚国家联盟和南部非洲发展共同体在内的一些国际组织已经建立了制度化的冲突管理机制。① 各国通过"自下而上"的组织方式，在联合国宪章的规则框架内，构建多边安全治理的平台。非洲和拉美的中等强国还纷纷在区域一体化框架下推进了安全和外交领域的合作，希望通过政治安全合作为区域经济一体化的推进"保驾护航"，致力于解决发展和安全的问题，确保区域安全的目标最终实现。非盟、南方共同市场、加勒比共同体等包含地区中等强国的组织，均先后就地区安全和外交事务展开磋商和合作。在国际和地区安全秩序构建过程中，中等强国制定和影响国际议程，建立成功的联盟，并在这些问题上应对大国的霸权，其所扮演的角色部分源于它们对自身生存与安全的关切。

中等强国的地区安全战略往往存在两种形式，即功能性和行为性。功能性战略意味着中等强国将其资源用于解决高度关注的具体问题，而行为性战略指的是注重在多边层面促进一般地区安全的行为标准和建立安全信任。采取功能性战略的国家希望解决那些虽然具有全球性但可能直接影响其安全的问题。中等强国试图根据它们的专门兴趣和与任务相关的经验来

---

① Björn Hettne and Fredrik Söderbaum，"The UN and Regional Organizations in Global Security: Competing or Complementary Logics"，*Global Governance*，Vol. 12，No. 3，2006，p. 227.

提升自己的地位。维和行动经常被引用为中等强国如何在国际事务的特殊领域发挥领导作用的例子。虽然许多功能性合作是通过国际机构进行的，这也是行为性战略的一个主要因素，但这种合作以解决对中等强国重要的具体问题为前提，这表明即使通过多边方式进行，也足以被归类为功能性合作。通过使个别国家拥有的特定问题的优势和技能得到合理运用。[1] 功能性战略构成了"小众外交"的基础，也为其地区安全战略提供有力的支撑作用。

与功能性战略相比，行为性战略具有更多的规范性，也称为规范性战略。这种战略的前提是国际主义和行动主义的概念，即国家扩大其外交利益的范围，参与到全球问题中去，即使它们没有直接和具体的利益。功能性战略是根据中等强国的经验和资源针对特定的安全治理问题，而行为性战略则由一个更广泛的主要基于规范性基础和道德价值观的议程所驱动。一些中等强国宣称的"国际主义"（Internationalism）主要通过多边论坛来体现。在这些论坛上，利益相关者聚集到一起讨论解决全球和地区安全问题的设想与方案。由于影响力不如大国，中等强国倾向于在多边机构中与利益契合、达成认同的国家建立合作联盟以实现预设的政治结果。这样的多边倡议和规范建设让几个利益相近的中等强国联合起来，为该集团提供一个集体的、更强大的国际声音。这就减少了大国在决策层占主导地位的机会，因为它们在不对称的双边关系中往往会这样做，在多边场合不得不有所顾忌。与多边主义一样，扮演"搭桥者"角色有助于中等强国即使缺乏经济或军事优势，也能确保其关切在全球舞台上不被忽视。这里的重点是联系沟通网络，拥有最多联系的国家可能成为核心参与者，获得制定全球安全议程的权力。这些有高度国际联系的国家在国际上地位上升，因为它们能够通过各种合作网络笼络资源、

---

[1]　Andrew Cooper, *Niche Diplomacy*：*Middle Powers after the Cold War*，London：Macmillan Press，1997, p. 5.

培养良好关系。① 中等强国外交若以减少冲突为主要目的，"桥梁"角色也可能涉及在冲突国家之间发挥调解作用。中等强国可以在维护其所在地区和全球的和平与稳定中发挥影响。而如果没有在地区安全问题上采取行动，就限制了作为有影响力的中等强国发挥其全部潜力的能力。

对采用功能性区域安全战略的中等强国和采用行为性区域安全战略的中等强国加以区分。一个中等强国最终采用功能性较强的区域安全战略还是行为性较强的区域安全战略，取决于其资源可得性和战略环境感知。资源可得性是指一个国家拥有的可以用来确保其战略利益的资产，而战略环境则包括国家的威胁意识及其所处的安全架构的特点。低威胁的战略环境是指国家面临的生存挑战很少，大国竞争处于低水平，并且有强有力的措施来缓和任何潜在的国家间紧张关系；相反，在高威胁的战略环境中，国家受到直接的生存挑战，大国竞争处于高水平，并且缺乏强有力的措施来缓和国家间的紧张关系。因此，战略环境将决定中等强国的规范性多边议程在该地区的受欢迎程度，而资源供应则影响其采取具体措施以确保国家利益的能力。由于国家具有不同的形态和规模，它们的影响力和安全战略受到资源较多与资源较少的国家集团之间权力不对称的影响。与资源更丰富的国家类似，许多中等强国也强调需要在自己所处地区单方面采取行动，在某些情况下还可以在国际范围内采取行动。② 与小国相比，中等强国拥有更多的经济、军事和政治权力资源，因此也被认为在全球事务中具有相应的更大利益，在本地区内外投射权力的能力更强，更容易参与国际决策，对地区安全事务及棘手安全难题的处理有较强的行动能力和影响能力。不过，中等强国作为一类国家群体，其所拥有的资源状况与战略安全环境也有较为明显的差异。一个资源可得性水平低、战略环境威胁小的中等强国可能会采取行为性区域安全战略，而一

---

① Sang-Hyun Lee, "Measures to Be Taken by South Korea to Carry Out Complex Diplomacy", *Dialogue for Peace and Cooperation in East Asia*, 2012, p. 12.

② Håkan Edström & Jacob Westberg, "The Defense Strategies of Middle Powers: Competing for Security, Influence and Status in an Era of Unipolar Demise", *Comparative Strategy*, Vol. 39, No. 2, 2020, p. 184.

个资源可得性水平高、战略环境威胁大的中等强国则可能会采取功能性战略，更侧重自身权力投射和单独行动（见表6-2）。

表6-2　中等强国的区域安全战略

资源可得性水平 战略环境感知	低水平资源可得性	高水平资源可得性
低威胁战略环境	行为性区域安全战略	混合的
高威胁战略环境	混合的	功能性区域安全战略

资料来源：作者自制。

一个资源可得性较低的中等强国在试图通过"小众外交"投射其影响力时将面临挑战，因为它所掌握的资源可能不足以让它在特定问题特别是安全问题治理上承担领导者或主要角色，因为地区安全治理需要庞大的军事、经济以及政治外交资源提供强有力支撑。具有较高资源可得性的中等强国能够将其资源投入旨在管理特定地区安全问题的目标领域。同时，一个面临低威胁战略环境的中等强国将有更多的外交空间来支持规范性措施，在地区国家间建立信任和安全网络。相反，一个面临高威胁战略环境的中等强国可能更关注将其区域安全战略集中于解决或管理对其国家安全构成的具体挑战。因此，可以理解，采取功能性战略的中等强国的资源可得性强和战略环境威胁程度大，而采取以规范为特征的行为性战略的中等强国预计资源可用性低和战略环境威胁小。友好的环境为国际合作提供了多种选择，而敌对的环境可能使合作成为必要，而不仅仅是一种选择。如果中等强国的自信心足够高，单边主义可以反映感知地位和对影响力的需求，就会像土耳其在叙利亚、利比亚、塞浦路斯等国家所采取的军事行动，不顾忌大国的反对而采取坚决的单边行动。

在一个特定的区域安全架构内，大国竞争的程度越高，该区域中等强国制定自身防御战略的选择就越少，反之亦然。此外，通过比较对主要中等强国安全战略的研究结果，结合对资源较多和较少国家战略的差异，我们可以发现中等强国与大国、小国在目的、手段和方式上也有相似之处。在目的方面，主要中等强国似乎将自己置于大国和小国之间。与小国相比，它们更关心的是提高或至少保持其国际影响力和地位。在军事能力方面，主要中等强国和小国之间存在着质量上的差异。一些主要中等强国都投资于进攻性军事能力，大多用于区域投射，这是小国力所不及的。关于行动方式，中等强国和小国在国际行动方面有相似之处。这两类国家普遍偏向于多边行动。然而，与丰富资源和更多人力的国家类似，许多主要中等强国也强调在自己的区域内采取单边行动的必要性，在某些情况下还能够采取全球行动。当然，这种情况下中等强国离不开特定大国的支持。

基于以上逻辑，不难发现中等强国的安全战略选择具有多样性。比如德国主要偏好通过欧盟或者北约组织，而不是通过美国领导的行动来寻找多边解决方案。加拿大对美国高度依赖，在地区安全上依靠并完全接受美国的领导。澳大利亚因其自我判定具有较高威胁的环境，同时资源可得性也较高，往往采取功能性战略，通过"搭便车"的方式，既押注美国的盟友力量，又积极促成功能性的合作伙伴，对地区安全（其认为的印太安全）引入多方的安全合作架构，比如与美国、日本、印度合作组建四边安全合作机制（QUAD），并不断提升对话的等级。再比如，2021年9月，与英国、美国宣布建立三边安全同盟关系（AUKUS），让澳大利亚首次使用美国提供的技术建造核潜艇。这一组织成立的主要目的是针对"显著增加的地区安全问题"。[①] 又比如，巴西认为，南美的区域一体化提高了巴西在国际舞台上的行动能力。巴西更倾向于积极的区域主义结盟战略，拥有与其经济、政治和战略地位相称的军事能力，不仅能让其他国家"听到自己的声音"，而且能"尊重自己的立场"。[②]

具体来说，在地区安全治理的议程设置上，对于中等强国而言，通常存

---

① "Aukus: UK, US and Australia Launch Pact to Counter China", BBC, September 16, 2021, https://www.bbc.com/news/world-58564837.

② Håkan Edström & Jacob Westberg, "The Defense Strategies of Middle Powers: Competing for Security, Influence and Status in an Era of Unipolar Demise", *Comparative Strategy*, Vol. 39, No. 2, 2020, pp. 179-181.

在两种路径。一种是加入大国主导的地区安全治理议程，另一种是与其他地区中等强国合作，构建地区安全治理的制度或机制。对于第一种路径，中等强国可以利用大国构建的安全制度更加有效地发挥自身影响力，但其自主性也可能受到限制。如土耳其、沙特、加拿大、澳大利亚等中等强国都加入了以美国为主导的地区安全机制。但近年来，随着美国外交政策的调整，这些国家也表现出不同程度的自主性倾向。对于第二种路径而言，相对自主的多边主义更加受到中等强国的认可。2008 年以来，国际金融危机爆发暴露了西方主导的治理机制的缺陷，多边和区域间论坛开始增多，使得中等强国在新兴的全球治理结构中拥有更多的发言权。新的全球治理结构既反映新兴中等强国的相对政治安全权重，也反映了它们在这些国际机构中的地区代表性。①

二　亚太地区中等强国安全治理话语权

中等强国采取了不同的战略来保护其在地区和全球层面的利益。主要亚太中等强国以规范策略来管控该地区大国竞争的负面影响，试图通过东盟主导的论坛将大国关系制度化，这一外交进程侧重于说服和建立信任措施，而不限制国家主权或依赖任何形式的制裁，所提出的规范包括不使用武力、不干涉其他国家的内部事务、协商外交和相互尊重。② 简而言之，规范性安全战略的目的是确保通过有助于鼓励信心和建立互信的行为模式来维持地区稳定。

（一）亚太地区安全架构

在二战后的几十年里，亚洲形成一个基于与美国双边关系的"枢纽—

---

① Detlef Notle, "How to Compare Regional Powers: Analytical Concepts and Research Topics", *Review of International Studies*, Vol. 36, No. 4, 2010, p. 882.

② Ralf Emmers, "The Role of Middle Powers in Asian Multilateralism", *Asia Policy*, Vol. 13, No. 4, 2018, pp. 42-43.

辐条"系统的区域安全秩序，特别是美国与日本、韩国和澳大利亚的联盟体系给亚洲安全增添了诸多不安定因素。然而，世纪之交以来，亚太地区出现了新的多样化安全框架。其特点是联盟网络（美日、美韩、美澳）、六方会谈和上海合作组织等解决具体问题和争端的区域框架以及在反恐、反海盗等领域的临时合作。第一类包括联盟和基于联盟的安全合作努力，包括日本和澳大利亚、日本和印度之间的安全合作，如日澳互惠访问协议、日印采购和交叉服务协议。第二类涉及为满足特定需求而形成的功能性合作努力。这包括改善安全的合作（例如，反恐怖主义和反海盗的努力）、建立信任和解决问题的论坛（上海合作组织、亚信峰会）。第三类由区域结构组成，如东亚峰会、"东盟10+3"。这些区域安全架构理念表明亚太地区受到各种安全挑战的困扰，由于潜在的溢出效应和许多威胁的跨国性质，这些挑战难以应对，目前还没有区域安全架构能够做到这一点，也未能有效地将政治、经济和安全问题分开对待。

随着中美大国博弈的日趋激烈，亚太地区安全结构复杂多变，弹性减弱，刚性增强，安全治理的形势紧迫。澳大利亚、加拿大和韩国等亚太中等强国有空间接触安全利益相触的国家，并在美国的安全保障下推进多边主义。然而，中美竞争正在消除这一空间及其相关的中等强国外交选择。自特朗普政府以来，美国加大了对中国的负面叙事，认为中国是一个"修正主义大国"，是"对美国利益、人民和价值观的主要威胁"。作为回应，美国提出了"自由开放的印度洋—太平洋"（FOIP）倡议，这是一个政府整体的多边区域联盟，旨在挫败中国"寻求印度洋—太平洋区域霸权……最终实现全球优势，并促进美国的民主价值观和原则"。[①] 拜登政府上台后，延续甚至升级美国对华对抗动作，尤其是组成澳英美三边安全同盟，将核潜艇技术等高度机密的国防技术与澳大利亚共享，且有意将北约的力量引入亚太地区。

---

① "DOD Releases Indo-Pacific Strategy Report"，U. S Department of Defense，May 31, 2019, https：//www. defense. gov/News/Releases/Release/Article/1863396/dod-releases-indo-pacific-strategy-report/.

亚太地区的安全环境多变，容易出现各种非传统威胁。涉及潜在国家间冲突的传统安全问题也存在并威胁着该地区。从印巴两国在克什米尔问题、阿富汗问题、东海和南海领土争端等方面的持续冲突来看，亚洲地区安全组织似乎对亚洲的和平与稳定影响不大。然而，除了这些表面证据之外，东盟地区论坛的结构安排和大国的加入间接促进了该地区的和平与稳定。在此背景下，中等强国参与地区安全治理有着特殊的作用，对于推动地区安全稳定有重要的责任。

（二）印度尼西亚安全治理引领作用

印度尼西亚是东南亚的中等强国。从地缘看，印尼幅员辽阔，岛屿众多，印尼由太平洋和印度洋之间 17508 个大小岛屿组成，其中大约 6000 个有人居住，是世界上面积最大的群岛国家。[①] 印尼在地理位置上具有显著优势，其扼守马六甲海峡。马六甲海峡是连接太平洋和印度洋的交通咽喉。马六甲海峡是世界上最繁忙、最重要的海上通道之一，每年全球约 1/3 的海上贸易和 50% 的原油运输从此经过。近年来，印度尼西亚的国际地位因其在全球和区域多边机构中的影响力不断上升而得到承认。尽管并没有像加拿大等国那样在外交政策层面对中等强国的身份予以正式确认，但印尼在实践层面积极扮演中等强国的角色，发挥与其实力相称的影响力。近年来与联合国的交往包括共同主持联合国 2015 年后发展议程高级别知名人士小组，三度担任联合国安理会非常任理事国，并成功赢得 2019~2020 年的第四届任期。此外，自 2009 年 G20 首脑峰会举行以来，印度尼西亚一直是 G20 唯一的东南亚成员。2022 年，印尼经济总量达到 1.319 万亿美元。[②] 虽然在疫情的影响下，印尼经济总量有所下降，但有反弹复苏的趋势。根据 OECD 预测，2022~2023 年 GDP 增速将增至 4.7%。[③] 但是印尼仍然是东盟经济总量第一

---

① CIA World Factbook，https：//www.cia.gov/the-world-factbook/field/land-boundaries.

② Worldometers，www.worldometers.info/gdp/indonesia-gdp/.

③ "Indonesia Economic Snapshot"，OECD，June 2022，https：//www.oecd.org/economy/indonesia-economic-snapshot/.

的国家。从军事看，印尼奉行防御性的国防政策。① 其奉行不结盟的政策，不与任何国家结盟，以保证外交政策的独立自主性。

从印尼参与多边安全治理的目标来看，首先，参与多边安全治理与其国防政策相一致。印尼坚持促进平等和团结的民主原则，致力于通过对话解决国际问题，缓解国际紧张局势。主张在解决国际争端中，尽量减少分歧，以减少冲突。印尼奉行和平共处的原则，尊重其他国家的主权。强调在双边关系和多边关系中，减少分歧，凝聚共识。② 其次，参与多边安全治理彰显其东盟"领头羊"的角色。印尼积极推动东盟地区安全实践，目的就是将东盟的影响力扩展到整个亚太地区，彰显东盟的牵头组织作用，印尼则在其中扮演"驾驶员"角色。最后，参与多边安全治理稳定其战略伙伴关系。当前，中美关系矛盾日趋激烈，包括印尼在内的东盟各国面临"选边站"的现实困境。而参与多边安全治理，能够巩固印尼现有的伙伴关系，增加战略迂回的空间，避免直接卷入大国竞争。

从印尼参与多边安全治理的主题来看，一方面，印尼关注非传统安全的议题，尤其是恐怖主义威胁。2002 年，印尼爆发巴厘岛爆炸案，导致 202 人死亡。印尼于 2003 年提出构建"东盟安全共同体"，东盟召开巴厘岛会议，决定建立东盟共同体，确立了安全、经济、社会文化三大支柱，以应对日益严峻的恐怖主义威胁。③ 这体现了印尼积极主动应对恐怖主义问题。另一方面，印尼谋求稳定的地区安全秩序。特别是在南海海洋权益争端的问题上，印尼主张不在大国之间选边站队，避免与大国发生直接利益冲突。在南海问题上，印尼不是南海争端的当事国，没有对南海进行主权声索，但其有斡旋调解的意愿，不赞成南海问题引发地区安全秩序动荡，主张协调谈判解决，希望作为"调解员"协调各方立场，寻求在南海纠纷中发挥特殊作用。印尼佐科政府的前外交部长雷特诺曾表示："印尼政府在南海问题上不会偏

---

① "Defense White Paper", Defense of Ministry of Indonesia, 2015, p. 27.

② "Defense White Paper", Defense of Ministry of Indonesia, 2015, p. 37.

③ Annamaria Artner, "Role of Indonesia in the Evolution of ASEAN", *The Journal of East Asian Affairs*, Vol. 31, No. 1, 2017, p. 26.

向任何一方，和平稳定显然对印尼很重要，印尼希望南海尽快实现和平稳定，并愿为此发挥作用。"①

从参与多边安全治理的议程来看，一方面，印尼致力于参与多边安全治理议程。致力于维护东南亚地区的和平、安全、中立和稳定，保持东盟的团结一致性。坚持《东盟宪章》《东南亚友好合作条约》的目标和原则。呼吁各国根据国际法通过和平手段解决分歧和争议，通过对话、互利合作和建立信任措施，增加战略互信，营造有利于可持续发展的和平环境。另一方面，印尼意识到国际组织的重要性，致力于加强东盟中心地位。鼓励东盟外部伙伴通过东盟主导的机制开展建设性接触，构建互信、开放、透明、包容和基于规则的区域架构，支持建立在《联合国宪章》和国际法原则基础上的多边主义，协同应对地区安全挑战。

印度尼西亚作为一个正在崛起的中等强国，寻求加强亚太地区中等强国和新兴强国的作用，力图避免美国和中国之间的地区冲突或权力共管。印尼力推区域视角观念，承认地缘政治和地缘经济变化的现实性和必要性，不寻求简单的"权力平衡"（balance of power），而是试图实现更为灵活的"动态平衡"（dynamic balance）。所谓"动态平衡"，是指没有一个占绝对优势的大国，并在该地区各国之间管理权力动态。② 更具体地说，关注"权力的动态"而不是"权力的平衡"。印度尼西亚认为，其外交政策与该国地域广阔一样，一直在寻找一个更大的途径，"全球海洋支点""动态平衡"和作为国际社会一部分的东盟共同体就是这样的途径。它在联合国、不结盟运动（NAM）、G20 和东盟四重背景下运作，形成一个"四位一体"的矩阵。③ 它必须在内部和外部领域之间的联系中找到协同作用，巧妙地适应和应对大

① 《印尼总统称在南海不会选边站队，愿做问题调停者》，中国社会科学网，http：//www. cssn. cn/zt/zt_ xkzt/zt_ jsxzt/jsx_ jjnh/nh_ gfdt/201503/t20150325_ 1559854. shtml。

② Marty Natalegawa, *Does ASEAN Matter：A View from Within*, Singapore：Yusof Ishak Institute, 2018, p. 101.

③ Phar Kim Beng, "Indonesian Thought Leadership Critical for Indo-Pacific Strategies", *The Jakarta Post*, March 2, 2021, https：//www. thejakartapost. com/paper/2021/03/02/indonesian-thought-leadership-critical-for-indo-pacific-strategies. html.

量复杂的地缘政治变化，进而达到动态平衡。这种动态平衡包括两层含义：其一，外交政策忠实于其"独立和积极"的原则，从而排除与任何大国建立密切安全或防务关系的可能，更不用说结盟。其二，不完全相信追求权力平衡符合该地区的最佳利益，因为它强调权力的军事层面存在固有的破坏稳定的性质。各国实际上并不寻求实现神话般的权力平衡，而是对感知到的对手要有明显优势。从逻辑上讲，在权力平衡模式中寻求安全往往会导致"行动-反应"的动态，这不仅容易产生误判，而且实际上也会产生"自我实现"的动态，导致最坏的结局，损害有关各方的安全。

　　印度尼西亚依靠东盟的领导地位发挥更广泛的区域作用。如上文所述，印尼通过维护东盟在区域多边主义中的中心地位，寻求进一步使大国关系制度化，并确保维护稳定与和平的区域秩序，达到"动态平衡"的状况。然而，这种情况不是通过传统冷战式遏制政策来实现的，也不是通过国防和安全联盟体系来遏制一个正在崛起的敌对势力。相反，它是通过管理权力的行使和促进基于共同商定的原则和规范的国家间行为的可预测性来寻求的。它将通过一个关于和平、安全和繁荣问题的包容性和共同的框架来实现和维持。"动态平衡"理念的核心，就是创建和维护一个在所有参与者之间建立信任和规范的系统。构建这种"动态均衡"系统的方法是建立一系列由中等强国推动的区域机制，包括东亚峰会（EAS）、东盟国防部长会议+（ADMM+）、东盟海事论坛（AMF）以及蓬勃发展的多边关系网络。在这些机制中，让每个区域参与国家自愿一步一步地"沉浸在多重重叠机构中，没有单一的权力占主导地位，也没有国家被排除在外"。[①] 这就是为什么印尼推动将印度、澳大利亚、新西兰、俄罗斯和美国纳入 ADMM+和扩大的东盟海事论坛的原因，也是它一直努力与印度、澳大利亚制定印度洋战略以及参加环印度洋地区合作协会的原因，印尼在 2015～2017 年担任该协会的主席。印尼对于地区安全治理问题的领导者角色抱有较大的期待。

---

① Gregory B. Poling, "Dynamic Equilibrium: Indonesia's Blueprint for a 21st Century Asia Pacific", CSIS, March 8, 2013, https://www.csis.org/analysis/dynamic-equilibrium-indonesia%E2%80%99s-blueprint-21st-century-asia-pacific.

其一，作为亚太国家"席位提供者"，印尼通过东盟主导的各种机制提供各种功能各异、理念包容的区域架构。这些论坛提供一个大环境，通过它来解决区域挑战。值得注意的是，它们也正变得"功能分化"，强化能力来推出一系列问题的多边解决方案：东亚峰会（EAS）解决政治和战略挑战；东盟地区论坛（ARF）和东盟国防部长会议+（ADMM+）侧重解决安全挑战；亚太经济合作组织（APEC）和《区域全面经济伙伴关系协定》（RCEP）进程主要解决经济挑战。

其二，东盟作为一个"思想的创造者"，允许在中美战略竞争的范围之外有其他的区域秩序的概念。亚太地区的战略变化很大程度上源于该地区的大多数人不想屈服于美国的霸权。然而，如果中美继续保持其竞争态势，该地区国家可能会被迫"选边站"。在这方面，东盟可以提供替代性的区域秩序理念和路径，而不是以牺牲一个国家为代价排斥另一个国家，"美国治下"的世界秩序是不可持续的，而且会遇到强大阻力。印度尼西亚带头为东盟制定自己的亚太愿景，将美国印太战略中概述的目标与印尼发展和繁荣等利益相融合，以提供一个具有包容性的区域秩序，而不是迫使各国在美国与中国之间做出选择。[①] 东盟的愿景与美国的印太战略的主要区别在于，东盟增加"包容性"一词，避免使用"自由"一词，淡化意识形态色彩。实际上，这一思想也与包括中国在内的广大国家看法一致，即无论是发展问题还是安全问题，都不能搞"零和博弈"，而应强调发展共存、安全共存、包容共存。

（三）韩国地区安全治理角色和实践

韩国作为一个新兴中等强国，有可为安全战略提供强有力支撑的经济和军事资源。韩国是全球增长最快的经济体之一。2009 年，韩国成为经济合作与发展组织第一个成为捐助国的受援国。根据国际货币基金组织数据，韩

---

① Evan Laksmana, "Indonesia's Indo-Pacific Vision is a Call for ASEAN to Stick Together Instead of Picking Sides", *South China Morning Post*, November 20, 2018.

国 2020 年名义国内生产总值为 1.63 万亿美元，超过俄罗斯、巴西和澳大利亚，成为世界第十大经济体。国际货币基金组织预测，韩国的 GDP 到 2024 年将超过 2 万亿美元。① 先进制造业和服务业主导其经济形态。除了亮眼的经济发展指标，韩国的军事力量比较显著。根据斯德哥尔摩国际和平研究所（SIPRI）2021 年发布的数据，韩国军事开支高达 457 亿美元，支出总额排名全球第 10 位。② 全球火力网甚至将韩国的军事实力排入 2023 年全球第 6 名。③ 2021 年 3 月，英国和韩国开始讨论在"航母技术"方面的合作，《简氏防务周刊》报道指出韩国海军下一代轻型航母将启动研制和建造。④

　　韩国面临高威胁的战略环境，首先是面临来自邻国朝鲜的生存威胁。多年来，朝鲜半岛一直受到典型的安全困境的困扰，每个国家都在建立抵御对方的能力，导致半岛政治博弈始终紧绷，半岛南北双方的意识形态分歧根深蒂固。与亚太其他地区相比，东北亚地区的大国竞争更为激烈。这是一个以冷战遗留问题为特征的次区域，中俄与美日之间影响力争夺尤为明显。美国一直在东北亚地区保持着强大的军事存在，目前在日本有 47000 名美军驻扎，在韩国有 28500 名。因此，东北亚的国家间关系近年来明显动荡，这是因为历史积怨、大国竞争、常规安全热点以及缺乏有效的区域安全机构。这些因素相互交织客观上促成东北亚地区复杂的地缘安全环境。

　　韩国采取功能性区域安全战略。鉴于韩国面临相对较高的资源可用性和高威胁的战略环境，韩国的主要地区安全战略都是为了改善对自身有利的半岛地缘环境，其采用功能性战略来应对其安全所面临的具体挑战。这意味着将其资源集中在对其安全利益特别重要的关键问题上，而不是广泛的多边主

---

① "World Economy Outlook", IMF, April 2021, https：//www.imf.org/en/Publications/WEO/Issues/2021/03/23/world-economic-outlook-april-2021.

② "Trends in World Military Expenditure 2020", Stockholm International Peace Research Institute, April 26, 2021, https：//www.sipri.org/sites/default/files/2021-04/fs_ 2104_ milex_ 0.pdf.

③ "2023 Military Strength Ranking", *Global Firepower*, 2023, https：//www.globalfirepower.com/countries-listing.php.

④ Joe Grevatt, "UK, South Korea Reportedly Start Talks on Carrier Technologies", *Janes*, March 22, 2021, https：//www.janes.com/defence-news/news-detail/uk-south-korea-reportedly-start-talks-on-carrier-technologies.

义和一般的冲突调解。韩国的地区安全战略的一个关键领域是应对来自朝鲜的挑战。虽然半岛核问题具有全球影响，特别是在核安全和大规模杀伤性武器的不扩散方面，但后者直接威胁到韩国的生存。由于其地理位置，韩国是管控这一危机过程中的核心驱动力。尽管朝鲜半岛稳定有几个利益相关者，但只要朝鲜不稳定因素发酵，韩国就很可能直接卷入其中，在这个问题上它有特殊的利益关切。伴随着其作为中等强国的崛起，韩国拥有相对较多的资源，能够实施旨在减少来自朝鲜威胁的举措。特别是尹锡悦政府宣布打算通过恢复军事演习、加强导弹防御、增强军事能力以及促进美国扩大核威慑来增强韩国对朝鲜的威慑态势。①

韩国安全利益也超出半岛范围，开展越来越积极的地区外交，特别是通过组织各种关于地区安全治理的高级别多边会议，例如东北亚和平与合作倡议（NAPCI）或首尔防务对话。走入东盟地区，开展多边安全合作，参与该地区的各种安全对话（东盟+3、ARF、ADMM+、EAS 等），希望凸显在地区安全问题上的能见度。2006～2016 年，韩国签署了 39 项双边安全协议，其中 14 项是与亚太国家签署的。② 例如，首尔主办全球核安全峰会（NSS），就是考虑到朝鲜带来的核挑战。鉴于这次峰会是韩国有史以来最大的外交峰会，它投入大量的预算和广泛的资源，提供经济和外交资源支持。不过，在东南亚，韩国的角色往往没有太多共鸣。部分原因是韩国将其在东南亚的安全利益交给美国，同时可能希望避免与中国发生冲突。

韩国文在寅政府时期与美国进行了谨慎的协调，未明确表示支持或认真配合美国的印太战略，倾向于保持与中国的整体战略平衡。然而，2022 年 5 月，保守派尹锡悦政府上台后，打算结束文在寅政府对中美竞

① Toby Dalton and Ankit Panda, "Northeast Asian Security Will Require North Korea's Regional Reintegration", *the Diplomat*, May 6, 2022, https：//thediplomat.com/2022/05/northeast-asian-security-will-require-north-koreas-regional-reintegration/.

② Patrick M. Cronin and Seongwon Lee, "Expanding South Korea's Security Role in the Asia-Pacific Region", Council on Foreign Relations, March 2017, p. 5. https：//www.cfr.org/sites/default/files/pdf/2017/03/Discussion_ Paper_ Cronin_ Lee_ China_ ROK_ Security_ OR. pdf.

争的"战略模糊"政策，对中国采取更强硬的立场，更加靠近美国的战略轨道。韩国总统尹锡悦在胜选后的第一通电话打给美国总统拜登，并与英、日、澳、印、加等国家的领导人通话，这凸显新政府有意通过加强与"志同道合的民主国家"的合作来提升韩国的地区领导地位。韩国政府重新制定韩国的外交政策，强化对美战略同盟，扩大与澳大利亚等国的安全合作，非正式地表现出对四边安全对话（QUAD）的兴趣，并且史无前例地参加北约马德里峰会。同时致力于与日本和解，并倾向于美日韩三边同盟。其做法与文在寅政府形成鲜明对比。韩国的平衡与模糊政策到底如何走有待持续观察，但已经明显表现出通过加强美韩同盟来应对安全挑战。

三 中东地区中等强国安全治理话语权

中东拥有独特的地理位置和战略地位。历史上，几乎每一个大国都积极谋求其在该地区的利益，这并非巧合。除了地理和战略的独特性外，中东是世界三大最重要的一神教宗教的发源地和精神中心，即基督教、犹太教和伊斯兰教。中东地区拥有世界上最大的石油储藏量，是世界能源供应的中心，直接影响世界能源市场。由于地缘政治极其重要，中东内部和国家内部的任何冲突，不仅有可能破坏整个地区的稳定，也会影响全球政治与经济的稳定。

（一）中东地区安全架构

中东地区安全挑战在多个领域呈现出来。在军事领域，安全主要涉及对象（要保护的对象）是国家防卫，威胁通常来自国家的外部环境。由于中东地区持续存在多起冲突，军事安全在政府优先事项中占据突出地位。在政治领域，中东国家受到内部和外部的威胁。在内部，威胁可能来自围绕国家意识形态（例如世俗主义、伊斯兰主义、泛阿拉伯主义、西方民主概念等）的政治斗争和意识形态冲突。"阿拉伯之春"证明了政治安全居于其核心地位。在外部，政治威胁破坏国家的组织稳定，也可能危及整个地区的稳定。[1] 它们的目的可能是在特定问题上向政府施压，或推翻政府，或鼓励分离主义，或破坏国家的政治职能。在社会领域，安全的所指对象是可以独立于国家运作的集体身份，例如宗教和民族。社会层面的重大外部威胁往往是更大的军事和政治威胁的一部分。因此，社会威胁很难与政治或军事威胁分开。在强度较低的冲击情况下，即使是思想和交流的相互作用也可能产生具有政治意义的社会和文化威胁。埃及穆斯林兄弟会的诞生就是伊斯兰宗教激进主义对西方思想渗透作出反应的例子。

如果采用巴里·布赞"安全综合体"的概念，那么可以将中东安全定义为一个由国家组成的安全赤字区域，这些国家的主要安全关切紧密相连，它们的国家安全不能被分割。在中东"安全综合体"中，目前可以确定两大次级复合体。中东的第一个和决定性的核心次复合体是以以色列与其阿拉伯邻国为中心的次复合体，它引发了许多地区战争以及冲击。这个次复合体是以色列和巴勒斯坦人之间局部斗争的结果反映，在以色列和它的近邻乃至更广泛的阿拉伯世界之间产生更广泛的敌意，其中典型的便为伊朗与以色列之间的高度敌意。中东地区的第二个次级复合体是以沙特阿拉伯为首的海湾阿拉伯国家与以伊朗为首的什叶派之间的竞争。这两个次级安全复合体相互交织，尽管很少爆发直接军事冲突，但始终处于紧绷状态。

客观来看，与世界其他地区相比，中东目前没有突出的领导力量，其多重冲突和战争加剧区域中等强国之间的竞争，难以形成共识性的区域安全架构。巴以冲突、叙利亚内战、伊朗与以色列的对峙以及"阿拉伯之冬"导致中东权力格局的不断洗牌。美国乔治城大学中东问题专家罗斯·哈里森（Ross Harrison）断言，中东冲突正在出现一个新的区域秩序。该地区秩序的支柱是土耳其、伊朗、沙特、埃及以及以色列等地区强国。中东的未来是延续当前的混乱与破坏，还是更加积极地向稳定与

---

[1] Robert Mason, "Egypt's Future: Status Quo, Incremental Growth or Regional Leadership", *Middle East Policy*, Vol. 23, No. 2, 2016, p. 77.

繁荣过渡，将在很大程度上取决于这些地区强国之间的关系。[1] 根据全球火力网的评估，中东地区的安全力量主要有土耳其、埃及、以色列、伊朗和沙特阿拉伯。[2] 按照军事排名机构全球火力网的评估，这中东五大力量均进入全球前 20 名（见表 6-3），其整体军事实力不容小觑。同时，美国、欧洲、俄罗斯、中国以及印度等域外力量也对中东地区的安全环境施加了较大的影响。

表 6-3　中东区域五强军力指数排名（2022 年）

指标	埃及	土耳其	伊朗	以色列	沙特
军力指数	0.1869	0.1961	0.2104	0.2621	0.2966
全球排名	12	13	14	20	20

注：数值越小，实力越强。

资料来源："2022 Military Strength Ranking"，https：//www.globalfirepower.com/countries-listing.php.

高度对峙的中东安全环境需要有一定的环境调整。对地区有影响力的相关方表示对安全对话感兴趣。中东地区安全两大直接当事方沙特与其长期对手伊朗均有意就地区安全问题进行对话。2021 年 4 月，沙特外交部政策规划负责人雷德·克里姆利（Rayd Krimly）表示，"我们可以从一项核协议开始，然后转向另一种形式，以积极的方式讨论所有这些问题……并从建立信任措施开始"。[3] 3 月，伊朗时任外长扎里夫强调，伊朗"准备与所有邻国

---

① Ross Harrison， "Defying Gravity：Working Toward a Regional Strategy for a Stable Middle East"，Washington，D. C.：Middle East Institute，2017，p. 15，https：//www.mei.edu/publications/defying-gravity-working-toward-regional-strategy-stable-middle-east.

② "Middle Eastern Powers Ranked by Military Strength"，Global Firepower，2019，https：//www.globalfirepower.com/countries-listing-middle-east.asp.

③ Ghaida Ghantous "Saudi Official：Expanded Talks Should Follow any Iran Nuclear Deal"，*Reuters*，April 14，2021，https：//www.reuters.com/world/middle-east/saudi-official-expanded-talks-should-follow-any-iran-nuclear-deal-2021-04-14/.

举行会谈"，强调了他在联合国安理会特别会议上提出的"霍尔木兹和平倡议"。① 沙特与伊朗的对话取得一些进展，沙特外交大臣表示，"我们的双手向伊朗伸出"。② 截至 2022 年 4 月，两国在巴格达就双边关系正常化已经举行了五轮会谈，双方正在考虑达成和解。2023 年，伊朗与沙特关系出现了历史性的和解，在中国的斡旋下，双方重启了外交关系并互派大使，伊朗与沙特关系的缓和一定程度上推动了该地区和解潮的出现。

在中东这个世界上军事化程度最高、最容易发生战争的地区建立新的安全秩序，好处显而易见。然而，障碍也很明显。从领土争端、民族宗教仇恨到意识形态斗争、地区主导权竞争，所有这些都不利于建立区域框架。"阿拉伯之春"对中东安全造成的挑战所产生的教训继续影响该地区的安全前景。一方面，阿拉伯国家对安全威胁的看法正在改变。另一方面，确保领土国家安全成为阿拉伯国家的优先事项，因此，它们对任何集体安全安排的支持参与取决于在多大程度上有利于这些国家的国家安全。政权生存仍然是一些阿拉伯国家的首要任务。因为"阿拉伯之春"的后果之一是出现了削弱国家稳定的武装冲突，如 2011 年后的利比亚、叙利亚，2015 年以来的也门。2010 年 1 月至 2013 年 7 月，40% 的联合国安理会决议涉及中东和阿拉伯世界。其中 44% 涉及两个主要的地区危机索马里和苏丹的冲突。在此期间，联合国安理会还通过了 15 项决议，重点关注"阿拉伯之春"及其对埃及、突尼斯、叙利亚、黎巴嫩、也门等国家的影响；8 项关于伊拉克的决议，7 项关于利比亚及其内战的决议。另一套联合国安理会决议（总共 13项）侧重于核扩散和国际恐怖主义这两个与该地区有着明确联系的主题。③ 阿拉伯国家领导人的官方话语中越来越强调国家的生存，而不是像以前那样

---

① "Tehran Ready to Hold Diplomatic Talks with Regional Neighbors", Mehr News Agency, March 16, 2021, https://en.mehrnews.com/news/171166/Tehran-ready-to-hold-diplomatic-talks-with-regional-neighbors.

② Natasha Turak, "Saudi Foreign Minister Says the Kingdom's Hands are 'Stretched out' to Iran", CNBC, May 4, 2022, https://www.cnbc.com/2022/05/24/saudi-arabia-says-the-kingdoms-hands-are-outstretched-to-iran.html.

③ "UNSC Resolutions", https://www.un.org/securitycouncil/.

局限于政治和安全层面。即使是阿拉伯国家内部也有分歧，埃及支持沙特领导的阿联参加也门战争，但它认为胡塞武装组织是也门社会的一个派别，不像沙特那样认为它是一个恐怖组织。埃及认为埃塞俄比亚的复兴大坝对埃及国家安全构成威胁，但沙特不这么认为。[①] 这些微小的分歧也会影响这些国家安全合作的进一步深化。

中东迫切需要在具有长期利益的问题上进行合作，以增进整个地区的稳定和福祉。美国需要理解伊朗对政权更迭的担忧与戒备，放弃遏制伊朗的外交政策方针，承认伊朗在该地区的实力和地位。作为回报，伊朗可承诺与邻国特别是与沙特、土耳其和埃及达成安全、政治和经济协议，以助力该地区的安全与稳定。当然，只有双方均有意选择和平共处之路，这些可能性才能实现。拜登政府上台后，美国逐步减少对中东的资源投入，尤其是 2021 年 8 月仓皇撤出阿富汗，表明对中东的重视程度下降。同时，美国寻求与伊朗重启核谈判，解决两国之间在特朗普退出《伊朗核协议》后的核不扩散"真空"问题。

（二）土耳其地区安全治理实践

土耳其是位于欧亚大陆交接处的中等强国。从地缘上看，土耳其扼守欧亚大陆的要冲"土耳其海峡"，是连接东西方的桥梁和纽带。土耳其周边邻国众多，且大多是世界热点和动荡地区，北约专家确定的 16 个有关欧洲安全的热点中，就有 13 个处于土耳其周边，它是处于世界几大热点结合部的国家，也是周边环境最为复杂的国家。[②] 从经济上看，土耳其 2020 年经济总量高达 7200 亿美元，位于中东地区首位。[③] 从军事上看，土耳其武装力

---

① Eman Ragab, "An Alternative Approach to Regional Security in the Middle East", the Cairo Reviews of Global Affairs, https://www.thecairoreview.com/essays/an-alternative-approach-to-regional-security-in-the-middle-east/.

② Sebnem Udum, "Turkey and the Emerging European Security Framework", *Turkish Studies*, Vol. 13, No. 2, 2002.

③ World Bank, https://data.worldbank.org.cn/indicator/NY.GDP.MKTP.CD? end = 2020&start = 2020&view = map.

量水平位于中东地区前列。在军事实力上，土耳其拥有现役部队 65 万人，并大量装备西方国家制造的先进武器装备，是北约中仅次于美国的第二大军事力量。土耳其武装力量专业水平较高，由正规军和预备役部队组成，并且近年来积累了大量实战经验，同时扶持地区代理人维护自身利益。综合各项指标来看其总体政治军事实力不仅在中东地区首屈一指，即使在欧洲也可以看作军事强国。从创新能力上看，土耳其还具有较强的科技实力和工业竞争力，能够仿制和自制先进的武器装备，工业化程度较为发达，拥有较强的科技创新能力。作为北约盟国，土耳其为联盟带来了重要资产。它是北约中唯一一个以穆斯林为主的成员国，并且是世界上颇具活力的经济体之一，能够通过外国采购和改善国防工业来增强其军事力量。

近几十年来，国际社会对土耳其邻近地区冲突的关注度越来越高，这也进一步凸显这一地理位置的重要性和独特价值。土耳其认为，其安全由两个主要因素决定：地理环境和与邻国的长期联系。这两个决定因素使土耳其成为欧洲、巴尔干、高加索、中东、地中海和黑海地区及其他地区的关键区域安全参与者。过去的几年里，土耳其还展示了其在这些地区之外作为全球行动者的能力。[①] 冷战结束后不断变化的世界秩序轮廓早先挑战土耳其孤立于区域政治的传统政策，也迫使土耳其在其外交政策中增加对区域安全的重视，多维背景及其在不同文化和地理环境中的桥梁作用使得土耳其的地区安全角色日益凸显，因此，对土耳其地理和角色的重新认识是理解其区域安全政策的关键因素之一。

土耳其的外交关系一直以寻求替代性外交伙伴为主。冷战结束后，在 20 世纪 90 年代，土耳其成为一个更加自信的地区大国，特别是加强了在中亚和高加索地区的外交联系。美国反恐战争和 2011 年"阿拉伯之春"极大地影响了土耳其的外交政策，导致土耳其与美国利益和安全观念的分歧。除 2008 年全球金融危机外，其他挑战西方主导地位的因素包括民粹主义抬头、

---

① "Turkey's Perspectives and Policies on Security Issues", Ministry of Foreign Affairs of Turkey, https：//www.mfa.gov.tr/i ＿ -turkey ＿ s-security-perspective ＿ -historical-and-conceptual-background ＿ -turkey＿ s-contributions. en. mfa.

西方移民政策失败以及俄罗斯的重新崛起。在此背景下，土耳其越来越关注其周边地区，力求在地区安全上获得比肩大国的发言权。再加上美国从土耳其周边的国际活动中部分撤出、欧洲与俄罗斯的争斗、"阿拉伯之春"对地区地缘政治的冲击，土耳其有成为地区安全一个主导力量的机会窗口。虽然这种变化既有安全和战略上的原因，也有意识形态和政治上的选择，但国际体系的基本变化也起到重要的决定作用。[①]

从参与地区安全治理的目标来看，一方面，维护国家安全，推动符合自身利益的周边安全秩序的形成是土耳其的首要目标。土耳其的外交政策经历了从冷战时期以联盟为中心的外交政策，到冷战后以安全为导向的外交政策的转变。冷战后，地区安全局势面临更加多样化的威胁，尽管外交决策环境发生转变，但土耳其始终将安全问题、领土完整、维护国家主权作为其外交政策和外交话语的中心。土耳其是世俗化程度较高的伊斯兰国家，其外交政策中存在较强的民族主义倾向。在土耳其周边，处理境内外库尔德反对派武装的问题、塞浦路斯问题、亚美尼亚民族冲突问题、叙利亚内战问题、伊拉克库尔德问题、爱琴海领海争端问题都是其关心的重大安全问题。[②] 另一方面，土耳其希望在地区安全治理中扮演引领者、引导者的角色。土耳其前总统德米雷尔说："由于土耳其重要的战略存在，她可能成为其中东邻国培植世俗民主种子的模板。"[③] 土耳其希望引领并塑造地区安全秩序。

总体上看，土耳其区域安全战略包括如下内核：一是致力于获得战略自主权。独立性是土耳其发挥区域安全重要作用的基本出发点，有能力维持国家的独立生存，这涉及外交与安全政策的灵活取向，不在事关核心国家利益和涉及土耳其生存、安全和战略的基本问题上妥协，同时不疏远潜在的盟

① Siri Neset, Mustafa Aydin, Evren Balta, Kaan Kutlu Ataç, Hasret Dikici Bilgin and Arne Strand, "Turkey as a Regional Security Actor in the Black Sea, the Mediterranean, and the Levant Region", Bergen: Chr. Michelsen Institute Report 02, June 2021, pp. 68-69.

② Birsen Erdogan, Humanitarian Intervention and the Responsibility to Protect Turkish Foreign Policy Discourse, London: Palgrave Macmillan, 2016, p. 50.

③ Suleiman Demirel, "Turkey and NATO at the Threshold of a New Century", Journal of International Affairs, Vol. 4, No. 1, 1999.

友，善于利用形势和机会施展战略弹性，确保外国投资的持续投入。二是在保持传统联盟的同时，建立新的伙伴关系，同时采取战略平衡政策，减少土耳其对其西方盟友的过度依赖，同时避免与俄罗斯的直接对抗。这就表现为土耳其支持北约对俄罗斯的双轨政策即威慑和对话，但同时从俄罗斯购买 S-400 防空导弹系统，不惜招致美国的激烈反对。三是试图成为本地区一个特殊国家，获得物质和政治上的区域优势和尊重，通过跨境行动、扩大海外军事足迹，增强对涉及本国利益问题的干预能力。无论其是否为西方机构成员，土耳其的政治精英都希望在符合自身利益的情况下与西方保持一致，同时，以最符合其国家利益的为准，与非西方伙伴采取独立行动，不会感受到来自正式联盟和伙伴关系的过度约束。[①]

从关心的治理主题上看，土耳其在周边地区的安全问题上拥有广泛的话语权。特别是在 2011 年"阿拉伯之春"后，土耳其非但没有陷入动荡，反而保持了持续稳定的政治经济发展，中东地区国家实力的此消彼长凸显了土耳其的重要性，也反衬了国内政治稳定对经济发展的必要性。在"阿拉伯之春"后的叙利亚战争调停、叙利亚难民问题、利比亚难民问题、打击地区恐怖主义等议题上，土耳其的话语影响力显著增强。特别是土耳其针对巴以冲突问题猛烈抨击以色列，赢得地区民众的情感。此外，在"俄气东输"、确保输入欧洲的油气管道安全议题上，土耳其的话语权也在不断提升。由于俄乌之间的领土争端日益激烈，特别是两国冲突的爆发，导致俄罗斯通过乌克兰向欧洲输送天然气存在困难。俄罗斯建造"土耳其溪"天然气管道，使得土耳其免受席卷欧洲的天然气危机的影响。[②] 在俄乌冲突中，土耳其意图扮演"调停者"角色，举办数次冲突双方外长会，并达成乌克兰粮食出口协议，起到西方国家欲图实现但难以达到的作用。

---

① Siri Neset, Mustafa Aydin, Evren Balta, Kaan Kutlu Ataç, Hasret Dikici Bilgin, Arne Strand, "Turkey as a Regional Security Actor in the Black Sea, the Mediterranean, and the Levant Region", Bergen: Chr. Michelsen Institute Report 02, June, 2021, p.11.

② "Putin Says Turkey Safe from Gas Crisis Thanks to TurkStream Pipeline", Reuters, September 29, 2021, https://www.reuters.com/business/energy/putin-says-turkey-safe-gas-crisis-thanks-turkstream-pipeline-2021-09-29/.

从地区安全治理议程上看，土耳其表现出两方面的能力和行动。一方面，土耳其具有主动构建议程的能力。叙利亚战争爆发后，美国扶持叙利亚境内的库尔德人武装用以打击伊斯兰国恐怖组织。但是，美国对叙利亚库尔德武装的支持导致美土关系的疏离，土耳其先后侵占叙利亚境内多处地区以表达自身不满。同时，不顾美国的反对，土耳其宣布采购俄制防空武器系统，加强同俄罗斯的军事联系，从而使得美土关系迅速降温。另一方面，土耳其的议程设置能力仍然相对有限。在美土关系遇冷后，美国先后宣布制裁土耳其，并且撤销土耳其参与 F35 战机研制项目。①

从治理制度上看，土耳其仍然是北约成员国和西方同盟体系的重要一环，尽管俄土关系出现了改善的迹象，但是俄罗斯和土耳其之间也并非"牢不可破"的关系，双方基于利益选择合作，如果国际秩序发生重大变革，或地区安全环境出现改变，双方之间的关系仍然存在裂隙的风险。土耳其扮演地区领头羊角色的雄心颇大。2021 年 11 月，在土耳其主导下，伊斯坦布尔举行突厥语国家合作委员会第八届峰会发表联合声明，突厥语国家合作委员会（Turkic Council）的名称更改为突厥语国家组织（Organization of Turkic States），由阿塞拜疆、哈萨克斯坦、吉尔吉斯斯坦、土耳其和乌兹别克斯坦作为成员国，匈牙利和土库曼斯坦作为观察员国组成。该组织宣称要表达突厥国家共同利益。② 该组织利用成员国的伙伴关系加强相互合作，并从美国、欧洲、俄罗斯和中国等全球重量级国家的大国博弈中获得独立性，成为一个区域经济、外交和安全综合体。泛突厥主义和突厥民族主义主题可能会给埃尔多安带来更多政治红利，埃尔多安借机要将自己塑造为"突厥世界领导人"。这一举措为土耳其扩大在中亚和其他突厥语国家中的影响力提供了机会。

当前，土耳其利用其不断增长的经济实力和政治影响力，注重对新地区的开放与接触，特别是在更广泛的西亚北非地区。此时，与邻国的友好关系

---

① Francesco Siccardi, "How Syria Changed Turkey's Foreign Policy", Carnegie Europe, 2021, p. 12.

② Mehmet Sah Yilmaz, "Turkic Council's Name Changed to Organization of Turkic States", Anadolu Agency, November 13, 2021, https://www.aa.com.tr/en/world/turkic-council-s-name-changed-to-organization-of-turkic-states/2419633.

和在地区问题上扮演调解人的角色，被认为是土耳其实现地区领导地位的必要条件，亦有可能导致其发挥全球作用。然而，诸如"阿拉伯之春"、叙利亚内战和随后的大国地缘政治竞争，使土耳其放弃了长期坚持的"零问题"原则，转而采用"秩序建设者"模式，即从软实力转向硬实力手段。这方面，"阿拉伯之春"标志着土耳其外交政策的一个转折点。土耳其转向对其周边地区进一步干预主义。在"阿拉伯之春"引发一场毁灭性的内战震动邻国叙利亚之后，土耳其开始军事介入。这一时期标志着土耳其此前对中东的不干涉政策的结束。土耳其干预叙利亚内战、参与利比亚内战（站在民族和睦政府一边）、支持阿塞拜疆试图重新控制其被占领的卡拉巴赫领土，并在东地中海与希腊、法国、埃及和塞浦路斯联盟对峙，扩大其在国外的权力投射能力。埃及和土耳其分别支持利比亚冲突中的对立双方。土耳其在利比亚冲突中的军事介入激怒沙特阿拉伯和埃及。沙特认为这种参与是对地区安全的威胁和对阿拉伯国家内政的干涉。土耳其与沙特阿拉伯和阿联酋的关系变得紧张起来。当然，这种裂痕最终让位于意识形态斗争，土耳其和卡塔尔、埃及穆斯林兄弟会结盟，而埃及、其他海湾国家则与以色列、希腊和塞浦路斯走得更近。随着土耳其摆脱政治对话、不干涉政策，与土耳其没有问题争端的邻国也更少，土耳其的新奥斯曼主义话语、炮舰外交给其带来诸多外交挑战。总体而言，土耳其地区安全治理不断演变，转向更颇有雄心的立场和行动。

（三）伊朗地区安全治理战略

伊朗被视为中东地区的中等强国。从地缘上看，伊朗扼守世界石油航路的"咽喉"霍尔木兹海峡。伊朗作为发展中国家和中东地区大国，主张国际公正与公平，坚决反对强权政治、双重标准和恐怖主义，在中东地区和伊斯兰世界卓有影响。[①] 从经济实力上看，伊朗 2019 年 GDP 为 2582.45 亿美元。[②] 根据有关机构计量经济学模型，伊朗的 GDP 预计将在 2023 年达到

---

① 刘振堂：《伊朗零距离》，上海辞书出版社，2009，第 2 页。

② World Bank，https：//data.worldbank.org.cn/indicator/NY.GDP.MKTP.CD？end＝2020&start＝2020&view＝map.

3000 亿美元，其后更高。① 伊朗 GDP 在中东地区并不占据优势，伊朗国民生产总值仅略高于伊拉克，对比海湾地区一些领土面积较小的石油出口国也不具备优势。并且受到美国等西方国家全面制裁、新冠疫情等多种因素影响，伊朗经济遭遇颇多困境。但是，伊朗确是中东地区为数不多的工业国，油气资源丰富，工业产业链相对齐全，能够自行生产先进的武器装备，并且伊朗谋求拥有民用核能力。从军事实力上看，根据世界火力网站公布的2022 年世界军力排名，伊朗军力排名世界第 14 位，与之相比土耳其第 13位、以色列第 18 位、沙特第 20 位。② 伊朗的军事实力位于中东地区前列，特别是伊朗伊斯兰革命卫队作为一支独特的武装力量，扶持地区代理人，成为震慑伊朗对手的重要威慑力量，也是伊朗成为中等强国的重要抓手。伊朗的地缘位置和综合实力使其在中东地区的角色备受关注。

从地区安全治理的目标上看，伊朗维护国家主权、政治安全和领土完整是其参与地区安全治理的主要诉求。一方面，美伊关系紧张对立严重威胁伊朗的安全环境，对伊朗的主权安全和领土都造成重大威胁。美国长期奉行敌视伊朗的外交政策。在小布什时期，美国将伊朗列为所谓的"邪恶轴心"，致力于推翻伊朗伊斯兰政权，并且将伊朗伊斯兰革命卫队圣城旅列为制裁对象。③ 针对伊朗核问题，美国的表现缺乏诚信和一致性。在奥巴马时期，伊朗核谈判取得积极的成果，但是特朗普政府无视《伊核协议》带来的积极影响，反而奉行"美国优先"的原则，一上台就退出《伊核协议》，使得伊朗感到了强烈不安。另一方面，伊朗所处的中东地区长期存在恐怖主义、激进宗教主义、激进民族主义的土壤。激进宗教主义产生的极端逊尼派武装曾严重威胁伊朗国内安全。中东地区一度肆虐的"伊斯兰国"恐怖组织同样增加了伊朗地区安全治理的成本。解决地区非传统安全问题同样是伊朗参与地区安全治理的主要诉求。

---

① "Iran GDP", *Trading Economics*, https：//tradingeconomics.com/iran/gdp.

② "Global Firepower Raking", https：//www.globalfirepower.com/countries-listing.php.

③ George W. Bush, "President Delivers State of the Union Address", 2002, https：//georgewbush-whitehouse.archives.gov/news/releases/2002/01/print/20020129-11.html.

从地区安全治理的主题上看，伊朗在周边地区的安全问题上拥有广泛的话语权。一方面，美国在中东地区先后发动阿富汗战争和伊拉克战争，打击了伊朗的地区传统对手，激进的逊尼派武装塔利班的实力受到严重削弱，伊拉克的萨达姆政权土崩瓦解。伊朗地区对手的瓦解以及什叶派在伊拉克的掌权，增加了伊朗的安全话语，凸显伊朗的地区影响力，使伊朗得以扮演更重要的角色。另一方面，伊朗利用自身宗教影响力主动塑造自身话语权。伊朗被认为正试图构建"什叶派之弧"，包括黎巴嫩、叙利亚等什叶派主导的国家，伊朗希望以什叶派宗教社群为纽带，以国家实力为后盾，构建地区安全共同体，并通过"什叶派之弧"，利用地区代理人，构建自身的地区安全屏障。

从地区安全治理议程上看，伊朗具备主动设置地区安全治理议程的意愿，引导地区安全治理议程的能力。首先，核问题就被认为是伊朗主动设置的安全交易筹码。外界认为，伊朗的核计划最高目标是拥有核武器，最低目标是有条件弃核，到达核门槛，拥有核能力。有条件弃核的条件在于同美国达成交换协议，换取美国放弃对伊制裁。这种能力让伊朗能在地区和国际对话中引导议程。其次，伊朗可以利用中东地区的支持者网络设置安全议程，包括黎巴嫩真主党、伊拉克萨德尔什叶派民兵、也门的什叶派武装都与伊朗伊斯兰革命卫队有密切联系。这些盟友的行动能为伊朗在地区内的关键议题上推动其立场提供支持。最后，伊朗主张通过安全对话解决地区安全问题，伊朗拥有稳健的外交政策取向。正如鲁哈尼时期外交部长扎里夫所说："世界并没有出现分歧，而是正在走向相互依存的状态。今天，大多数民族国家，无论其规模、实力、影响力或其他属性如何，都已认识到孤立主义，无论是自愿的还是强加的，既不是一种美德，也不是一种优势。集体行动与合作已成为这个时代的标志。"①

从治理制度上看，伊朗致力于加入多边安全治理的组织机构，2021 年正式启动成为上海合作组织成员国的程序，希望加入上海合作组织将为其扩大与该地区各国的政治、经济和文化联系，也有利于提升其地区安全治理的

---

① Mohammad Javad Zarif, "What Iran Really Wants: Iranian Foreign Policy in the Rouhani Era", *Foreign Affairs*, Vol. 93, No. 3, 2014, pp. 49–54.

话语权。2023 年，伊朗完成加入上海合作组织各项程序，正式成为上海合作组织的成员国。伊朗重点加强与俄罗斯等大国的外交联合，常就区域和国际问题进行合作与磋商。伊俄高层保持密切接触，2017 年普京与鲁哈尼宣布全力将双边关系提升为新层次的战略伙伴。伊朗还积极参加俄罗斯主导的多边军事演习。伊朗派遣战舰参加"高加索–2020"联合军演，并与俄罗斯黑海舰队组成海上战术编队实施联合打击。伊俄在联合国武器禁运制裁终止后，将更加密切军事技术合作与两军关系。英法德等欧洲领导人继续支持《伊核协议》有效性，主张美伊通过对话谈判解决分歧。表明伊朗希望西方缓和关系，通过外交手段解决争端。

（四）埃及地区安全治理实践

埃及是中东地区重要的中等强国。从地缘看，埃及位于亚非大陆的交接处，东邻亚洲，南接非洲，与欧洲隔海相望，拥有世界经济的"黄金水道"苏伊士运河。从经济看，埃及拥有约 1 亿人口，其首都开罗是该地区最大城市，埃及的国民生产总值在中东地区排名第四，仅次于土耳其、沙特阿拉伯和伊朗。人均国民生产总值在中东北非 16 个国家中排名第 11 位。从军事看，埃及被认为是中东地区传统军事强国，其军队素质和作战能力较强，在历次中东战争中，埃及军队都是阿拉伯军队的中坚力量。其武器装备质量较高，能够通过武器购买获取先进装备。埃及整体实力在中东地区亮眼，加之其重要的地理位置，可以将埃及视为中等强国。不过，埃及的实力在地区中等强国中并不突出，主要依靠长期在阿拉伯世界建立起来的威信，通过多边安全治理解决自身关切问题。

从地区安全治理的目标来看，埃及致力于调解地区安全争端，增强自身的安全影响力。埃及所处的中东地区，地区安全问题多样且复杂。当前，埃及并非处于中东地区冲突的核心区域，与大多数中东国家并无明显的安全利益冲突。埃及同主要大国关系较为紧密，能够充当桥梁和纽带的角色。调解地区安全冲突，斡旋各个利益攸关方，有利于塑造埃及的地区形象。同时，埃及致力于解决严峻的非传统安全问题。"阿拉伯之春"以来，埃及面临日趋严峻的恐怖主义威胁。在埃及西部，利比亚政局动荡，内战不休，成为滋生恐怖主义的土壤。伊斯兰国恐怖组织频繁发动恐怖袭击，利比亚不断扩大的内战，为伊斯兰国恐怖组织创造了一个潜在的机会。[①] 显然，如果不采取措施，恐怖主义将严重威胁埃及边境安全。"水安全"争端是埃及的另一安全关注点。埃及地处尼罗河下游，尼罗河被其视为"母亲河"，"水安全"问题是关乎埃及国家安全的关键问题，被埃及视为其核心利益。埃及反对埃塞俄比亚在尼罗河上游修建埃塞复兴大坝，指责其影响埃及国家安全。[②] 围绕大坝问题的纠纷一直影响两国关系。

从地区安全治理的主题来看，联合国维和行动是埃及参与地区安全治理的重要方向，它有利于塑造埃及负责任的地区国家形象。埃及对联合国领导的多边维和行动的总体贡献较为突出，特别是对苏丹达尔富尔维和行动、刚果维和行动作出突出贡献，仅这两项行动就涉及 2000 多名埃及士兵。事实上，2013 年 7 月，埃及是向联合国行动提供军事人员和警察的十大国家。值得注意的是，中东多极体系中的其他关键角色，如伊朗、沙特阿拉伯和土耳其，都没有对联合国维和行动作出实质性贡献。例如，土耳其在联合国维和行动中，提供的部队不到埃及的 1/5。[③] 因此，埃及为地区安全承担了更多的责任。埃及致力于参与多样化的多边安全治理进程。一方面，埃及致力于推动中东地区无核区的建设，强调伊朗在《核不扩散条约》下的法律义务，反对伊朗拥有核武器。[④] 在阿以冲突、建立中东"无核武器区"的谈判中，埃及一直是主要角色之一。另一方面，埃及在调解加沙地区冲突的过程

①　Sudarsan Raghavan, "Libya's Civil War Creates Opening for ISIS Return as Counterterrorism Effort Falters", *Washington Post*, 2019, https://www.washingtonpost.com/world/middle _ east/libyas-civil-war-creates-opening-for-isis-return-as-counterterrorism-effort-falters/2019/11/21/e78745c0-056c-11ea-9118-25d6bd37dfb1_ story. html.

②　"Egypt Accuses Ethiopia of Violating Law over Controversial Dam", *BBC News*, 2021, https://www.bbc.com/news/world-africa-57734885.

③　Marco Pinfari, "Of Cats and Lions: Egypt and Regional Security Governance in the Middle East", *Robert Schuman Centre for Advanced Studies Research Paper*, 2014, p. 2.

④　"Arabs Must have Say in any New Iran Nuclear Deal, Egypt Says", *Reuters*, May 9, 2018, https://www.reuters.com/article/us-iran-nuclear-reaction-egypt-idUSKBN1IA1L9.

中发挥了关键作用。① 在 2021 年 5 月的加沙冲突中，埃及积极斡旋调停，促成哈马斯与以色列达成停火协议，并开放与加沙的唯一边境运输通道，让外界的人道主义援助物资得以运入。对于 2023 年 10 月再次爆发的加沙冲突，埃及方面也推动人道主义援助，并谴责以色列对平民的伤害行为。可以说，埃及为地区秩序重新稳定作出了重要贡献。

从地区安全治理的议程来看，一方面，埃及长期在泛阿拉伯运动中发挥领导作用，通过其阿拉伯联盟的主导地位，赋予埃及在阿拉伯世界持续的制度力量来源。自 1945 年成立以来，除了埃及与以色列和约之后的十年外，阿拉伯联盟一直设在开罗，其所有秘书长都是埃及人。事实上，在选举新任秘书长时埃及外交部长往往是该职位的自然人选。阿盟在开罗举行的年度首脑会议以及例行、紧急会议为形成阿拉伯共同议程提供了重要论坛。因此，埃及被定位为这一进程中的关键角色。塞西政府当选后，埃及对非洲地区的关注度不断增加，这一转变与安全环境的变化相关。埃塞俄比亚在尼罗河上游修建水坝，使得埃及的不安全感增加。2016 年，在担任联合国安理会非常任理事国期间，埃及致力于协调安理会和非盟"和平安全理事会"的非洲成员国的活动。此外，埃及尤其积极地参与非盟的安全事务，2019 年埃及与非盟签署协议，决定在开罗建立名为"非盟冲突后重建与发展中心"（AUC-PCRD）的综合性协调平台。

另一方面，埃及注重与地区伙伴建立紧密的安全关系。埃及加强与海湾地区传统盟友沙特阿拉伯、阿联酋的联盟关系，注重防范什叶派在中东的影响力。例如，埃及支持沙特领导的联盟对也门进行军事干预。埃及、沙特阿拉伯和阿联酋，三国结成紧密的地区安全关系，以应对它们所定义的主要地区安全威胁。② 2015 年，东地中海发现丰富油气资源，东地中海沿岸国家为

① Vivian Salamain, Jared Malsin, "Egypt Played Central Role in Israeli-Palestinian Cease-Fire", *the Wall Street Journal*, 2021, https://www.wsj.com/articles/egypt-played-central-role-in-israeli-palestinian-cease-fire-11621639476.

② Riham Bahi, *Diplomatic Strategies of Nations in the Global South*, London: Palgrave MacMillan, 2016, p.159.

争夺能源爆发争端可能引发涉及能源安全的更大矛盾。2018 年，埃及提出建立东地中海天然气论坛的倡议，作为天然气政策对话平台。2019 年 1 月，塞浦路斯、埃及、希腊、以色列、意大利、巴勒斯坦和约旦的能源部长首次齐聚开罗，讨论东地中海天然气论坛的结构并就其主要目标达成一致。2020 年 9 月，埃及、希腊、意大利、塞浦路斯、约旦、以色列、巴勒斯坦的代表签署了一项协议，正式将东地中海天然气论坛转变为一个区域间政府组织，总部设在开罗。① 法国已提出加入论坛，美国也加入常任观察员，论坛的国际影响力日益增加。这是第一个将世界上的天然气生产商、消费者和过境国整合为一个实体的国际组织，新组织的成功取决于地中海东部政治和地缘政治局势的未来发展。② 埃及对地区事务的领导能力可见一斑。此外，埃及还利用大国关系协调"水安全"问题，呼吁美国在埃塞俄比亚修建大坝的问题上发挥建设性作用。

四　拉美地区中等强国安全治理话语权

拉美地区的安全治理通常由硬实力平衡的话语和实践所主导，地缘政治竞争较为激烈，例如，阿根廷和巴西、玻利维亚和智利之间存在的竞争。20 世纪以来，拉美地区鲜有相关的国家间战争。从 20 世纪 90 年代开始，以安全共同体为导向的实践和叙事开始发展起来，区域安全治理结构保持着强大的社会关系，增强对管理和解决地区矛盾与摩擦的治理程序、运作机制的信心。③

---

① "The East Mediterranean Gas Forum", https：//emgf. org/events/ministeria-meetings/.

② Ahmed Qandil, "East Med Gas Forum Turns into Regional Organization, in Blow to Turkey", *The Arab Weekly*, September 23, 2020, https：//thearabweekly. com/east-med-gas-forum-turns-regional-organisation-blow-turkey.

③ Rafael Duarte Villa, Fabrício H. Chagas-Bastos, Camila de Macedo Braga, "Going beyond Security Community and Balance of Power：South America's Hybrid Regional Security Governance", *Global Studies Quarterly*, Vol. 1, No. 4, 2021, p. 2.

（一）拉美地区安全治理需求

拉美地区国家间在安全事务上面临着国内和跨国性的安全威胁，主要包括三类。

第一类安全威胁是国家内部的威胁。这些威胁包括政变、游击队、政治分化和社会不平等。虽然国际条件可能容易导致煽动抑或改善国内的不稳定状况，但国内威胁在很大程度上被视为国家有效治理和发展能力的不足，如法治建设、经济发展等。自冷战结束以来，拉丁美洲经历多次政治不稳定的情况，导致严重的制度危机。这方面的例子包括厄瓜多尔（2000 年、2005 年和 2010 年）、海地（1991 年和 2004 年）、委内瑞拉（1992 年、2002 年和 2016 年）、阿根廷（1990 年）、巴拿马（1990 年）、秘鲁（1992 年）、危地马拉（1993 年）、洪都拉斯（2009 年）等国出现的政局危机。尤其是海地、委内瑞拉、尼加拉瓜的反对派冲突等国内暴力危机成为常见的内部安全危机的表现形式。此外，国内安全威胁还有一个来源是社会不平等和社会群体矛盾。南美洲仍然是不平等率（GINI 系数）最高的地区。在地球上以基尼系数衡量的 20 个最不平等的国家中，拉丁美洲有 15 个，拉丁美洲拥有世界约 8% 的人口，但凶杀案约占 1/3。[①] 危地马拉、萨尔瓦多和洪都拉斯被认为是世界上暴力最严重的国家之一，哥伦比亚也是如此，这些国家长期以来饱受政治和毒品相关暴力的困扰。

第二类安全威胁是国家间存在的领土争端。拉美国家之间虽然发生大规模战争的可能性很小，但未解决的争端仍然隐患突出，主要是边界和领土争端，包括阿根廷和英国（马尔维纳斯群岛）、哥伦比亚和尼加拉瓜（加勒比海水域的石油资源有争议）。哥伦比亚指控委内瑞拉政府寻求获得伊朗的中程和远程导弹，对其构成安全威胁。委内瑞拉则指控哥伦比亚寻求推翻总统马杜罗，两国关系一度十分紧张。尽管其中有些冲突处于暂停或潜伏状态，

[①] Christopher Woody, "400 Murders a Day: 10 Reasons Why Latin America is the World's Most Violent Place", *Business Insider*, September 7, 2019, https://www.businessinsider.nl/latin-america-is-the-worlds-most-violent-region-crime-2019-9? international=true&r=US.

可能会升级到紧张局势，但没有证据表明不久的将来会出现严重的国家间危机或爆发战争（见表6-4）。

表6-4 拉丁美洲的国家间冲突（2022年）

当事国家	争端问题	开始年份	冲突强度
阿根廷 vs. 英国	马尔维纳斯群岛	1833	2
玻利维亚 vs. 智利	入海通道	1883	1
伯利兹 vs. 危地马拉	领土	1981	3
圭亚那 vs. 委内瑞拉	领土、油气资源	2015	2
多米尼加 vs. 海地	边境移民	2009	1
尼加拉瓜 vs. 哥伦比亚	海界	1825	2
尼加拉瓜 vs 哥斯达黎加	边界	1982	1
秘鲁 vs. 智利	领土	1946	1
智利 vs. 英国	南极洲	2007	1
洪都拉斯 vs. 萨尔瓦多	科内霍岛	1993	1
美国 vs. 墨西哥	边境安全	2005	3
美国 vs. 委内瑞拉	制度性冲突	2001	2
美国 vs. 古巴	关塔那摩	1959	1
委内瑞拉 vs. 哥伦比亚	蒙耶斯群岛	1871	1

注：强度：5＝战争；4＝严重危机；3＝危机；2＝清单；1＝潜在。

资料来源："Conflict Barometers 2014", The Heidelberg Institute for International Conflict Research, 2015, https: //hiik. de/konfliktbarometer/bisherige-ausgaben/。

　　第三类安全威胁是有组织跨国犯罪。[①] 与其他发展中国家相比，拉丁美洲面临着严重的跨国暴力问题，尤其是跨国贩毒组织的犯罪活动对地区安全与稳定构成威胁，这些组织势力强大，拥有枪支弹药等杀伤性武器，具有一定的武装规模。贩毒组织产生的暴力持续影响当地社区治安与社会稳定。近年中美洲经历了重大的经济、政治和社会变革，但这些成就大多被安全条件的动荡所掩盖。洪都拉斯与危地马拉、萨尔瓦多一起构成所谓的北三角的一部分。墨西哥的贩毒集团、民团与政府之间的冲突持续不断。在巴西，各种贩毒组织和政府之间的"战争"时有发生。尽管安全部队一直在努力控制

———————

① Andres Velasco, "New Light on Income Inequality", Project Syndicate, October 30, 2015.

贩毒组织，但里约热内卢市、里约热内卢州、亚马逊州的贩毒组织仍然特别活跃。据《冲突晴雨表》2021年最新统计，这些地区仅2020年上半年就发生了超过25000起杀人案。① 在哥伦比亚，由于武装团体、贩毒团伙、分裂团体以及其他游击队争夺地盘，暴力活动仍然居高不下。帮派暴力继续影响萨尔瓦多、洪都拉斯和危地马拉等中美洲国家。

应对地区内的各类安全挑战，拉美区域内各方力量主要通过多种途径和载体进行安全治理，包括制定许多安全合作文书，其中涉及各种行为体、机构和资源。拉丁美洲安全治理过程中主要行为体的中心地位仍然由国家占据，但其他行为体如国际组织、多边合作进程也发挥着重要作用。与欧洲区域安全治理相比，拉丁美洲的区域组织在安全治理中的地位相对较低。然而，根据不同的合作层次，各行为主体扮演不同的中心角色，如半球范围（美洲国家组织）、区域范围（如南美国家联盟、中美洲一体化体系）、双边/三边范围（哥伦比亚计划或梅里达倡议），还是国内层面（内部安全政策），都显现出区域组织比全球组织更有能力提供安全保障，在拉丁美洲产生很高的期望。这些区域组织的成员拥有相似的文化背景，对地区稳定有共同的利益，能在危机时期迅速响应，因此在提供地区安全保障方面引起高度重视。②

（二）巴西地区治理塑造者角色

巴西是南美洲的地区大国和具有全球影响的中等强国。从地缘看，巴西国土面积广阔，是南美洲领土面积最大的国家。从周边外交关系看，巴西与邻国保持了长期友好的关系，而巴西的邻国从体量上和实力上与巴西都有较大差距。从经济实力看，巴西的经济发展水平在南美洲名列前茅，不仅是

---

① "Conflict Barometers 2020", The Heidelberg Institute for International Conflict Research, 2021, https://hiik.de/wp-content/uploads/2021/05/ConflictBarometer_ 2020_ 2.pdf.

② Roberto Dominguez, "Security Governance in Latin America", In Marcial A. G. Suarez, Rafael Duarte Villa, Brigitte Weiffen et al. (eds.), *Power Dynamics and Regional Security in Latin America*, London：Palgrave Macmillan, 2017, p. 69.

G20、金砖国家等重要经济组织的成员，而且举办过世界杯、奥运会等大型体育赛事，充分显示了经济实力。从军事实力看，巴西军力在南美洲同样保持领先地位，它拥有南美洲唯一的航空母舰，还谋求建造核潜艇。在军费开支最高的20个国家中，巴西是唯一的拉美国家，2020年排名第15位，支出197亿美元，占整个拉美地区军费开支的37.8%（521亿美元）。① 全球火力网将巴西列入全球第十大军事强国，其区域军力优势毋庸置疑。从文化影响看，巴西是南美洲唯一的葡语国家，其足球文化在世界范围内都具有较高的影响力。在拉美地区安全治理中，巴西扮演着重要角色，如领导者、整合者、安全提供者、调解者和危机管理者。在追求全球大国地位的过程中，巴西代表着维护地区稳定的利益，南美联盟已经成为一个矛盾冲突化解的多边平台，并对眼前的挑战作出反应。如2008年玻利维亚、2010年厄瓜多尔的危机，2010年委内瑞拉、厄瓜多尔和哥伦比亚之间的紧张关系。

从地区安全治理的目标来看，巴西参与地区安全治理的主要诉求在于塑造自身国际形象，增加外界对巴西国家形象的积极认知，希望塑造自身"负责任""有活力""有能力"的地区大国形象。② 巴西所处南美洲长期保持了相对稳定的地区秩序，地区国家之间较少爆发武装冲突。因此，巴西关注地区安全治理的地域，不仅是南美洲的地区安全问题，它对于非洲地区葡语国家的安全问题也表达了关注意愿。2012年，巴西首次发布的《国防白皮书》将被称为"绿色亚马逊""蓝色亚马逊"的南大西洋和非洲西海岸视为影响其国家安全的核心区域。③

从地区安全治理主题来看，一方面，参与联合国维和行动是巴西主要关注的地区安全治理议题。自联合国成立以来，巴西一直是联合国维和行动的主要参与者。1957～1999年，巴西共部署11000多名士兵和300多名维和警

---

① "Trends in World Military Expenditure, 2020", Stockholm International Peace Research Institute, April 2021, https：//sipri.org/sites/default/files/2021-04/fs_2104_milex_0.pdf.

② Roberto Dominguez, *Power Dynamics and Regional Security in Latin America*, London：Palgrave MacMillan, 2017, p.54.

③ Andrés Malamud Isabella, Isabella Alcaniz, "Managing Security in a Zone of Peace：Brazil's Soft Approach to Regional Governance", *EUI Working Papers RSCAS*, 2014, p.4.

察执行联合国维和任务。巴西参与过 3 次和地区安全相关的联合国维和行动，从巴西参与维和的地域来看，其维和地区大多为前西方殖民地的葡语国家。例如，在 1993 年联合国莫桑比克维和行动期间，巴西派驻军事观察团。在 1995 年莫桑比克维和行动中，巴西派驻军事代表团。2004 年，联合国海地维和行动期间，巴西再次参与地区维和行动。巴西参与的地区维和行动为地区稳定作出贡献，[1] 对联海稳定团发挥了区域领导作用，提升巴西负责任新兴大国的形象。另一方面，解决跨国犯罪的问题也是巴西关注的地区安全治理议题。对于巴西而言，跨国犯罪比邻国的威胁更加严峻，特别是跨国毒品犯罪和跨国武器走私成为威胁巴西安全的主要问题，对巴西内部和社会治安产生诸多负面影响。

从巴西参与地区安全治理议程来看，巴西致力于引导南美洲地区安全共同体建设。2008 年，在巴西的倡议下，南美洲国家联盟成立，被视为南美国家推动南美洲安全治理的有力实践，其国防和安全问题归组在其南美洲国防委员会（SDC）的监督下。南美洲国防委员会项目由时任巴西总统卢拉在 2008 年 2 月对阿根廷进行国事访问期间发起。2019 年，巴西右翼总统博索纳罗宣布退出南美洲国家联盟后，阿根廷、巴西、智利、哥伦比亚、厄瓜多尔、巴拉圭、秘鲁和圭亚那 8 个国家签署《圣地亚哥宣言》，宣布成立南美洲进步与发展论坛。出于政治原因，巴西推出南美联盟，但政治光谱再度向左侧移动，巴西重返南美联盟或加入南美洲进步与发展论坛也是迟早的事情。2023 年，卢拉当选新一届巴西总统后，宣布重新加入南美洲国家联盟。

尽管南美洲地区安全一体化进程面临一些困难和曲折，但是巴西始终将地区安全一体化作为其实现地区安全治理的重要工具。因此，巴西参与的联合国维和行动和地区安全一体化议程，都起到塑造巴西国家形象、打造地区安全治理话语权的积极作用。[2] 巴西坚持三大政策取向值得关注，即与国际

---

[1]　Kai Michael Kenkel，"South America's Emerging Power: Brazil as Peacekeeper"，*International Peacekeeping*，Vol. 17，No. 5，2010，p. 655.

[2]　Kai Michael Kenkel，"South America's Emerging Power: Brazil as Peacekeeper"，*International Peacekeeping*，Vol. 17，No. 5，2010，p. 658.

机构的关系（尤其是对和平解决冲突的支持）；对主权和干预的立场；地区和全球愿望的平衡。从一战后的国际联盟开始，巴西就加入并支持多边安全机构（在军事统治期间有一个明显的中断），其动机是追求典型的中等强国或新兴国家的目标：向下保护，防止国际体系中的权力不对称；向上流动，寻求更强的国际形象。巴西反对西方国家对叙利亚、利比亚等国主权的干涉，参与伊朗核问题解决，主张国际社会应该通过谈判和对话解决伊朗核问题，强调制裁并不能解决争端。巴西政府参与关于伊朗核问题国际谈判的强烈意愿被称为"联合国安理会常任理事国候选手册"。[①] 巴西塑造反对传统西方话语，在国际事务中营造负责任的南方发展中大国的形象，塑造地区安全治理方面的话语权。[②]

（三）阿根廷地区安全治理平衡者角色

阿根廷陆地面积位居世界第八、拉丁美洲第二、西班牙语诸国之首。作为国际多边组织的积极"拥抱者"，阿根廷是联合国、南方共同市场、南美洲国家联盟、伊比利亚美洲国家组织、世界银行集团和世界贸易组织的创始成员国。作为拉丁美洲第三大经济体，阿根廷是 G20 的成员之一，被认为是地区中等强国，在人类发展指数上的评级为"非常高"。早在二战结束后，阿根廷就被学者高看一眼，将之作为国际体系中重要中等强国加以分析。多伦多大学教授乔治·格莱兹布鲁克（George P. de T. Glazebrook）曾在《国际组织》杂志发表《联合国系统中的中等强国》一文并指出，在美洲的联合国成员阿根廷、巴西、加拿大和墨西哥是中等强国。[③]

作为拉美首强的邻居，阿根廷承认巴西是南美洲的地区大国，加强与巴西的关系也是阿根廷的政治优先事项，然而并不支持巴西作为地区领导者。

---

① Clóvis Rossi, "Brazil, Iran, and the Road to the Security Council", *Project Syndicate*, March 4, 2010, https://www.project-syndicate.org/commentary/brazil-iran-and-the-road-to-the-security-council? barrier=accesspaylog.

② Benjamin de Carvalho, *Status and the Rise of Brazil*, London: Palgrave MacMillan, 2020, p. 25.

③ George P. de T. Glazebrook, "The Middle Powers in the United Nations System", *International Organization*, Vol. 1, No. 2, 1947, pp. 307-318.

阿根廷参与制衡其邻国的崛起和地区主张，试图通过区域内部平衡，并提高自身能力来对抗巴西谋取地区主导地位的努力。与巴西相似，阿根廷同样倡导区域一体化，积极参与南美地区经济、安全治理的多边机构，获得认可和声望。[1] 阿根廷是南方共同市场的重要力量，推动南美洲国家联盟和南美洲安全共同体建设，在巴西 2019 年退出南美联盟后，阿根廷瞅到机会，立即牵头 8 国成立南美洲进步与发展论坛，争夺领导地位的意图十分明显。阿根廷是南美洲安全共同体相关机制最早的推动国之一。1984 年，阿根廷和智利签订《和平友好条约》，开启地区双边安全协议、促成多边安全合作的开端，协同其他安全机制推动地区安全共同体的形成，特别是 2006 年签署的《南克鲁斯协议》，为将来向联合国维和任务部署联合部队而组织一支两国部队。[2] 1985 年，阿根廷与巴西签订《巴西—阿根廷关于核材料和技术的协议》，此后进一步发展为南美防务委员会。20 世纪 90 年代，阿根廷与巴西加入《不扩散核武器条约》，结束了核计划的军事目的。阿根廷和巴西放弃核能竞赛并通过南方共同市场（1992 年）采取一体化倡议取代经济竞争，这也是从权力平衡向安全共同体过渡的一个标志性的动态。

关于阿根廷是否有兴趣在该地区承担区域领导地位是一个争论的话题。然而，很明显，阿根廷正在扩大地区影响，采取软平衡战略，与墨西哥、智利等加强外交联合，以制衡巴西在南美的主导地位。例如，在卢拉执政期间，巴西将注意力转向对联合国安全理事会常任理事国席位的要求。这一决定成为巴西和阿根廷之间的一个紧张点。巴西与日本、印度、德国组成"四国联盟"谋求安理会常任理事国席位，若成功获得联合国安理会常任理事国席位，将极大提高巴西的国际地位，使之成为全球大国。这种情况将造成对阿根廷的压倒性优势。为此，阿根廷与巴基斯坦、意大利等国发起

---

[1]　Javier Vadell, "International Politics, the Economic Conjuncture, and the Argentina of Néstor Kirchner", *Brazilian Journal of International Politics*, Vol. 46, No. 1, 2006, pp. 194-214.

[2]　Rafael Duarte Villa, Fabrício H Chagas-Bastos, Camila de Macedo Braga, "Going beyond Security Community and Balance of Power: South America's Hybrid Regional Security Governance", *Global Studies Quarterly*, Vol. 1, No. 4, 2021, p. 5.

"团结谋共识"运动，强力阻击四国"入常"。可见，阿根廷与巴西既是推动区域和平安全的合作者，同时也是区域领导权的竞争者。

在区域国家的内部社会秩序上，阿根廷与巴西也存在分歧。2019年，玻利维亚、智利和厄瓜多尔经历大规模的政治和社会动荡，巴西博索纳罗政府通过不合时宜的煽动性声明加剧本已动荡的局势。玻利维亚安全部队在一场有争议的选举后罢免当时的总统莫拉莱斯。巴西政府称这一过程完全合法，而阿根廷政府将玻利维亚发生的事件描述为一场政变。① 领导人之间明显的政治对立，使合作变得困难起来。这种分歧经常使阿根廷总统费尔南德斯等左翼领导人与巴西总统博索纳罗等极右翼领导人发生矛盾。博索纳罗拒绝祝贺他的阿根廷对手阿尔贝托·费尔南德斯在2019年获胜。2019年8月，博索纳罗对费尔南德斯发表敌意言论，称他为"左派强盗"，而费尔南德斯表达对博索纳罗的宿敌巴西前总统卢拉的同情，激怒了博索纳罗。② 国家元首之间强烈的意识形态分歧已产生敌对情绪，不利于地区安全治理力量的整合。这一情况将伴随两国内部政治生态变化以及利益衡量所产生的结果和影响。

五 中亚地区中等强国安全治理话语权

中亚安全问题具有复杂的地缘政治、经济和社会性质，面临诸多棘手的安全挑战，其复杂性在于内外部因素对地区安全状况产生的多层次影响。区域内及周边各国围绕突出安全问题，主要通过多边对话平台、制度化合作机制推动安全治理。作为中亚地区最大国家，哈萨克斯坦推动区域安全治理尤为积极，发挥重要的地区影响力，并在紧张局势升级期间充当协调方。自称

---

① Federico Merke, Oliver Stuenkel and Andreas E. Feldmann, "Reimagining Regional Governance in Latin America", *Carnegie Endowment for International Peace*, June 24, 2021, https://carnegieendowment.org/2021/06/24/reimagining-regional-governance-in-latin-america-pub-84813.

② Benedict Mander, "Alberto Fernández's Victory Set to Shake Up Argentine Diplomacy", *Financial Times*, November 5, 2019, https://www.ft.com/content/fef5ef36 - fcc5 - 11e9 - a354 - 36acbbb0d9b6.

为"亚洲日内瓦"的哈萨克斯坦在俄罗斯、中国和西方之间进行外交游走，扮演地区稳定与安全的领导者角色。①

（一）中亚地区安全架构

地缘政治理论强调亚欧大陆对世界霸权竞争的决定性意义。哈罗德·麦金德（Harold Mackinder）在《历史的地理枢纽》② 《地理学的范围与方法》③ 等文中系统地阐述了世界历史发展中地理因素的作用，率先提出欧亚"支点地区"的概念（包括整个西伯利亚和中亚大部分地区），后来又提出"心脏地带"的概念（包括东欧、中亚），作为实现大陆统治的重要跳板。每一个地区的国际政治体系都有一些共同的系统性的重要因素的组合，这些因素将其与其他地区区分开来，并决定其质量属性。在形成国际安全的基础上，现代欧亚大陆在全球进程中发挥着平衡作用，但这种作用还取决于其战略区域的稳定，而中亚被认为是其中之一。④ 布热津斯基将这个区域描述为一个不稳定的区域，这对于更强大邻国是一种干预的诱因。

冷战结束以来地缘政治进程的发展表明，中亚已成为亚欧大陆的关键地区，对大陆整体气候和全球安全产生重大影响。该地区日益凸显的重要性也带来某些风险。随着中亚地区成为全球安全和经济体系不可或缺的一部分，它对传统上决定全球政治、经济、文化和意识形态发展进程的影响变得敏感。20多年来，中亚五国哈萨克斯坦、吉尔吉斯斯坦、乌兹别克斯坦、塔吉克斯坦和土库曼斯坦经历了边界冲突、政治革命、暴力劳工骚乱和民族冲突等各类挑战。人们开始担心将中亚与邻国（特别是阿富汗）联系起来的

---

① Iskander Akylbayev and Brian Y. S. Wong, "What Kazakhstan Can Teach About Medium-State Diplomacy", *Foreign Policy*, May 4, 2021, https：//foreignpolicy.com/2021/05/04/what-kazakhstan-can-teach-about-medium-state-diplomacy/.

② Halford John Mackinder, "The Geographical Pivot of History", *The Geographical Journal*, Vol. 170, No. 4, 2004, pp. 298–321.

③ Halford John Mackinder, *The Scope and Methods of Geography*, New York：Cosimo Classics, 2020.

④ Ulugbek Khasanov, "Central Asia：Regional Security as a Process", *the Valdai Club*, July 15, 2021, https：//valdaiclub.com/a/highlights/central-asia-regional-security-as-a-process/.

跨国极端主义网络的增长。中亚地区面临的最突出安全问题是消除恐怖主义、分离势力以及资源争夺引发的国家武力摩擦。阿富汗、叙利亚以及整个中东地区的冲突形成了跨境安全威胁的相互联系。

这些跨境安全威胁成为现代国际恐怖主义"合作"的摇篮，在各种破坏性力量和趋势的旗帜下运作。俄罗斯政治学家费奥多尔·卢基扬诺夫（Fyodor Lukyanov）指出，国际恐怖主义不是常见的或自然发生的，而是包装各种过程的掩护，是社会经济发展不平衡的结果，或者是以前意识形态模式失败后出现的意识形态真空，或者是第三世界民族主义的新高潮，加剧了分离主义趋势。① 中亚国家的大量人口生活贫困，这一事实会导致一种边缘化感，在这种情况下，个人可能寻求宗教庇护。这种脆弱性可能使某些恐怖主义、极端主义团体有机可乘。无知和无法获得体面的教育，再加上对公开辩论极端主义和恐怖主义问题的恐惧，成为该地区极端主义和激进主义发展的沃土。② 激进主义、极端主义和恐怖主义三股势力，利用社会和经济问题来散播不满和煽动民族冲突，是造成地区不稳定的一大根源。宗教极端主义在中亚各国的蔓延对社会与政治安全构成重大威胁。例如，吉尔吉斯共和国就是一个受到宗教极端主义严重威胁的国家。由于该国困难的社会经济形势，在人口教育潜力下降的背景下国家意识形态薄弱，南部的种族冲突不断，一系列因素为极端主义制造了恐怖主义活动的温床。宗教极端主义传播的热点之一是费尔干纳河谷，这是后苏联时代中亚最紧张的地区，乌兹别克斯坦、塔吉克斯坦和吉尔吉斯斯坦三个国家的边界于此交会，被视为极端组织的发源地。

阿富汗的不稳定局势仍然是中亚安全所面临的一个主要的域外威胁（实际上，阿富汗也可以被视为更大中亚区域范围的一部分）。20 世纪 90 年

---

① Ulugbek Khasanov, "Central Asia: Regional Security as a Process", *the Valdai Club*, July 15, 2021, https://valdaiclub.com/a/highlights/central-asia-regional-security-as-a-process/.

② Mihail Păduraru, Claudia-Iohana Voicu, "Security Risk Analysis Perspectives on Central Asia Dynamics", In Mihr A. (eds), *Transformation and Development*, Cham: Springer, 2020, p. 62.

代初以来，旷日持久的阿富汗内战和"9·11"事件后美国对阿富汗的入侵，加剧地区安全环境的不确定性，破坏了该地区与南亚经济合作的前景。当以美国为首的西方联盟宣布击败塔利班并将基地组织赶出阿富汗时，中亚各国政府面临的一个主要安全威胁似乎被消除了。然而，塔利班加强其能力，在战争中重新获得了地位。2021年美军完全撤出阿富汗行动，塔利班开始利用阿富汗安全部队的低效率、西方支持的喀布尔政府内部政治分歧以及其无力控制整个国家的情况，以迅雷不及掩耳之势占领阿富汗全境，推翻美国扶持的加尼政府，再次成立全国性政权。同时，近年来，"伊斯兰国"在阿富汗的渗透严重加剧安全威胁，其他一些恐怖组织在"安全真空"的环境中抬头，这将导致中亚各国与阿富汗各种恐怖组织有联系的本土激进分子再度崛起。① 此外，丰富的油气储量和矿产资源增加中亚地区的重要性，域外国家也开始争夺该地区的影响力。能源安全已成为确保本地区安全稳定发展的关键因素之一。这主要是因为对石油和天然气已探明和潜在储量的估计不断增加。②

中亚各国必须确保自己在政治、经济和安全领域的国家和发展利益，而众多国际和区域政府间组织、域外国家和国际倡议则通过呼吁基本利益（贸易、安全）、价值观（人权、民主），以及关注身份认同（无论是语言、文化还是宗教），来提供竞争性的产品和争取影响力，地缘政治竞争则成为明显的特征。中亚的地缘政治当然包括其他拥有不同目标和战略的参与者，比如中美俄等大国。作为中亚毗邻国家，中国加强了在该地区的影响，但一直保持中立地位，没有公开参与任何冲突。中国是中亚唯一在区域内加快实施重大经济项目的强大全球经济伙伴，通过"一带一路"倡议、上海合作组织将地区经济发展起来，消除恐怖主义、政治动荡等社会土壤，实现中亚与边境地

---

① Dauren Aben, "Regional Security in Central Asia: Addressing Existing and Potential Threats and Challenges", *Research Journal*, Vol. 1, No. 1, 2019, p. 53.

② Gulnara Karimova, "Uzbekistan's View of Regional Security in Central Asia", *Carnegie Endowment for International Peace*, August 24, 2010, https://carnegieendowment.org/2010/08/24/uzbekistan-s-view-of-regional-security-in-central-asia-pub-41422.

区的安全稳定。俄罗斯长期在中亚地区保持地缘政治的强大存在，希望保持其传统的影响力，甚至对中亚有"势力范围"的观念。美国曾因为阿富汗战争在吉尔吉斯斯坦设立军事基地，一直试图获取对地区安全的外部发言权。土耳其自奥斯曼帝国建立以来就一直试图通过宗教、语言，扩大在中亚地区的影响力。一段时间以来，中东地区主要力量尤其是沙特阿拉伯，通过投资和伊斯兰外展活动的结合，也希望成为地区的参与者。当然，伊朗对地区安全亦有兴趣。欧盟设有中亚特别大使，但在其大部分外交政策中，欧盟的姿态和承诺收效甚微。未来它不太可能成为中亚的重要地缘政治参与者。

随着该地区地缘政治作用的增强，各主体越来越多地涉足复杂的政治、外交、金融和经济进程，这反过来又要求保护国家利益的战略和灵活性。事实上，考虑到现有的各种威胁和挑战，中亚各国一方面要继续加强其作为国际稳定前哨和世界经济组成部分的地位，另一方面要尽量减少可能降低中亚安全水平的负面因素影响。2018 年，中亚五国启动首届中亚国家元首磋商会议平台，峰会在哈萨克斯坦首都阿斯塔纳举行。① 这是第一个没有外部力量参与的中亚内部的国家间倡议。在此之前，该地区的典型情况是以外部力量介入外交谈判解决紧迫问题。毋庸置疑，中亚区域每个国家都在以自己的方式、根据自己的国家利益优先事项、具体的地缘政治局势和可用资源，寻求解决自身面临的挑战。总的来说，中亚地区的问题是如何加强维护全球政治和经济安全方面的作用，减少给该地区带来不稳定因素的影响。毕竟，经济发展是缓解安全困境的根本方法。

（二）中亚地区安全治理多边安排

20 世纪 90 年代，恐怖主义、分裂主义和极端主义等三股势力日益猖獗，中亚地区安全形势复杂性快速增加，安全利益促使中亚国家与俄罗斯、中国加强安全合作。2000 年 4 月，哈萨克斯坦、吉尔吉斯斯坦、塔吉克斯

---

① Zhanna Shayakhmetova, "Kazakh President Takes Part in Consultative Meeting of Heads of Central Asian Countries in Turkmenistan", *The Astana Times*, August 8, 2021.

坦和乌兹别克斯坦在塔什干签署一项关于合作打击恐怖主义、政治和宗教极端主义、跨国有组织犯罪和其他威胁稳定和安全的条约。2000 年 8 月，中亚国家通过一项关于在打击国际恐怖分子方面进行更紧密合作的联合声明。2001 年 6 月，哈萨克斯坦、中国、吉尔吉斯斯坦、俄罗斯、塔吉克斯坦、乌兹别克斯坦在中国上海宣布成立永久性政府间国际组织——上海合作组织。上海合作组织的宗旨是：加强各成员国之间的相互信任与睦邻友好；鼓励成员国在政治、经贸、科技、文化、教育、能源、交通、旅游、环保及其他领域的有效合作；共同致力于维护和保障地区的和平、安全与稳定；推动建立民主、公正、合理的国际政治经济新秩序。上海合作组织成为中亚地区最重要的安全治理多边架构，其影响力不断扩大也吸引了周边重要国家的兴趣。2017 年 6 月，上合组织元首理事会阿斯塔纳会议作出决定，给予印度和巴基斯坦成员国地位。① 2021 年 9 月，上海合作组织首脑峰会正式启动接纳伊朗为成员国的程序，上海合作组织开始第二次扩容（见表 6-5）。

表 6-5　上海合作组织主要协议概览

协议	日期	主要目的
上海合作组织宣言	2001 年 6 月 15 日	形成声明
上海合作组织章程	2002 年 6 月 7 日	基本法定文件
塔什干宣言	2004 年 7 月 17 日	关注安全和经济问题
五周年宣言	2006 年 6 月 15 日	文化合作
比什凯克宣言	2007 年 8 月 16 日	能源和安全威胁
杜尚别宣言	2008 年 8 月 28 日	地区冲突、预防外交
阿斯塔纳宣言	2011 年 6 月 15 日	回顾总结
乌法宣言	2015 年 7 月 9 日	接纳印度和巴基斯坦
青岛宣言	2018 年 6 月 10 日	全方位合作
杜尚别会议	2021 年 9 月 17 日	启动接纳伊朗程序

资料来源：上海合作组织网站。

上海合作组织的成立是两极格局瓦解和欧亚地区新独立国家出现导致国际政治格局发生深刻变化的结果，也是国际公认的亚欧地区的最佳合作平

---

① 上海合作组织官方网站，http://chn.sectsco.org/about_ sco/。

台，这一点在联合国大会自 2010 年以来定期通过的《联合国与上海合作组织之间的合作》决议中得到明确认可。① 上海合作组织作为一个多边国际组织，旨在确保广大欧亚地区的安全和稳定，联手应对新出现的挑战和威胁，加强贸易以及文化和人道主义合作。作为这个组织的理念，"上海精神"体现多极世界中国际关系的基本原则，为新的国家加入提供空间。上海合作组织不是一个军事政治联盟，也不是拥有超国家决策机构的经济一体化协会。没有国家在上合组织中占主导地位，没有压力或胁迫的因素，所有成员都有动力在完全平等和协商一致的基础上达成共同的结果。

上合组织的首要目标是打击恐怖主义，维护地区安全，主要是通过上合组织区域反恐机构（RATS）的多边反恐行动，打击恐怖主义、分裂主义和极端主义。在共同应对恐怖主义等威胁的基础上，上合组织还需要进一步发展，从传统的国际安全合作扩大到更广领域的互动和深化融合。从"硬安全"的角度来看，上合组织的任务发生很大的变化。尽管安全稳定依然是主要的议程，但上合组织的议程日益重视安全事务以外的经济合作。地区安全治理功能是上合组织的标杆，经济文化合作将成为其新的增长点，在欧亚经济发展、成员国经济发展战略、"一带一路"倡议的背景下，上海合作组织有望成为安全与发展的共同合作平台，实施广泛的经济合作计划。

上合组织以共识为基础的决策性质往往使其弱势的成员能够有效地捍卫自己的利益，可以成为在地区安全领域寻求妥协的平台。当然，中印、印巴、俄哈等国家之间存在的分歧对上合组织的有效性产生一定的影响。但在美国撤出阿富汗、塔利班重新掌权的背景下，阿富汗可能再次成为恐怖组织的避风港，恐怖暴力外溢将破坏该地区的稳定。上合组织必须权衡其地区责任和应发挥的作用，有必要与塔利班合作以维护地区安全、政治和经济利益，为地区安全治理提供了有力支持。

除了参加上海合作组织的多边平台，中亚各国还致力于推动区域国家合

---

① "UN General Assembly adopts resolution on cooperation between the UN and the SCO", SCO, March 30, 2021, http://eng.sectsco.org/news/20210330/737245.html.

作制度化，筹备《21 世纪中亚发展睦邻友好合作条约》，这一条约签署后，将有力地推动区域合作制度化，加强国际事务重要领域的行动协调。同时，区域国家对外还以整体面貌出现，形成一系列"中亚+X"的大国双边对话机制。例如，2020 年 6 月的中亚与美国"C5+1"高级别对话、7 月的"中国+中亚"第一次外长会议、8 月的"中亚+日本"对话特别视频会议、10 月的"俄罗斯+中亚"第三次部长级会议、10 月的"印度+中亚"第二次对话会议、11 月的"欧盟+中亚"第 16 次部长级会议。① 特别是 2023 年 5 月，首届中国—中亚峰会的召开标志着中亚与中国建立了更紧密的关系。此外，中亚地区国家领导人频繁举行双边电话会谈，讨论协调应对新冠大流行和其他区域问题的努力。这表明，中亚国家在地区问题上努力协调一致，促成中亚安全体系的形成，一定程度上表明中亚国家在影响其安全稳定的地区局势领域开始拥有自主权。

（三）哈萨克斯坦地区安全治理角色实践

哈萨克斯坦作为中亚地区领土面积最大的国家，是该地区的重要中等强国，居于区域核心位置。从地缘看，哈萨克斯坦与中俄两国接壤，西临里海，与高加索地区隔海相望，南部与中东地区相邻，被称为中亚地区的桥梁，使其成为连接东亚和欧洲的纽带。从经济上看，哈萨克斯坦 2022 年国民生产总值达到 1900 亿美元，② 人均国民生产总值达到 10041 美元。③ 哈萨克斯坦经济总量占中亚地区绝对优势。自然资源储量丰富，铀储量位居世界第 2、煤储量位列第 6、石油储量位列第 7、天然气储量位列第 11。丰富的资源储备为哈进一步发展提供便利条件。哈萨克斯坦致力于经济体制改革，

---

① Catherine Putz, "Central Asian Leaders Set to Meet in Turkmenistan for Third Consultative Meeting", *the Diplomat*, August 5, 2021, https：//thediplomat. com/2021/08/central-asian-leaders-set-to-meet-in-turkmenistan-for-third-consultative-meeting/.

② "Kazakhstan: Gross Domestic Product in Current Prices from 1997 to 2027", https：// www. statista. com/statistics/436143/gross-domestic-product-gdp-in-kazakhstan/.

③ "哈萨克斯坦人均 GDP", https：//data. worldbank. org. cn/indicator/NY. GDP. PCAP. CD? locations =KZ。

制定国家发展计划，目标于 2050 年成为世界排名前 30 位的发达国家。① 从军事实力看，哈萨克斯坦军种健全，武器装备较为先进，有能力应对地区非传统安全威胁，同时是集体安全条约组织和上海合作组织成员国，积极参与地区多边安全治理的实践。

1991 年独立以来的 30 多年里，哈萨克斯坦利用其在欧亚大陆中心的地缘战略位置，成为连接欧洲和亚洲的区域贸易和商业中心，促进亚欧大陆西部和东部的连接，特别是"一带一路"的互联互通。哈萨克斯坦吸引投资和贸易机会，在能源投资和多边合作方面进一步与西方大国建立联系。哈萨克斯坦不仅要成为欧亚大陆东部和西部之间的物流和商业桥梁，还要成为连接俄罗斯、突厥和伊斯兰世界观的文明枢纽，以实用主义为指导，致力于中亚地区的政治稳定、经济可持续和安全发展。今天，由于其精心制定的多方向外交政策，哈萨克斯坦在区域和全球角色与影响方面一直超越其自身分量，成为与所有全球大国（中国、美国、欧盟和俄罗斯）保持等距、稳定和建设性关系的少数几个国家之一。

从地区安全治理的目标看，保障自身安全是其首要考虑因素。一方面，加入俄罗斯主导的地区安全组织——集体安全条约组织，降低自身的安全支出，可用较低的价格，获取俄制武器装备。哈萨克斯坦还在集体安全条约组织支持下，进行联合反恐演习提升安全治理的能力，尤其是当内部政治稳定受到严重影响时，其依靠集体安全条约组织尽快实现政局稳定。② 比如，2022 年 1 月，哈萨克斯坦爆发大规模骚乱，政局陷入危局。在骚乱期间，哈总统托卡耶夫向俄寻求帮助，作为军事联盟的一部分，莫斯科以维和的名义派出 2000 名集体安全条约组织军队帮助平复骚乱，实现政局稳定。另一方面，打击地区恐怖主义势力是哈萨克斯坦的现实诉求。中亚地区宗教复杂，民族多样，地形多山。苏联解体后，民族问题、宗教问题凸显。应对预

---

① 《加速工业创新和发展是实现哈萨克斯坦 2050 战略的先决条件》，中华人民共和国商务部网站，2013 年 4 月，http：//kz. mofcom. gov. cn/article/ztdy/201304/20130400074725. shtml。

② Roy Allison，"Regionalism，Regional Structures and Security Management in Central Asia"，*International Affairs*，Vol. 80，No. 3，2004，p. 472。

防恐怖主义是哈萨克斯坦主要关心的安全议题之一，恐怖主义是威胁地区安全稳定的主要因素。哈萨克斯坦的邻国塔吉克斯坦、吉尔吉斯斯坦境内存在恐怖主义势力的活动。哈萨克斯坦也面临日趋严峻的恐怖主义威胁，仅在2019年，就有约600人因恐怖主义相关活动获刑。[①]

从哈萨克斯坦参与地区安全治理的主题看，非传统安全议题是主要议题。一方面，防止武器扩散是地区国家普遍关切的议题。哈萨克斯坦于1994年加入《不扩散核武器条约》，针对境内遗留的苏联时代核设施，积极配合国际社会予以改造。同时，哈萨克斯坦是中亚已建立《联合国关于全方位防止、打击和消除小武器和轻武器非法贸易的行动纲领》国家联络点的国家，推动地区国家采取措施防止中小型武器扩散。另一方面，中亚水安全治理影响各国合作。中亚地区身处内陆，干旱的气候以及水资源的稀缺使得水安全问题引发中亚各国关切。中亚地区的水资源冲突可能导致中亚国家之间的公开冲突，将从内部削弱国家治理能力，使中亚国家失去应对非国家威胁稳定的能力，如恐怖主义网络、贩毒集团和分裂主义运动带来的威胁。中亚水安全造成的地区紧张局势，可能导致中亚地区秩序的稳定性下降。[②]水资源一直是引发矛盾和冲突的重要原因，也是地区国家必须处理好的安全问题。

从地区安全治理的议程看，哈萨克斯坦在安全议题上，同俄罗斯保持密切关系，承认俄罗斯在地区安全治理议程上的主导地位。同时，哈萨克斯坦也注重同中国的安全关系。2019年9月，中哈宣布发展永久全面战略伙伴关系。中哈原油管道和中国—中亚天然气管线ABC三线均过境哈萨克斯坦。[③]哈萨克斯坦是上海合作组织创始会员国，中哈多次举办联合反恐演习，推动地区多边安全治理的进程。哈萨克斯坦同美国也保持安全合作关

---

① "Country Reports on Terrorism 2019: Kazakhstan", U. S. Department of State, 2019, https://www.state.gov/reports/country-reports-on-terrorism-2019/kazakhstan/.

② Sievers, Eric W., "Water, Conflict, and Regional Security in Central Asia", *New York University Environmental Law Journal*, Vol. 10, No. 3, 2002, p. 364.

③ 《中哈关系历久弥坚（大使随笔）》，《人民日报》2020年2月5日。

系。在中亚水安全、中亚无核区谈判等问题上，哈萨克斯坦寻求同美国沟通，争取域外大国的支持。

　　哈萨克斯坦通过参与多边安全治理实践，整合地区安全资源，保障周边地区秩序稳定，为实现其 2050 年愿景，提供有利的地区安全环境，增强其在中亚安全治理的话语权。1992 年 10 月在第 47 届联合国大会上，亚洲相互协作与建立信任措施会议（简称"亚信峰会"）的构想由哈萨克斯坦第一任总统纳扎尔巴耶夫首次提出，希望建立一个有效的安全结构，确保亚洲的和平与安全。1999 年，召开第一次外长会议和第一次首脑会议，通过《阿拉木图宪章》，亚信峰会每四年召开一次，其宗旨是为确保亚洲安全领域对话与信任措施执行创造条件。目前拥有 27 个成员国、9 个观察员国、5 个观察员组织及伙伴组织 5 个。自 2014 年起，亚信会议秘书处设在哈首都努尔苏丹。① 亚信峰会成员国在重申对《联合国宪章》的承诺的同时，相信通过对话与合作可以实现亚洲的和平与安全，在亚洲建立一个所有国家和平共处、人民和平生活的不可分割的共同安全区，自由和繁荣。哈萨克斯坦同样强调与俄罗斯、中国、中亚邻国、集体安全条约组织、上海合作组织、联合国、欧安组织、北约、欧盟和美国的伙伴关系。2020 年 3 月，哈萨克斯坦总统托卡耶夫批准哈萨克斯坦 2020~2030 年外交政策构想，基于多元主义、务实主义和积极主动的原则，对外发展友好、平等和互利的关系。②

小　结

　　在地区安全治理的话语权格局中，中等强国的地位和话语权日益增强。不过，中等强国不仅面临与大国的话语权较量，还面临同地区内其他中等强国的话语权之争。由于全球治理需要应对的全球性安全问题复杂多样、专业

---

① 亚信峰会官方网站，https：//www. s-cica. org/index. php？view＝page&t＝about。

② "Decree of the President of Kazakhstan on the Foreign Policy Concept of Kazakhstan for 2020－2030", March 6, 2020, https：//www. akorda. kz/ru/legal＿acts/decrees/o-koncepcii-vneshnei-politiki-respubliki-kazahstan-na-2020－2030-gody。

性强，安全理念和安全知识对治理的具体策略和路径会产生直接影响，安全治理理念实际决定治理的范围、路径和具体措施。由于地区利益、发展历史、国家实力的差异，在不同地区的安全治理问题上存在分歧。以中东地区为例，一些中东国家陷入转型危机，国内政治秩序动荡，地区冲突频繁爆发，恐怖主义在中东地区肆虐。中东地区安全治理主体多元化，治理客体复杂化，各方治理目标不明确，治理议程和治理制度重合度较高。地区中等强国强调安全治理以地区国家为主，认为域外国家应当减少对中东地区安全治理的干预。在伊朗核问题的解决上，伊朗并不抵制多边安全治理的议程，但认为美国在伊朗核问题的治理目标上，是以打压伊朗发展为目的，脱离地区安全治理合作本身的目标。伊朗希望维护自身正当发展权益，减少国家主权所受到的威胁，推动构建以自身为中心的地区安全治理秩序。而以美国为主导的西方国家，奉行干预理念，肆意干涉别国主权，谋求建立以自身霸权为基础的地区安全治理秩序。

地区大国有安全治理理念之争。仍以中东地区为例，从大国主导来看，当前中东地区存在着两个主要的反恐联盟，一个是以美国、以色列为主的反恐联盟，一个是以俄罗斯、伊朗、叙利亚为另一方的反恐联盟。由于大国竞争，中等强国在中东地区面临选边站队的困境，势必带来治理理念的冲突。从本质上看，主权理念和干预理念的差异是引发治理理念冲突的主要原因。伊朗组建"什叶派新月"，被地区逊尼派国家视为严重威胁。沙特组建反恐联盟，名义上打击地区恐怖主义，实则希望遏制伊朗势力。

中等强国和大国有制度与话语之争。不同国家之间对地区安全治理的制度设计也存在差异。正如戴维·莱克所称，安全制度至关重要，改变了国家的行为，没有适当的安全制度，安全合作注定要失败。[①] 安全制度话语权反映的是一个国家在安全制度中的地位、作用及影响，体现一个国家在安全制度中的代表权、发言权、投票权等具体权利及影响力。到目前为止，地区安

---

① David A. Lake, "Beyond Anarchy: Importance of Security Institutions", *International Security*, Vol. 26, No. 1, pp. 129-160.

全治理以规则治理和多边治理为主，其中治理机制是核心。根据斯蒂芬·克拉斯纳等人的定义，国际机制是特定领域内一系列隐含或明确的原则、规范、规则以及决策程序。[①] 在地区安全治理中，无论是治理的理念阐释、主题描述、议程设定，还是治理的合法性，最终都需要话语来呈现。话语是安全信息的载体，是安全协商的媒介，同时也是安全合作的产物。话语不仅能描述安全信息，同时也能塑造安全认知，建构安全认同。话语一旦安全制度化，就会与安全行动联系在一起，演化为一种权力。话语观念涉及对治理目标的定义、解读，即使针对同一安全问题，不同叙事可能会产生不同的话语效果。

安全治理话语的塑造和传播需要借助平台作用。在地区安全治理中，主权国家和非国家行为体都承担话语平台的角色。非国家行为体如国际组织、国际论坛、国际会议以及学术刊物、媒体等，直接影响安全话语传播效果甚至被接受程度。关于地区安全问题的决议，如果能出现在联合国的一些重要决议中，其影响力自然会提升。中等强国与一些大国在地区安全治理的话语平台上不对等。美国控制安全事务的话语传播渠道，可以通过制造合法性的安全话语（如人权、民主等价值观）来影响甚至打压对手，就像对伊朗的所作所为。若发生地区安全冲突，这些大国能够控制安全话语的传播。

中等强国通过主导地区安全治理实践，积极加入多边治理议程，提升自身话语权比重，取得了安全治理的显著效果。这些努力既谋求话语权利，也谋求话语权力，它们在预防冲突、维持和平、执法与建设和平方面发挥了特殊作用，带头与联合国等国际组织合作共同推动解决地区安全问题。当然，中等强国也面临一系列问题，不少地区安全治理仍然由大国主导，地区领导权争夺产生内部的纷争和对立。中等强国需要在与大国和其他中等强国之间的竞争中维护自己的利益，并谋求更广泛的支持，以确保地区安全治理的成功和有效性。

---

① Stephen D. Krasner, *International Regime*, Ithaca: Cornell University Press, 1983, p. 2.

第七章

新兴中等强国与中国全球治理话语权

当前，世界之变、时代之变、历史之变正以前所未有的方式展开，和平赤字、发展赤字、安全赤字、治理赤字加重，人类社会面临前所未有的挑战。在此背景下，如今中等强国以崭新的姿态深度参与全球治理进程，积极扩大其话语权，展现出媲美大国，甚至在某些方面超越大国的突出作用。中等强国与中国的互动关系问题引起广泛关注。一方面，诸多中等强国参与全球治理与中国有众多的合作契合点，它们与中国合作能迅速抬升其国际话语权和影响力。另一方面，中国在发展过程中应高度重视中等强国的国际角色，深化合作往来，构筑合作基础，使自己处于亚洲战略和经济实力重组的核心位置，特别是扩大响应中国崛起的共同点。

一　新兴中等强国与中国实现全球治理目标

党的二十大报告指出，中国积极参与全球治理体系改革和建设，践行共商共建共享的全球治理观，坚持真正的多边主义，推进国际关系民主化，推动全球治理朝着更加公正合理的方向发展。中国扩大全球治理的话语权与影响力，要创造性地发展与中等强国的合作关系，发掘其外交价值，借助中等强国的力量和作用，共同推动全球治理的塑造力、影响力。同时，减少与少数中等强国的摩擦面与风险点，牢牢把握住大局。

而中等强国的崛起给中国对外关系增添国际新变量。如何妥善处理好与这些"世界新秀""中坚力量"的关系是中国外交面临的紧迫新课题。中国外交以往有大国为主的倾向。在国际结构剧烈变动、中等强国加速崛起的背景下，中国要调整大国外交"一头沉"的外交思路，大力加强与新兴中等强国的关系。

（一）新兴中等强国对中国实现全球治理目标的价值

21 世纪初以来，中国一直致力于关注新兴市场和新兴国家的崛起。尤其是 2008 年全球金融危机以来，中国学术界开始更多地关注中等强国。中国对新兴中等强国的兴趣主要集中在它们在全球治理中所能形成的合作"联盟"，并对它们的价值有所期待。

第一，新兴中等强国具有显著的价值。新兴中等强国的出现伴随着美国在全球经济危机后的相对衰落，这本身意味着国际秩序的转变。这可能导致一种情况，即新兴中等强国可以成为改革以美国为首的国际秩序的合作伙伴力量。在后疫情时代，非西方中等强国通过积极合作组织起来，推动国际体系发生重大变化。新兴中等强国正在形成一个个合作群体，提升整体实力，扩大全球治理话语权，增强改变地区权力结构的能力，有潜力成为塑造多极世界的新力量，有助于推动国际体系的多极化。中国强调与新兴中等强国之间的合作，避免简单的对抗或完全服从现有秩序的极端态度，弥补现有国际机构的缺陷和不足，增加新兴中等强国的自主性，并为现有国际体系指明新的发展方向。

第二，新兴中等强国有显著多样性。中等强国群体庞大、复杂而又多样，既有西方发达国家，也有非西方新兴国家，这些国家的实际国情、国家利益、外交倾向、决策传统等大相径庭。中等强国有双重认识，一方面，它们代表了一种能够改变现有国际秩序的新力量的出现，可成为形成新国际秩序、推动全球治理公平正义的战略"盟友"。另一方面，尽管中国的国家实力快速扩大，但仍然是发展中国家，产业和发展阶段与一些中等强国相近，存在潜在的竞争和摩擦。尤其是美国善于利用这种竞争性矛盾，制造中国和中等强国之间的利益冲突。因此，这种多样性客观上造成了利益上的差异性，对中国既是机遇，也是某种程度上的挑战。

第三，新兴中等强国有利益契合度。中国坚守国家独立自主权的原则，尊重各国的发展道路选择，这一价值观在中国的国际交往中占据重要地位。例如，在谈到中国和阿拉伯国家关系时，习近平主席强调尊重对方对发展道路的选择。一个国家发展道路合不合适，只有这个国家的人民才最有发言权。[①] 2013 年，习近平主席访问俄罗斯时指出，要坚持国家不分大小、强弱、贫富一律平等，尊重各国人民自主选择发展道路的权利，反对干涉别国内政，维护国际公平正义。"鞋子合不合脚，自己穿了才知道。"一个国家的发展道路合不合适，只有这个国家的人民才最有发言权。[②] 中国的立场反映在其与新兴市场国家和广大发展中国家的互动中。党的二十大报告提出，中国坚持在和平共处五项原则基础上同各国发展友好合作，推动构建新型国际关系，深化拓展平等、开放、合作的全球伙伴关系，致力于扩大同各国利益的汇合点。秉持真实亲诚理念和正确义利观加强同发展中国家团结合作，维护发展中国家的共同利益。[③] 中国的外交政策强调了国家自主选择发展道路的权利，尊重国家主权，以及国家间的平等和互利合作。中国站在发展中国家一边，坚持独立自主的外交政策，强调国家主权，反对外部干预，这是中国在国际体系中的重要立场。作为国际体系的后来者，新兴中等强国一贯坚持自主的外交政策，主张将国家的核心利益放在首位，反对外部强加的干预。新兴中等强国与中国在发展道路选择和反干涉方面的共识，使双方在推进全球治理变革中可能形成强大合力。

---

① 《习近平在中阿合作论坛第六届部长级会议开幕式上讲话》，中国政府网，2014 年 6 月 5 日，http：//www.gov.cn/xinwen/2014-06/05/content_ 2694830. htm。
② 《国家主席习近平在莫斯科国际关系学院的演讲》，中国政府网，2013 年 3 月 23 日，http：//www.gov.cn/ldhd/2013-03/24/content_ 2360829. htm。
③ 习近平：《高举中国特色社会主义伟大旗帜 为全面建设社会主义现代化国家而团结奋斗——在中国共产党第二十次全国代表大会上的报告》，新华社北京 2022 年 10 月 25 日电。

（二）新兴中等强国对中国实现全球治理目标的作用

新兴中等强国的作用发挥是当前国际体系和秩序的关键变量，它们在老牌大国影响力相对较弱的领域如对外援助、气候变化、全球经济治理、人道安全等方面发挥着日益重要的作用。一是助推国际秩序转型。中等强国的崛起是国际关系演变的自然结果，将改变目前由美国主导的国际体系和秩序格局，国际社会有望向更加民主、多极化方向发展。二是弱化西方中心主义。中等强国大多数位于非西方世界，这些地区的重要性得到显著提升。西方低估了非西方国家对全球治理的贡献，对其未来作用的认识还不够充分。三是提升全球治理参与度。中等强国积极参与全球重大问题讨论，对国际事务的影响持续增强，已成为美国主导国际决策体系中的新兴力量。鉴于中等强国日益重要的角色，中国需要密切关注并巧妙把握中等强国的角色和影响，维护自身利益和参与全球事务。

以周边关系为例，中国希望印度尼西亚在中国与东盟战略关系中发挥建设性作用。作为东盟共同体建设的引擎，印度尼西亚在东盟峰会的议程设置中扮演着关键角色。在担任 2011 年东盟主席国期间，印尼不仅影响了"南海行为准则"谈判议程，还密切关注中国提出的双边谈判议程，发挥着谨慎而平衡的调解者作用。中国与东盟的战略伙伴关系对于地区的和平与发展至关重要，而印度尼西亚在东盟和中国之间扮演的建设性角色则具有积极的影响力。双方合作共同推动地区发展，缓解紧张局势，寻求和平解决地区争端的途径，这将有助于维护周边关系的稳定和地区的繁荣。

以南南合作为例，南南合作在中国外交中扮演着关键角色，尤其是与南方大国的紧密合作，成为一项具有指标意义的外交活动。巴西，作为中国在南美洲最重要的经济和政治伙伴之一，也是新兴经济体金砖国家的主要成员，在这一合作中占有突出地位。中国和巴西在批评西方自由主义国际秩序方面一直保持一致，均反对使用武力来维持地缘政治优势地位，主张在国际事务中避免使用胁迫手段，力图塑造更有利于各国普遍利益的全球秩序。这一共识可以追溯到 1988 年，时任巴西总统何塞·萨尔内与邓小平进行的历史性对话，该对话成为南南合作的基石，留下了持续超越时空的友好遗产。巴西在外交关系上与中国的合作也表现为实质性合作。1993 年，巴西成为首个同中国建立战略伙伴关系的国家；2012 年，它又成为首个同中国建立全面战略伙伴关系的拉美国家。至今，中国已连续十年成为巴西最大的贸易伙伴和最大的出口目的地国。[①] 经济方面，过去十年，巴西在 145 个项目中获得 550 亿美元的中国投资，几乎占中国公司在拉美地区 1230 亿美元投资总额的一半。中国的农业、采矿和石油需求成为巴西的生命线。[②] 中国对巴西贸易和经济的积极影响产生了很高的政治期望，与巴西的伙伴关系契合中国加强与发展中地区大国经济政治联系的需求。正如巴西外长曾说，"我们正在讨论西半球最大的发展中国家和东半球最大的发展中国家之间的关系。"[③]

不能忽视的是，中等强国的全球治理角色持续发生变化。过去一些具有重要国际影响的中等强国跟从超级大国的利益，似乎丧失外交上的独立性。加拿大和平与外交研究所扎卡里·佩金（Zachary Paikin）以《加拿大还是中等强国吗？》为题，对加拿大中等强国地位和作用作了反思。他指出，在全球权力转型时期，加拿大与几个主要大国关系岌岌可危。十年间两次争夺安理会席位失利的加拿大，能否对塑造新秩序发挥实质性作用或降低角色定位尚不清楚。他认为，冷战期间，由于力量局限，加拿大专注以维和方式缓和国际紧张关系，利用多边主义找到塑造全球秩序的途径。现在多边结构支离破碎，世界需要更灵活的联盟来维持稳定关系。但21 世纪以来，加拿大外交常被人诟病过于"以价值观为中心"，实施"扩

---

① 《中巴关系是"南南合作的典范"》，中国政府网，2019 年 8 月 13 日，http：//www.gov.cn/xinwen/2019-08/13/content_ 5420907. htm。

② Evan Ellis, "The Future of Brazil-China Relations in the Context of COVID-19", *The Global Americans*, September 18, 2020, https：//theglobalamericans. org/2020/09/the-future-of-brazil-china-relations-in-the-context-of-covid-19/.

③ "Brazil and China: South-South Partnership or North-South Competition", *Foreign Policy at Brookings*, No. 26, March 2011, https：//www. brookings. edu/research/brazil-and-china-south-south-partnership-or-north-south-competition/.

音器外交"，这是因为加拿大在后冷战时代过度依赖美国。[①] 在全球力量重组背景下，中等强国如何在全球治理的新秩序中找到方位，是一个值得关注的问题。

在全球治理实践中，中国对中等强国的地位给予了高度重视，通过多边合作机制，如金砖国家、上合组织、东盟峰会等，加强与中等强国的合作。这些合作机制旨在加强地区稳定和发展，推动全球治理的民主化和多样化。中国还通过外交手段加强与中等强国的合作。例如，中国在外交政策中强调尊重中等强国的核心利益和发展道路，倡导和平共处五项原则，主张通过对话协商解决争端和冲突。中国还提出"新型国际关系"理念，强调国家间应平等相待、互利共赢，通过合作共建命运共同体。这不仅因为它们在国际舞台上是仅次于大国的有力参与者，而且因为许多中等强国可以成为中国推动全球治理愿景的合作伙伴。由于这种重要性，中等强国在大国竞争中的杠杆作用显而易见，但中国也必须注意在与这些国家互动过程中可能遇到的挑战，尤其是那些可能会对中国的跟随战略提出问题的中等强国。为了维护与中等强国的稳定关系，中国努力加强双方在经济、社会和文化领域的联系，以建立一个基于共同利益的共同体。[②]

（三）中国外交对中等强国的定位

中国外交的主要对象可分为四类：大国、周边国家、发展中国家和多边外交。在处理对外关系时，中国坚持"大国是关键、周边是首要、发展中国家是基础、多边是舞台"的外交布局。在这一布局中，要重视加强中等强国外交的意义。

第一，在运筹大国外交中审视中等强国。对于中国外交布局，中等强国显然不归于大国的研究范畴，但是运筹大国外交却绕不开中等强国的角色。

① Zachary Paikin, "Is Canada Still a Middle Power?", *The Institute for Peace & Diplomacy*, April 22, 2021, https://peacediplomacy.org/2021/04/22/is-canada-still-a-middle-power/.

② Sook Jong Lee, *Transforming Global Governance with Middle Power Diplomacy*, London: Palgrave Macmillan, 2016, p. 63.

尽管过去 70 多年来主导国际政治经济秩序的全球组织和规范依然起作用，但它们的实际效率明显降低。美国单方面激化大国竞争，加剧互不信任和对抗。美国希望通过采取公开施压的方式，遏制中国的发展，使中国在经济、政治、科技、文化等诸多领域都受到美国的巨大压力，韩国、印度尼西亚等中等强国一方面经济上与中国的联系越来越紧密，另一方面，像韩国这样的中等强国安全上完全依赖美国，似乎卷入中美大国博弈之中。而中等强国一举一动都会牵动大国的神经，无论它们偏向哪一方都具有指向性作用。事实上，美国很重视中等强国的作用，除澳大利亚、加拿大等传统中等强国盟友，还积极拉拢印度、巴西、印度尼西亚等新兴中等强国。比如，美国对 2021 年 G7 峰会进行扩容，邀请澳大利亚、印度、韩国和南非参加，① 这些被邀请的非成员国家都是有重要影响的中等强国，其中韩国尤为积极。再比如，美国在 2022 年 6 月的北约峰会上，再度邀请日本、韩国、澳大利亚等中等强国，一再表示对中等强国盟友的重视。又如，美国举行与东盟的峰会，将东盟各国领导人邀请到华盛顿，并致拉拢之意。可见，美国在对华战略竞争中，十分重视中等强国的作用，意图联合中等强国牵制中国，或者将其拉拢到自己一边，破坏其与中国的合作关系。

第二，在加强周边外交中定位中等强国。中国视周边为安身立命之所、发展繁荣之基。② 中国传统上更重视周边外交，尤其是改革开放后，稳定的周边国际环境极其重要。2013 年 10 月，习近平总书记在周边外交工作座谈会上指出，我国周边外交的战略目标，就是服从和服务于实现"两个一百年"奋斗目标、实现中华民族伟大复兴，全面发展同周边国家的关系，巩固睦邻友好，深化互利合作，维护和用好我国发展的重要战略机遇期，维护国家主权、安全、发展利益，努力使周边同我国政治关系更加友好、经济纽

---

① "The UK Hosted the G7 Summit as Part of its 2021 G7 Presidency", *G7 UK 2021*, https://www.gov.uk/government/topical-events/g7-uk-2021.

② 《习近平在印度世界事务委员会的演讲》，新华网，2014 年 9 月 19 日，http://www.xinhuanet.com//politics/2014-09/19/c_ 1112539621.htm。

带更加牢固、安全合作更加深化、人文联系更加紧密。[①] 周边外交服务于国家发展的总体战略目标，强调周边外交在总体外交中的重要性，2015 年，国家主席习近平在新加坡国立大学发表演讲时强调，中国始终将周边置于外交全局的首要位置，视促进周边和平、稳定、发展为己任。[②] 位于中国周边地区的中等强国，如印度尼西亚、哈萨克斯坦等国在中国外交布局中具有双重战略定位，即在周边外交和发展中国家外交中均给予重视。

第三，在布局发展中国家外交中定位中等强国。十多年来，一批有较大影响力的新兴发展中国家快速发展起来，这些国家借助自由贸易、投资制度来实施其经济发展战略。在与发达国家的博弈中，中国与发展中世界的中等强国就如何界定发展中国家类别、新兴经济体承担何种责任有着广泛的利益关系。不管外界特别是西方如何看待中国经济发展，中国始终坚持发展中国家的身份，因为仍然面临典型发展中国家的许多重大挑战，例如能源消费、人均收入不高、发展水平有待进一步提升等发展任务。从外交角度上看，中国的发展中国家地位不仅是中国和平发展核心外交原则的鲜明特征，也是与其他发展中国家深化"南南合作"这一重要外交活动的重要基础。中国和平发展外交政策的核心是营造和平稳定的国际环境，确保通过贸易、投资维持经济发展的全球相互依存战略。中国与其他发展中国家和地区，如非洲、拉丁美洲和东南亚的关系，特别体现中国在发展中世界发挥强劲引擎作用。作为发展中国家主要分布地区，拉美、非洲是中国"南南合作"战略的核心区域，这些地区的政商领袖普遍将中国视为新的商业和外交伙伴，表示与中国具有共同的商业发展利益。与发展中世界中等强国的外交，实际上是中国对外经济政策的主要内容之一，可将这些发展中世界的中等强国视为战略合作者，为发展中国家伙伴创造经济发展机会。

第四，在推进多边外交中定位中等强国。中国与中等强国在多边层面建

---

① 《习近平在周边外交工作座谈会上发表重要讲话》，新华网，2013 年 10 月 25 日，http://www.xinhuanet.com//politics/2013-10/25/c_ 117878897. htm。

② 习近平：《深化合作伙伴关系　共建亚洲美好家园——在新加坡国立大学的演讲》，新华社新加坡 2015 年 11 月 7 日电。

立协同关系。不论是联合国体系，还是地区多边合作框架中，中国将重要的中等强国视为多边合作的关键支点，通过与它们的合作推动全球治理进程。中等强国在多边外交场合中的支持对于中国来说非常重要，因为它们可以在政治性事务中提供支持，帮助中国维护国家利益。2020 年 9 月，在联合国大会举行期间，一份英国主导的指责中国人权记录的声明得到 23 个国家的支持。会上，白俄罗斯赞扬中国"在人权领域取得显著成就"反驳英国，得到了包括巴基斯坦、刚果民主共和国、塞尔维亚和俄罗斯在内的 54 个国家支持。中国与中等强国在多边外交领域的协同合作，对维护全球治理民主化，以及中国在国际政治事务中的成功至关重要。

二　中国强化中等强国全球治理合作的关键路径

中国要增强全球治理话语权，需要积极争取同行者和支持者，着重加强与中等强国的全球治理外交，拓宽合作议题领域，争取更多国家对中国的支持。此外，中国应加强与重要地区联盟的双边合作，特别是与东盟、阿盟和非盟的伙伴关系，将发展合作推向更成熟的纵深领域。同样，中国需完善与主要新兴中等强国，特别是金砖国家的合作机制，先后推出新的合作议题，共同参与国际发展议程的制定，促进全球经济治理体系的预期变革，使发展中世界获得更多参与权和话语权，推动国际体系朝着更加公平和包容的方向发展。这些努力将有助于中国在全球治理中扮演更为重要和积极的角色，确保国际社会更好地应对全球性挑战和机遇。

（一）明确治理外交方向

突出中等强国的战略位置，明确将加强中等强国外交作为一个重要的方向，特别是要把那些谋求领导权的战略支点国家，摆在中国对外战略布局的关键位置上，提升其在外交格局中的战略地位。

一是突出中等强国全球治理外交定位。在关注大国、发展中国家和周边国家的同时，应将中等强国视为全球治理的关键支持点，并在各个治理领域明确其定位。外交战略上要提前规划，特别强调加强中等强国的外交，将那些渴望在国际舞台上发挥领导作用的战略性国家置于中国对外战略布局的关键位置上，提升它们在中国外交格局中的地位，从而增强全球外交合作支点的多样性。应扩大在全球治理议题上的合作，争取它们在国际事务中的支持，成为中国全球治理外交的优先伙伴。

二是加强与中等强国的协调机制。针对中等强国，区分西方话语范围内的传统中等强国与非西方的新兴中等强国，并以此根据不同利益、区域、与美国关系等状况，分门别类研究与之合作的领域、可能竞争的方面、或许存在摩擦的地方，提出具体、细节性的对策措施。强化全球治理的伙伴锚点，以关键中等强国为依托，加强与重要区域、关键地缘政治节点中等强国的外交联系，培育共同利益汇合点，放大合作效应，综合运用经济、政治等有效杠杆，构筑以之为节点的中国-中等强国伙伴关系网络。这些机制将有助于增进协作、减少分歧，同时也有助于为全球治理体系提供更多的支持和稳定性。

三是借助中等强国运筹大国关系。中美竞争使中等强国成为大国竞争争夺的主要对象，中等强国能在影响中美关系的因素中发挥关键第三方的作用。例如，或者充当两国之间的"平衡者"，或者将两国引入地区安全机制中，或者选择一边站队。对于地区领头羊的中等强国例如印尼，要投入丰富的外交资源，加强双边合作以及以东盟为主的多边合作，尊重其牵头地位。对于对全球事务颇有兴趣的中等强国，寻求立场接近的建立定期对话机制，用中国固有的"分量"带动其"声量"，积极参与全球治理。对于与美国合作遏制中国发展的中等强国，加大经济和政治杠杆，使其承受相应的经济成本，这些中等强国对待中美关系的立场和态度不一，在许多情况下既有合作也有竞争。作为必要合作伙伴，中国可借助中等强国运筹大国关系，推动全球治理。

（二）坚持定向发力合作

聚焦合作对象，按照利益契合度和地缘重要性，划分战略支点国家、利益攸关国家、一般合作型国家、利益竞争型国家，分级各类地投入外交资源，达成合作行动伙伴，构成议题联盟。对于存在较大利益博弈的中等强国如澳大利亚、加拿大等国，严正立场，同时针对一些有潜在合作空间的全球治理议题，可与之探讨合作的可能性与形式；针对目前无法达成共识的议题可暂缓或控制分歧。对于巴西、印度尼西亚、南非等新兴中等强国，给予充分尊重，多倾听意见，外交方面拉抬其地位，协调相互立场，强调共同利益，谋求共赢。对于周边重要中等强国，在战略伙伴关系框架下，形成稳定的合作机制，尤其要培育政治互信。

建立战略支点，通过加强与支点国家的政治、经济、文化、安全联系，赢得特定区域内举足轻重的国家支持，从而实现"搞好一个带动一片"的效果，这对拓展延伸国家利益具有战略性意义。中国领导人在过去几年成功展开多次外交访问，积极巩固、扩大和深化与各主要国家的双边关系，形成了多支点外交的格局，即使在疫情期间，中国也通过线上和线下方式开展外交活动，保持了多边外交的特点。各国领导人与高官接踵而至，中国与周边国家、发展中国家频繁互动，多支点外交日渐成形。

在新的实践中，以经济为主的所谓"一轴"布局，就是结合"一带一路"倡议，确立为数众多的贸易和投资支点。它涵盖东西方贸易大通道，沟通连接中国最广泛的贸易往来和利益纽带，是中国最重要的战略地带。正如架桥需要桥墩、修路需要打桩一样，这些支点国家作为"一带一路"倡议的坚实支撑，将会保障"一带一路"倡议的顺利实施和稳步推进。哈萨克斯坦作为中亚大国，可成为中国向该地区进行贸易投资和辐射影响力的跳板。习近平主席在阿斯塔纳首次提出"丝绸之路经济带"的战略构想。印尼作为东盟实力最强的国家，其影响力已超越地区范围。布热津斯基曾经放言，"印度尼西亚将来某个时候可能成为中国向南谋求实现其抱负的主要障碍"。① 习近平主席首次提出"21世纪海上丝绸之路"的重大倡议，就把地

---

① 〔美〕兹比格纽·布热津斯基：《大棋局：美国的首要地位及其地缘战略》，中国国际问题研究所译，上海人民出版社，1998，第61页。

点定在印尼，充分显示了对印尼战略支点地位的重视。泰国和新加坡的战略价值不可小视，两国关乎中国对东盟外交的顺利开展。柬埔寨虽是小国，但在南海问题上有助于中国改善不利境地，理应成为中国在南海外交折冲的支点。巴基斯坦作为"一带一路"的重要枢纽，是中国前出印度洋和中东地区的战略通道，且在中印关系中可发挥制衡作用。伊朗和沙特分别是什叶派、逊尼派穆斯林的领袖，中国与之发展高水平的合作关系，既有助于维护在中东地区的战略利益，也对发展与伊斯兰世界的友好关系、树立正面形象起到积极作用。东非国家吉布提虽为小国，但扼守红海进出印度洋的要冲，战略位置十分重要。若于此建立稳固的安全支点，可影响非洲大陆、中东和印度洋三个方向，亦可为护航编队提供后勤支援保障。希腊作为进入欧洲的一个门户，是"一带一路"连接欧洲的节点。德国作为欧盟的最大经济体和领导国家，当属中国对欧外交的一大支点。对于中东欧地区，波兰、匈牙利（尽管未称得上中等强国）在欧盟一致性的投票倾向中扮演关键角色，也可作为支点。

所谓"两辐"布局，就是重点针对那些虽远离中国周边也不在"一带一路"沿线，但对中国的战略价值同样重要的国家和地区，它们是中国对外投资和贸易的重要对象，政治价值更是难以估量。"一辐"是非洲。中非关系一直发挥着战略支点的作用。50 年前，中国加入联合国，独立的新非洲发挥了关键性的撬动作用。今天，非洲依然在中国外交中扮演独特的角色，中非合作已经成为中国倡导构建的新型国际关系的典范，真正体现了平等互利、合作共赢的新思路。在非洲国家中，南非与埃及"一南一北"作为中国发挥在非洲影响力的支撑点，对中非关系发展起到了"保鲜"和"增温"作用。另"一辐"则在拉美。远隔太平洋的拉丁美洲，幅员辽阔，资源丰富，市场庞大，各国政治独立性强，尤其是近年对美国保持了较大的自主性。一个政治上独立的拉美世界，可以从自身利益出发发展与中国的战略合作关系，而中国也积极发展与拉美的经贸合作，推动共建中拉命运共同体。中拉关系的战略性意义日趋凸显，保持双方关系的健康稳定亦是重要任务。拉美世界的大国巴西、墨西哥是中国重要的合作对象和支撑点，阿根廷、智利、古巴、哥斯达黎加等国影响力较大，也是中国深入拉美开拓广阔市场的切入点，借以深度参与拉美世界，发展合作关系。①

（三）搭建功能合作平台

应围绕"一轴两辐"深耕布局，搭建多个功能各异、形式多样的对话合作机制和平台，开展高频度的各层级、各领域出访活动，深化经贸联系，巩固提升政治关系，形成伙伴关系网络，夯实强劲的战略支点。建议从以下几个方面着手：一是加强高层交往，扩大战略互信。中国可与相关国家广泛开展高层互访，深化战略互信，提升政治关系。同时召开定期领导人会晤，签署战略伙伴关系协定，明确合作方向。二是强化经贸合作，扩大共同利益。通过自贸区建设、重大项目合作、贸易投资便利化等方式，拓展经贸合作领域，实现互利共赢。可重点推动能源、基础设施等领域合作。三是加强人文交流，打造合作基础。加强文化、教育、旅游、媒体等人文交流，增进相互理解，为经贸合作奠定基础。可举办文化艺术节、EXPAND 学生交流项目等。四是完善对话机制，形成制度保障。建立定期双边和多边对话协商机制，推进在经济治理、可持续发展、气候变化等全球议题上的合作，形成制度化合作框架。五是统筹区域合作，发挥示范效应。支持和参与东盟、阿盟、非盟建设和拉共体一体化进程，发挥中国在区域一体化进程中的引领示范作用。通过这些努力，夯实"两辐"战略支点，深化中国与周边国家、阿拉伯世界、非洲国家、拉美国家的全方位合作。

具体而言，重点面向中等强国和一些关键国家，搭建合作平台，建立具有实质性内容的框架和机制。在实施"一带一路"倡议的过程中，加强与沿线中等强国的协调，特别是关注印尼的"全球海洋支点"战略等重要政策主张，以拓展共同利益领域，更好地发挥我国宏大战略的作用。

对于那些具有重要影响力的中等强国，建立综合性的对话框架和合作机

---

① "China's Pivot to Latin America", *Bloomberg View*, May 25, 2015, https：//www.bloomberg.com/opinion/articles/2015-05-25/china-s-pivot-to-latin-america.

制，可参考中国东盟"10+1"、中拉合作论坛、金砖国家合作机制、中阿合作论坛、中非合作论坛、上合组织等地区多边论坛的形式。与中等强国建立具有实际功能的对话平台，积极参与其争夺国际领导地位的过程，创造对中国有利的对话环境。例如，在全球范围内的重要对话和谈判中，可以与关键中等强国达成合作协议，涵盖经济治理、气候变化、维和行动、传染病防治等议题，形成有效的"联合议题伙伴国"，以坚定维护我国的立场和利益。

在具体领域展开有实际功能性的合作，明确功能合作的领域，承认那些旨在解决全球治理问题的中等强国的国际领导地位。建立面向重要中等强国的合作平台，积极推动共同利益、共同理念和共同命运的构建。对于那些具有影响力的中等强国，建立全面性的对话框架和合作机制，参考中国东盟"10+1"、中拉合作论坛、中非合作论坛、上合组织等地区多边论坛的形式，建立具有实际功能的对话机制，如探索"中国+X"对话机制，以在国际舞台上营造有利于中国的对话氛围。

着重厚植战略性的合作议题，在推动国际体系变革、国际格局调整、协调"他者崛起"的后冷战时代加强战略性关系，不仅在经济、政治领域拓宽合作范围、提升合作层次，也要在安全、人文交流等方面增进理解与互信，形成良性的发展模式。对于全球治理问题，一个有成效的模式是让一些中等强国与大国合作，先缓和问题，然后将其提交安理会，不期望安理会本身解决问题。但在安理会的讨论中，中国本身就有了发言权，就具体的细节性问题提出便宜可行的措施。特别是以关键中等强国为依托，构筑以之为节点的全球伙伴关系网络。在具体领域开展功能性合作，分析研判与哪些中等强国、开展什么样的功能性合作，对那些积极推动解决全球治理问题且肯定中国作用的中等强国，承认其国际地位。

例如，加强围绕互联网空间治理的合作。网络空间的无国界性造成全球网络安全治理的分割性，加之尚未有网络空间规则达成，使得国际网络空间总体上处于无序状态。对此，中国、俄罗斯、巴西、南非等新兴国家要求分享全球网络空间国际规制权和话语权，致力于推动治理共识、规则以及话语权的形成。与巴西、俄罗斯、南非等国家合作举办新兴国家互联网圆桌会议。就互联网问题开展对话交流，有助于研究制定涉及各国重大利益的网络空间国际规则。联合巴西、韩国、印度尼西亚、土耳其等中等强国主办全球互联网治理大会，提出互联网治理的全球原则，勾勒出互联网治理生态系统未来发展的路线图，确认互联网领域全球多利益相关方的概念。在联合国的主导下，寻求全球网络治理方案，达成网络空间新的规则，推动形成全球网络新秩序。

发展中等强国对华"友谊团体"，加强与支持商业和文化精英的联系纽带。可以采取以下措施：在经济方面，强化经贸联系，进一步推动多边贸易和区域贸易合作，基于双边贸易协定加强合作。考虑适时推出数字货币以促进跨境贸易便捷化。与拥有强大科技实力的中等强国合作，特别是在太空、网络空间、5G 和人工智能等领域开展共同开发和研究。探索技术合作开发联盟，以促进创新和共享资源。在政治方面，加强战略合作或新型伙伴关系，建立正式会晤和定期沟通机制，不仅应包括政府部级层面，还应涵盖更高层次的交流。加强在国际和地区事务中的协调，争取形成共同立场，推动国际发展议程。积极参与国际经济合作和经济治理，以政治和外交手段更好地发挥国际作用。在安全方面，加强军事国防技术合作，协调在反恐行动和维护地区稳定方面的立场，尤其应基于以共同信任、互利和协作为核心的新安全观。继续加强与土耳其、沙特阿拉伯、伊朗、巴基斯坦、印度尼西亚等的军事合作，也可以探索双向安全支持计划。在人文交流方面，推动互办文化年，提供留学生交流学习计划，根据不同国家的特点和地理位置，量身定制对外宣传策略，展示中国的文化和形象。同时，根据中国的优势领域，提供技术和资金援助，以促进人文交流的深化。

（四）妥善控制矛盾风险

中等强国并非铁板一块，而是一群国家，其经济利益、政治利益和安全利益千差万别。这导致国与国之间可能会出现利益冲突。管理与这些国家的关系需要考虑以下不同之处，并采取适当的措施来促进合作、减少分歧。①建立风险评估机制。确保能够及时识别和评估与中等强国之间潜在的矛盾和摩擦。这有助于提前预防和解决问题，以避免矛盾升级。②建立磋商机制。在面临分歧和冲突时，建立明确的磋商和协商渠道。这可以帮助双方在问题领域进行积极对话，以达成共识和解决争端。③建立政府间的贸易救济合作机制。为减少贸易方面的争端和分歧，建立贸易救济合作机制，协助业界对话和达成妥协。这可以帮助避免长期贸易摩擦，并维护双方的经济关系，稳定做实关系的"压舱石"。④增进战略互信。加强与重要新兴中等强国之间的政治和战略互信，尊重彼此的核心利益。如果一国的行动未对另一方造成重大不利，应避免采取反对或阻碍的措施，减少分歧和冲突。⑤推动多边合作。加强多边合作和对话，解决共同的全球挑战，如气候变化、贸易问题、安全威胁等。通过这些合作，找寻共同点，努力解决这些问题。

三　中等强国对中国增强全球治理话语权的启鉴

当今世界，围绕全球治理话语权的争夺日益成为国际竞争的重要方面。尽管中等强国在推动国际秩序转型的过程中受到诸多限制，但是其已经展现出推动国际秩序转型的能力和意愿。① 作为全球治理的重要行为体，中等强国利用国际制度和国际组织谋求自身的话语权，引发各方对全球治理话语权的争夺。② 中国在推进全球治理体制机制变革，推动中国特色大国外交的过程中，亟须重视新兴中等强国的作用。提升中国话语权，不仅是为了与我国综合国力相匹配，而且是应对世界风险挑战的必然要求。落后就要挨打，贫穷就要挨饿，失语就要挨骂。习近平总书记指出，提高国家文化软实力，关系我国在世界文化格局中的定位，关系我国国际地位和国际影响力，关系两个一百年奋斗目标和中华民族伟大复兴中国梦的实现。国际话语权是国家文

---

① Andrew Cooper, "Squeezed or Revitalised? Middle Powers, the G20 and the Evolution of Global Governance", *Third World Quarterly*, Vol. 34, No. 6, 2013, pp. 963-984.

② Matthew D. Stephen, "Emerging Powers and Emerging Trends in Global Governance", *Global Governance*, Vol. 23, No. 3, 2017, pp. 483-502.

化软实力的重要组成部分。① 中国在提升话语权的过程中，中等强国可就治理制度、话语效果、话语认同、话语合法性、话语软实力、道义影响力等领域体现价值。

中等强国对中国提升全球治理话语权的功能和作用因循三种逻辑。一是从结构逻辑来看，当前全球治理的话语权呈现"西强我弱"的态势，西方发达国家垄断话语制造权、话语解释权、话语传播权。对于新兴中等强国而言，它们也面临西方话语权的主导优势，亟须谋求并提升自身的话语地位。非西方话语体系内的中等强国对于自身话语权的追求，也可削弱西方传统发达国家在全球治理结构中的优势，为中国提升全球治理话语权提供战略机遇。二是从类型逻辑来看，当前全球治理的领域不断拓展，涵盖安全、经济、环境等多个领域，中等强国在全球治理的不同领域存在诉求差异、议题差异、能力差异、政治差异。但在诸多领域谋求构建公平公正的全球治理格局正成为共识，为中国推动全球治理体制机制变革提供了战略环境。三是从过程逻辑来看，中等强国在全球治理中的话语诉求需要通过话语传播转化为话语效力。国际话语主体提供了话语权塑造的主要来源，同时在话语向话语权的转化过程中还需要增强话语的穿透力，借助国际制度和国际机制为话语传播提供媒介，推动建立公正合理的国际话语传播体系，为中国推动全球治理体制机制变革提供战略工具。

（一）增强中国话语认同

从结构逻辑看，中等强国由于实力地位相对弱小，往往采取联合行动的手段，团结其他中等强国，形成不同类型的中等强国集群，以此谋求提升自身的话语权地位。在话语权形成的过程中，有别于传统发达中等强国群体，新兴中等强国形成集群的目标在于，集合各方的话语权资源，形成共同的话语权诉求，最终在某一问题领域强化共有话语认同，以此削弱西方发达国家

---

① 何毅亭：《习近平新时代中国特色社会主义思想与中国话语建构》，新华网，2020 年 10 月 28 日，http：//www.xinhuanet.c-om/politics/2020-10/28/c_ 1126666536.htm。

在该问题领域的话语优势，谋求正当的话语权利。事实上，这是一场为制定未来世界秩序的原则、规范和模式而进行的竞争。亚洲、非洲和拉丁美洲的大多数发展中国家在许多国际问题上都与西方保持距离，并主张建立世界秩序概念（以非西方、后西方、西方之外的形式）。因此，美国和中国在全球治理方面的竞争是为了一个新的全球秩序，包括对广阔的全球南方的影响力。[①]

从全球治理的话语权分布看，加强面向新兴中等强国的外交，一定程度上强化中国的话语理念认同。当前，全球治理面临着治理成员的代表性疑虑。G20 作为全球治理最重要的多边机制之一，遭受一些非权益派质疑。从其成员的来源看，G20 毕竟成员数量较少，主要是考虑成员的经济重要性，并且抛弃了普遍主义的原则，受到一些并不是成员的中小国家的质疑，卡塔尔、新加坡、瑞士等国甚至组建"3G"集团以表达不满。[②] 此外，全球治理还面临话语成本困境，当前全球治理的多边机制重合，多边治理效率低下，多边协调成本高昂。墨西哥、韩国、印度尼西亚、澳大利亚、土耳其五个中等强国的"MIKTA"集团，谋求通过灵活且低成本的多边外交方式协调彼此的治理意愿，通过"最小多边主义"的形式获取最大的收益。[③] 同时，全球治理还面临话语应用困境，由于自身实力的限制，中等强国一般通过功能性策略和规范性策略表述相关话语，功能性策略通过运用自身资源表达相关诉求，话语表述奉行实力原则，体现话语权力。规范性策略则通过国际机制表达自身诉求，话语表述奉行合规原则，体现为话语权利。[④] 中国一贯主张在和平共处五项原则基础上发展同各国的友好合作，推动建设相互尊

① Evgeny N. Grachikov, "China in Global Governance: Ideology, Theory, and Instrumentation", *Russia in Global Affairs*, Vol. 18, No. 4, 2020, p. 133.

② Andrew Cooper, "The G20 as an Improvised Crisis Committee and/or a Contested 'Steering Committee' for the World", *International Affairs*, Vol. 86, No. 3, 2010, pp. 741-757.

③ Sung-Mi Kim, Sebastian Haug and Susan Harris Rimmer, "Minilateralism Revisited: MIKTA as Slender Diplomacy in a Multiplex World", *Global Governance*, Vol. 24, No. 4, 2018, pp. 475-489.

④ Ralf Emmers, "The Role of Middle Powers in Asian Multilateralism", *Asia Policy*, Vol. 13, No. 4, 2018, pp. 42-47.

重、公平正义、合作共赢的新型国际关系。[1] 非西方话语体系内的中等强国对自身话语权的合理追求，与中国对新型国际关系的追求相契合，也可助力于新型国际关系的建设，对于全球治理的最佳形态和当前国际体系发展的必然趋势有一定的理念认同基础。

从中等强国强化话语认同的内涵来看，抓好针对中等强国的外交有益于增强中国的话语实践认同。当前，全球治理话语权分配不均，传统治理机制缺乏公正性是根本原因。大国竞争加剧，现有治理机制重叠，呈现碎片化、低效化的特征，治理成本高昂是直接原因。针对共同议题，以共同利益为依托，协调彼此诉求和关切是目标。结伴联合并建立低成本的多边协调机制是主要路径。因此，汇聚各方力量，推动构建带有共同利益的话语权表达集群，形成话语权合力，成为中等强国谋求话语权认同的主要方式。中等强国结成话语权集群为推动全球治理体制机制变革提供合理性、代表性、合法性。印尼、马来西亚甚至并非中等强国的新加坡（带有某种中等强国特征，但领土和人口规模太小）等国家通过加强东盟内部联合，促使东盟领导人和其他亚欧国家的代表召开亚欧会议，以此推进东盟国家全球经济治理、提升地区安全话语权。在此过程中，东盟贸易和投资的自由化不断推进，东盟成员国也加快了其区域内贸易的自由化，尤其是东盟牵头发起的区域全面经济伙伴关系协定引领新兴区域经济贸易治理的模式创新，吸引中国、日本、韩国、澳大利亚等重要经济体参与，实际上印度也参与了前期的相关谈判。以此观之，东盟在世界经济中的比重和话语权都显著增加。[2]

中等强国集群谋求话语权的实践，为中国提升国际话语权提供经验借鉴。在推进话语权实践认同的过程中，中国尤其需要重视团结发展中国家的力量，更多为发展中国家发声，增强话语感召力和影响力。以地区治理观之，应着重强调新型周边外交观，按照亲诚惠容理念和与邻为善、以邻为伴的周边外交方针深化同周边国家关系，秉持正确义利观和真实亲诚理念加强

---

[1] 《习近平谈治国理政》（第三卷），外文出版社，2020，第 43 页。

[2] Annamaria Artner, "Role of Indonesia in the Evolution of ASEAN", *The Journal of East Asian Affairs*, Vol. 31, No. 1, 2017, pp. 1-38.

同发展中国家团结合作。① 一些特定的中等强国和中国对话语认同的追求存在共同诉求，双方都追求自身的话语权利，因此，我们所研究和观察的对象中等强国丰富和增强自身话语认同的实践，提升了话语实践主体维护自身权益的积极性，营造维护话语权的话语氛围和话语环境。

（二）实现话语效果提升

从类型逻辑看，在全球治理的不同领域，话语氛围和话语环境的差异导致话语认同的差别。总体而言，在高政治领域，西方发达国家掌握话语权威，特别是区域安全、非传统安全、金融治理、能源安全等领域，西方发达国家占据主导地位。在低政治领域，对于西方话语体系内的传统中等强国而言，西方发达国家出于治理成本的考量，也乐见同中等强国分享话语权，以此交换中等强国对西方治理理念的认同，并达到降低自身治理成本的目的。对于非西方话语体系的中等强国而言，需要依赖中等强国集群提升自身影响力，扩大同西方国家谈判、要求分享权力的资本。我们看到不同类别的中等强国在全球治理实践中乐于担当某种特殊的领导者角色，发挥其作用，所采取的路径、使用的方法、秉持的理念都折射出中等强国治理领域的独特角色，其话语权显然存在于这种治理实践中，并形成某种经验。中等强国集群的成员构成、成员目标、集群机制、集体治理理念存在差异，中等强国在不同领域的话语效果也存有差别，话语认同是提升话语效果的前提，若能吸引中等强国认可中国话语的表述，认同中国话语的理念，就可以达到增强中国话语权的国际效果。

在全球经济治理中，国际货币基金组织作为全球经济治理的重要主体，在改革世界金融体系、消除金融危机的影响方面，进展甚微。美国参议员蒂普·奥尼尔就认为，所有治理议程都是地方性的。② 全球层面的问题越来越多地在区域层面得到解决，新兴的区域大国起了带头作用。对于新兴大国在

---

① 《习近平谈治国理政》（第三卷），外文出版社，2020，第 43 页。

② Andrej Krickovic, "All Politics is Regional: Emerging Powers and the Regionalization of Global Governance", *Global Governance*, Vol. 21, No. 4, 2015, pp. 557-577.

全球经济治理中的作用而言，阿查亚提出了"碎片化"的概念。碎片化包含多种形式，例如区域化、问题领域的多边机制，并且不同的地区存在不同的特点，区域主义和多边主义在贸易领域的应用尤其突出。[1] 传统中等强国如加拿大、澳大利亚等国，还会在资源开发、地区经济体制运行、地区经济治理规则创设等领域阻碍中国的话语实践。[2] 这对于中国话语权的提升起到反作用，这些中等强国在我们的研究视域中同样重要，也就是它们并非"同道中人"，我们应着重研究其动向、排除其设置的路障。对于新兴中等强国而言，总体上对中国的话语理念、话语实践、话语规则持一定的客观认可甚至是支持性立场。近年来，中国同东盟国家交往日益密切，印尼作为东盟地区最重要的中等强国，多次表示支持中国在全球经济治理中的话语地位和话语作用，印尼总统佐科表示，印尼愿同中方加强经贸、抗疫等领域合作，积极推进共建"一带一路"，建设好"区域综合经济走廊"和"两国双园"，欢迎中国企业赴印尼投资，开展高技术、绿色等领域合作。[3] 印尼表达了对"一带一路"、疫情卫生治理、绿色发展合作等双方具有共同实践基础领域的认可，某种程度上也是对中国全球治理话语实践的认同，对于中国全球治理的话语效果有肯定和助推作用。

在全球安全治理中，恐怖主义、武器扩散、生物疫情等非传统安全威胁日益严重，其严重干扰和破坏全球治理的大环境。而传统安全威胁，如国家间战争、武装冲突、边境冲突、资源争端、教派冲突也时常发生，破坏地区乃至全球秩序的稳定，实际上也对全球治理造成破坏。比如在乌克兰冲突的影响下，西方与俄罗斯地缘政治对立，并由此而一度引发欧洲能源危机等后果，德国等欧盟国家面临的能源危机引发的能源短缺，对其发展绿色能源、

---

[1] Amitav Acharya, "The Future of Global Governance: Fragmentation May be Inevitable and Creative", *Global Governance*, Vol. 22, No. 4, 2016, pp. 453-460.

[2] James Manicom, Andrew O'Neil, "China's Rise and Middle Power Democracies: Canada and Australia Compared", *International Relations of the Asia-Pacific*, Vol. 12, No. 2, 2012, pp. 199-228.

[3] 《习近平同印度尼西亚总统佐科通电话》，新华网，2022年1月11日，http://www.news.cn/world/2022-01/11/c_1128253594.htm。

绿色经济、改善气候治理是一个巨大的挑战。因此，在化石能源危机的背景下，其重拾煤炭等高污染高排放的能源，而绿色气候治理的议程只能推后，料将破坏全球气候治理的进程和国际效果。对于中东地区的中等强国而言，疫情叠加影响下其面临更加严峻的安全问题，特别是巴以冲突持续不断，同时面临发展和安全的双重难题。中国主张"共商共建共享"的治理观，探索区域安全治理新模式，通过深入构建人类命运共同体与发展中国家命运共同体，推进地区安全治理朝着更加公正合理的方向变革。这方面已引起广大全球南方国家的认可和共鸣。

在处理地区安全问题，推进地区安全治理的进程中，中国话语、中国理念得到地区中等强国的认可。例如，在域外势力搅局南海的背景下，中国周边国家多次表示认可《南海各方行为宣言》，各方同意继续深化合作。[①] 东盟内部的中等强国在其中发挥了重要作用，印尼等中等强国对宣言的认可提升了中国地区安全治理的话语权效果。在中东地区，中国一贯主张积极和平解决伊朗核问题，多次就伊朗核问题的解决提出意见和建议，正如伊朗外长阿卜杜拉希安所说的，中方始终反对美方实施单边制裁，谴责美方的霸凌行径。伊朗感谢中方的支持，希望中方继续支持伊朗的立场。[②] 伊朗对中国公道正义立场的支持，从侧面反映中国在地区安全治理中的话语权发挥效用。值得注意的是，近年来，西方话语体系内的中等强国也逐渐采取"选边站"的策略。在亚太安全问题上，中国话语和中国理念正受到澳大利亚、加拿大等国的关注。但出于利益考量，这些国家也开始重视中国话语权的效用，担心中国跟从者众，反而在安全问题上对美国一边倒。[③]

在全球环境治理中，全球气候变化谈判陷入僵局，发展中国家和发达国

---

① 《落实〈南海各方行为宣言〉第 19 次高官会在重庆举行》，新华网，2021 年 6 月 7 日，http：//www.xinhuanet.com/2021-06/07/c_ 1127537887.htm。

② "Iran FM：China has been Playing Constructive，Rational Role in Vienna"，*Tehran Times*，January 18，2022，https：//www. tehrantimes.com/news/469221/Iran-FM-China-has-been-playing-constructive-rational-role-in.

③ William Tow and Richard Rigby，"China's Pragmatic Security Policy：the Middle Power Factor"，*The China Journal*，No. 65，2011，pp.157-178.

家在如何分担碳减排责任的问题上存在根本分歧。中国一贯主张发达经济体要秉持共同体意识，为发展中经济体提供资金和技术支持，帮助他们提高环境治理能力，共同走绿色、低碳、可持续发展道路。① 作为负责任的大国，中国实施一系列应对气候变化的战略、措施和行动，积极参与全球气候治理。中国推动发起并建立了"基础四国"部长级会议和气候行动部长级会议等多边磋商机制，积极协调立场相近的发展中国家在应对气候变化方面的谈判立场，为加强发展中国家团结合作、维护发展中国家共同利益发挥了重要作用。② 中国话语和中国理念得到了新兴中等强国的广泛支持。巴西、巴基斯坦等国家对中国环境治理给予了高度评价，认为中国推动国家生态文明试验区的建设，促进了中国生态文明制度体系的不断完善，生态治理能力现代化水平持续提高。③ 特别是在"基础四国"框架下，巴西、印度、南非等新兴中等强国认可中国在气候变化领域治理行动中的引领作用。中等强国对中国生态治理话语和生态治理实践的认可，有利于中国在多边环境治理议程中赢得主动，有利于提升中国在生态环境治理中的话语权效用。

在全球人道主义问题中，中等强国在面临疾病威胁、疫情挑战等全人类共同难题时仍有应对困境。现有疾病治理体系对发展中国家，甚至是部分中等强国而言都存在应对困境。中国在推动世贸组织关于仿制药和特效药的条款改革中发出中国声音，推动限制发展中国家生产和研制药品的条款《与贸易有关的知识产权协定》修改，得到了发展中国家的一致好评。④ 表明中国愿意推动公正合理的治理秩序，并倡导"南南合作"推动全球卫生体制的结构性改革，利用现有的与贸易有关的知识产权方面的灵活性，为最不发达国家生产负担得起的药品。疫情期间，中国向伊朗、印尼、巴西、阿根廷

---

① 《习近平谈积极推进生态文明建设》，中华人民共和国应急管理部网站，2021 年 11 月 25 日，https：//www.mem.gov.cn/xw/ztzl/2021/xxgclzqh/hyjs/202111/t20211125_403588.shtml。

② 《构建公平合理、合作共赢的全球气候治理体系》，《人民日报》2021 年 10 月 31 日。

③ 《中国生态文明建设理念值得借鉴——国际社会积极评价中国生态文明试验区建设成果》，人民网，2021 年 9 月 6 日，http：//cpc.people.com.cn/n1/2021/0906/c64387-32218217.html。

④ Pak K. Lee and Lai-Ha Chan, "China Joins Global Health Governance: New Player, More Medicines, and New Rules?", *Global Governance*, Vol. 20, No. 2, 2014, pp. 297-323.

等国提供疫苗援助，其也帮助传播了中国话语，这些中等强国的支持有助于提升中国话语权的实践效用。

（三）促进完善治理制度

从过程逻辑看，增强话语权的效用，强化话语认同需要完善话语传播体系，构建话语理论体系。治理制度和治理机制作为话语的传播媒介，对于推动话语权的效用提升起到支撑性的作用。总体而言，大多数中等强国已经加入了涵盖诸多领域、覆盖不同地区的治理制度，例如金砖国家合作机制、南方共同市场、上海合作组织、南美洲国家共同体、非盟等治理制度。其中金砖国家合作机制、上海合作组织、亚投行等中国发挥主要影响的治理机制涵盖了主要的中等强国如印度、巴西、南非、印尼等国。一方面，中等强国通过中国主导的治理机制阐述其话语理念，拓展了话语表述权利，丰富了话语治理实践。另一方面，这些涉及全球治理的新机制增加了话语权的代表性，提升了中国主导治理机制的话语参与度，有利于后续话语制度的完善。

首先，治理制度促进话语权的集聚效应。治理制度为话语表述各方提供互动平台。通过国际制度塑造的话语权集聚，可以降低各方互动和"交易"成本，推动话语权博弈中交易信息量的增加，赋予各方话语使用者以话语权规则制定和议程设置能力，塑造各方的制度性话语权。中等强国由于自身国家属性和国家特点，在个别治理领域甚至具备一定的话语权优势，但在其他领域可能存在劣势。它们势必更加维护自身优势领域的话语权地位，并通过国际制度塑造话语权的集聚效应以弥补其他领域自身话语权的劣势。中国构建的国际制度秉持"共商、共建、共享"原则，抛弃西方以往"实力定位"的制度理念，也凸显了中等强国平等说话、公平赋权的权利。发展中国家话语权的集聚，有利于中国的话语权认可。

其次，治理制度突出话语权的正当权利。当前，国际议程中的话语权格局呈现"西强中弱"态势。在当今国际体系中，主要国际组织的创设、制度运行以及议程设定基本由西方国家主导。在地区层面，地区热点问题的解释权，如"伊朗核问题""朝鲜核问题""阿富汗撤军""中东民主运动"

"俄乌冲突"等成为世界关注的热门话题。西方国家垄断对上述问题的解释权，并以此谋取自身的国家利益。尤其是当前俄乌冲突被西方描述为自由反抗专制的斗争，模糊了事件本身的性质和焦点。北约、七国集团、五眼联盟等正式或非正式的多边机制动辄发表联合声明，对域内国家进行施压。在具体问题领域，如"人权问题""民主制度的界定"等世界主导话语也都是西方所塑造的。不论是中国还是新兴中等强国都经历过西方的话语攻击。建立公道正义的治理制度，将"以义为先、义利兼顾"[①] 的正确义利观内嵌其中，突出中国主导治理制度与西方制度的差异，凸显各国寻找适合自己的发展道路的正当性、合理性。

最后，治理制度支撑话语权的传播表达。当前，以美国为代表的发达国家不断调整国家战略，力图维护对国际关系的主导权，给一些中等强国和新兴国家带来了更多阻力，部分西方话语体系内的中等强国已经成为"反华急先锋"，成为西方力量向中国施加遏制性行动的桥头堡。非西方话语体系内的新兴中等强国长期受到西方压制，同样对公正合理的治理制度存在迫切需求。非西方话语体系内的中等强国表达出变革现行体系的强烈意愿。依托此类中等强国，在国际规则制定和议程设置方面发挥发展中国家和新兴经济体的群体影响，无论是科技创新、基础设施投资、疫情防控等方面，还是在网络、外空、极地、海洋、气候等全球公域，中国都可以借力新兴中等强国和发展中国家，提升其整体代表性和发言权。最终，中国的话语权将从中受益。

（四）参与塑造话语合法性

一般认为，合法性包含权威性、程序性、价值性等内涵，从话语权的角度来看，话语合法性应当包含话语权威性、话语程序性、话语价值性等内容。其中话语权威性需要以话语主体的权力地位为支撑，并提供公共产品，保证话语可信度。话语程序性需要搭建话语平台，建构话语理论体系，提升

---

① 《习近平谈治国理政》（第三卷），外文出版社，2020，第461页。

话语软实力。话语价值性需要彰显自身的道义影响力，秉持公道正义的理念，树立公平公正的国际形象。

从权威性看，中国当前实力不断增强，对中等强国的影响力日益增加。在全球经济治理领域，中国是许多中等强国或中等强国集群的重要贸易伙伴。2021 年我国前五大贸易伙伴依次为东盟、欧盟、美国、日本和韩国。[①]从另一个角度看，中国也是世界上大多数中等强国的最大贸易伙伴。其中，中国于 2015 年成为韩国的最大贸易伙伴[②]，印尼作为东盟内部的中等强国，中国已连续多年成为其最大的贸易伙伴。值得注意的是，印尼尤其注重与中等强国在经济领域的协商合作，印尼与众多中等强国建立了经贸协定。如印尼—澳大利亚全面经济伙伴关系协议、印尼—伊朗特惠贸易协定、印尼—土耳其全面经济伙伴关系协议、印尼—韩国全面经济伙伴关系协议、印尼—欧盟全面经济伙伴关系协议和 RCEP。[③] 中国可以运用对印尼、南非、巴西等中等强国的影响力，利用其中等强国伙伴网络以及在各自区域内的领头羊地位，提升自身在全球经济治理中的话语权威，塑造话语权威性。

对于全球安全治理领域，当前西方国家仍然掌握全球安全治理话语的权威。究其原因，主要是西方近代以来在国际体系中的主导性地位决定的。在全球安全治理的制度创设、安全话语理念等方面中国仍处于弱势，对于非西方体系内的中等强国而言，其也时常受到西方话语的攻击。不论是中国还是中等强国，在全球安全治理领域，其话语都存在权威性不足的问题。对于中等强国而言，其普遍采取地区性联合的策略，提升自身全球安全治理话语权，并且以地区性治理牵头推动全球层面的问题治理。以"MIKTA"集团为例，该集团中的五个中等强国都担任过联合国非常任理事国，至 2015 年，

---

① 《2021 年我国货物贸易进出口总值比去年增长 21.4%》，光明网，2022 年 1 月 14 日，https：// politics. gmw. cn/2022/01/14/content_ 35449091. htm。

② 《韩国经济官员：中国成为韩国最大的贸易伙伴》，新华网，2015 年 9 月 2 日，http：// www. xinhuanet. com/world/2015-09/02/c_ 1116453945. htm。

③ 《印尼贸易部设定 2019 年出口指标为 1759 亿美元》，中华人民共和国商务部网站，2019 年 1 月 21 日，http：// id. mofcom. gov. cn/article/sbmy/201901/20190102828736. shtml。

该集团针对亚太地区的安全问题发表 47 次联合声明。① 在联合国成立 75 周年大会上，MIKTA 联合发声表明对相关治理领域的看法。它们通过联合国框架机制，运用"小边""少边"等磋商机制提升自身的话语权威性。随着中等强国的集团化趋势、中国自身实力的增强，中国和中等强国之间通过开展多样化的安全合作，提升整体的安全话语权地位，增强合法性、权威性。具体的形式上，中俄伊通过举办联合海军演习，通过设置演练打击海盗、维护航运安全的演习方案，增强自身维护区域海域安全的能力。② 中国发动的基础四国就有效地增强了在气候变化治理领域的话语合法性与权威性，因为其余三国均为有全球重要影响的中等强国，与之联合本身就具有区域代表性，并且普遍具有的发展中国家身份也提供了为发展中国家群体代言的合法性。2022 年初，哈萨克斯坦发生内乱之后，中国当即表示，"中国和哈萨克斯坦互为友好邻邦和永久全面战略伙伴。中方正同哈方保持密切沟通，将根据哈方意愿提供力所能及的帮助"。③ 中国对哈萨克斯坦的支持，既是对地区稳定话语实践的支持，也将为中国安全治理话语的权威性争取重要区域伙伴的帮助。

（五）构建话语软实力

从程序性上看，话语权威转化为话语影响力，建设完善的话语理论体系是基础，健全话语传播体系是关键。"软实力"只有发挥出影响力，才能推动外交政策目标的实现。正如约瑟夫·奈所说："软实力就是使用合作的力量，并运用软实力资源如文化吸引力、意识形态和国际机构等达成所要达到的目标。"④ 对于话语软实力而言，在话语实践的传播过程中，需要加大对

① Sung-Mi Kim, Sebastian Haug and Susan Harris Rimmer, "Minilateralism Revisited: MIKTA as Slender Diplomacy in a Multiplex World", *Global Governance*, Vol. 24, No. 4, 2018, pp. 475-489.

② "Russia, Iran and China to Hold Joint Drills in Gulf -RIA", *Reuters*, August 23, 2021, https://www.reuters.com/world/russia-iran-china-hold-joint-drills-gulf-ria-2021-08-23/.

③ 《中方是否向哈萨克斯坦提供了军事援助？外交部回应》，海外网，2021 年 1 月 20 日，http://news.haiwainet.cn/n/2022/0120/c3541083-32323636.html。

④ Joseph S. Nye, "Soft Power", *Foreign Policy*, No. 80, 1990, pp. 153-171.

外宣传、国际传播力度，当前在强化发声力度和发声效果方面中国尚有很多工作要做，否则面对关于中国的一些负面话语或是话语危机，中国观点很难及时向外传播。①

从具体实践来看，中等强国可以成为中国建构话语软实力的载体。中等强国都是其所在地区的战略支点国家。中等强国全球治理的多重作用空间显著扩大，多数选择平衡外交政策，力主践行多边主义，扮演"催化剂""搭桥者"角色，赢得全球影响力。一方面，非西方话语体系内的中等强国希望扮演地区领导者的角色，它们也谋求在地区层面的主导位置和多边治理机制的"领头羊"角色。但是由于西方主导的话语体系下，地区领导者角色存在稀缺性，相互竞争也十分激烈，西方国家往往以政治经济条件交换对中等强国地位的认可，导致诸多中等强国并不满足于在西方话语体系内充当所谓的参与者、规则接受者。此外，对正遭受西方不合理制裁的中等强国而言，加入中国主导的话语治理体系，不仅可以增强自身的话语效果，还可以抵消自身的话语劣势。伊朗国会议员在阐述伊朗加入上合组织的影响时就表示，伊朗可以利用中伊25年合作计划以及上海合作组织成员国的身份，在经济、贸易、货币和银行业等方面开展广泛合作以抵消制裁。② 另一方面，对于西方体系内的传统中等强国而言，多边机制的广泛性促进话语软实力的包容性。在《区域全面经济伙伴关系协定》（RCEP）机制内部，就不仅包含非西方话语体系内的中等强国，还包含西方话语体系内的中等强国，中等强国间为了自身利益也会采取相互督促的立场，推动多边机制尽快生效落地。正如印尼总统佐科所说："东盟和澳大利亚需要加强对增加东盟—澳大利亚—新西兰自由贸易协定的承诺。这种伙伴关系需要通过增加货物流量、加强全球供应链、发展数字经济领域的合作以及改善澳大利亚和

---

① 孙吉胜：《从话语危机到安全危机：机理与应对》，《国际安全研究》2020年第6期，第57页。

② "MP Says Iran Can Use SCO Capacity to Neutralize Sanctions", *Tehran Times*, January 22, 2022, https://www.tehrantimes.com/news/469142/MP-says-Iran-can-use-SCO-capacity-to-neutralize-sanctions.

东盟商业参与者之间的互动来实现。RCEP 将成为该地区乃至世界经济复苏的催化剂"。① 可见，一些中等强国正成为中国话语软实力的载体，不论是在安全治理机制，还是经济治理机制中，都要发挥重要的话语承载者和话语宣传者的作用。

（六）扩大道义影响力

从道义角度看，一国的话语要得到认可，需要符合国际道义，秉持公平、正义、公正、合理、合法等价值观。在同其他国家交往时，中国一直秉持平等对待每个国家的原则。中国提出"真实亲诚"的中非合作观，"亲诚惠容"的周边外交观，真诚推进发展中国家友谊的"正确义利观"，统筹推进相互尊重、公平正义、合作共赢的"新型国际关系"，中国的话语体系和话语理念几乎涵盖了大部分国家。然而，今天，西方发达国家多次利用其在价值标准设定、价值理念界定以及价值宣传体系上的优势，利用多话语平台、多话语途径、多话语载体等手段对中国进行话语攻击；在人权领域、民主建设领域、南海领海问题等关乎中国主权核心利益的领域对中国进行抹黑和污蔑，企图在道义上将中国置于"不义"的处境。西方国家仍然占据话语传播优势，而中国在话语传播的过程中仍然受到诸多阻力。推进话语理论体系建设，根本上需要以传统文化为依托。而推进话语传播体系建设，除了需要以国家实力为依托外，还需要使话语的接受者、"志同道合""立场相近"的同行者，真诚感受到中国话语体系的魅力，真正感受到中国话语的益处、真实。

从中等强国所扮演的角色看，西方发达国家在推行其话语体系的过程中，多次利用中等强国扮演西方话语体系传播者的角色。例如，土耳其前总统德米雷尔就认为，由于土耳其重要的战略存在，她可能成为其中东邻国培

---

① "Jokowi Stresses Economic Integration at ASEAN-Australia Summit", *IDN Financials*, November 17, 2020, https://www.idnfinancials.com/news/37076/jokowi-stresses-economic-integration-asean-australia-summit.

植西方世俗民主种子的模板。[1] 因此，中国可以利用中等强国地区代表的地位，加强对中等强国的话语感召，特别是在疫情期间，可以加大对困难中等强国的支援力度，放大其话语软实力载体的角色，使其扮演"话语倍增器"和"话语放大镜"的角色，彰显中国的道义影响力。疫情期间，亚洲基础设施投资银行就已批准为印度尼西亚的两个项目提供总额为 10 亿美元的贷款，作为国际协调努力的一部分，支持印度尼西亚政府加强国家社会保障网、卫生应对和遏制公共卫生危机造成的经济衰退。[2] 此外，中国科兴公司同埃及生物制品与疫苗公司达成冷库项目合作意向，根据双方签署的协议，科兴公司计划在埃及援建一座可储存 15 亿剂疫苗的全自动化冷库。冷库建成后将成为埃及乃至非洲地区最大的疫苗仓储中心。[3] 项目的建成凸显埃及在非洲公共卫生治理中的话语权，同时也展现中国话语传播的道义影响力。在基础设施建设领域，中国也注重建设和民生相关的重大基础设施项目，中国在巴基斯坦援建的第一条高压直流输电线路——默拉直流输电工程、白沙瓦到卡拉奇铁路线的双向化和升级、巴基斯坦第一条地铁拉合尔轨道交通橙线，都是由中国援建的重大民生工程，显示中国对民生道义关注度之高。在气候变化领域，中国联合新兴中等强国代表发展中世界联合发声，从公平、历史、责任出发阐述对第三世界国家的利益关切。在人道主义治理领域尤其是难民问题方面，一些新兴中等强国的立场与中国接近，两者可互补发声，联合行动，凸显负责任大国形象。

---

① Suleiman Demirel, "Turkey and NATO at the Threshold of a New Century", *Journal of International Affairs*, Vol. 4, No. 1, 1999.

② "AIIB Approves USD1 Billion in Loans to Indonesia for COVID-19 Response", *AIIB*, 2020, https：//www. aiib. org/en/news-events/news/2020/AIIB-Approves-USD1-Billion-in-Loans-to-Indonesia-for-COVID-19-Response. html.

③ 《中国与埃及签署疫苗冷库项目合作协议》，凤凰网，2022 年 1 月 20 日，https：//i. ifeng. com/c/8Cwy1d4mNpg。

小　结

　　全球经济结构正在发生巨变，中国在全球治理中扮演着突出的角色，逐渐展现出对进程塑造和变革引领的巨大能量。中国的规模和重要性在众多领域都具有决定性意义，凸显了全球治理的广泛性和变革性。中国的雄心不仅仅涉及与发展中地区相关的一系列目标，更包括系统性地促进变革，如着力改革全球经济和政治决策过程。这一进程需要依赖于建立和强化国际合作网络，这些网络不仅需要覆盖尽可能广泛的范围，而且通常需要具备多边性和跨国性的特征。在全球治理实践中，中等强国与中国之间的双边关系呈现多样性，拥有不同的内涵和倾向。这些双边关系可以分为两大类：①战略合作、功能性合作和对冲性合作关系，这种类型的关系强调双方的共同利益和合作愿望，旨在解决全球性挑战和推动共同发展。这种关系形式通常采用多边和跨国合作的方式，以促进国际社会的和平与稳定。对冲性合作关系则是一种灵活的合作形式，旨在应对紧急情况和共同关心的问题，即使在其他领域存在分歧，这种关系形式强调应对共同挑战的紧迫性，有助于防止潜在的危机和冲突。②战略对抗、利益对抗的关系，这种类型的关系呈现紧张和竞争的特点，源于不同的战略目标、地缘政治争端或利益分歧，可能涉及军事竞赛、经济竞争和科技冲突。尽管这类关系形式充满挑战，但并不排斥双方通过对话和协商解决分歧的机会，以避免冲突升级。

　　一方面，应对全球治理问题、提升话语权需要更多的合作伙伴。巴西、南非、墨西哥、印度尼西亚、土耳其等中等强国，作为主要地区经济体，一直在引领本地区的一体化和发展，这些国家的权力、财富和地位有助于它们构建有力的对外经济政策，可为全球治理问题的解决提供强有力的支持。与这些国家加强合作有助于形成更广泛的联盟，共同推动全球治理体系的变革和改进。另一方面，运筹大国竞争亦需要重视中等强国的作用。特别是在充满不确定性的亚太地区，中等强国可能在国际秩序变革中发挥更大的作用，而中美竞争也将成为这一进程的重要催化剂。美国需要获得多数盟友的支持，特别是在涉及对华军事安全动向的问题上。然而，是否能够真正得到盟友的支持取决于各国对自身国家利益的权衡，尤其是在新冠疫情等因素的影响下。因此，中等强国如印度尼西亚、土耳其、伊朗、沙特以及巴西、南非、埃及等具有战略价值，需要加强与它们的外交行动，扩大双边和全球治理领域的合作，以确保双方互相依赖，以及避免因脱离合作而遭受重大损失。

亚太地区正在经历国际秩序不断变化的过程，这使中等强国在地区乃至全球治理中发挥更为重要的作用。尤其在中美竞争不断升级的背景下，中等强国扮演了关键的催化剂角色。美国试图通过拉拢盟友对抗中国，特别在涉及对华的军事和安全政策时，需要取得盟友的合作和支持。然而，关键在于这些盟友是否愿意，以及他们在维护自身国家利益时会采取何种行动。

因此，中国应高度重视与印度尼西亚、土耳其、伊朗、沙特阿拉伯以及巴西、南非、埃及等中等强国的战略价值，通过有针对性的外交行动，扩大双边和全球治理领域的合作，建立坚实的合作基础、加强合作的惯性、实现合作的收益。这可以让中等强国意识到与中国的合作对其至关重要，而脱离合作将会带来重大损失。当然，推动与中等强国的合作并不是一帆风顺的事情。中等强国群体庞大，具有各自不同的国家利益和外交倾向，它们与中国之间的双边关系各异，涵盖从亲密盟友到紧密伙伴的多重关系。中国难以采用一种政策或策略来应对所有中等强国，而且必须应对一些中等强国，如日本和澳大利亚，对中国的抗衡行动。这些国家并不会支持中国在全球治理话语权上的努力，反而可能对中国的努力构成较大的阻碍。因此，中国需要精确定位中等强国，通过综合外交手段有针对性地发展与它们的关系，特别是将那些具有战略重要性的中等强国视为合作的支点，以在增强治理话语权的过程中推动全球治理的发展。

今天，国际体系正从以西方为中心的模式转变为权力重新分配的范式。新的世界秩序重构需要一段时间，权力再分配的过程是权力分散和势力重组的过程，因此混乱和无序应为常态。① 大国和中等强国加入全球治理的竞技场，而非政府组织、社会组织、跨国公司、基金会、知名人物等各类参与方也成为全球治理的重要发言者。随着这一进程的展开，围绕全球治理领导权的竞争将成为新的常态。经济成本和机会成本使得美国公众对领导作用的发挥逐渐失去兴趣和意愿，美国在全球治理政策选择方面也没有像中国那样的积极性和灵活性。中国的外交战略和政策正在重新塑造地缘战略环境，对全球经济、地区安全、气候变化、科技竞争、网络安全、话语塑造等多个领域产生深远影响。

当前，很少有国家能像中国一样对国际格局产生如此深远的影响，也很少有国家能够超越中国，成为全球治理体系改革的新希望。中国在全球治理中发挥更大的引领作用，有助于创造和谐、公正和可持续的治理秩序，但承担这一角色的过程可能并不总是一帆风顺的，也不会立即实现。一方面，中国的综合国力媲美超级大国，积极扮演全球治理的国际引领者角色，但仍是一个发展中国家，面临着众多内部发展问题，因此需要谨慎平衡内部事务与国际责任。另一方面，西方，特别是美国，需要适应中国以及西方话语体系外的中等强国崛起带来的变化，以及中国、新兴中等强国和全球南方国家对全球治理话语权的显著提升。中国已在全球经济治理领域发挥更加突出的作用。中国对全球治理的参与引领不应被视为对美国的威胁，而是对全球治理的贡献。②

诚然，在不同竞技场的实力不一定会自动转化为另一个竞技场的强大影响力，每个竞技场中的竞争平衡也在不断变化。西方，特别是美国，仍然在国际外交话语体系中扮演着主导角色，中国的话语权长期以来受到压制，中国将话语权转化为引领地位仍然需要漫长的过程，并且面临各种挑战。这一过程需要充足的有效资源支持，必须在每个环节投入大量资源。中国面临来

---

① 《锐参考·对话（上）| 阎学通：台湾分离主义将是未来中美关系最大的危机》，参考消息网，2018 年 6 月 24 日，http://ihl. cankaoxiaoxi. com/2018/0624/2283566. shtml。

② Timo Kivimäki, "Soft Power and Global Governance with Chinese Characteristics", *The Chinese Journal of International Politics*, Vol. 7, No. 4, 2014, pp. 421 – 447.

自西方话语霸权的压制，需要采取多种措施加以应对，把握话语与权力的转化逻辑，发展经济，提高国家整体实力，摆脱西方话语逻辑的束缚，建立强大的组织能力，确立话语主体，推进话语转化，扩大中国话语的承载平台，积极承担国际责任，提高国际声誉，扩大中国话语的国际影响力。这样，国家实力和话语权将相互促进，以中国的"不可替代"成就中国话语权的"不可或缺"。

参考文献

一　中文著作

《毛泽东选集》（第四卷），人民出版社，1991。

《毛泽东选集》（第八卷），人民出版社，1999。

《毛泽东外交文选》，中央文献出版社，1994。

《建国以来毛泽东文稿》（第十三册），中央文献出版社，1998。

《周恩来选集》（上卷），人民出版社，1980。

《邓小平年谱（1975—1997）》（下），中央文献出版社，2004。

《邓小平文选》（第三卷），人民出版社，1993。

《江泽民文选》（第三卷），人民出版社，2006。

《胡锦涛文选》（第二卷），人民出版社，2016。

《习近平谈治国理政》（第一卷），外文出版社，2014。

《习近平谈治国理政》（第二卷），外文出版社，2017。

《习近平谈治国理政》（第三卷），外文出版社，2020。

蔡拓、杨雪冬、吴志成主编《全球治理概论》，北京大学出版社，2016。

陈志瑞、刘丰主编《国际体系与国内政治：新古典现实主义的探索》，北京大学出版社，2015。

陈玉刚：《超国家治理——国际关系转型研究》，上海人民出版社，2009。

方长平：《国家利益的建构主义分析》，当代世界出版社，2002。

耿协峰：《亚洲想象力：新地区主义研究的中国视角》，中国出版集团研究出版社，2018。

何亚非：《全球治理与中国的历史选择》，中华书局，2015。

黄仁伟：《中国崛起的时间和空间》，上海社会科学院出版社，2002。

蔡拓、刘贞晔主编《全球学的构建与全球治理》，中国政法大学出版社，2013。

庞中英：《全球治理的中国角色》，人民出版社，2016。

秦亚青：《大国关系与中国外交》，世界知识出版社，2011。

阙天舒编《网络空间治理的中国图景：变革与规制》，上海交通大学出版社，2021。

任琳：《全球治理：背景、实践与平台》，中国社会科学出版社，2020。

孙吉胜等：《传统文化与中国外交话语体系构建》，世界知识出版社，2021。

苏长和：《大国治理》，人民日报出版社，2018。

王义桅：《大变局下的中国角色》，人民出版社，2021。

王正毅：《世界体系与国家兴衰》，北京大学出版社，2006。

吴志成：《治理创新——欧洲治理的历史、理论与实践》，天津人民出版社，2003。

阎学通：《大国领导力》，中信出版集团，2020。

俞可平主编《治理与善治》，社会科学文献出版社，2000。

张维为：《文明型国家》，上海人民出版社，2017。

赵可金：《全球治理导论》，复旦大学出版社，2022。

二 中文译著

〔古希腊〕修昔底德：《伯罗奔尼撒战争史》，谢德风译，商务印书馆，1985。

〔加拿大〕阿米塔·阿查亚：《美国世界秩序的终结》，袁正清、肖莹莹译，上海人民出版社，2017。

〔美〕保罗·肯尼迪：《大国的兴衰：1500-2000年的经济变迁与军事冲突》，陈景彪等译，国际文化出版公司，2006。

〔美〕法里德·扎卡里亚：《后美国世界：大国崛起的经济新秩序时代》，赵广成、林民旺译，中信出版社，2009。

〔美〕托马斯·弗里德曼：《世界是平的：21世纪简史》，何帆等译，湖南科学技术出版社，2015。

〔美〕约翰·米尔斯海默：《大国政治的悲剧》，王义桅、唐小松译，上海人民出版社，2003。

〔美〕爱德华·W.赛义德：《东方学》，王宇根译，生活·读书·新知三联书店，2007。

〔美〕汉斯·摩根索：《国家间政治：权力斗争与和平》，徐昕等译，北京大学出版社，2006。

〔美〕拉古拉迈·拉詹：《断层线：全球经济潜在的危机》，刘念等译，中信出版社，2011。

〔美〕罗伯特·吉尔平：《世界政治中的战争与变革》，宋新宁、杜建平译，上海人民出版社，2007。

〔美〕小约瑟夫·奈：《理解国际冲突：理论与历史》，张小明译，上海人民出版社，2002。

〔美〕伊曼纽尔·沃勒斯坦：《现代世界体系第一卷》，罗荣渠等译，高等教育出版社，1998。

〔美〕亚历山大·温特：《国际政治的社会理论》，秦亚青译，上海人民出版社，2008。

〔美〕詹姆斯·N.罗西瑙主编《没有政府的治理：世界政治中的秩序与变革》，张胜军、刘小林等译，江西人民出版社，2001。

〔美〕兹比格纽·布热津斯基：《大棋局：美国的首要地位及其地缘战略》，中国国际问题研究所译，上海人民出版社，2021。

〔日〕星野昭吉：《全球政治学——全球化进程中的变动、冲突、治理与和平》，刘小林、张胜军译，新华出版社，2000。

〔日〕藤原洋：《第四次工业革命》，李斌瑛译，东方出版社，2015。

〔意〕安东尼奥·葛兰西：《狱中札记》，曹雷雨、姜丽、张跣译，河南大学出版社、重庆出版社，2016。

〔英〕卡尔·波兰尼：《大转型：我们时代的政治与经济起源》，冯钢、刘阳译，浙江人民出版社，2007。

〔英〕安东尼·吉登斯：《现代性的后果》，田禾译，译林出版社，2000。

〔英〕巴里·布赞、〔丹〕奥利·维夫：《地区安全复合体与国际安全结构》，潘忠岐等译，上海人民出版社，2010。

〔英〕马丁·怀特：《权力政治》，宋爱群译，世界知识出版社，2004。

〔英〕诺曼·费尔克拉夫：《话语与社会变迁》，殷晓蓉译，华夏出版社，2003。

〔英〕戴维·赫尔德、安东尼·麦克格鲁编《治理全球化：权力、权威与全球治理》，曹荣湘、龙虎等译，社会科学文献出版社，2004。

〔英〕戴维·赫尔德等：《全球大变革——全球化时代的政治经济与文化》，杨雪冬等译，社会科学文献出版社，2001。

三　中文期刊

〔加〕约翰·柯顿：《强化全球治理：八国集团、中国与海利根达姆进程》，朱杰进译，《国际观察》2008第4期。

〔墨西哥〕G.冈萨雷斯：《何谓"中等强国"?》，汤小棣译，《国外社会科学》1986年第6期。

祁悦、樊依纯：《基础四国气候变化南南合作的政策行动及启示》，《世界环境》2017年第1期。

徐世澄：《拉美地区的安全形势与安全合作》，《拉丁美洲研究》2003年第4期。

蔡拓、王南林：《全球治理：适应全球化的新的合作模式》，《南开学报》（哲学社会科学版）2004 年第 2 期。

蔡拓：《全球治理的反思与展望》，《天津社会科学》2015 年第 1 期。

房乐宪：《全球化的多维政治内涵及思考》，《世界经济与政治论坛》2010 年第 2 期。

韩美群：《解构与重建：西方话语的理论逻辑与马克思主义的话语创新》，《马克思主义研究》2018 年第 2 期。

江忆恩：《中国参与国际体制的若干思考》，《世界经济与政治》1999 年第 7 期。

金灿荣：《中国外交须给予中等强国恰当定位》，《国际展望》2010 年第 5 期。

郎平：《互联网如何改变国际关系》，《国际政治科学》2021 年第 2 期。

刘建飞、谢剑南：《全球治理体系变革与中美新型大国关系建构》，《太平洋学报》2018 年第 1 期。

刘娟、赵永华：《全球治理视角下中国制度性话语权构建的路径选择》，《国际传播》2018 年第 6 期。

刘若南：《走下神坛的中国外交》，《观察与思考》2004 年第 13 期。

刘世强：《知识扩散、国家学习与国际权势的根本性变迁》，《外交评论》2011 年第 5 期。

刘雪莲：《充分认识全球治理体系变革的局限性》，《探索与争鸣》2020 年第 3 期。

刘贞晔：《新中国 70 年外交哲学进路——革命、平等与引领》，《国际展望》2019 年第 5 期。

罗艳华：《"保护的责任"的发展历程与中国的立场》，《国际政治研究》2014 年第 10 期。

钱忆亲：《2020 年下半年网络空间"主权问题"争议、演变与未来》，《中国信息安全》2020 年第 12 期。

秦亚青、魏玲：《新型全球治理观与"一带一路"合作实践》，《外交评论》2018 年第 2 期。

秦亚青：《国家身份、战略文化和安全利益——关于中国与国际社会关系的三个假设》，《世界经济与政治》2003 年第 1 期。

任晓：《研究和理解中国的国际责任》，《社会科学》2007 年 12 期。

孙吉胜：《从话语危机到安全危机：机理与应对》，《国际安全》2020 年第 6 期。

孙吉胜：《当前全球治理与中国全球治理话语权提升》，《外交评论》2020 年第 3 期。

唐爱军：《总体国家安全观视域中的意识形态安全》，《社会主义研究》2019 年第 5 期。

王明国：《全球治理转型与中国的制度性话语权提升》，《当代世界》2017 年第 2 期。

王啸：《国际话语权与中国国际形象的塑造》，《国际关系学院学报》2010 年第 6 期。

王正毅：《全球治理的政治逻辑及其挑战》，《探索与争鸣》2020 年第 3 期。

吴志成、李冰：《全球治理话语权提升的中国视角》，《世界经济与政治》2018 年第 9 期。

许徐琪、孟鑫：《提升中国特色社会主义世界话语权的现实路径——基于全球治理的思考》，《毛泽东邓小平理论研究》2017 年第 3 期。

阎学通、徐进：《中美软实力比较》，《现代国际关系》2008 年第 1 期。

杨洁勉：《中国特色大国外交和话语权的使命与挑战》，《国际问题研究》2016 年第 5 期。

仰海峰：《拉克劳与墨菲的霸权理论》，《教学与研究》2008 年第 8 期。

叶淑兰：《中国外交话语权的历史演进、基本经验及生成逻辑》，《国际观察》2021 年第 5 期。

俞可平：《全球治理引论》，《马克思主义与现实》2002 年第 1 期。

张云：《新冠疫情下全球治理的区域转向与中国的战略选项》，《当代亚太》2020 年第 3 期。

赵可金：《全球治理的中西智慧比较》，《探索与争鸣》2020 年第 3 期。

四 中文通信

《邓小平在联大第六届特别会议上的发言》，《人民日报》1974 年 4 月 11 日。

《胡锦涛在纪念毛泽东诞辰 110 周年座谈会的讲话》，新华社 2003 年 12 月 26 日电。

《习近平：决胜全面建成小康社会 夺取新时代中国特色社会主义伟大胜利——在中国共产党第十九次全国代表大会上的报告》，新华社 2017 年 10 月 27 日电。

《习近平在庆祝中国共产党成立 95 周年大会上的讲话》，新华社 2016 年 7 月 1 日电。

《习近平在中共中央政治局第三十次集体学习时强调加强和改进国际传播工作展示真实立体全面的中国》，新华社北京 2021 年 5 月 31 日电。

《习近平主席在联合国日内瓦总部的演讲》，新华社日内瓦 2017 年 1 月 18 日电。

《王毅：落实全球安全倡议 守护世界和平安宁》，《人民日报》2022 年 4 月 24 日。

陈航辉：《美军网络战主要干什么?》，《解放军报》2017 年 3 月 14 日。

方兴东：《网络空间趋势与研究创新》，《中国社会科学报》2015 年 1 月 21 日。

孟祥麟、杨迅：《携手共建开放型世界经济》，《人民日报》2021 年 11 月 2 日。

五 外文著作

A. Freedman, "Malaysia, Thailand, and the ASEAN Middle Power Way", in *Middle Powers and the Rise of China*, ed. by Bruce Gilley, Andrew O'Neil,

Washington, DC: Georgetown University Press, 2014.

Alan K. Henrikson, "Middle Powers as Managers: International Mediation within, across, and outside Institutions", in *Niche Diplomacy: Middle Powers After the Cold War*, edited by Andrew F. Cooper, London: Macmillan, 1997.

Alice D. Ba and Mathew Hoffmann (eds.), *Contending Perspectives on Global Governance: Coherence, Contestation and World Order*, London: Routledge, 2005.

Allison, G., "The Impact of Globalization on National and International Security", in Donahue, J. and Nye, J., ed., *Governance in a Globalizing World*, Brookings Institution Press, Washington D. C., 2000.

Amitav Acharya, *Why Govern: Rethinking Demand and Progress in Global Governance*, Cambridge: Cambridge University Press, 2016.

Amrita Narlikar, *International Trade and Developing Countries: Bargaining Coalitions in the GATT & WTO*, Milton Park: Taylor & Francis, 2003.

Andrew Cooper and Jongryn Mo, *Middle Powers and G20 Governance*, New York: Palgrave Macmillan, 2012.

Andrew Cooper, *Niche Diplomacy: Middle Powers after the Cold War*, London: Macmillan Press, 1997.

Andrew Cooper, R. Higgott and K. R. Nossal, *Relocating Middle Powers: Australia and Canada in a Changing World Order*, Vancouver: UBC Press, 2004.

Andrew F. Cooper and Agata Antkiewicz, *Emerging Powers in Global Governance: Lessons from the Heiligendamm Process*, Ontario Waterloo: Wilfrid Laurier University Press, 2008,

Andrew F. Cooper, "G20 Middle Powers and Initiatives on Development", in *MIKTA, Middle Powers, and New Dynamics of Global Governance*, New York: Palgrave Macmillan, 2015.

Andrew Hurrell, "Some Reflections of the Role of Intermediate Powers in

International Institutions ", in *Paths to Power*: *Foreign Policy Strategies of Intermediate States*, edited by Andrew Hurrell, Andrew Cooper, Guadalupe González González, Ricardo Ubiraci Sennes and Srini Sitaraman, Washington, DC: Woodrow Wilson International Centre, 2000.

Andrew Linklater, "What is a Good International Citizen?", in *Ethics and Foreign Policy*, edited by Paul Keal, Canberra: Australian National University, 1992.

Anthony Peter Spanakos and Joseph Marques, "Brazil's Rise as a Middle Power: The Chinese Contribution", in *Middle Powers and the Rise of China*, ed. by Bruce Gilley, Andrew. O'Neil, Washington, DC: Georgetown University Press, 2014.

Asle Toje, *The European Union as a Small Power after the Post-Cold War*, London: Palgrave Macmillan, 2010.

Barry Buzan and Ole Waever, *Regions and Powers*: *The Structure of International Security*, Cambridge: Cambridge University Press, 2003.

Benjamin de Carvalho, *Status and the Rise of Brazil*, London: Palgrave MacMillan, 2020.

Bernard Wood, "Middle Powers in the International System: A Preliminary Assessment of Potential", *in Wider Working Papers*, The North-South Institute, Ottawa, 1987.

Binnur Ozkececi-Taner, " Turkish Foreign Policy: Bridge, Buffer, Barrier", in *Foreign Policy in Comparative Perspective*: *Domestic and International Influences on State Behavior*, edited by Ryan K. Beasley, Juliet Kaarbo, Jeffrey S. Lantis & Michael T. Snarr London, London: SAGE Publications Ltd. , 2013.

Birsen Erdogan, *Humanitarian Intervention and the Responsibility to Protect Turkish Foreign Policy Discourse*, London: Palgrave Macmillan, 2016.

Brantly Womack, *Asymmetry and International Relationships*, Cambridge: Cambridge University Press, 2015.

Bruce Gilley and Andrew O'Neil (eds), *Middle Powers and the Rise of China*, Washington, DC: Georgetown University Press, 2014.

Carl Benedikt Frey, *The Technology Trap: Capital, Labor, and Power in the Age of Automation*, Princeton: Princeton University Press, 2019.

Carsten Holbraad, *Middle Powers in International Politics*, New York: St. Martin's Press, 1984.

Chris Weedon, *Feminist Practice and Post-Structuralist Theory*, Oxford: Basil Blackwell, 1987.

Christian Reus-Smit, *The Moral Purpose of the State*, Princeton: Princeton University Press, 1999.

Cranford Pratt, *Middle Power Internationalism: The North-South Dimension*, Montreal: McGill-Queen's University Press, 1990.

Daniel Flemes, *Regional Leadership in the Global System: Ideas, Interests and Strategies of Regional Powers*, Oxfordshire: Routledge, 2016.

David E. Sanger, *Confront and Conceal: Obama's Secret Wars and Surprising Use of American Power*, New York: Broadway Paperbacks, 2013.

David Harvey, *The New Imperialism*, Oxford: Oxford University Press, 2003.

David Held, *Cosmopolitanism: Ideals, Realities and Deficiencies*, Cambridge: Polity, 2010.

Denis Stairs, "Of Medium Powers and Middling Roles", in Ken Booth, ed., *Statecraft and Security: The Cold War and Beyond*, New York: Cambridge University Press, 1998.

Door Ernesto Laclau, Chantal Mouffe, *Hegemony and Socialist Strategy: Towards A Radical Democratic Politics*, London: Verso Books, 2014.

Douglas Lemke, *Regions of War and Peace*, Cambridge/New York: Cambridge University Press, 2002.

Edgar McInnis, "A Middle Power in the Cold War", in Hugh

L. Keenleyside, et al. , *The Growth of Canadian Policies in External Affairs*, Durham: Duke University Press, 1960.

Emil J. Kirchner, *Global Security Governance: Competing Perceptions of Security in the Twenty-First Century*, London and New York: Routledge, 2007.

Esperanca Bielsa, Susan Bassnett, *Translation in Global News*, Oxford, London: Routledge, 2009.

Francis Fukuyama, *Trust: The Social Virtues and The Creation of Prosperity*, New York: Free Press, 1995.

Frank Jotzo, "Can Indonesia Lead on Climate Change?", in Anthony S. Reid, ed. , *Indonesia Rising: The Repositioning of Asia's Third Giant*, Singapore: ISEAS, 2012.

George Modelski, "Globalization as Evolutionary Process", in *Globalization as Evolutionary Process*, Abingdon: Routledge, 2007.

Giampiero Giacomello and Bertjan Verbee, *Middle Powers in Asia and Europe in the 21st Century*, Lanham: Lexington Books, 2020.

Gök, Gonca Oğuz and Radiye Funda Karadeniz, "Analysing 'T' in MIKTA: Turkey's Changing Middle Power Role in the United Nations", in *Middle Powers in Global Governance*, edited by Emel Parlar Dal, New York: Palgrave, 2018.

Guido Knopp, *Vatican: The Power of the Papacy*, Munich: C. Bertelsmann Publishers, 1997.

Håkan Edström, Jacob Westberg, *Military Strategy of Middle Powers Competing for Security, Influence, and Status in the 21st Century*, London: Routledge, 2020.

Halford John Mackinder, *The Scope and Methods of Geography*, New York: Cosimo Classics, 2020.

Hans Morgenthau, *Politics Among Nations: The Struggle for Power and Peace*, New York: Alfred A. Knopf, 1965.

Hyo-sook Kim, *South Korea's Foreign Aid: The Domestic Politics of Middle*

Power Diplomacy, Oxfordshire: Routledge, 2021.

Immanuel Wallerstein, *World Systems Analysis. An Introduction*, Durham: Duke University Press, 2004.

Isaac Weldon & Steven J. Hoffman, "Harnessing Canada's Potential for Global HealthLeadership: Leveraging Strengths and Confronting Demons", in Robert W. Murray and Paul Gecelovsky (eds.), *The Palgrave Handbook of Canada in International Affairs*, Cham: Palgrave Macmillan, 2021.

James Crawford & Donald B. Rothwell (eds.), *The Law of the Sea in the Asian Pacific Region: Developments and Prospects*, Dordrecht, Martinus Nijhoff Publishers, 1995.

James N. Rosenau, Ernst-Otto Czempiel and Steve Smith, *Governance without Government: Order and Change in World Politics*, Cambridge: Cambridge University Press, 1992.

John Hobson, *The State and International Relations*, Cambridge: Cambridge University Press, 2000.

John Ikenberry, *Liberal Order and Imperial Ambition*, Cambridge: Polity Press, 2006.

John Vogler, "Environmental Issues", in John Baylis and Steve Smith, eds., *The Globalization of World Politics: An Introduction to International Relations*, Oxford: Oxford University Press, 2014.

Jonathan H. Ping, *Middle Power Statecraft: Indonesia, Malaysia, and the Asia Pacific*, Farnham: Ashgate Publishing, 2005.

Joshua B. Spero, *Middle Powers and Regional Influence: Critical Foreign Policy Junctures for Poland, South Korea, and Bolivia*, Lanham: Rowman & Littlefield Publishers, 2018.

Joshua Cooper Ramo, *The Beijing Consensus*, London: Foreign Policy Centre, 2004.

Judith A. Teichman, *Privatization and Political Change in Mexico*,

Pittsburgh: Pittsburgh University Press, 2001.

Jurgen Habermas, *Moral Consciousness and Communicative Action*, Cambridge: MIT Press, 1990.

K. W. Deutsch, *Political Community and the North Atlantic Area: International Organization in the Light of Historical Experience*, New York: Greenwood Press, 1969.

Kai Michael Kenkel and Philip Cunliffe, *Brazil as a Rising Power: Intervention Norms and the Contestation of Global Order*, London: Routledge, 2016.

Kenneth Burke, *Language as Symbolic Action: Essays on Life, Literature, and Method*, Berkeley: University of California Press, 1966.

Klaus Schwab, *The Fourth Industrial Revolution*, New York: Crown Business, 2017.

Laura Nader and Robin Savinar, "Humanitarianism as Pretext: Defining What is Moral and Just", in De Lauri A. ed., *The Politics of Humanitarianism. Power, Ideology and Aid*, London: I. B. Tauris, 2016.

Laura Neack, *The New Foreign Policy: U. S. and Comparative Foreign Policy in the 21st Century*, Rowman & Littlefield, 2003.

Lawrence T. Woods, *Asia-Pacific Diplomacy: Nongovernmental Organizations and International Relations*, Vancouver: University of British Columbia Press, 2011.

Louis Bélanger and Gordon Mace, "Middle Powers and Regionalism in the Americas: The Cases of Argentina and Mexico", in *Niche Diplomacy: Middle Powers after the Cold War*, ed. by Andrew F. Cooper, London: Macmillan Press, 1997.

Manuela Moschella and Catherine Weaver, *Handbook of Global Economic Governance Players, Power and Paradigms*, London: Routledge, 2014.

Marianne Schneider-Petsinger, Jue Wang, Jie Yu, James Crabtree, *US-China Strategic Competition: The Quest for Global Technological Leadership*,

London: Royal Institute of International Affairs, 2019.

MartyNatalegawa, *Does ASEAN Matter: A View from Within*, Singapore: YusofIshak Institute, 2018.

Max Otte, *A Rising Middle Power: German Foreign Policy in Transformation*, New York: St. Martin's Press, 2000.

Melis Baydag, "Middle Powers in International Development Cooperation: Assessing the Roles of South Korea and Turkey", in Chaturvedi S. et al. , *The Palgrave Handbook of Development Cooperation for Achieving the* 2030 *Agenda*, London: Palgrave Macmillan Cham, 2020.

Michael Barnett, *Empire of Humanity: A History of Humanitarianism*, Ithaca: Cornell University Press, 2011.

Michel Foucault, *The Archaeology of Knowledge and the Discourse on Language*, translated by A. M. Sheridan Smith, New York: Pantheon books, 1972.

Mihail Păduraru, Claudia-Iohana Voicu, "Security Risk Analysis Perspectives on Central Asia Dynamics", in Mihr A. (eds.) *Transformation and Development*, Cham: Springer, 2020.

Miles Kahler, *Networked Politics: Agency, Power, and Governance*, Ithaca: Cornell University Press, 2009.

Mo Jongryn, *MIKTA, Middle Powers, and New Dynamics of Global Governance: The G20's Evolving Agenda*, New York: Palgrave Macmillan, 2015.

Moises Naim, *The End of Power: From Boardrooms to Battlefields and Churches to States, Why being in Charge isn't What it Used to be*, New York: Basic Books, 2014.

Norichika Kanie and Frank Biermann, *Governing through Goals: Sustainable Development Goals as Governance Innovation*, Cambridge: MIT Press, 2017.

Nuno P. Monteiro, *Theory of Unipolar Politics*, Cambridge: Cambridge University Press, 2014.

Oliver Stuenkel, *Post-Western World*: *How Emerging Powers are Remaking Global Order*, Cambridge: Polity, 2016.

Patrice Dutil, *The Unexpected Louis St-Laurent Politics and Policies for a Modern Canada*, University of British Columbia Press, 2021.

Patrick N. Catlere, *Financial Hedging*, New York: Nova Science Publishers, 2009.

Paul Martin, "The G20: From Global Crisis Responder to Steering Committee", in *The Oxford Handbook of Modern Diplomacy*, ed. by Andrew F. Cooper, Jorge Heine and Ramesh Thakur, Oxford: Oxford University Press, 2013.

Peter Marber, *Seeing the Elephant*: *Understanding Globalization from Trunk to Tail*, Hoboken: John Wiley & Sons, Inc, 2009.

R. A. MacKay, *The Canadian Doctrine of the Middle Powers*, Toronto: University of Toronto Press, 1969.

Richard Higgott, "Issues, Institutions and Middle-Power Diplomacy: Action and Agendas in the. Post-Cold War Era", in *Niche Diplomacy*: *Middle Powers After the Cold War*, edited by Andrew F. Cooper, London: Macmillan, 1997.

Richard N. Rosecrance and John M. Owen IV, *International Politics*: *How History Modifies Theory*, Oxford University Press, 2018.

Riham Bahi, *Diplomatic Strategies of Nations in the Global South*, London: Palgrave MacMillan, 2016.

Robert Cox and T. Sinclair, *Approaches to World Order*, Cambridge: Cambridge University Press, 1996.

Robert Gilpin, *War and Change in World Politics*, Cambridge: Cambridge University Press, 1983.

Robert S. Chase, Emily Hill, Paul M. Kennedy, *The Pivotal State*: *A New Framework for U. S. Policy in the Developing World*, New York: W. W. Norton & Company, 1999.

Robert. Gilpin, *The Political Economy of International Relations*, Princeton, NJ: Princeton University Press, 1987.

Roberto Dominguez, *Power Dynamics and Regional Security in Latin America*, London: Palgrave MacMillan, 2017.

Roberto Mangabeira Unger, *The Knowledge Economy*, London: Verso Books, 2019.

R. Nossal, R. Stubbs, "Mahathir's Malaysia: An Emerging Middle Power", in *Niche Diplomacy*, *Middle Powers after the Cold War*, ed. by Andrew F. Cooper, London: Macmillan Press, 1997.

Ronald Findlay and Kevin O'Rourke, *Power and Plenty: Trade, War, and the World Economy in the Second Millennium*, Princeton University Press, 2007.

Saori N. Katada, *Japan's New Regional Reality : Geoeconomic Strategy in the Asia-Pacific*, NewYork: Columbia University Press, 2020.

Sebastian Harnisch, Cornelia Frank, and Hanns W. Maull, *Role Theory in International Relations: Approaches and Analyses*, New York: Routledge, 2011.

Shivshankar Menon, *India and Asian Geopolitics: The Past, Present*, Washington, D. C: Brookings Institution Press, 2021.

Sook Jong Lee, *Transforming Global Governance with Middle Power Diplomacy*, London: Palgrave Macmillan, 2016.

Stefano Guzzini, *Realism in International Relations and International Political Economy*, London: Routledge, 1998.

Stephen D. Krasner, *International Regime*, Ithaca: Cornell University Press, 1983.

Stuart Price, *Discourse Power Address: The Politics of Public Communication*, Burlington: Ashgate Publication, 2019.

Şuhnaz Yılmaz, *Middle Powers and Regional Powers*, Oxford University Press, 2017.

T. V. Paul, Deborah Welch Larson, and William C. Wohlforth, *Status in*

413

World Politics, New York: Cambridge University Press, 2014.

Tanguy Struye de Swielande, Dorothée Vandamme and David Walton, Thomas Wilkins, *Rethinking Middle Powers in the Asian Century: New Theories, New Cases*, London: Routledge, 2018.

The Commission on Global Governance, *Our Global Neighborhood*, Oxford: Oxford University Press, 1995.

Thomas L. Friedman, *The World is Flat*, London: Penguin Books, 2006.

Thomas Meyer, José Luís de Sales Marques, Mario Telò, *Regionalism and Multilateralism: Politics, Economics, Culture*, London and New York: Routledge, 2020.

Wolfgang Streeck and Kathleen Thelen, *Beyond Continuity: Institutional Change in Advanced Political Economies*, Oxford: Oxford University Press, 2005.

Yochai Benkler, *The Wealth of Networks: How Social Production Transforms Markets and Freedom*, New Haven: Yale University Press, 2006.

Zbigniew Brzezinski, *The Grand Chessboard: American Primacy and Its Geostrategic Imperatives*, New York: Basic Books, 1997.

Martin Wight, *Power Politics*, London: A&C Black, 2002.

六　外文论文

A. Ehteshami, "Middle East Middle Powers: Regional Role, International Impact", *Uluslararasi Iliskiler*, Vol. 11, No. 42, 2014.

Adam Chapnick, "The Middle Power", *Canadian Foreign Policy*, Vol. 7, No. 2, 1999.

Ahmet Davutoglu, "Turkey's Humanitarian Diplomacy: Objectives, Challenges and Prospects", *Nationalities Papers*, Vol. 41, No. 6, 2013.

Aleksandra Jakubowski, Don Mai, Steven M. Asch and Eran Bendavid, "Impact of Health Aid Investments on Public Opinion of the United States:

Analysis of Global Attitude Surveys From 45 Countries, 2002 – 2016", *American Journal of Public Health*, Vol. 109, No. 7, 2019.

Alexander Wendt, "Collective Identity Formation and the International State", *American Political Science Review*, Vol. 88, No. 2, 1994.

Alfred Gerstl, "Malaysia's Hedging Strategy towards China under Mahathir Mohamad (2018 – 2020): Direct Engagement, Limited Balancing, and Limited Bandwagoning", *Journal of Current Chinese Affairs*, Vol. 49, No. 1, 2020.

Amitav Acharya, "The Future of Global Governance: Fragmentation May be Inevitable and Creative", *Global Governance*, Vol. 22, No. 4, 2016.

Amitav Acharya, "After Liberal Hegemony: the Advent of a Multiplex World Order", *Ethics and International Affairs*, Vol. 31, No. 3, 2017.

Amrita Narlikar, "India's Role in Global Governance: A Modification?", *International Affairs*, Vol. 93, No. 1, 2017.

Amrita Narlikar, Diana Tussie, "The G20 at the Cancun Ministerial: Developing Countries and Their Evolving Coalitions in the WTO", *the World Economy*, Vol. 27, No. 7, 2004.

Andrea Binder, "The Shape and Sustainability of Turkey's Booming Humanitarian Assistance", *International Development Policy*, Vol. 5, No. 2, 2014.

Andrej Krickovic, "All Politics is Regional: Emerging Powers and the Regionalization of Global Governance", *Global Governance*, Vol. 21, No. 4, 2015.

Andrew Carr, "Is Australia a Middle Power? A Systemic Impact Approach", *Australian Journal of International Affairs*, Vol. 68, No. 1, 2014.

Andrew Cooper, "Squeezed or Revitalised? Middle Powers, the G20 and the Evolution of Global Governance", *Third World Quarterly*, Vol. 34, No. 6, 2013.

Andrew Cooper, "The G20 as an Improvised Crisis Committee and/or a Contested 'Steering Committee' for the World", *International Affairs*, Vol. 86, No. 3, 2010.

Andrew F. Cooper and Daniel Flemes, "Foreign Policy Strategies of Emerging Powers in a Multipolar World: An Introductory Review", *Third World Quarterly*, Vol. 34, No. 6, 2013.

Andrew F. Cooper, "The G20 and Contested Global Governance: BRICS, Middle Powers and Small States", *Caribbean Journal of International Relations & Diplomacy*, Vol. 2, No. 3, 2014.

Andrew Hurrell, "Hegemony, Liberalism and Global Order: What Space for Would-be Great Powers?", *International Affairs*, Vol. 82, No. 1, 2006.

Ann Kent, "China's International Socialization: The Role of International Organizations", *Global Governance*, Vol. 8, No. 3, 2002.

Annamaria Artner, "Role of Indonesia in the Evolution of ASEAN", *The Journal of East Asian Affairs*, Vol. 31, No. 1, 2017.

Anny Boc, "The Power of Language: Globalizing the 'Chinese Dream'", *Fudan Journal of the Humanities and Social Sciences*, Vol. 8, No. 4, 2015.

Awidya Santikajaya, "Walking the Middle Path: The Characteristics of Indonesia's Rise", *International Journal*, Vol. 71, No. 4, 2016.

Axel Dreher, "Does Globalization Affect Growth? Evidence from a New Index of Globalization", *Applied Economics*, Vol. 38, No. 10, 2006.

Björn Hettne and Fredrik Söderbaum, "The UN and Regional Organizations in Global Security: Competing or Complementary Logics", *Global Governance*, Vol. 12, No. 3, 2006.

Brian Rathbun, "Before Hegemony: Generalized Trust and the Creation and Design of International Security Organizations", *International Organization*, Vol. 65, No. 2, 2011.

Bruce Gilley, "Middle PowersDuring Great Power Transitions: China's Rise and the Future of Canada-US Relations", *International Journal*, Vol. 66, No. 2, 2016.

Bruce Gilley, "Turkey, Middle Powers, and the New Humanitarianism",

Perceptions: *Journal of International Affairs*, Vol. 20, No. 1, 2015.

Cameron G. Thies and Angguntari C. Sari, "A Role Theory Approach to Middle Powers", *Contemporary Southeast Asia*, Vol. 40, No. 3, 2018.

Carla Freeman, "An Uncommon Approach to the Global Commons: Interpreting China's Divergent Positions on Maritime and Outer Space Governance", *The China Quarterly*, Vol. 241, 2020.

Cemalettin Hasimi, "Turkey's Humanitarian Diplomacy and Development Cooperation", *Insight Turkey*, Vol. 16, No. 1, 2014.

Charalampos Efstathopoulos, "Southern Middle Powers and the Liberal International Order: The Options for Brazil and South Africa", *International Journal*, Vol. 76, No. 3, 2021.

Charles Krauthammer, "The Unipolar Moment", *Foreign Affairs*, Vol. 70, No. 1, 1990/91.

Charles Rogerr, Thomas Hale and Liliana Andonova, "The Comparative Politics of Transnational Climate Governance", *International Interactions*, Vol. 43, No. 1, 2017.

Charles Weiss, "How do Science and Technology Affect International Affairs?", *Minerva*, Vol. 53, No. 4, 2015.

Chi-wook Kim, "Middle Power as a Unit of Analysis of International Relations: Its Conceptualization and Implications", *Korean Journal of International Studies*, Vol. 49, No. 1, 2009.

Christian Downie, "One in 20: the G20, Middle Powers and Global Governance Reform", *Third World Quarterly*, Vol. 38, No. 7, 2017.

Christopher Layne, "The Unipolar Exit: beyond the Pax Americana", *Cambridge Review of International Affairs*, Vol. 24, No. 2, 2011.

Colleen Chidley, "Towards a Framework of Alignment in International Relations", *South African Journal of Political Studies*, Vol. 41, No. 1, 2014.

Cooper and Jongryn Mo, "Middle Power Leadership and the Evolution of the

G20", *Global Summitry Journal*, Vol. 1, No. 1, 2013.

Ezra F. Vogel, "The U. S. -China-Japan Triangle", *Procedía Social and Behavioral Sciences*, No. 2, 2010.

Robert A. Pape, "Soft Balancing against the United States", *International Security*, Vol. 30, No. 1, 2005.

Daniel Geller, "Differentials and War in Rival Dyads", *International Studies Quarterly*, Vol. 37, No. 2, 1993.

Daniel Jatoba, "Brazil as a Leader in the Latin American Refugees' Regime", *The Journal of International Relations, Peace Studies, and Development*, Vol. 4, No. 1, 2018.

David Lake, "Beneath the Commerce of Nations: A Theory of International Economic Structures", *International Studies Quarterly*, Vol. 28, No. 2, 1984.

David A. Lake, "Beyond Anarchy: Importance of Security Institutions", *International Security*, Vol. 26, No. 1, 2001.

David Mares, "Middle Powers under Regional Hegemony: to Challenge or Acquiesce in Hegemonic Enforcement", *International Studies Quarterly*, Vol. 32, No. 4, 1988.

David P. Fidler, "Caught between Paradise and Power: Public Health, Pathogenic Threats, and the Axis of Illness", *McGeorge Law Review*, Vol. 35, 2004.

David R. Black and David J. Hornsby, "South Africa's Bilateral Relationships in the Evolving Foreign Policy of an Emerging Middle Power", *Commonwealth & Comparative Politics*, Vol. 54, No. 2, 2016.

Detlef Nolte, "How to Compare Regional Powers: Analytical Concepts and Research Topics", *Review of International Studies*, Vol. 36, No. 4, 2010.

Dries Legase and Yusuf Kaçar, "Turkey's Profile in the G20: Emerging Economy, Middle Power and Bridge-builder", *Studia Diplomatica*, Vol. 63, No. 2, 2010.

Eduard Grebe, "The Treatment Action Campaign's Struggle for AIDS

Treatment in South Africa: Coalition-building through Networks", *Journal of Southern African Studies*, Vol. 37, No. 4, 2011.

Efstathopoulos, "Middle Powers and the Behavioural Model", *Global Society*, Vol. 32, No. 1, 2018.

Erkko Autio, Ram Mudambi, Youngjin Yoo, "Digitalization and Globalization in a Turbulent World: Centrifugal and Centripetal Forces", *Global Strategy Journal*, Vol. 11, No. 1, 2021.

Farhat Konain Shujahi and Nazir Hussai, "Evaluating Modi's Foreign Policy: Continuity or Change", *Journal of Political Studies*, Vol. 23, No. 2, 2016.

Fukunari Kimura, "RCEP from the Middle Powers' Perspective", *China Economic Journal*, Vol. 14, No. 2, 2021.

Garrison Daly, "Challenges and Opportunities in China's Health Aid to Africa: Findings from Qualitative Interviews in Tanzania and Malawi", *Globalization and Health*, Vol. 16, No. 71, 2020.

Geoffrey Garrett, "Global Markets and National Politics: Collision Course or Virtuous Circle", *International Organization*, Vol. 52, No. 4, 1998.

Georg Strüver, "China's Partnership Diplomacy: International Alignment Based on Interests or Ideology", *the Chinese Journal of International Politics*, Vol. 10, No. 1, 2017.

George P. de T. Glazebrook, "The Middle Powers in the United Nations System", *International Organization*, Vol. 1, No. 2, 1947.

H. Soward, "On becoming and being a Middle Power: The Canadian Experience", *Pacific Historical Review*, Vol. 32, No. 2, 1963.

Håkan Edström & Jacob Westberg, "The Defense Strategies of Middle Powers: Competing for Security, Influence and Status in an Era of Unipolar Demise", *Comparative Strategy*, Vol. 39, No. 2, 2020.

Hakan Mehmetcik, "Humanitarian NGOs: Motivations, Challenges and Contributions to Turkish Foreign Policy", *Perceptions*, Vol. 24, No. 2, 2019.

Halford John Mackinder, "The Geographical Pivot of History", *The Geographical Journal*, Vol. 170, No. 4, 2004.

Hermann Gröhe, "Together Today for a Healthy Tomorrow—Germany's Role in Global Health", *the Lancet*, Vol. 390, No. 10097, 2017.

J. L. Vellut, "Congolese Foreign Policy and African 'Middle Powers', 1960-64", *Australian Outlook*, Vol. 19, No. 3, 1965.

Carsten Holbraad, "The Role of Middle Powers", *Cooperation and Conflict*, Vol. 6, No. 1, 1971.

Javier Vadell, "International Politics, the Economic Conjuncture, and the Argentina of Néstor Kirchner", *Brazilian Journal of International Politics*, Vol. 46, No. 1, 2006.

Jennifer Mitzen, "Ontological Security in World Politics: State Identity and the Security Dilemma", *European Journal of International Relations*, Vol. 12, No. 3, 2006.

Jinsoo Park, "Korea's Linkage StrategyBetween FTA Hub Policy and Middle Power Leadership in Regional Economic Integration", *Asia Europe Journal*, Vol. 13, 2015.

John Ikenberry, Michael Mastanduno and William C. Wohlforth, "Unipolarity, State Behavior, and Systemic Consequences", *World Politics*, Vol. 61, No. 1, 2009.

John Ravenhill J., "Cycles of Middle Power Activism: Constraint and Choice in Australian and Canadian Foreign Policies", *Australian Journal of International Affairs*, Vol. 52, No. 3, 1998.

John. W. Holmes, "Most Safely in the Middle", *International Journal*, Vol. 39, No. 2, 1984.

Jorge A. Schiavon and Diego Domínguez, "Mexico, Indonesia, South Korea, Turkey, and Australia: Middle, Regional, and Constructive Powers Providing Global Governance", *Asia and the Pacific Policy Studies*, Vol. 3,

No. 3, 2016.

Joseph S. Nyc, "Public Diplomacy and Soft Power", *The Annals of the American Academy of Political and Social Science*, Vol. 616, No. 1, 2008.

Joseph S. Nye, "Soft Power", *Foreign Policy*, No. 80, 1990.

Joseph Stiglitz, "Globalization and Growth in Emerging Markets and the New Economy", *Journal of Policy Modeling*, Vol. 25, No. 5, 2003.

Joshua Freedman, "Status Insecurity and Temporality in World Politics", *European Journal of International Relations*, Vol. 22, No. 4, 2016.

Karl J. Holsti, "National Role Conceptions in the Study of Foreign Policy", *International Studies Quarterly*, Vol. 14, No. 3, 1970.

Kal Holsti, "National Role Conceptions in the Study of Foreign Policy", *International Studies Quarterly*, Vol. 14, No. 3, 1970.

Kejin Zhao, "China's Rise and its Discursive Power Strategy", *Chinese Political Science Review*, Vol. 1, No. 3, 2016.

Kenneth W. Abbott and Duncan Snidal, "Strengthening International Regulationthrough Transnational New Governance: Overcoming the Orchestration Deficit", *Vanderbilt Journal of Transnational Law*, Vol. 42, No. 2, 2009.

Kishore Mahbubani, "The Case against the West: America and Europe in the Asian Century", *Foreign Affairs*, Vol. 87, No. 3, 2008.

Leif-Eric Easley, "Middle Power National Identity? South Korea and Vietnam in US-China Geopolitics", *Pacific Focus*, Vol. 27, No. 3, 2012.

Liliana L. Jubilut, Wellington P. Carneiro, "Resettlement in Solidarity: A Regional New Approach towards a more Humane Durable Solution", *Refugee Survey Quarterly*, No. 3, 2011.

Lloyd Axworthy, "Canada and Human Security: The Need for Leadership", *International Journal: Canada's Journal of Global Policy Analysis*, Vol. 52, No. 2, 1997.

Lynn Dobson, "Normative Theory and Europe", *International Affairs*,

Vol. 82, No. 3, 2006.

Matthew Bolton and Thomas Nash, "The Role of Middle Power-NGO Coalitions in Global Policy: The Case of the Cluster Munitions Ban", *Global Policy*, Vol. 1, No. 2, 2010.

Matthew D. Stephen, "The Concept and Role of Middle Powers during Global Rebalancing", *Seton Hall Journal of Diplomacy and International Relations*, Vol. 14, No. 2, 2013.

Matthew D. Stephen, "Emerging Powers and Emerging Trends in Global Governance", *Global Governance*, Vol. 23, No. 3, 2017.

Maxi Schoeman, "South Africa as an Emerging Middle Power", *African Security Review*, Vol. 9, No. 3, 2000.

Mehmet Ozkan, "Regional Security and Global World Order: The Case of South Africa in Africa", *Research Journal of International Studies*, Issue 5, 2006.

Mette Eilstrup-Sangiovanni and Stephanie C. Hofmann, "Of the Contemporary Global Order, Crisis, and Change", *Journal of European Public Policy*, Vol. 27, No. 7, 2020.

Michael Barnett and Raymond Duvall, "Power in International Politics", *International Organization*, Vol. 59, No. 1, 2005.

Michael Barnett, "Humanitarian Governance", *Annual Review of Political Science*, Vol. 16, No. 1, 2013.

Michał Krzyżanowski, "The 'Refugee Crisis' and the Hybrid Discourse of Politicizing Immigration in Sweden", *Journal of Immigrant & Refugee Studies*, Vol. 16, No. 1-2, 2018.

Moch Faisal Karim, "Middle Power, Status-seeking and Role Conceptions: the Cases of Indonesia and South Korea", *Australian Journal of International Affairs*, Vol. 72, No. 4, 2018.

Moch Faisal Karim, "Role Conflict and the Limits of State Identity: The Case of Indonesia in Democracy Promotion", *Pacific Review*, Vol. 30,

No. 3, 2017.

Mohammad Javad Zarif, "What Iran Really Wants: Iranian Foreign Policy in the Rouhani Era", *Foreign Affairs*, Vol. 93, No. 3, 2014.

Oliver P. Richmond and Ioannis Tellidis, "Emerging Actors in International. Peacebuilding and Statebuilding: Status Quo or Critical States?", *Global Governance*, Vol. 20, No. 4, 2014.

Pak K. Lee and Lai-Ha Chan, "China Joins Global Health Governance: New Player, More Medicines, and New Rules?", *Global Governance*, Vol. 20, No. 2, 2014.

Peter Christoff, "The Bali Roadmap: Climate Change, COP 13 and Beyond", *Environmental Politics*, Vol. 17, No. 3, 2008.

Peter K. Yu, "Access to Medicines, BRICS Alliances, and Collective Action", *American Journal of Law and Medicine*, Vol. 34, No. 2, 2008.

Philip Nel, "Redistribution and Recognition: What Emerging Regional Powers Want", *Review of International Studies*, Vol. 36, No. 4, 2010.

Reinhard Wolf, "Respect and Disrespect in International Politics: The Significance of Status Recognition", *International Theory*, Vol. 3, No. 1, 2011.

"PM Unveils Action Plan to Deal with Climate Change", *Indian Express*, July 1, 2008.

Ralf Emmers, "The Role of Middle Powers in Asian Multilateralism", *Asia Policy*, Vol. 13, No. 4, 2018.

Randall L. Schweller, "Ennui becomes Us", *The National Interest*, No. 105, 2010.

Robert Cox, "Middlepowermanship, Japan, and Future World Order", *International Journal*, Vol. 44, No. 4, 1989.

Robert Keohane and Joseph Nye, "Power and Interdependence in the Information Age", *Foreign Affairs*, Vol. 77, No. 5, 1998.

Robert Keohane, "Lilliputians' Dilemmas: Small States in International

Politics", *International Organization*, Vol. 23, No. 2, 1969.

Robert O. Keohane and Lisa L. Martin, "The Promise of Institutionalist Theory", *International Security*, Vol. 20, No. 1, 1995.

Ronald Behringer, "The Dynamics of Middlepowermanship", *Seton Hall Journal of Diplomacy and International Relations*, Vol. 36, No. 52, 2013.

Roy Allison, "Regionalism, Regional Structures and Security Management in Central Asia", *International Affairs*, Vol. 80, No. 3, 2004.

Ryo Sahashi, "Japan's Strategy Amid US-China Confrontation", *China International Strategy Review*, No. 2, 2020.

Samuel Huntington, "The West: Unique, Not Universal", *Foreign Affairs*, Vol. 75, No. 6, 1996.

Samuel Huntington, "The Lonely Superpower", *Foreign Affairs*, Vol. 78, No. 2, 1999.

Samuel M. Makinda, "Hedley Bull and Global Governance: A Note on IR Theory", *Australian Journal of International Affairs*, Vol. 56, No. 3, 2002.

Sangbae Kim, "Cyber Security and Middle Power Diplomacy: A Network Perspective", *The Korean Journal of International Studies*, Vol. 12, No. 2, 2014.

Sarah Teitt, "China and the International Humanitarian Order", *Asia Pacific for the Responsibility to Protect Brief*, Vol. 4, No. 8, 2014.

Sean Burges, "Brazil as a Bridge between Old and New Powers?", *International Affairs*, Vol. 89, No. 3, 2013.

Sebastian Harnisch, "Conceptualizing in the Minefield: Role Theory and Foreign Policy Learning", *Foreign Policy Analysis*, Vol. 8, No. 1, 2012.

Sebastian Oberthür, Lukas Hermwille and Tim Rayner, "A Sectoral Perspective on Global Climate Governance: Analytical Foundation", *Earth System Governance*, Vol. 8, 2021.

Sebnem Udum, "Turkey and the Emerging European Security Framework", *Turkish Studies*, Vol. 13, No. 2, 2002.

Senem B. Çevik, "Turkey's State-Based Foreign Aid: Narrating Turkey's Story", *Rising Power Quarterly*, Vol. 1, No. 2, 2016.

Soon-ok Shin, "South Korea's Elusive Middlepowermanship: Regional or Global Player", *Pacific Review*, Vol. 29, No. 2, 2016.

Stacie E. Goddard, "Brokering Change: Networks and Entrepreneurs in International Politics", *International Theory*, Vol. 1, No. 2, 2009.

Steven G. Livingston, "The Politics of International Agenda-Setting: Reagan and North-South Relations", *International Studies Quarterly*, Vol. 36, No. 3, 1992.

Susan Harris Rimmer, "A Critique of Australia's G20 Presidency and the Brisbane Summit 2014", *Global Summitry*, Vol. 1, No. 1, 2015.

Tang Kun, Zhihui Li, Wenkai Li, and Lincoln Chen, "China's Silk Road and Global Health", *The Lancet*, Vol. 390, Issue 10112, 2017.

Timo Kivimäki, "Soft Power and Global Governance with Chinese Characteristics", *The Chinese Journal of International Politics*, Vol. 7, No. 4, 2014.

Van der Westhuizen J., "Class Compromise as Middle Power Activism: Comparing Brazil and South Africa", *Government and Opposition*, Vol. 48, No. 1, 2013.

Van der Westhuizen J., "Brazil and South Africa: The 'Odd Couple' of the South Atlantic", *Commonwealth & Comparative Politics*, Vol. 54, No. 2, 2016.

Vesna Danilovic and Joe Clare, "The Kantian Liberal Peace", *American Journal of Political Science*, Vol. 51, No. 2, 2007.

Vinitha Revi, "Regionalization: A Better Strategy in a Post-Pandemic World?", *Observer Research Foundation Issue Brief*, No. 397, 2020.

Walter Fisher, "Narration as a Human Communication Paradigm: The Case of Public Moral Argument", *Communication Monographs*, Vol. 51, No. 1, 1984.

Wang Yiwei, "Public Diplomacy and the Rise of Chinese Soft Power", *The Annals of American Academy of Political and Social Science*, Vol. 616,

No. 1, 2008.

William C. Wohlforth, "The Stability of a Unipolar World", *International Security*, Vol. 24, No. 1, 1999.

William Tow and Richard Rigby, "China's Pragmatic Security Policy: the Middle Power Factor", *The China Journal*, No. 65, 2011.

Yuval Noah Harari, "Who will Win the Race for AI?", *Foreign Policy*, No. 231, 2019.

Ziya Öniş and Mustafa Kutlay, "The Dynamics of Emerging Middle Power Influence in Regional and Global Governance: The Paradoxical Case of Turkey", *Australian Journal of International Affairs*, Vol. 71, No. 2, 2017.

图书在版编目（CIP）数据

中等强国：全球治理崛起的新角色 / 戴维来著 . --
北京：社会科学文献出版社，2023.11（2024.5 重印）
ISBN 978-7-5228-2662-2

Ⅰ.①中…　Ⅱ.①戴…　Ⅲ.①国际政治-研究　Ⅳ.
①D5

中国国家版本馆 CIP 数据核字（2023）第 201707 号

中等强国：全球治理崛起的新角色

著　　者 / 戴维来

出 版 人 / 冀祥德
责任编辑 / 张　媛
责任印制 / 王京美

出　　版 / 社会科学文献出版社·皮书分社（010）59367127
　　　　　地址：北京市北三环中路甲 29 号院华龙大厦　邮编：100029
　　　　　网址：www.ssap.com.cn
发　　行 / 社会科学文献出版社（010）59367028
印　　装 / 唐山玺诚印务有限公司

规　　格 / 开　本：787mm×1092mm　1/16
　　　　　印　张：27.25　字　数：415 千字
版　　次 / 2023 年 11 月第 1 版　2024 年 5 月第 2 次印刷
书　　号 / ISBN 978-7-5228-2662-2
定　　价 / 128.00 元

读者服务电话：4008918866